Knaur

Von Clara von Arnim ist bereits erschienen:

Der grüne Baum des Lebens

Über die Autorinnen:

Clara von Arnim, geb. von Hagens, wurde am 14. 8. 1909 in Kassel geboren. Sie ließ sich nach dem Abitur zur Krankengymnastin ausbilden und heiratete 1930 den märkischen Baron Friedmund von Arnim. 1945 flüchtete sie mit ihren sechs Kindern in den Westen, wurde enteignet und verlor ihren Mann in russischer Gefangenschaft. Zuletzt war sie als SPD-Stadtverordnete in Eschborn bei Frankfurt tätig, wo sie sich besonders im Bereich der Bildungs-, Sozial- und Umweltpolitik engagierte. Heute lebt sie in Kronberg/Taunus.

Bettina von Arnim wurde 1940 in Zernikow/Mark Brandenburg geboren. Sie studierte an der Hochschule für Bildende Künste in Berlin-Schöneberg. Bettina von Arnim war Gründungsmitglied der Künstlergruppe »Kritischer Realismus«. Seit 1972 ist sie Mitglied des Deutschen Künstlerbundes. Heute lebt sie in Südwestfrankreich.

Clara von Arnim
Bettina von Arnim

Das bunte Band des Lebens

Die märkische Heimat und der Neubeginn im Kupferhaus

Knaur

Besuchen Sie uns im Internet:
www.droemer-weltbild.de

Vollständige Taschenbuchausgabe September 2000
Droemersche Verlagsanstalt Th. Knaur Nachf., München

Umschlaggestaltung Zero Werbeagentur, München
Umschlagabbildung AKG, Berlin
Satz MPM, Wasserburg
Druck und Bindung Ebner Ulm
Printed in Germany
ISBN 3-426-60807-3

2 4 5 3 1

Inhaltsverzeichnis

Vorwort
von Clara von Arnim

In dem Buch »Der grüne Baum des Lebens« habe ich mein Leben – das kurz nach Beginn dieses Jahrhunderts begann – bis zum Ende des Zweiten Weltkrieges erzählt. Es berichtet von meiner Heirat mit Friedmund von Arnim, einem Urenkel des Dichterpaares Achim und Bettine von Arnim, meinem Leben als Gutsfrau auf den traditionsreichen märkischen Gütern Zernikow, Wiepersdorf und Bärwalde, der Geburt meiner Kinder und unserer Flucht in den Westen am Ende des Krieges. »Der grüne Baum des Lebens« endet 1947 in Tommelhardt bei Waldenburg in Württemberg, dem ersten Ort, wo die Familie wieder zusammenleben konnte. Mein Mann, so erfuhr ich dort, war in russischer Kriegsgefangenschaft gestorben; ich stand mit den Kindern allein. Ich hatte beim Abschied von zu Hause meinem Mann, der seine ihm anvertrauten Leute und seine Betriebe nicht verlassen wollte, versprochen, die Kinder zu retten. Gerettet waren sie, aber ich wußte, ich würde – auf welche Weise auch immer – ein Häuschen bauen, das alle Kinder wieder unter einem eigenen Dach vereinen würde.

Immer wieder haben mich die Leser und Leserinnen meines ersten Buches gefragt, wie es denn nun weiterging, wie ich es geschafft habe, als alleinstehende Frau sechs Kinder großzuziehen. Was ist aus den Kindern geworden? wurde ich immer wieder gefragt.

Heute will ich erzählen, wie ich mit meinen sechs Kindern durch die mir neue, fremde Welt kam und wie ich sie alle un-

ter einem Dach vereinte, im kleinen Kupferhaus bei Schwäbisch-Hall. Wie ich daneben berufstätig war und über Land fuhr. Der beschriebene Lebensabschnitt trägt den Titel »Ich baue uns ein Haus«.
In einem zweiten Abschnitt – unter dem Titel »Neue Wege bringen neue Aufgaben« – will ich schildern, wie alle Kinder nach und nach aus dem Haus, in die Welt gingen und wie diese Wege verliefen.
Aber auch meine Wege führten aus Württemberg hinaus.
Es erwuchsen mir auf nun anderen Wegen neue Aufgaben, bis sich mein Lebenskreis nach der Wiedervereinigung schloß.
Die Aufgaben bestehen für mich nicht darin, Anspruch zu erheben auf die verlorenen Besitztümer, sondern vielmehr darin, deren geistige Tradition fortzutragen in die Zukunft.

Kronberg, im November 1997

Vorwort

von Bettina von Arnim

Kinder erleben auf andere Weise als Erwachsene, und sie haben ihre ganz eigenen Erinnerungen. Es schien bislang so, als hätte ich als kleines Kind einfach nichts gesehen und erlebt und mich demnach auch später an nichts mehr erinnern können. Noch bis vor kurzem sagte meine Mutter mit einer abwehrenden Handbewegung zu mir: »Damals warst du noch zu klein!« Damit war jahrzehntelang ein offenes Gespräch zwischen Mutter und Tochter abgeschnitten. Über das zeitweise gemeinsam Erlebte – zum Beispiel die Flucht aus der Mark Brandenburg in mehreren Etappen bis nach Württemberg – hatten wir nie gesprochen. Erst in ihrem Buch »Der grüne Baum des Lebens« las ich darüber. Meine Erinnerungen an diese Zeit unterscheiden sich jedoch in manchem.
Nach einem Besuch bei meiner Mutter vor drei Jahren überraschte mich auf der Rückfahrt ein Buchtitel mit ebendem Ausspruch, der mir noch im Ohr war: »Damals warst du noch zu klein.« (Ein Buch von Kati David über den Zweiten Weltkrieg aus der Sicht von Kindern.) Dieses Buch bestätigte mich darin, daß auch Kindheitserinnerungen wahrheitsentsprechend sind. Unabhängig von meiner Mutter und ohne ihr erstes Buch noch einmal anzusehen, beschloß ich, nun meine Geschichte von »Jumbo« aufzuschreiben.
Damit war auch die Idee des parallelen Schreibens geboren, das heißt der Gedanke, das scheinbar gemeinsam, jedoch aus verschiedener Perspektive Erlebte nebeneinanderzustellen. Ähnlich einer Collage, wobei aus dem Nebeneinander unter-

schiedlicher Elemente im Auge des Betrachters etwas Neues entsteht.

Monate später, nachdem meine Mutter den fertigen Text »Jumbo« gelesen hatte und ich sie wieder besuchte, sagte sie erstaunt: »Also warst du doch nicht zu klein!« Ich fragte sie, ob ihr Schmuck, den ich damals nur ganz kurz gesehen hatte, wirklich so ausgesehen habe, wie ich ihn aus dem Gedächtnis beschrieben hatte. Daraufhin öffnete sie ein Schublädchen und zeigte mir einen kleinen Rest davon. Es war merkwürdig, ein Stück Erinnerung anfassen zu können. Und es war gut, daß durch die partnerschaftliche Arbeit an diesem Buch eine gegenseitige Aussprache doch noch möglich wurde.

Der Buchteil »Zöpfe« entstand ebenfalls unabhängig, ohne Kenntnis dessen, was meine Mutter über die gleiche Zeit schrieb. Es sind Erinnerungen aus dem Blickwinkel der Kindheit und der Heranwachsenden. In jenem Zeitraum war meine Mutter berufstätig und ich ein Schulmädchen. Über manche jener Erlebnisse hatte ich nie sprechen mögen, sie verloren erst im Lauf der Zeit ihre unangenehmen Seiten, andere waren von vornherein schön gewesen. Auch meine fünf Brüder und ich erlebten je nach Alter und den für uns unterschiedlichen Situationen auf andere Weise als unsere Mutter, und sicher hat uns das auch verschiedenartig geprägt.

Dieser Buchteil endet an jenem Zeitpunkt, an dem ich auszog und nicht mehr bei unserer Mutter lebte. Bis auf meinen jüngsten Bruder hatten damals alle das Haus verlassen. War die Familie zwölf Jahre zuvor durch die Flucht auseinandergerissen worden, so löste sie sich jetzt noch einmal auf, weil die Kinder groß geworden waren.

Concots, im November 1997

TEIL I

BETTINA VON ARNIM

JUMBO
(1944 bis 1949)

Der Erwachsene achtet auf Taten,
das Kind auf Liebe.

Indische Weisheit

ZERNIKOW

Er war kein Elefant, »Jumbo« war ein Bär aus Stoff. Die Mutter hatte ihn aus einem grauen Feldmantel geschneidert, mit Holzwolle ausgestopft und ihm mit weißen Wäscheknöpfen einen hellen Blick verliehen. Er war das große Weihnachtsgeschenk für den kleinen Wolf-Herman gewesen, das jüngste von uns sechs Geschwistern.
Daß es das letzte Weihnachten zu Hause in Zernikow sein würde, mit dem prachtvollen Tannenbaum, der bis zur hohen Decke reichte, konnte die Mutter beim Nähen damals nur ahnen. Vor allem unser Vater wußte, daß etwas Katastrophales auch für uns geschehen würde, nur noch nicht wann und wie. Das Foto, auf welchem der zweijährige Wolf, damals Bürschli genannt, glücklich strahlend den feldgrauen Jumbo in den Armen hält, wurde erst später mit der Unterschrift im Album »Weihnachten 1944, das letzte Mal in Zernikow« versehen. Erst mit dieser Unterschrift war es auch als das letzte Mal besiegelt. Doch weder Foto noch Beschriftung verraten, wie es weiterging.

Auf dem Bild ist der Stoffbär fast so groß wie das Kind, der Weihnachtsbaum größer als beide, der Raum größer als der Weihnachtsbaum. Beim Betrachten des Fotos erinnere ich mich daran, wie mein jüngster Bruder und ich einmal bei Tage im Weihnachtssaal allein waren. So etwas war vorher noch nie vorgekommen, daß Kinder in diesem festlichen Saal allein gelassen wurden. Ich solle vorsichtig sein und auf

Bürschli gut aufpassen, hatte eine der Kinderschwestern beim Verlassen des Raumes noch gesagt.
Mir kam es vor, als seien wir in heiligen Gefilden. Nach einigem Bestaunen des Tannenbaums bis zu seinem Stern hoch oben unter der Decke des Saales betrachtete ich die Krippe unter dem Baum. Da war ein Häuschen aus Holz, mit Moos bedeckt, darin Maria und Josef mit dem Jesuskind, das auf echtem Stroh lag, die Strohhalme so dick wie Balken unter dem winzigen, rosa Kindchen. Vor der Krippe standen die Heiligen Drei Könige in ihren prächtigen Gewändern. Von so nah hatte ich diese magischen Figuren vorher noch nie betrachten können. Ich flüsterte ihnen etwas zu, um ein geheimes Gespräch zu versuchen. Aber da krabbelte Bürschli behende auf den Baum zu – bloß nicht in die Krippe hinein! –, erhob sich und faßte eine der allergrößten Silberkugeln, die unten am Weihnachtsbaum hingen. Er wollte mit der glitzernden Kugel spielen wie mit einem Ball. Dabei zerbrach sie in feine, spitze Scherben.
Wir waren sehr erschrocken, daß etwas so Feierliches, das offenbar auch besonders empfindlich war, in Scherben lag. Einen Moment wartete ich noch, ob nicht Engel vom Weihnachtsbaum herniederschweben, die Scherben wie mit einem Magnet anziehen und im Himmel wieder schön zusammenkleben würden. Aber die Engel könnten ja auch herunterkommen, um uns für dieses Vergehen zu strafen. Beim Gedanken an Strafe verwandelten sich die Engel schnell in Kinderschwestern, und Strafe würde bedeuten: Kloppe, das heißt, den Hintern versohlt kriegen. Auch Bürschli hatte Angst, daß die Kinderschwestern die Scherben sehen könnten, daß wir beide Kloppe kriegen würden, er, als hätte er noch in die Hosen gemacht, ich, seine zwei Jahre ältere Schwester, weil sie nicht aufgepaßt hatte – egal warum: Alle würden Kloppe kriegen, sollte diese Untat entdeckt werden.

Bürschli stimmte meinem Rat zu, die silbernen Bruchstücke unter dem großen Teppich des Saals zu verstecken. Dabei verbot ich ihm aber zu helfen mit einem »Du bist noch so klein und zu ungeschickt, wenn du das anfaßt, kommt Blut aus deinen Fingern!«. Vorsichtig schob ich Scherbe um Scherbe unter den dicken, dunkelroten Teppich, dabei den Blick zwischendurch auf die Tür gerichtet: Falls jemand hereinkäme und das Verstecken noch nicht beendet wäre, wollte ich schnell so tun, als würde ich beten. Gefaltete Hände haben nichts getan, die Kugel ist von selbst vom Himmel gefallen.
Niemand kam, und auch am Abend wurden die silbernen Weihnachtsscherben unter dem Teppich nicht entdeckt. Einige Wochen nach Weihnachten überkam mich aber doch noch einmal die Angst, die Scherben könnten zutage kommen, als der große Perserteppich aus dem Saal eingerollt wurde, um mit den Ahnenbildern aus der Kirche zusammen eingemauert zu werden. Die entblößten Parkettdielen wurden abgefegt, am Rande einer großen Fläche von Staub lag noch die inzwischen zu winzigen Silberstückchen zerriebene Weihnachtskugel. Sie wurde wie Staub mit weggefegt.

»Weihnachten 1944«, das Foto mit Bürschli und Jumbo unter dem Weihnachtsbaum ist, soweit ich weiß, auch die letzte der schönen Aufnahmen, welche die Mutter von unserem Zuhause in Zernikow gemacht hatte. Wovon es kein Foto gibt, dazu habe ich auch keine datierten Anhaltspunkte zum Erinnern mehr. So muß ich mich nun an Bilder halten, die mir aus dem optischen Gedächtnis, wie von weither, von tief hinten im Kopf vor die geschlossenen Augen treten. Dabei tauchen auch vielerlei Eindrücke auf, die lange vor diesem Weihnachten liegen, Bilder aus dem Blickwinkel eines Kleinkindes, welche ein Kameraauge sowieso nicht einfangen kann.

Früh und prägend – der erste Eindruck des Kastanienlaubs. Daß mir dieses Bild überhaupt noch im Gedächtnis blieb, mag daran liegen, daß ich unter den beiden Kastanienbäumen hinter dem Gutshaus »das Licht der Welt« zum ersten Mal auch selbst erblickte. Unter das regendichte, schattenspendende Blattwerk der alten Kastanien wurden wir sechs Kinder der Reihe nach im Kinderwagen zur Mittagsruhe gelegt. Im Herbst geboren, im Frühjahr darauf die Blätter betrachtend, muß ich noch zu den Babys gehört haben, dem entspricht auch diese Erinnerung:

Muster, hell und dunkel ineinandergefächert, Blattgefieder wie große, dunkelgrüne Hände hoch oben, die Muster bewegen sich leicht, Schatten, Stille. Aber dann Blendung, die schönen Muster weg, Arme hochstrecken, um sie zurückzuholen, aussteigen und den Bäumen nachlaufen wollen, Laufen unmöglich, weil festgegurtet, nur noch Schreien. Jemand kommt, Versuch zu sprechen: Die Bäume sollen doch nicht davonlaufen! Das unverständliche Gestammel wird auf hohen Rädern aus dem Sonnenlicht hinein ins Dunkel der Mauern geschoben.

Nach dem ersten Eindruck vom Sehen taucht die Erinnerung an schnelles und wendiges Laufen auf. Diese Erinnerung verbindet sich mit einem Engel aus Stein. Jahraus, jahrein stand er, ein Kind mit Flügeln, ohne selbst bei Hitze oder Sturm auch nur mit der Wimper zu zucken, ungerührt im Park. Wenn dann jedoch wir Kinder bis zum Taumeln im Kreis um ihn herumliefen, schien er virtuose Pirouetten auf seinem Sockel zu vollführen, als nähme er als Mittelpunkt des Kindervergnügens daran teil.

Ein solcher Engel aus Stein stand im Park von Zernikow. Es war eine Putte aus der Zeit des Rokoko. Die »Alte Labes«[1] hat-

[1] Die Anmerkungen befinden sich am Schluß des Buches ab Seite 393

te die kleine Figur von Potsdam nach Zernikow bringen lassen, als sie das Gut mit einem Park im englischen Stil umgab. Mit dieser Rokokoputte verknüpfen sich auch Geschichten über die sagenhaften Feste des genußfreudigen Ehepaars von Labes. So erzählte unsere Mutter, während sie mit helfenden Frauen eine Tischdekoration arrangierte und eine große Schale mit Blumen füllte: »Ja, damals, bei der alten Labes waren die Tischdekorationen noch viel fabelhafter! Mitten in ein solches Blumenbukett wurde eine Putte plaziert. Aus dem Dorf wurde ein echtes Kind ausgeliehen, vergoldet und zwischen die Blumen gesetzt.« Ich fragte mitfühlend nach, was passiert wäre, wenn das Kind Bächlein hätte machen müssen. Meine Mutter antwortete mir: »Es wurde auf sein Töpfchen gesetzt, von Blumen umgeben war das nicht zu sehen. Das brave Kleinkind saß ganz still, vom Fasanenessen bis zum Nachtisch. Erst beim Abräumen des Festmahls merkte die Bedienung, daß das Kind inzwischen gestorben war. Damals wußte man noch nicht, daß ein Lebewesen auch durch die Poren der Haut atmen muß. Wahrscheinlich hatte die goldene Schuhcreme die feinen Poren des Kindes verstopft.«
Von dieser Geschichte an glaubte ich, der kleine Engel im Park sei das Dorfkind, das an Vergoldung gestorben war. Versteinert blieb es dann zwischen Schloß und Dorf stehen. In den groben Poren des Steins konnte man aber kein Gold mehr entdecken.
Das steinerne Engelchen war von einer gepflegten Blumenrabatte umgeben. Auf die Ranunkeln und Stiefmütterchen durfte man natürlich nicht treten! Erhöhte Sandsteine faßten die Blumenrabatte zu einem Rondell ein. Erst liefen wir Kinder im Kreis in einer Richtung um die Blumenrabatte herum, die beiden älteren Brüder Christof-Otto und Peter-Anton vorneweg, ich – etwas langsamer – hinterher. »Auf Wiedersehen!« sagten mir die Brüder beim Überholen, kamen plötzlich in

Kehrtwendung wieder: »Guten Tag!«, rasten weiter – ich hinterher –, wir prallten aufeinander, wieder ein fröhliches »guten Tag, guten Tag, auf Wiedersehen!«. Balancieren auf den Steinkanten, umdrehen, hinunter, wiedertreffen, in immer schnelleren Pendelbewegungen ging das lustige Laufspiel hin und her.

Dreißig Jahre später, 1973, konnte ich, mit einem »Passierschein« versehen, von Westberlin aus kurz nach Zernikow fahren. Am Abend hatte man sich rechtzeitig im »Tränenpalast«, der Kontrollstelle an der Friedrichstraße, wiedereinzufinden. Was fängt man mit solch knapp bemessenen Passierscheinstunden an? Nach den Rosen suchte ich, deren Blätter wie Gravensteiner Äpfel riechen, nach dem Engel aus Stein und seinem Rondell. Weit lief ich in den abgeholzten Park hinaus, in der Hoffnung, etwas wiederzufinden und seien es auch nur Bruchstücke, die sich mit denen der Erinnerung verbinden ließen. Aber mit viel zu großen Schritten hatte ich mich vom Haus meiner Geburt entfernt, als trüge ich Siebenmeilenstiefel. Also langsam zurück, in die Knie gegangen, um die richtige Perspektive zum Erinnern zu haben. Und da stand es doch noch! Das Engelchen war nur fünf Meter vom Haus entfernt. Klein, schwarz und verwittert, war es von fast ebenso hohen Disteln und Brennesseln umgeben. »Oh, guten Tag!« flüsterte ich ihm zu und streichelte seine wetterrauhe Stirn. »Halt dich gut versteckt, auf Wiedersehen! Adieu.«
Weitere siebzehn Jahre später, ein Jahr nach dem Fall der Mauer, fuhr ich von Frankreich aus wieder nach Zernikow. Diesmal war mein kleiner Engel aus Stein überhaupt nicht mehr aufzufinden. In der Zwischenzeit ist diese schöne Skulptur verschwunden. Irgendwo lag noch, wie zusammengeschrumpft, ein umgestoßener Sockel herum. Eine Betontrasse

durchquert jetzt den Park, dessen frühere Existenz man nicht einmal mehr ahnen kann.

Erstaunlicherweise stehen auch heute noch die beiden alten Kastanien auf der Parkseite des verfallenden Gutshauses. Von ihrem ehemals schützenden Blattwerk sind nur noch an der Spitze zwei Büschel übriggeblieben, die unteren Äste wurden als Brennholz abgesägt, das 1991, zu Scheiten geschlagen, ordentlich zwischen den beiden Stämmen hochgestapelt lag. Auch an der Dorfstraße stehen noch immer alte Kastanienbäume. Sie bestätigen mir eine meiner schönsten Kindheitserinnerungen als wahre Begebenheit, die Erinnerung an einen Dorfspaziergang mit meinem Vater.
Es muß im Herbst gewesen sein, wenn die Kastanien ihre schokoladenbraunen, glänzenden Früchte zu Boden prasseln lassen, als Vati mich wieder zu einem seiner abendlichen Gänge ins Dorf mitnahm. Dies war ein Privileg, aber als Vatis einzige, kleine Tochter nach vier größeren Söhnen hatten wir uns einander nun mal besonders lieb. Er holte mich im Kinderzimmer ab, da war es einfach, bei ihm huckepack aufzusitzen, man brauchte nur auf die Wickelkommode zu klettern, um mit ihm auf gleicher Höhe zu sein. Huckepack trug Vati mich hinaus auf den Hof.
Draußen gingen wir dann Hand in Hand zur Dorfstraße hin. Dabei rauchte Vati seine Pfeife, eigentlich ein Symbol für ernste Gespräche im Herrenzimmer. Bewundernd schaute ich zu ihm hoch: »Bitte Vati, das möchte ich auch!« Fix hob er eine Kastanie vom Rand der Dorfstraße auf, schnitzte mit seinem Taschenmesser einen Pfeifenkopf daraus, schnitt einen Holunderzweig ab, schob dessen weiches Mark heraus, so daß auch ein Röhrchen daraus wurde, setzte es als Stiel an den Kopf, blies kräftig durch, stopfte noch etwas zerkrümelte Borke hinein und überreichte mir diese schöne Pfeife. So schrit-

ten wir beide, gemütlich Pfeife rauchend, an der Kirche vorbei die Dorfstraße entlang.
Mit manchen Menschen im Dorf hatte Vati, der Baron, sehr ernste Gespräche zu führen. Da ich ja nun auch Pfeife rauchte wie er, schien es mir nicht ungehörig, bei den besorgten Gesprächen anwesend zu sein.
Überhaupt fühlte ich mich mit Vati zusammen im Dorf wohler als mit den verschiedenen Kinderschwestern im Gutshaus. Da mußte man achtgeben, daß nichts schmutzig wurde. Vor allem wenn Besuch kam, wurden wir vorher fein herausgeputzt, die vier älteren Brüder in weißen Matrosenanzügen, ich in weißem Volantkleidchen. Und bei Tisch verlangte die Mutter, daß jedes Kind vor aller Öffentlichkeit ein Gebet hersagte. Das war besonders unangenehm, am liebsten hätte ich mich unter den Tisch verkrochen.

Abends nach der Arbeit band unser Vater sein Pferd vor dem Gutshaus an. Er schaute in die Küche, was es zu essen gäbe. War es wieder nur einer der langweiligen Eintöpfe, drehte er noch einmal eine Runde durchs Dorf, oder er ritt durch die Lindenallee, ehe das Pferd in den Stall kam.
Die Lindenallee hat die alte Labes vor über zweihundert Jahren anpflanzen lassen. Merkwürdigerweise verbindet diese »Allee an sich« keinen Ort mit einem anderen. Sie beginnt quer hinter einem Bach, führt durch zwei Reihen mächtiger, hoher Bäume und endet an einem Haufen eiszeitlicher Endmoränensteine.
Von der Malerin Bettina Encke-von Arnim, der ältesten Schwester meines Vaters, gibt es ein Ölgemälde der Lindenallee im Herbst: goldgelb die Blätter oben, schwarzoliv die vielen dicken Stämme unten, auf dem Sandweg dazwischen ein entschwindender Reiter – mein Vater, der einzige Bruder der Malerin.

Hier vermischt sich nun wirkliche Kindheitserinnerung mit diesem Gemälde bis hin zu einem Traum. Noch Jahre danach, vor allem während der Flucht, wenn die Situationen der Realität besonders bedrohlich wurden, wenn die Sehnsucht nach dem Vater besonders stark war, flüchtete sich meine kindliche Phantasie in ein Traumbild.
Diesmal nahm Vati mich auf die Arme und setzte mich hoch oben auf sein Pferd. Dann schwang er sich selbst wieder in den Sattel. Mit einem Arm hielt er mich dicht bei sich, mit dem anderen führte er das Pferd an den Zügeln. So hoch oben auf dem Pferd aneinandergeschmiegt waren wir sehr glücklich und ritten weit davon.
Im Galopp ritten wir durch die Lindenallee. Ganz leicht habe ich mich gemacht, still den Bewegungen von Pferd und Reiter angepaßt, um unbemerkt beim Galoppieren, wie schwerelos, mit Vati davonzufliegen. Erst berührten die Hufe des Pferdes noch den Sandweg der Allee, dann sausten wir im fliegenden Galoppwechsel durch den hohen Schattendom der Lindenallee hin, stiegen höher auf, duckten die Köpfe in die Mähne, um die Augen vor spitzen Ästen zu schützen, entschwanden noch höher und streiften sanft die hellen Blätter.

Unser Vati war ein Feinschmecker. Einmal, als in der Küche wieder so etwas wie Eintopf zubereitet wurde, setzte er sich zu uns Kindern, die abends vor den Erwachsenen abgespeist wurden. Wir bekamen meistens Grießbrei mit süßer Soße. Vati aß auch etwas davon und meinte dabei lachend, Grießbrei sei doch auch mal eine gute Abwechslung auf seiner Speisekarte!
Vielleicht hat er an jenem Abend das normale Abendessen ausgelassen, um in der Nacht mit den französischen Kriegsgefangenen zusammen eine feine Mahlzeit zu genießen. Die Vorbereitungen zu diesem französischen Feinschmeckeressen versetz-

ten mich jedoch zunächst in panischen Schrecken. Am Treppenvorbau des Kellers stand die Tür offen. Fasziniert guckte ich in die dunkle, unheimliche Tiefe hinab. Da bewegte sich etwas Weißes, Heerscharen von weißschleimigen Schnecken krochen die schwarzen Treppenstufen herauf. Als Weinbergschnecken mit ihrem schönen, braunen Gehäuse waren sie nicht mehr zu erkennen. Das machte angst, diese massenhaften, weißen Gebilde, die im Dunkeln hochkrochen und von tief unten immer mehr wurden.

Mein Bruder Peter-Anton, drei Jahre älter als ich, trieb sich auch vor dem Kellereingang herum. Er wußte schon genau Bescheid, was diese für mich so schreckliche Szene bedeutete, hatte er doch selbst den Franzosen beim Sammeln der Weinbergschnecken geholfen.

Die Schnecken waren zuhauf in eine Tonne im Keller gefüllt und dabei mit Mehl bestäubt worden, um sie nochmals aufzumästen. Offenbar hatten die obersten den Deckel der Tonne hochgedrückt, so daß dann die darunterliegenden Schnecken hinterherkrochen und trotz des Mehls versuchten, ihrem Schicksal zu entkommen. Peter-Anton war besorgt, daß sich die feine Mahlzeit davonmachte, und sagte jemandem Bescheid (wer weiß wem, die Sache war ja auch geheimzuhalten). Am Abend war mein Bruder ganz traurig, nicht wegen der armen Schnecken, sondern weil er gleichzeitig wie »die beiden Kleinen« ins Bett gesteckt wurde. Er weinte im Bett aus Enttäuschung, daß das französische Diner mit dem Vater, zu dem er doch so fleißig beigetragen hatte, ohne ihn stattfand.

Über dem Keller lag die Plättstube. Man konnte sie von innen durch die Küche oder von außen durch einen halbrunden Türeingang erreichen. Hoch oben unter der Decke des sonst kahlen, weißgetünchten Raums war eine Art kleiner, dunkler Altar über Eck angebracht. Auf einem dreieckigen Brett stand ein brauner Kasten, sein großes, rundes Loch war wie von einem schwarzen Sieb bespannt. Darüber hing ein schwarzgold gerahmtes Bild unter Glas, ein graues Foto, nicht einmal mit Farben gemalt wie die Ahnenbilder in der Kirche. Ein schreckliches Gesicht mit stechenden Augen blickte von da oben herab. Irgendwie mußte diese Installation mit dem Krieg zu tun haben und mit einer Person, über die in den anderen Räumen des Hauses nur in unverständlichen Andeutungen gesprochen wurde.

»So, dieser Stapel ist jetzt fertig gebügelt! Gleich spricht der Führer zu uns«, sagte eine der Frauen, eine andere steckte die elektrische Schnur ihres Bügeleisens um und schloß den braunen Kasten, den Volksempfänger, an.

Wer alle die Frauen und Kinderschwestern im Hause waren, weiß ich nicht mehr genau. Eine einzige Bezugsperson, wie man es heute für kleine Kinder für richtig hält, gab es in dem Gutshaushalt nicht. Da waren mehrere »Pflichtjahrmädchen«, junge Mädchen und Frauen, die ein Jahr als Hilfe auf dem Lande zu absolvieren hatten. Für die Neugeborenen war Schwester Tedda zuständig – von ihrer lieben, herzlichen Art konnten wir älteren Geschwister noch profitieren, bis der Jüngste aus den Windeln war. Für die Kinder im Vorschulalter war Schwester Nanni engagiert worden. Sie war schon älter, streng und weniger zu Späßen aufgelegt als manche der Pflichtjahrmädchen. Schwester Nanni trug eine weißgraue Uniform, an der jede Falte immer korrekt saß. Die einzige Farbe an ihr war die blaue Emaillebrosche ihres Schwesternordens auf dem gestärkten Kragen. Ihre Haare steckten unter einer weißen, steifen Haube. Im ganzen schien es unheimlich, als hätten wir eine merkwürdige Krankheit, daß wir »Kinder vom Schloß« von Frauen aufgezogen wurden, die aussahen wie Schwestern in einem Krankenhaus, während die »Kinder vom Dorf« von ihren eigenen Müttern betreut wurden.

Außer einer Küchenmamsell und einer Schneiderin aus Berlin gab es eine Hofschneiderin. Sie war Anthroposophin und entwarf für die Mutter eigenwillige Gewänder. Sie durfte sogar auf dem Bechsteinflügel der Mutter spielen. Bei Musik und »Kultura« lächelte sie verzückt, auch an Stellen, die gar nicht zum Lachen waren. Dann war da Tante Irma, eine kluge und ernste Frau. Sie half den älteren Brüdern bei den Schularbeiten, und manchmal las sie uns allen Geschichten vor. »Tante Irma« war nur ein Deckname in der Gefahr, denn sie war Jüdin, ihr Mann im Konzentrationslager umgekommen. Unser Vater hatte sie in Zernikow »versteckt«, wie auch seine Mutter in Wiepersdorf mehreren Menschen in Not Unterschlupf gewährte. Gegen Ende des Krieges setzte er Tante Irma sogar als Bürgermeisterin ein. Ein waghalsiges Unterfangen, jedoch galt der NS-Frauenbund, dem unsere Mutter vorstand, für Zernikow als nützliches Alibi. Über diese Hintergründe wußte ich als vierjähriges Kind natürlich nichts, sondern empfand Menschen rein instinktiv als sympathisch oder unsympathisch.

Kurz nach Weihnachten konnte man am Horizont einen roten Schein von den Brandbomben über Berlin sehen, wenn man abends gen Süden schaute. Eines hellichten Tages kreisten dröhnende Flugzeuge auch direkt über dem Zernikower Gelände.

Alle Frauen und Kinder rannten zunächst in die Küche. Dort wurden sämtliche Kochtöpfe als Schutzhelme verteilt, die großen auf die Schwesternhauben, die kleinen auf die Kinderköpfe, die Mutter hatte in der Eile einen Kupferkessel ergriffen, jemand lief noch mit einem Entsafter als Helm hinterher. Schnell, schnell in den Keller!

In den Keller kam man aber nur von außen; raus aus der Plättstube, dann rein durch den engen Treppenvorbau. Bei diesem kurzen Umweg war der Hof zu überblicken. Da stand mein ältester Bruder Achim völlig ungeschützt allein auf freier Fläche, den Blick nach oben zu den glänzenden Flugzeugen gerichtet. Die Mutter befahl ihm entsetzt, mit allen in den Keller zu kommen, sie flehte ihn an, doch wenigstens etwas zum Schutz auf den Kopf zu setzen! Stumm, nur mit einer verächtlichen Geste gegen den ihm von weitem zugeschwenkten Kochtopf, beobachtete er weiterhin das Weltgeschehen am Himmel. Ich bewunderte meinen großen Bruder. Meine Gefühle waren hin- und hergerissen. Zum einen wollte ich Achim nicht allein lassen, wenn er da draußen von Bomben getroffen tot umfiele, zum anderen war der finstere Keller noch bedrohlicher als der offene Hof: Da unten konnte man wie die Schnecken behandelt werden und vor keinen Todesgefahren mehr davonlaufen. Noch war ich jedoch weit davon entfernt, schon eigene Entscheidungen treffen zu können, wie mein neun Jahre älterer Bruder.

Um uns Kleinen die Zeit beim Stillsitzen in dem unheimlichen Keller verlockender zu machen, hatte Ruth, eines der Pflichtjahrmädchen, ein Bilderbuch zum Vorlesen mitgenommen. Da unten war aber kein Licht zum Lesen. Jemand hatte eine Kerze mitgebracht und zündete sie an. Im Kerzenschein war kurz zu sehen, wie da alle merkwürdig verkleidet einen Platz auf den schmalen Bänken suchten, manche hatten abstehende Henkelohren, anderen lag ein runder Topfbügel um die Nase. Ein halber Satz wurde vorgelesen, aber unter den harten Töpfen auf den Ohren war nichts zu verstehen. Auch sollte die Kerze gespart werden, sie wurde gleich wieder ausgeblasen. So saßen wir stumm im Dunkeln und horchten gebannt auf das Dröhnen der Flugzeuge. Zum Glück hatte keiner bemerkt, daß Bürschli und ich auch den Jumbo, und das ohne Topfhelm, mit in den Keller genommen hatten. In der Dunkelheit schmiegten wir uns an den Bären, streichelten ihn und dachten dabei an den großen Bruder, der draußen so allein war.

Anfang Februar ging Schwester Nanni mit uns zwei Kleinen zu einem Spaziergang in den Tiergarten, einen Wald mit alten Eichen und Buchen. Rechts vom Gutshof aus wäre man zu den beiden Teichen gekommen, die ich nicht sonderlich mochte, denn auf dem einen, der im Winter zugefroren war, hatten die vier älteren Brüder mich angebunden auf einem hohen Schlittenstuhl einfach an den Rand geschubst, statt mich beim Eislaufen hin und her zu schieben. Während sie hinter mir vergnügt schlitterten und Schlittschuh liefen, blieb mir nur, reglos und fröstelnd, in kahle, langweilige Äste zu gucken.
Schwester Nanni schlug jedoch den Weg nach links in den Wald ein, der mir lieber war. Dort wuchsen im Herbst vielerlei Pilze, wobei der schönste, wie im Märchenbuch, ein großer Fliegenpilz mit weißen Tupfen auf seinem roten Dach war: Nicht anfassen, betrachten ja – wie die frische Ölfarbe auf den Bildern meiner Malertante.
Noch blühte keine der vielen Anemonen im Tiergarten, so suchte ich wieder nach dem schönen Fliegenpilz. Gerade sah ich etwas Rotes in der Erde, da blieb Schwester Nanni stehen: »Pst, Kinder, horcht!« Sie lauschte und spähte zur alten Maulbeerallee hin, zu den Chausseen zwischen Herbersdorf und Menz. »Hört ihr auch die Panzer? Die Russen kommen!« flüsterte sie voll Angst. Trotz aller Anstrengung konnte ich weder etwas hören noch sehen. Panzer, mir bislang noch unbekannt, sah ich nur in der Einbildung als große Raupen durch die Maulbeerallee kriechen.
»Schnell nach Hause! Kommt!« – Schwester Nanni griff nach unserer Hand. Ihre Hände zitterten. Wir liefen so schnell und so leise wir konnten zum Hof und zum Haus zurück. Dort an-

gekommen war in der angstgeladenen Stimmung zu spüren, daß dies unser letzter Spaziergang im Tiergarten gewesen sein sollte.

Kurz darauf wurde für uns, die beiden Kleinen, gepackt. Schwester Nanni, nach diesem Spaziergang offenbar zur Flucht bereit, sollte die Begleitperson sein. Fort zu müssen war mir ganz unvorstellbar und furchtbar, zu Hause wollte ich bleiben, bei meinem Vater, komme, was wolle!

Ein solches Zuhause hätte auch Wiepersdorf[2] sein können. Noch hegte ich die Hoffnung, wir dürften dorthin fahren, zur lieben »Erdbeeroma«, unserer Großmutter väterlicherseits, und zu den Tanten dort. Wir Kinder nannten diese Großmutter, die eine große Gärtnerin war, so, weil sie für uns Erdbee-

Bettina in Wiepersdorfer Tracht 1944 im Park von Zernikow

ren aus dem Garten holte, wovon wir essen durften, soviel wir wollten, und sogar noch Schlagsahne dazu bekamen.

Ein besonders schöner Tag in Wiepersdorf war im Jahr zuvor der erste Mai gewesen, der siebzigste Geburtstag der Erdbeeroma. Am Nachmittag pflückten wir Blumen, dann nahmen mich meine Tanten in die oberen Räume des Gutshauses mit, öffneten eine geheimnisvolle Truhe voller Hauben, holten eine kostbare Wiepersdorfer Kindertracht[3] daraus hervor, zogen sie mir an und freuten sich, daß überhaupt nichts zu ändern und zu nähen war, sie paßte wie angegossen. Der Geburtstag unserer Erdbeeroma und die Wiepersdorfer Trachten waren etwas ganz Besonderes gewesen. Normalerweise trugen dort alle einfache Kleidung, die ruhig mal schmutzig werden konnte. Auch war es für Kinder nicht verboten, bei Tisch zu sprechen, und gebetet wurde in der Kirche, nicht vor dem Essen, das sonst kalt geworden wäre. Überhaupt ging es in Wiepersdorf bei der Erdbeeroma und den Tanten wohltuend ungezwungen zu.
Aber dann tauchte der Verdacht auf, daß wir beiden Kleinen leider nicht nach Wiepersdorf geschickt werden würden, sondern an einen Ort, an dem es wohl besonders vornehm zuging, wo sich sogar die Puppen fein gekleidet gut benehmen mußten. Mit einer gutgemeinten Aufforderung versuchte meine Mutter, den Ernst der Lage zu verdecken: »Bettinchen«, sagte sie, »ziehe doch deine Puppe besonders hübsch für diese Reise an!« Das war mir verdächtig, und in der Verlegenheit kam die Antwort: »Meine Monika hat aber gar keine Lust zu verreisen.«
Sechs neue Rucksäcke verschiedener Größe waren extra vom Schuster für die Flucht von uns Kindern angefertigt worden. Kurz nach uns beiden Jüngsten sollten die beiden ältesten Brüder Achim und Clemens nach Süddeutschland geschickt

werden. Es gab die Befürchtung, sie könnten sonst, als Jungen von vierzehn und gerade dreizehn Jahren, mit der Panzerfaust im Endkampf um Berlin eingesetzt werden. Für die beiden mittleren Brüder wurde zwar noch nicht gepackt, aber ihre Rucksäcke standen schon bereit. Wir beiden Kleinen mußten als erste von zu Hause weg. Die Puppe war auf meinen vollen Rucksack geschnallt und der große Jumbo auf den kleinen Rucksack von Bürschli.

An den Abschied von Zernikow kann ich mich nur noch dunkel erinnern, zumal danach mit der Mutter kein Wort mehr darüber gesprochen wurde. Jahre später traf ich eine Tante wieder, Ruth Mylius, die Augenzeugin des Abschieds gewesen war. Sie erzählte, das kleine Mädchen habe sich an seinen Vater geklammert, es wollte bei ihm bleiben und ihn in Zernikow nicht alleine zurücklassen. Gewaltsam habe man das Kind von seinem Vater getrennt.

Die Mutter hatte uns noch versichert, daß sie uns nachreisen würde. Daher wußte ich, daß unser Vati bald ganz allein sein würde. Auf einem hohen Wagen fuhren wir aus dem Hof. Ich drehte mich noch einmal um, der Vater ging mit gesenktem Haupt ins Haus. Der letzte Funken Hoffnung, er würde mich noch vom Wagen zurückholen oder uns zum baldigen Wiedersehen nachwinken, war mit diesem kurzen Blick zurück erloschen.

In Gransee wurden Schwester Nanni und wir vor der Kirche abgesetzt. Die kleine Stadt war ganz anders als sonst. Vor der Kirche standen Berge von Gerümpel, auf den Straßen hielten Pferdewagen, trotzdem war es still und unheimlich. Wir gingen zum Bahnhof, wo viele Menschen auf einen Zug warteten. Erst gegen Abend traf ein verdunkelter Zug ein, der in Richtung Norden fuhr. Es war, als wären während dieser Stunden in Gransee Tage vergangen und als läge unser schönes Zernikow inzwischen schon Hunderte von Kilometern entfernt.

Schönlage

Bei Dunkelheit trafen wir im Gutshaus von Schönlage[4] ein, bei älteren Verwandten der Mutter. Wahrscheinlich war es mitten in der Nacht, so daß Schwester Nanni nur kurz ihr Zimmer und das für uns Kinder zum Schlafen zugewiesen wurde. Wir wurden in einen großem Raum gebracht, in dem vorne an der Wand ein Gitterbett stand und hinten am Fenster noch ein kleineres. Diese Kinderbetten waren mit blütenweißer Spitzenwäsche bezogen, womit sich bestätigte, daß es am ersten Ziel der Reise besonders fein und vornehm zuging.
Unsere Bettchen waren so vornehm bezogen worden wie für Prinz und Prinzessin. Aber eben diese feine, weiße Wäsche, umgeben von hohen Gittern, drohte zur Fatalität unserer ersten Nacht in Schönlage zu werden. Schwester Nanni holte Nachthemdchen aus den Rucksäcken, zog uns um und legte uns ohne Umschweife in die Betten. Die Toiletten waren ihr aus Diskretion oder einfach wegen der späten Stunde vorher nicht gezeigt worden. Wir sollten ganz still sein, um Onkel und Tante nicht zu stören – damit löschte sie eine Petroleumlampe aus und ging in ihr Zimmer.
Da lagen wir nun mutterseelenallein im Dunkeln. Nicht einmal flüstern konnten wir miteinander, so weit standen unsere Bettgestelle voneinander entfernt. Auch konnten wir nicht sehen, wo unsere Rucksäcke waren; die Puppe und den Jumbo hätten wir gerne noch zum Einschlafen umarmt. Der Jumbo mit seinem Fell war sicher zu unhygienisch für diese feinen Betten, meine Puppe, hübsch angezogen, wäre vielleicht erlaubt gewesen. So fremd war dieser Ort, es kamen schreckliche Ängste hoch, außerdem mußte ich dringend auf die Toilette, entsetzlich, ausgerechnet in einem solchen Gästebett. Zum Klettern über die Gitter war es zu dunkel, wie nur nach Nanni rufen, ohne daß es jemand anderes hörte? Zum Glück

kam sie auf längeres, leises Wimmern hin noch rechtzeitig. Ohne Schwesternuniform (wie lange hätte das sonst gedauert?) kam sie im Nachthemd und mit einer Kerze. Sie befreite mich aus der peinlichen Lage und brachte mich zu einem Plumpsklo. Danach setzte sie Bürschli vorsichtshalber noch auf sein Töpfchen, das vor seinem Bett stand.
Am nächsten Morgen war der Frühstückstisch schon hübsch mit weißer Damasttischdecke und feinem Porzellan vorbereitet. Tante Paula und Onkel Werner begrüßten uns freundlich mit der Frage, ob wir denn nach der Reise eine gute Nacht verbracht hätten? – Danke schön, Knickschen und Handkuß.
Es regnete, und so konnten wir nicht in den Park, sondern wurden in dem leeren Zimmer mit den Bettgestellen allein gelassen. Bei Tage war der Raum nicht so unheimlich, obwohl sich keine Stühle und kein Teppich mehr darin befanden. Und wie schön, daß wir endlich mit Jumbo und der Puppe in Ruhe spielen konnten!
Es mag sein, daß alles nur damit anfing, daß wir den Jumbo, der mit seinen Schlackerbeinen und dem grauen Fell so urtümlich aussah, schön anziehen wollten, damit er dann am Abend mit ins Bett dürfte. Für ihn waren aber gar keine Anziehsachen vorgesehen, deshalb machten wir den Rucksack von Bürschli auf und suchten nach etwas Passendem.
Eine Hose und ein Blüschen paßten dem Bären ganz gut, wenn man nur die Ärmel und Hosenbeine etwas hochkrempelte. In den Kinderkleidern sah Jumbo nun noch niedlicher und lieber aus. Zu gerne wollte ich ihn haben! Mein kleiner Bruder, der Besitzer des Bären, war über meinen Wunsch zunächst entsetzt, doch dem Argument, der Jumbo sei für ihn allzu groß zum Tragen, stimmte er dann zu. Nicht daß ich den Jumbo ohne Gegengabe als Geschenk haben wollte. Als naheliegenden Tausch bot ich meine Puppe an. Verständlicher-

weise mochte Bürschli als Junge dieses Angebot nicht annehmen. Er fragte:
»Magst du deine Monika nicht mehr?« – »Den Jumbo mag ich lieber!« – »Und ich meine Mutti« – »und ich meinen Vati« – »und ich alle beide« – »und den lieben Gott« – »ja.«
Nach dieser allerhöchsten Steigerung war es noch schwerer, ein angemessenes Tauschobjekt für Jumbo zu finden. So beschlossen wir, auch meinen Rucksack zu öffnen. In einem Kleidchen fanden wir einen silbernen Taufbecher, daraufhin guckten wir noch mal in Bürschlis Rucksack: auch darin lag ein Taufbecher versteckt. Unsere Namen waren jeweils in das Silber eingraviert. Wir bestaunten unsere Taufbecher, die natürlich nicht zum Tauschen geeignet waren. Nach weiterem Auspacken kam ein rundes Schälchen aus geschliffenem Kristall aus meinem Rucksack zum Vorschein. Dieses glitzernde Salzfäßchen fand mein Bruder gleich wunderschön. Er wollte es gern haben. Darüber war ich froh, und ich gab es ihm. Dafür bekam ich Jumbo.
So ganz glücklich schien mein Bruder dann doch nicht zu sein, als ich Jumbo in den Armen hielt und er das kleine Kristallstück in den Händen, deshalb versprach ich ihm: »Du kannst den lieben Jumbo trotzdem immer streicheln, immer wenn du magst.«
Mit dem Salzfäßchen aus Kristall hatte es eine besondere Bewandtnis, von der ich erst Jahre später erfuhr. Zunächst wechselte es die Rucksäcke. Wir gaben uns Mühe, diese wieder ordentlich zu packen, die Kleidungsstücke sorgfältig zusammenzulegen, damit niemand merkte, daß wir beim Spielen alles ausgeräumt und angeschaut hatten, was uns auf diese »Reise« mitgegeben worden war.

Wenn ich in meiner Erinnerung nach dem kleinen Sonnenschirm suche, finde ich ihn in einem Bauernhaus in Schönlage wieder. Dort waren wir aber erst Wochen später. Dann wiederum sehe ich ihn zwischen dem Gerümpel vor der Kirche von Gransee, zu Beginn unserer Flucht. Zwischen dem Gerümpel war ein Schaukelpferd gewesen, dies hatte anderen Kindern gehört, Kindern auf der Flucht wie wir. »Nicht anfassen, weiter!« hatte Schwester Nanni gesagt. Das Pferdchen tat mir ebenso leid wie das Kind, das sich von ihm hatte trennen müssen.

Den kleinen Schirm muß ich wohl zwischen allerhand anderen Sachen im Gutshaus von Schönlage gefunden haben. Ich nahm von ihm dasselbe an wie von dem Schaukelpferdchen: ein Kind, vor uns hier auf der Flucht, hat ihn wohl abgeben müssen. Es war ein schöner Sonnenschirm, rosa-verblichen, am Rande mit weißen Troddeln benäht, sein feiner Griff aus hellem Holz für Kinderhände gemacht. Da ich ja mit meinem kleinen Bruder nun schon so lange in Schönlage war, fühlte ich mich berechtigt, mir den Schirm von dem unbekannten Kind, das vor uns hier gewesen war, doch mal auszuleihen. Der Schirm war verstaubt und verblichen, er sah aus, als sei ein Kind vor hundert Jahren damit spazierengegangen. Vielleicht hatte er der Königin Louise gehört, bevor sie nach Preußen vermählt wurde und dann wegen Napoleon über das Eis nach Osten floh? (Die beiden Bilderbücher »Der alte Fritz« und »Die Königin Louise« hatten wir schon in Zernikow betrachtet, irgendwie waren sie gerettet worden und gelangten später auch nach Süddeutschland, wo man für diese preußischen Geschichten allerdings unempfänglich war.)

Ich spannte den Schirm auf. Von innen war dieser halbrunde Baldachin rosa wie die schönsten Rosen. In Schönlage schien gerade die Sonne, mit Bürschli Arm unter Arm spazierten wir als würdiges Pärchen mit Sonnenschirm den Weg vor dem Gutshaus auf und ab.

Es näherten sich zwei Männer auf dem Weg. Bürschli rief vol-

ler Schrecken: »Böse, böse Russen kommen!« Die Männer kamen noch näher. »Sag schnell ›liebe‹!« flüsterte ich Bürschli zu. »Sonst werden sie wirklich böse.«
Schwester Nanni hatte Bürschlis Rufen gehört, das Wort »Russen« verstanden. Angstvoll zog sie uns ins Haus hinein. Mein schöner, rosafarbener Sonnenschirm blieb in der Tür hängen, seine Speichen brachen entzwei. Ich wollte den Schirm noch mit hereinholen, doch das »kaputte Ding« hatte draußen zu bleiben.

Anfang April, wir beiden Kleinen waren schon zwei Monate von zu Hause weg, trafen unsere beiden mittleren Brüder Christof-Otto und Peter-Anton in Schönlage ein. Sie kamen mit dem Großvater, dem Vater der Mutter und Bruder Tante Paulas. Wahrscheinlich trafen auch sie in der Nacht ein, das Wiedersehen mit den Brüdern verlief kurz, ohne ausführliche Berichte von Zernikow, nur etwas Geflüster. So erinnere ich mich deutlicher an ein längeres Wiedersehen am nächsten Tag mit meinem Bruder Peter-Anton, damals Tünnes genannt.
Im Park, an der Rückseite des Gutshauses, ging ich hinter ihm her. Er trug kurze Hosen, seine dünnen, weißen Beine verwunderten mich, sie waren so lang, als seien sie mir in der Zwischenzeit über den Kopf gewachsen. Neben dem Weg blühten Veilchen, nicht violett wie üblich, sondern hellblau.
»Die schmecken wie Nüsse, so was essen die Franzosen auch!« sagte der Bruder begeistert und machte sich daran, Blüte um Blüte zu essen. Zwar hatte auch ich Hunger, aber es war mir widerlich, das Veilchen zu kosten, das er mir auffordernd anbot. Blumen sind zum Anschauen da wie Bilder, aber doch nicht zum Essen! Der Genuß dieser exotischen Feinkost hatte für Tünnes zur Folge, daß er das Plumpsklo des Schönlager Gutshauses gleich an seinem ersten Tag ausgiebig kennen-

lernte. Im Vorbeigehen rief ihm der größere Bruder Christof spöttisch zu: »Tünnes macht Dünnes!«
Schön, daß die Brüder gekommen waren! Nun konnten wir zusammen im Park spielen und waren nicht mehr so allein in dem Zimmer mit den weißen Gitterbetten. Die Verwandten – mit dem Großvater waren es nun drei – fanden unsere Erziehung mangelhaft. Nur im Park blieben wir Kinder von ihren Ermahnungen verschont.
Christof brachte mir das Pfeifen bei. (Pfeifen mit gespitzten Lippen; das auf Grashalmen lernte ich erst später von ihm.) Erst galt es nur, kurz und hoch zu pfeifen, als riefe man nach einem Hund. Dann übte ich mit ihm die Melodie zu »Hänschen klein«, Tünnes pfiff im Trio mit.
Das Lied konnte ich bald fehlerfrei pfeifen und war stolz auf mein neues Können. Dummerweise habe ich aber auch im Haus gepfiffen. Daß dem Großvater der Krach auf die Nerven ging, war nicht anzunehmen, denn wenn Christof oder Tünnes im Haus pfiffen, hatte er nichts dagegen einzuwenden. Aber zu mir sagte er streng:

»Mädchen, die pfeifen, und Hühnern, die krähn,
soll man beizeiten den Hals umdrehn!«

Dieser Reim war sehr bedrohlich. Ich glaubte im Ernst, der Großvater würde mich bald umbringen lassen, auf der Flucht war ein Mädchen ein wertloser Esser zuviel. »Beizeiten« – bevor der Krieg zu Ende wäre oder bevor ich größer würde?
Ich versuchte nun, mich ganz still und artig zu benehmen. Knickschen und Handkuß für Tante Paula waren gern gesehen. Bürschli, von meinem Wohlverhalten angesteckt, küßte sogar dem Onkel Werner die Hand, wann immer sie für ihn erreichbar war.
Schwierig war es auch mit den feinen Manieren bei Tisch, mit

Messer und Gabel zu essen, das Messer auf ein Silberbänkchen zurückzulegen, die weiße Damasttischdecke nicht zu beschmutzen. Dabei gab es immer weniger zu zerschneiden und zu kauen, das Essen in dem hübschen Porzellan schmeckte sowieso nicht sonderlich. Statt darin herumzustochern, wurden meine Brüder aufgefordert: »Eßt mal tüchtig! Ihr Jungen müßt ja noch ordentlich wachsen!« – Warum nur die Jungen? Irgendwie hatte das wohl auch mit den Hühnern und Hähnen zu tun.

Einige Tage später, Mitte April, kam unsere Mutter von Zernikow nach Schönlage. Es war am Morgen, sie begrüßte uns im Kinderzimmer. Bürschli und ich freuten uns sehr, unsere Mutti endlich wiederzusehen! Aber sie war allein. »Mein Dati is nich mit detommen«, sagte Bürschli enttäuscht.

Als letzte kam noch Tante Marielies aus Zernikow. Sie war die zweitjüngste Schwester meines Vaters und eine der Tanten, die mit der Erdbeeroma zusammen in Wiepersdorf gelebt hatten. Mit ihr kam auch Ruth, eines der Pflichtjahrmädchen. Tante Marielies berichtete, am 22. April sei Wiepersdorf von sowjetischen Soldaten eingenommen, das Schloß geplündert worden.[5] Sie brachte auch eine letzte Nachricht aus Zernikow von unserem Vater. Die Stimmung war bedrückend.

Die Möglichkeit, daß auch Schönlage von der Roten Armee besetzt werden könnte, war nicht mehr auszuschließen. Über unsere weitere Flucht wurde beraten, ohne daß eine schnelle Entscheidung getroffen wurde. Unsere Mutter war krank geworden, in einem entfernten Raum des Gutshauses lag sie zu Bett. Wir sahen sie nur zu den Mahlzeiten, die ihrem gewohnten Ablauf und den feinen Tischmanieren folgten.

Ende April war es dann soweit. Sowjetische Soldaten trafen ein, erst wenige, dann ganze Horden. Sie verhielten sich immer rabiater.

Im Gutshaus herrschten Chaos und Schrecken. Viele Menschen, darunter andere, uns unbekannte Flüchtlinge, drängten sich in den verschiedenen Räumen zusammen. Die Frauen versuchten, auch in unserem Kinderzimmer Schutz vor den Gewalttätern zu finden, aber immer wieder wurde die eine oder andere aus dem Menschenknäuel herausgezerrt. Am schlimmsten war es für Ruth, als jüngste der Frauen war sie das begehrteste Opfer.
Von diesem grausigen Ort mußten wir so schnell wie möglich weg. Mein Bruder Christof bewachte im Park ein Pferd, das für die weitere Flucht eingespannt werden sollte. Es waren Schüsse zu hören, eine Kugel hätte Christof fast getroffen. Das Pferd wurde vor einen vollgepackten Wagen gespannt. Ruth, die wegen der Mißhandlungen nicht mehr gehen konnte, saß vorne auf dem Wagen. Wir beiden Kleinen lagen auf dem Gepäck, alle anderen, der Großvater und die Mutter, Schwester Nanni und die mittleren Brüder, gingen zu Fuß.
Unser Pferd hatte Mühe, den Wagen durch den Schlamm zu ziehen. Kleine Wege durch die Wälder waren nicht so gefährlich wie die großen Straßen, auf die wir dann aber auch kamen. Sie waren verstopft mit anderen Flüchtlingstrecks. Ohrenbetäubendes Dröhnen – Tiefflieger rasten in Baumhöhe über uns her. Ein Pferd, dem ein Hinterbein fehlte, nur ein zerfetztes Schenkelstück hing an der Stelle, stand am Straßenrand; dann versuchte es, in einen Wald zu gelangen.
Ein kleiner Hund, ein weißlockiger Foxterrier, war uns zugelaufen. Wir Kinder freuten uns darüber und wollten das liebe Hündchen schützen. Eines Abends kampierten wir im Wald oberhalb einer Stadt. Von unten drangen Böllerschüsse und Jubelrufe zu uns herauf. Es war der Abend des 8. Mai 1945. Die Rote Armee feierte den Sieg. Bei jedem Böllerschuß jaulte unser Hündchen laut auf. Wir verließen den Lagerplatz, der Großvater meinte, der Köter könnte uns schon verraten ha-

ben. Beim Weiterziehen vermißten wir Kinder aber unseren »Foxi«. Unsere Mutter sagte: »Wir haben ihn an einen Baum gebunden, es werden schon liebe Menschen kommen, die ihn mitnehmen.« So versuchte sie, uns zu trösten. Aber angebunden hätte Foxi ja noch mehr jaulen müssen. Wir lauschten und schauten zurück, kein Laut mehr von Foxi – er war aufgehängt worden.

An einem anderen Abend, wir suchten wieder ein Quartier für die Nacht, wurde von einem Gutshaus gesprochen. Von unserem Wagen aus sah ich einen hohen Dachstuhl als riesiges, schwarzes Gerippe gegen den Himmel ragen. Diese schwarze Silhouette war rot erleuchtet, nicht durch die Abendsonne, sondern weil das Feuer unter dem verkohlten Gebälk noch weiterschwelte. War das ein Gutshaus gewesen? Sieht so nun das von Schönlage aus, gar unser Zernikow?

Unser Großvater, der Landkarten hatte und unseren Treck anführte, hoffte, in ein Gebiet zu gelangen, welches von den Engländern erkämpft worden war. Aber an einer Sperrlinie angekommen, war es voller bedrohlicher sowjetischer Panzer und Kanonen. Die Flüchtlinge wurden mit Gewalt zurückgetrieben. Alle wollten in den Westen! Wir mußten aber nach Osten zurück.

Wir trafen in einer Stadt ein, die überfüllt von Flüchtlingen war. Vor einem Schulhaus warteten wir vier Kinder mit unseren Rucksäcken und anderem Gepäck. Schließlich kamen unsere Mutter und Schwester Nanni wieder, und wir durften in das Schulhaus hinein.

Unten war es schon voller Menschen, so daß wir im ersten Stock Platz suchten. Eine Frau mit einem Tragekorb, aus dem es erbärmlich wimmerte, kam uns nach. Wir hatten aber auch nichts zu essen, verzweifelt ging sie wieder nach unten. Unsere Mutter und Schwester Nanni verrammelten die Tür mit Schulbänken.

Auf dem Fußboden lagen Matten, auf denen wir uns zur Nacht einrichteten. Jumbo diente Bürschli und mir als Kopfkissen, unsere Mutti lag gleich neben mir. Es war ein wohliges Gefühl, so dicht beieinander zu sein, während es draußen, hinter den kaputten Fenstern, stürmte und regnete. Aber ich hatte Bauchschmerzen und konnte nicht einschlafen. Mutti massierte mir den Bauch und sagte: »Das kommt vom Hunger.« Die Massage tat wohl, aber der Hunger wollte nicht vergehen. »Bitte, Mutti, erzähle doch eine Geschichte von Erdbeeren mit Schlagsahne!« – »Auja, bitte!« hörte ich Tünnes in der Dunkelheit sagen.
Mutti überlegte kurz, dann begann sie zu erzählen:
»Es war einmal in Wiepersdorf bei der lieben Erdbeeroma, da wurde der Tisch gedeckt mit einer Decke, von eurer Urgroßmutter handbestickt, das Wappen in der Mitte rot und weiß, die Arnimschen Farben ...« Zu Erdbeeren mit Schlagsahne wünschte sich Tünnes noch Pfannkuchen mit Pilzen, das Gericht wurde immer reichhaltiger. Dank der schönen Geschichte schlief ich ein.

Der Weg zurück führte wieder nach Schönlage. Wir kamen am See an, auf der Seite des Dorfes, das uns unbekannt war. Das Gutshaus am rechten Ufer des Sees gelegen, sah man von da aus nicht. Die Erwachsenen waren auf der Suche nach einer Genehmigung für unseren Aufenthalt. Währenddessen warteten wir Kinder mit dem Gepäck.
Vom rechten Seeufer näherten sich mehrere russische Soldaten zu Pferde. Zum Glück kamen sie nicht auf uns zu, sie ritten in den See hinein. Zu unserem Staunen konnten die Pferde schwimmen! In der Nachmittagssonne spritzte das Wasser hell auf, die Reiter, ihre Arme hoch erhoben, schossen mit Pistolen und Gewehren in die Luft. Die Pferde wieherten bei jedem Knall, bäumten sich auf, schwammen im Kreis, weitere

Reiter stoben im Galopp in den See und feuerten dabei Schüsse in den Himmel ab. Meine beiden älteren Brüder wollten beobachten, ob die Kugeln in den Wolken steckenblieben oder wieder in den See herunterfielen.
Da kam unsere Mutter mit einer Genehmigung. Für ein kleines Haus, ganz für uns! Es lag auf der gegenüberliegenden Seite des Sees. Wir gingen links um den See herum, denn das Gutshaus war inzwischen das Quartier von sowjetischen Truppen. (Tante Paula und Onkel Werner waren in einer Mühle untergekommen. Der Großvater, Tante Marielies und Ruth zogen in ihre Nähe.) Bei Dunkelheit erreichten wir das einsam gelegene Haus. Türen und Fenster standen offen, es gab auch keine Möbel mehr darin. Wir Kinder machten Lager aus Stroh, während unsere Mutter und Schwester Nanni Türen und Fenster verrammelten.
In der Nacht war es unheimlich still. In einem Nebenraum hörte ich unsere Mutter und Schwester Nanni flüstern: Der Besitzer dieses Häuschens, ein Bauer, sei hier erschossen worden, als er seine Frau schützen wollte. Die Frau habe in die Wälder fliehen können, aber vielleicht käme sie in der Nacht wieder und die Russen hinterher. »Vor Angst kann ich hier kein Auge zudrücken«, sagte Schwester Nanni.
Am nächsten Morgen erkundeten wir den Garten. Da waren Beete und Beerensträucher. Wir Kinder malten uns schon aus, daß wir bald Johannisbeeren ernten könnten, und wenn wir die frischbestellten Beete nur ordentlich gössen, würde darauf auch leckeres Gemüse wachsen. Aber auf einem der Beete stand ein Holzkreuz, es bezeichnete das Grab des Bauern.
Unsere Aufmerksamkeit galt jedoch der Suche nach Essen, nach etwas, das sofort den Hunger stillte. Auf den Wiesen am Hang über dem See fanden wir Löwenzahn und andere eßbare Blätter und Kräuter. Auf die Dauer genügten Vitamine allein aber nicht, irgend etwas fehlte. Da erinnerte sich

Tünnes an das Sammeln von Weinbergschnecken in Zernikow, im Frühling vor einem Jahr. Obwohl ich die weißen Schnecken von damals im Keller in schrecklicher Erinnerung hatte, ging ich doch gern mit ihm auf die Suche, denn wenn Vati solche Schnecken gegessen hatte, dann mußten sie gut sein!

An einer feuchten Stelle am Waldrand fanden wir mehrere Schnecken auf einmal. Tünnes konnte zählen, er war schon ein Jahr lang zur Schule gegangen. »Wir sind jetzt sechs, vier Schnecken für jeden müssen wir noch finden!«

Schließlich kamen wir mit unserer Ausbeute in der Küche an. Unsere Mutter freute sich und sagte: »So etwas hat einen hohen Nährwert, darin stecken viele Kalorien!« Aber an Küchen und Kochen nicht gewöhnt, wußte sie diese braunen Gehäuse nicht in ein Gericht umzuwandeln. Sie fragte Schwester Nanni, was man damit machen müsse. Auch die wußte es nicht, wollte es aber versuchen. Sie brachte Wasser zum Sieden, dann warf sie die Schnecken in den Topf. Unsere Mutter deckte den Tisch und meinte, für Fisch hätten wir in Zernikow immer extra Silberbesteck gehabt, aber für Schnecken? Sie ging in den Garten und machte aus Zweigen Stäbchen.

Unsere improvisierte Mahlzeit war eigentlich recht lustig. Aber trotzdem mußte Tünnes dabei weinen. Nicht weil eine schmackhafte Sauce zu den zähen Knorpeln fehlte, sondern weil auch diesmal wieder das Sammeln von Weinbergschnecken seinen Wunsch nicht erfüllen konnte, mit seinem Vater gemeinsam zu speisen. Auch ich mußte weinen und dachte an unseren Vati.

In dem Häuschen machte es nichts aus, wenn wir bei Tisch weinten. »Ein Junge weint nicht!« hätte es im Gutshaus geheißen. Hier waren wir mit Mutti und Nanni unter uns. Meinetwegen hätte es in dem kleinen Haus am See noch lange so friedlich weitergehen können.

Unsere Mutter stand in der Küche beim Abwaschen. Ein russischer Offizier trat ins Haus. Schwester Nanni entfernte sich, wir Kinder blieben auf Abstand beobachtend in der Nähe. »Raus!« schrie der Russe, zog dabei seinen Säbel und rammte ihn in den Holzfußboden, gerade vor die Mutter. Der Griff des Säbels schwankte wie das Pendel einer Wanduhr. »Bitte, Bedenkzeit«, sagte unsere Mutter und deutete auf ihre Kinder, »und wohin?«
Der Russe machte eine Geste zum Fenster, wies zum See, auf das Dorf gegenüber. Wir mußten packen und in Eile das kleine Haus verlassen.

Das Zimmer

Unsere nächste Unterkunft war ein Zimmer in einem größeren Bauernhaus in der Nähe des Dorfes. Die Bauern, ein älteres Ehepaar, hatten schon mehrere Flüchtlinge aufnehmen müssen. Das Zimmer war die gute Stube der Bauersleute gewesen. Eine grauviolette Tapete hing in Fetzen von den Wänden, Pappe und Stoff ersetzten die zerschlagenen Fensterscheiben, von der Feuchtigkeit hatten die Wände und die Decke braune Flecken. In der hinteren Ecke des Zimmers lag Stroh mit einer Plane darüber, unser Schlaflager. Auf der Fensterseite standen ein Tisch mit einer Bank und ein paar Stühle, unser Eßplatz.
In diesem Zimmer lebten wir zu neun Personen: der Großvater, unsere Mutter, Schwester Nanni, Tante Marielies, Ruth und wir vier Kinder. Allmählich füllte sich das Zimmer mit immer mehr Gegenständen an, die Schwester Nanni vom Schönlager Gutshaus holte, wenn dort gerade die Truppen wechselten. Es waren einige unserer wertvollen Sachen, die, aus Zernikow gerettet, nun vor dem Gutshaus auf einem Hau-

fen lagen. Diese Sachen wurden im Stroh unserer Schlafecke versteckt, die größeren Dinge mit Decken verhängt.
Die meiste Zeit verbrachte ich nun in diesem Zimmer. Da war es schön, daß ich einmal unsere Mutter mit nach draußen begleiten durfte. Auf der Wiese hinter dem Haus hing Wäsche zum Trocknen in der Sonne. Merkwürdigerweise war Mutti mit einem Spaten unterwegs, ihr Gesicht und die Haare hatte sie mit Asche eingeschmiert. Sie erklärte mir, daß Frauen häßlich und alt aussehen müßten, um nicht vergewaltigt zu werden. – »Und der Spaten, ist der eine Waffe zum Verteidigen?« – »Nein, den brauche ich zum Vergraben. Warte doch mal hier vor der Wäsche, und wenn jemand kommt, dann piepst du leise zum Zeichen.« Durch die Wäsche spähend sah ich, wie sie ein Loch grub, dann einen kleinen Sack unter ihrer Schürze hervorholte, ihn in das Loch legte und es wieder zuschüttete. »Da ist jetzt mein Schmuck eingegraben«, sagte sie zu mir und tat so, als sei sie nur mit der Wäsche beschäftigt. »Kannst du die Stelle denn wiederfinden?« fragte ich besorgt. Sie guckte über die Wäscheleine auf die Anhaltspunkte. »Da hinter dem Baum, da muß ich noch etwas machen. Bleib du noch einmal hier bei der Wäsche und paß auf!« Wieder grub sie mit dem Spaten ein Loch, diesmal eine notdürftige Toilette, dann deckte sie alles mit Erde zu.
Ein besserer Schutz, besser als Asche, war es für unsere Mutter, den niedlichen Bürschli auf die Arme zu nehmen. Von den Russen wurde eine Mutter eher geachtet und verschont als eine Frau ohne Kinder. Manchmal war ich traurig darüber, nicht mehr so klein und so niedlich zu sein, um von Mutti auf die Arme genommen zu werden. Ich dachte, sie habe nur den Bürschli mit seinen blauen Augen lieb.
Gerne war ich auch mit Tante Marielies zusammen. Sie war von Natur aus herzlich und spontan, mit ihr konnte ich ruhig

auch einmal schmusen. Sie kannte sich sehr gut mit Kräutern und Heilpflanzen aus, und sie wußte, welche Pilze genießbar waren, welche giftig. Den Tünnes nahm sie zum Pilzesammeln in die Wälder mit, während ich leider nur mit ihrer Kräuterkenntnis vorliebnehmen mußte. Wegen der Unterernährung konnte ich nicht mehr so schnell und weit gehen, meine Beine waren voller roter Pusteln. Tante Marielies bepflasterte sie mit Breitwegerich- und Huflattichblättern.
Alle waren außer Haus, sie mußten auf den Feldern arbeiten. Ich lag allein im Zimmer, die juckenden Beine mit grünen Blättern beklebt. Zur Unterhaltung hatte man mir mein Lieblingsbuch auf die Decke gelegt. Es war ein großes Liederbuch mit zartfarbigen Bildern. Auf den Deckseiten, auf blauem Grund, schwebten viele kleine Engel umher, im Inneren des Buches gab es auch große Schutzengel zu betrachten. Aber welch ein Jammer: Mit einem schwarzen Stift hatte Bürschli die lieblichen Gesichter der Engel überkrakelt, ganz konsequent nur alle Engel; die Weihnachtsmänner, der Pilz von »Ein Männlein steht im Walde« waren verschont geblieben. Enttäuscht von Bürschli und den Engeln guckte ich die braunen Flecken an der Zimmerdecke an.
Da knarrte es draußen auf der Diele, die Tür wurde geöffnet, herein trat ein russischer Soldat. Im ersten Reflex zog ich die Decke über den Kopf. Dann überlegte ich: Schmuckstücke und Unanständiges werden verbuddelt und versteckt, keines von beidem wollte ich sein. Ich stand auf und sagte »Guten Tag!«, dabei fielen alle Blätter von den Beinen. Der Soldat erwiderte den Gruß auf russisch, dann suchte er im Raum herum, hob Decken hoch, stieß mit dem Fuß gegen dies und jenes.
Unter einer grauen Pferdedecke versteckt stand Muttis gute Nähmaschine. Aber da war es schon passiert: Der Russe hatte sie entdeckt. Hinter seinen Stiefeln sah ich das verschnörkelte

Tretpedal und versuchte, die Decke wieder darüberzuziehen. Das half nichts, er wollte die Nähmaschine mitnehmen. Ich stellte mich davor und sagte in dem bißchen Russisch, das ich aufgeschnappt hatte: »Nix poniemein!« »Nix ponimai« heißt zwar nicht, wie ich glaubte: »Nix, die ist mein!«, sondern: »Ich verstehe nichts.« Die erhoffte Wirkung war dieselbe, der Mann ließ von der Nähmaschine ab. Ich war erleichtert. Aber der Soldat fragte mich nun in kompliziertem Russisch nach Dokumenten, Papieren vom »Kapitalisti«, womit unser Großvater gemeint war. Er deutete auf das Strohlager, ich solle ihm doch das Versteck zeigen! Mit einem: »Nix, kein!« zeigte ich auf das verunstaltete Liederbuch. Der Soldat verließ das Zimmer.

Die Nähmaschine, zu deren Rettung ich diesen entscheidenden Beitrag geleistet hatte, war eine Tretmaschine der Marke Pfaff. Auf ihr hatte unsere Mutter in Zernikow den Jumbo hergestellt. Und auf ihr nähte sie hier heimlich eine warme Jacke für Christof. Als Stoff verwendete sie eine deutsche Soldatenuniform, die Schwester Nanni aus dem Schönlager See gefischt hatte. Etwas später, in Berlin, wurde mir ein Dirndlkleid geschneidert. Als Stoff hierzu diente eine aufgetrennte Hakenkreuzfahne. Auf dem Rockteil des Dirndls sah man aber noch den Rest eines schwarzen Balkens auf dem roten Tuch. Eine weiße Schürze wurde davorgebunden, um ihn zu verdecken.

Nach der Flucht, in Süddeutschland, war die alte Nähmaschine wieder dabei. Um alles schön zu machen, nähte unsere Mutter Vorhänge mit Volants, Sesselschoner mit Borten, geblümte Bettbezüge und vieles mehr. In den fünfziger Jahren, als die »Nierentische« in Mode kamen, wurden die gußeisernen Schnörkelbeine aus dem »Eisenbahnstil der Gründerjahre« durch einen aufklappbaren Holzkasten ersetzt. Anstatt nach der Arbeit dem Kopfteil der Maschine eine hölzerne Haube überzustülpen, war dieser Kopfteil nun versenkbar geworden. Eine Platte wurde über das dadurch entstandene Loch geklappt, und die Nähmaschine konnte nun auch als Abstelltisch genutzt werden.

1955, als wir dann in Schwäbisch-Hall lebten, nähte ich mir ein Sommerkleid nach dem Schnittmuster von einer französischen Austauschschülerin. Meine Mutter war erstaunt über das fixe Gelingen. »Du hast einen Schneiderleib«, sagte sie und wollte meine Nähkünste auf eine höhere Probe stellen, indem ich auch für sie ein Kleid nähen sollte. Sie kaufte einen Stoff dafür, sein kräftiges Muster in Kontrastfarben war aber schwer zu verarbeiten. Ich gab mir alle Mühe, das geometrische Muster mit den Körperformen in Einklang zu bringen. Das neue Kleid hat meine Mutter auch wirklich mehrmals getragen. Schade nur, daß ihr das auffällige Muster nicht gut stand.

1962, als Studentin, erwarb ich eine Ruine in Südwestfrankreich – eine Geschichte für sich. Meine Mutter hatte inzwischen eine elektrische Nähmaschine. »Die alte Pfaff« sei doch für die primitive, ländliche Gegend in Frankreich sehr geeignet, meinte sie. Die »Pfaff« wurde in ein Auto verfrachtet, bei Ankunft die Steintreppe hochgetragen und in einer regensicheren Ecke des Hauses abgesetzt. Damit war die »Nix poniemein« nun wirklich mein!

1975 zog ich mit meinen beiden kleinen Kindern von Westberlin in das Haus nach Südfrankreich. Zum Glück war die Nähmaschine schon da! Auf ihr nähte ich so manches, je nach Wunsch der »Ecole Maternelle« und der Kinder. Aus Stoffresten entstanden Bildteppiche. Im Gegensatz zu Ölgemälden dürfen diese Bilder von Kindern auch betastet werden. Allein für einen Bildteppich läuft ein Kilometer Garn durch die Nähmaschine, das sind zehn Garnrollen. Wieviel Garn ist wohl durch die alte Pfaff gelaufen, von Mutter und Tochter eingefädelt? Mit dem Kettfaden könnte man einmal die Erdkugel umspannen, mit dem Spulfaden ein weiteres Mal. Beide Fäden kreuzen sich dann am 180. Längengrad, an der Nahtstelle, an welcher in der globalen Zeitordnung täglich, oder nächtlich, der Faden wechselt.

Die Nähmaschine wurde jedoch auch in ihrer ursprünglichen Bestimmung gebraucht: der des Bärennähens. Als Nachfolger von Jumbo entstanden Generationen und Variationen von »Bären, diesen lieberen Menschen«, viele seltsame und geliebte Wesen gebar die alte »Pfaff«. Wenn die letzte Stecknadel herausgezogen, den Bären noch ein Lächeln eingestickt war, wurden ihnen Namen gegeben: Willi, Samson, Muschki, Kurtchen, Anton, Wombat, Brebisel, Misterchen und viele »Bäris« mehr. Der jüngste Bär, der auf der alten »Pfaff« entstand, ist der »Fritzi«, ein Taufgeschenk für meine Großnichte Friederike. Fritzi ist der Begleiter des kleinen Mädchens, das heute mit seinen Eltern in Tiflis lebt.

Aber noch im Juni 1945 stand die Nähmaschine, unter ihrer Pferdedecke versteckt, in dem Zimmer des Bauernhauses von Schönlage. Wir saßen beim Mittagessen. Auf der Bank, an der Fensterseite des Zimmers, wir vier Kinder und Ruth. Christof saß links zur Tür hin, neben ihm Tünnes, in der Mitte Bürschli, und neben mir, auf dem rechten Bankende, Ruth. Uns gegenüber, auf den Stühlen und mit dem Rücken zur Tür, hatten die Älteren Platz genommen. Es gab Haferflocken mit Spelzen, das ist ungemahlenes Korn, in heißem Wasser aufgebrüht. Hinter den zugehangenen Fenstern waren Schritte zu hören. Ruth hatte Angst und wollte sich verstecken, aber davon wurde ihr abgeraten: Es sei doch besser, wir blieben alle beisammen bei Tisch. Groß und klein waren damit beschäftigt, die pieksigen Spelzen zwischen den Zähnen loszuwerden,

und das bei Wahrung der Tischmanieren: Falls man die Spelzen ausspucken mußte, dann auf den Tellerrand, dabei eine Hand vor den Mund haltend wie beim Gähnen.
Die Tür ging auf, im Flur standen mehrere russische Soldaten. Einer der Russen kam herein, er hatte es sofort auf Ruth abgesehen und packte sie, um sie von der Bank zu ziehen. Ruth hatte grauenvolle Angst. Ich versuchte, mich auf ihren Schoß zu setzen, um sie zu schützen. Der Russe packte Ruths Hand, direkt vor meinem Gesicht stach er mit seinem Messer eine eiternde Schwiele darin auf. Wehrlos vor Schmerz, mit dem Messer bedroht, wurde Ruth hinausgezerrt. Ich klammerte mich noch an sie, fiel aber an der Tischkante zu Boden. Schwester Nanni setzte mich an meinen Platz zurück. Alle blickten stumm auf ihre Teller. Jemand stand noch auf und machte die Tür zu, damit man die Schreie nicht hörte.
Erst nach drei Tagen kehrte Ruth wieder zu uns in das Zimmer zurück. Lautlos lag sie die nächsten Tage auf dem Strohlager. Nicht einmal von unserem Brot, das nur etwas grün von Schimmel war, mochte sie etwas essen.

In dem Zimmer mit den verhangenen Fenstern waren die Tageszeiten schwer festzustellen. Bürschli lag nun auch – die wunden Beinchen von Tante Marielies mit Blättern beklebt – den ganzen Tag über in der Schlafecke des Zimmers. Eines Tages, es muß gegen Abend, ohne Abendessen, gewesen sein, traten zwei russische Soldaten in das Zimmer. Sie gingen zielstrebig auf unser Lager zu. »Komm mit!« flüsterten sie in verheißungsvollem Ton. Dennoch überfiel mich panische Angst, vor dem »Halsumdrehen« und noch mehr vor den Messern. Mit den bewährten Worten »Nix poniemein! Nix kein!« versuchte ich zu schreien. Der eine der beiden Russen hielt mir den Mund zu. Seine Gesten und Blicke waren jedoch sanft und beruhigend. Er gab zu verstehen, daß diese Unternehmung von allen anderen unbemerkt bleiben sollte. »Gut, gut«, sagte er und nahm mich auf die Arme. Bürschli, auf den Armen des anderen Russen, schien weniger Angst zu haben. Leise wurden wir davongetragen.

Es begann dunkel zu werden, überhaupt war nicht zu erraten, welchen Weg die Russen gingen. Wir kamen in einem Saal an. Über einem großen Tisch mit weißer Tischdecke brannte elektrisches Licht. Dahinter, an der Wand, stand ein ausladendes, dunkelrotes Samtsofa, zum Saal hin viele Sessel und Stühle. Irgendwie kamen mir das rote Sofa und die Sessel bekannt vor. Sie erinnerten an das Schönlager Gutshaus, an Tante Paula und Onkel Werner, wie vor langer Zeit.

Allmählich erschienen immer mehr Soldaten, wobei nicht auszumachen war, ob sie aus der Dunkelheit des übrigen Saales ans Licht traten oder ob sie aus anderen Räumen durch Seitentüren hinzukamen. Durch die Außentür, durch die wir hereingetragen worden waren, kam keiner mehr, sie wurde abgeriegelt. Manche der Soldaten stellten Flaschen und Gläser und sogar auch Essen auf den Tisch.

Als der Raum voller sowjetischer Soldaten war, wurde einem Offizier mit hohen Rangabzeichen auf seiner Uniform Platz gemacht. Er ließ sich in der Mitte des roten Samtsofas nieder. Das kleine Mädchen wurde ihm zugereicht – er nahm es freundlich auf den Schoß. Es war zunächst schwierig zu sehen, wo Bürschli war, denn ich saß ja dicht unter dem elektrischen Licht. Doch weiter weg an dem langen Tisch, hinter dem Ende der weißen Tischdecke, war er mit einem Ei zu sehen. Er saß auf dem Schoß eines einfachen Soldaten, der braunen Uniform nach zu schließen. »Sein« Russe ließ ein Ei vor ihm auf der Tischplatte kullern und spielte mit Bürschli. Ich hatte nun keine Angst mehr und war stolz darauf, daß »mein« Russe ein hoher Offizier war, und es schien, als unterhielte er sich mit mir fließend in mehreren Sprachen.

Dann wurde gesungen, es war ein Fest!
Der Offizier gab mir von allem zu essen und zu trinken, wovon er selbst auch zu sich nahm. Erst gab es Kekse, dazu eine rötliche Flüssigkeit in Gläsern. Dann, die Arme um mich herum auf den Tisch gestreckt, bereitete er sorgfältig das Leckerste und Schönste zu, das ich meinte, je gegessen zu haben: ein mehrschichtiges Brot, unten dunkelbraun und knusprig, die Butter gelb, der Quark mit Zucker weiß und weich.
Danach gab es leider nichts mehr zu essen. Mein Offizier goß eine durchsichtige Flüssigkeit in sein Glas und ließ mich ab und zu davon kosten. Aus seiner Brusttasche holte er eine kleine, flache Schachtel, die voller weißer Stäbchen war. Er zündete sich eines davon an, lehnte sich genießend zurück und blies hellgraue Ringe gegen die Lampe. Mit Erklärungen, wie man das machte, durfte ich an seiner nächsten Zigarette ziehen, dann bot er mir eine eigene an. Der Russe links auf dem Sofa reichte lachend das Feuer dazu. So rauchte ich die erste Zigarette meines Lebens, wobei mir schlecht wurde.
Im Morgengrauen wachte ich auf dem Sofa liegend auf. »Mein« Offizier war nicht mehr da. Einige Russen in brauner Uniform eilten mürrisch im Saal herum. Undenkbar, sie um etwas Wasser zum Trinken zu bitten. Der Saal war über Nacht wie verwüstet, die Tische umgestoßen. Durch eine offenstehende Tür, da, wo am Abend die weiße Tischdecke zu Ende war, wurden Sachen hinausgetragen. Wo mochte nur mein kleiner Bruder sein? Zum Glück wurde er nicht mit den Sachen weggeschafft, sondern schlafend zu mir auf das Sofa gelegt. Eine bekannte Stimme, »gut, gut«, weckte mich wieder. Wir beiden Kleinen wurden so leise, wie wir weggeholt worden waren, wieder in das Zimmer zurückgebracht.
Merkwürdigerweise interessierten sich die Erwachsenen kaum für unser Abenteuer. Uns schien, daß sie sich keine Sorgen um unsere lange Abwesenheit gemacht hatten. Die Rus-

sen seien ja kinderlieb, sagte die Mutter, dadurch hätten die beiden Kleinen endlich etwas zu essen bekommen.
So lagen wir wieder in der Schlafecke des modrigen Zimmers. Der einzige, der uns geduldig zuhörte, war Jumbo. Wir berichteten ihm, was alles geschehen war, während der Arme auf dem Lager hatte allein bleiben müssen.

Einige Wochen mußten seitdem vergangen sein. Es war Hochsommer, wovon ich aber nichts merkte, weil ich in der Zimmerecke vor mich hin döste. Nichts von Bedeutung geschah, außer daß die Spitzwegerich- und Huflattichblätter auf den Beinen, inzwischen auch an mehreren anderen Stellen des Körpers, ausgewechselt wurden. Was die Tageszeiten anging, so orientierte ich mich an den Gebeten. Meine beiden älteren Brüder sagten als Nachtgebet ganze Gedichte auf. Mein Gebet war »Müde bin ich, geh zur Ruh ...« Bürschli brauchte nur die Hände zu falten und Amen zu sagen.
Unser bester Trost, wenn wir allein im Zimmer lagen, war der Jumbo. Wir streichelten ihn und unterhielten uns mit ihm wie mit einem echten Lebewesen. Trotzdem konnte dem Jumbo nicht passieren, was mit dem lieben Hündchen Foxi geschehen war. Jumbo bellte und jaulte nicht, selbst bei großer Gefahr blieb er ganz still und schaute uns freundlich mit seinen hellen Augen an. Auch war Jumbo keine hohle Puppe, und außerdem kein überzähliger Esser. Er brauchte weder echtes Essen, noch mußte er Bächlein und Würstchen machen. Sein Bauch blieb schön rund, sein Fell glatt und weich, ohne Pusteln und Entzündungen. Jumbo war ein überirdisches Wesen, unser Schutzengel. Besser gesagt – mein kleiner Bruder hatte ja vielleicht zu Recht etwas gegen meine Vorliebe für Engel –, Jumbo war ein Tier und damit besonders irdisch. Als Tier lebte er noch im Paradies, nur wir Menschenkinder waren daraus vertrieben worden.

Wir beiden Kleinen hatten hohes Fieber von einer Infektionskrankheit. Die beiden älteren Brüder waren ganz blaß und glasig von der langen Unterernährung geworden. Regungslos dazuliegen, nicht einmal zu denken, war ein gutes Mittel, um keine Kraft zu verbrauchen, um den Hunger weniger zu spüren. Dabei schaute ich die Zimmerdecke an, aus ihren braunen Flecken entstand eine imaginäre Landkarte Europas. Da sah ich Vati mit Reitertruppen nach Westen ziehen, dann seine Pfeife rauchen mit einem Heerführer, der über das Meer gekommen war. Bei geschlossenen Augen waren die Phantasiebilder noch angenehmer, eine Sammlung abrufbarer Träume übte ich mir ein. Meine Lieblingsvorstellung war, bei Vati auf dem Schoß wie im Fluge durch die Lindenallee zu reiten.

In meinem fiebrigen Dämmerzustand merkte ich nicht, was in der Realität vor sich ging. So hatte ich auch nicht mitbekommen, daß wir schon ein ganzes Stück weit mit der Eisenbahn gefahren waren. Erst als wir mühsam zu Fuß weitergingen, wurde mein Wahrnehmungsvermögen wieder wach. Unsere Mutter und Tante Marielies, mit riesenhaften Rucksäcken bepackt, gingen voraus. Auch Christof und Tünnes trugen schweres Gepäck. Meinen Rucksack auf dem Rücken und Jumbo in den Armen, war es eine Quälerei, ihnen zu folgen. Für Bürschli, obwohl an der Hand der Mutter, war es noch schwerer zu gehen. An seinem Rucksack baumelte ein blaukarierter Sack, der ihm bei jedem Schritt von hinten auf die Beinchen stubste. In dem Sack war sein Töpfchen aus weißer Emaille mit dunkelblauem Rand, das Töpfchen, welches ihm vor Monaten auf die Flucht von Zernikow nach Schönlage mitgegeben worden war.
Wir gingen an einem Waldrand entlang. Neben dem Weg lagen breite, silbern glänzende Streifen. Zu gerne hätte ich einen davon gehabt, sie erschienen mir so schön wie das silberne La-

metta vom Zernikower Weihnachtsbaum. Christof hob einen Streifen auf, aber nein, das solle er bloß nicht anfassen, dies seien Flugabwürfe der Engländer. Wieder war ich bei meinen Engeln und verwechselte sie mit den Engländern. Sogar sogenannte Christbäume seien zur Beleuchtung der Kriegsschauplätze abgeworfen worden, sagte unsere Mutter.
Schließlich standen wir, zwischen vielen anderen Flüchtlingen, vor einer Baracke Schlange. Endlich waren wir an der Reihe. Unsere Köpfe wurden mit einem weißen Pulver gegen Läuse bestäubt. Dann wurden wir vier Kinder abgesondert in einen Raum zu einer Ärztin geführt. Sie stellte fest, daß wir Typhus hatten. Einem kleinen Mädchen wurde gerade eine Spritze in die Schulter gestochen. Es liefen ihr die Tränen über die Wangen, aber geschrien hat sie nicht. Als ich geimpft wurde, wollte ich ebenso tapfer sein. Das Einstechen der dicken Impfnadel tat sehr weh.
Bei anbrechender Dunkelheit gingen wir mit allem Gepäck zum Bahnhof zurück. Vom Impfen schmerzte der ganze Arm. Wenigstens scheuerten die Rucksackriemen nicht ausgerechnet an der Impfstelle, und zum Glück war Jumbo leicht zu tragen.

Berlin

Die nächste Bahnfahrt, stockend, in einem überfüllten Zug, verschlief ich wieder – an die Fahrt von Wismar nach Berlin kann ich mich jedenfalls nicht erinnern. Auf dem Lehrter Bahnhof[6] stiegen wir aus. Zwischen Menschengedränge und umhergeworfenen Gepäckstücken hatte ich Angst verlorenzugehen. Mit dem ungeimpften Arm klammerte ich mich an Tante Marielies.
Unsere Mutter wollte zum Potsdamer Bahnhof. Von früher,

der Zeit vor dem Krieg, kannte sie Berlin sehr gut, aber nun, angesichts der Zerstörungen, war sie ratlos. Ein kurzes Stück gingen wir zu Fuß. Die Lehrter Brücke war von Bomben verschont geblieben, wir hätten die Spree überqueren können – aber wir beiden Kleinen konnten vor Schwäche keinen Fuß mehr vor den anderen setzen. Die Mutter organisierte einen Handwagen, auf den das Gepäck und wir Kleinen aufgeladen wurden.

Abwechselnd zogen unsere Mutter und Tante Marielies das Wägelchen. Zwischen Ruinen und Bombentrichtern fanden sie einen Weg. Die beiden älteren Brüder, beeindruckt von der Trümmerwüste, gingen stumm hinterher. Wir kamen an weiten, ordentlich angelegten Gemüsebeeten vorüber, dahinter sah man den Reichstag, einen zerschossenen Koloß. Das Wägelchen ruckelte die »Siegesallee« entlang. Unsere Mutter vermißte die erhabenen Statuen der »alten Preußen«, die doch immer unter den hohen Bäumen der Allee gestanden hatten.[7] An einer Kreuzung zur Siegesallee wurde eine Abkürzung gewählt. Der Weg führte durch den südöstlichen Teil des Berliner Tiergartens. Unser Wägelchen verlor ein Rad, eine Ruhepause mußte eingelegt werden. Obwohl wir uns auf einer Wiese ausstrecken konnten, war es furchtbar im Tiergarten. Entsetzlicher als die Gebäuderuinen war der Anblick der alten Bäume: Zerschossen, ausgebrannt ragten schwarze Stümpfe in den Himmel. Ein Pfad zwischen Bergen von Backsteinen könnte die Bellevuestraße gewesen sein. Dann der Potsdamer Platz, umgeben von Ruinen mit schwarzen Eisengerippen, dahinter der Potsdamer Bahnhof. Seine hohe Fassade stand noch, aber die Halle war ganz zerstört, zu den Gleisen stolperte man im Schotter. Trotzdem verkehrten einige Züge. Unsere nächste Bahnfahrt wollte ich nicht wieder verschlafen, sondern noch mehr von Berlin sehen. Aber der Zug hatte keine Fensterscheiben mehr, der Ruß der Dampflokomotive wehte mir in die Augen. Ich wurde vom Fensterplatz weggesetzt, die Augen tränten vom beißenden Ruß. Etwas später wurde ich zum Aussteigen geweckt: S-Bahnhof Berlin-Zehlendorf. Tante Marielies fuhr mit dem Zug weiter, sie wollte wieder nach Wiepersdorf zu ihrer Mutter und ihren Schwestern gelangen.

In der Abenddämmerung zogen wir, wieder mit Handwagen und Gepäck, durch Zehlendorf. Der Weg, die Kronprinzenallee entlang – die spätere Clayallee – bis zur Milinowskistraße, wo das Haus der Großeltern stand, schien mir endlos weit. Unsere Mutter freute sich, ihre Eltern wiederzusehen. (Ihr Vater, der Großvater, hatte Schönlage schon im Juli verlassen. Zur gleichen Zeit hatte Ruth durch das Rote Kreuz zu ihren Verwandten gelangen können. Unsere Großmutter hatte während der langen Abwesenheit ihres Mannes das Haus von Plünderungen verschont gehalten.[8])
Die Mutter klingelte an der Gartentür ihres Elternhauses, dreimal, ein verabredetes Zeichen der Familie. Gleich darauf ging das elektrische Außenlicht an – erstaunlich, daß hier alles wie früher funktionierte – und beleuchtete den elenden Haufen, der wir waren. Gretchen, die Haushälterin der Großeltern, kam die Gartentreppe herunter. Erst war sie erschrocken über diese Flüchtlinge vor der Tür – wir waren nicht die ersten, die hier Zuflucht suchten[9] –, dann schloß sie die Tür auf, hob uns Kleinen vom Wägelchen und führte uns ins Haus.
»Omalin«, wie wir unsere Großmutter in Berlin nannten, würdevoll im Wesen und von Statur, erwartete uns in der Eingangshalle. Auch sie war erschrocken über unser elendes, schmutziges Aussehen. Sie ordnete an, daß wir als erstes in ihrer Badewanne gereinigt würden. In das warme Badewasser wurde ein Desinfektionsmittel gestreut. Ihr schönes, großes

Schlafzimmer im ersten Stock verließ Omalin uns zuliebe. Gretchen richtete saubere Betten mit frischen Laken und Bezügen her. Es war gemütlich, nicht mehr auf Stroh zu liegen, sondern in einem richtigen, weichen Bett. Aber keiner der Erwachsenen setzte sich zum Nachtgebet zu uns an den Bettrand, sie standen in dem schönen Zimmer und sahen uns aus der Entfernung an, dabei sprachen sie von Russenkrätze, Typhus und Windpocken. Unsere Mutter schlief in demselben Zimmer wie wir Kinder, im Bett von Omalin, diese nun auf einem Sofa im Eßzimmer. An einem der nächsten Abende setzte sich Mutti bei Tünnes ans Bett. Sie hatte sich etwas ausgedacht, damit wir in der Nacht nicht so sehr von Alpträumen gequält würden. Anstelle der gewohnten Gebete sollte jeder von uns sagen, was unser schlimmstes Erlebnis gewesen sei. Einmal vor ihr ausgesprochen, würde es dann im Schlaf nicht mehr unbewältigt auftauchen.
Christof sprach sachlich von dem Dynamit, welches die Russen in den Schönlager See geworfen hatten, davon, daß es kein unverseuchtes Trinkwasser mehr gab. Tünnes sprach von den toten Fischen an der Oberfläche des Sees und wollte schon zur Beschreibung eines phantastischen Fischgerichts anheben und vom Thema des Schlimmen abkommen, womit ich an der Reihe war. Ich fürchtete um den Verlust meiner bewährten Methode, schöne Traumbilder herbeizuphantasieren. Von den in Wirklichkeit erlebten Schrecken, gar von den grauenvollen Tieffliegern, mochte ich nichts in Worten wiederholen. Ich sagte: »Müde bin ich, geh zur Ruh, tu die beiden Äuglein zu, Amen.« Daß eine offene Aussprache insbesondere meine Alpträume beheben sollte, war mir nicht bewußt. Tagsüber mußte ich zwar schon bei dem geringsten Anlaß weinen, wobei ich ein Tuch in den Mund steckte, um die Töne zu dämpfen, bevor sich der ganze Körper verkrampfte. Aber daß ich auch nachts im Schlaf laut

schrie und damit alle anderen störte, wußte wohl nur unsere Mutter.
Diese Schreikrämpfe fingen erst in der schönen, heilen Villa von Omalin an. Wahrscheinlich war es das Gefühl von Geborgenheit, welches die vorher überspannten Nerven versagen ließ. Vielleicht gab es auch in Zehlendorf etwas mehr zu essen, weshalb sich die schönen Träume, dem Hungerdelirium entsprungen, nicht mehr einfinden mochten. Der Grund meiner Trostlosigkeit war auch ganz einfacher Art: Der liebe Jumbo, noch nicht desinfiziert, lag irgendwo allein beim Gepäck herum.
Die Unart des »Bockens« und der nervösen Schreikrämpfe hing mir noch lange an – eigentlich bin ich sie nie recht losgeworden. Zum Beispiel sind mir Feuerwerke ein Graus; möchte ich aus Geselligkeit dennoch einem Fest nicht fernbleiben, finde ich mich, zusammen mit jaulenden Hunden, unter einem Wohnwagen wieder. Dröhnen Düsenjäger über die Erde: Panik, Schrei, in Deckung gehen. Von den Erlebnissen zu Beginn unserer Flucht ist dieser etwas anstrengende Reflex geblieben.

Im Garten der Zehlendorfer Villa hatten Gretchen und Omalin Gemüse angebaut, unsere Hauptnahrungsquelle. Im Herbst fand ich Zwiebeln im Garten, stolz brachte ich sie zu Omalin. Sie sagte bestürzt, das seien ihre guten Tulpenzwiebeln!
Im Erdgeschoß wohnten Flüchtlinge, die man jedoch kaum zu Gesicht bekam. Für uns Kinder waren dies verbotene Räume. Hingegen durften wir in den Keller, in die Waschküche, in der zwei alte Frauen lebten. Die eine der beiden hatte sechs Finger an ihrer rechten Hand, aus ihrem Handballen war ein kleiner zweiter Daumen gewachsen. Mit ihren elf Fingern konnte sie geschickt Kochtöpfe flicken. Sie hielt zwei Knöpfe

von vorne und von hinten gegen das jeweilige Loch und zurrte sie mit Draht zusammen.
Im Oktober, zu meinem fünften Geburtstag, bekam ich fünf Buntstifte geschenkt. Später sagte mir meine Mutter, ich sei selber so dünn wie ein Stift gewesen, sie hätte mit den Händen meine Taille umspannen können.
In Ermangelung von Schuhen hatten Tünnes und ich dicke, geschnitzte Holzsohlen mit darübergenagelten Borten bekommen. Damit war es schwierig, ohne lautes Geklapper die Treppen des Hauses auf und ab zu gehen. Ausziehen durften wir die Holzklapper aber auch nicht, sonst hätten unsere Strümpfe Löcher bekommen.
So leise, wie nur irgend möglich, ging ich die Treppe zum Erdgeschoß hinunter. Da sah ich den Großvater in der Eingangshalle langsam hin und her schreiten. Um nicht zu stören – auf den Flurkacheln hätte es noch lauter geklappert –, setzte ich mich auf die unterste Treppenstufe. Der Großvater sprach im Gehen nachdenklich das Wort »Bodenreform«[10] vor sich hin. Ich beobachtete seine Schritte auf den roten Kacheln und überlegte mir, wie »Nachdenken« durch das Auf und Ab seiner Schuhsohlen, als Spuren auf dem Boden, in einem Bild darzustellen wäre.
Im Dachgeschoß rechts oben, gegenüber von Gretchens Zimmer, hatte »Tante Cörnchen«, eine Freundin von Omalin, Zuflucht gefunden. Als junges Mädchen war sie eine begabte Pianistin gewesen, hatte aber mit sechzehn Jahren durch eine schwere Krankheit das Gehör verloren. Tante Cörnchen konnte von den Lippen ablesen, und sie sprach in klangvoller, deutlicher Sprache.
Es war im Winter, zum Heizen des Hauses fehlte es an Kohlen. Warm war es nur im Bett. Seit zwei Abenden jedoch waren Christof und Tünnes erst spät zu Bett gegangen, voller Stolz hatten sie davon gesprochen, daß ihnen Tante Cörnchen vor-

lese, jeden Abend ein Stück aus dem Buch von Clemens Brentano »Hinkel, Gockel und Gackeleia«.
Am dritten Abend wartete ich, bis Bürschli eingeschlafen war, dann schlich ich mich, barfuß und im Nachthemd, die Treppe nach oben. Hinter der ersten Tür war Tante Cörnchens Stimme zu hören. Mucksmäuschenstill legte ich mich auf die Fußmatte davor. Ein Ohr an den Türspalt gehalten, konnte ich gut zuhören. Allmählich kroch die Kälte in mich hinein – wie nur die Fußmatte als Decke benutzen? –, gleichzeitig zog mich das vorgelesene Märchen in seinen Bann. »Keine Puppe, es ist nur/eine schöne Kunstfigur.« Als sich herausstellte, daß der Automat im Märchen von einer Maus in Gang gehalten wurde, entfuhr mir der Seufzer: »Ach, die Arme!« Hinter der Tür wurde es still. Dann fragte Tante Cörnchen, ob da jemand gesprochen habe.
»Nein, nur die doofe Trine hinter der Tür«, sagten die Brüder, und wenn die mit zuhören dürfe, dann käme der noch blödere Bürschli hinterher. Die Kleinen kapierten das hier doch gar nicht, störten sonst schon genug ... Dies Gemaule konnte Tante Cörnchen nicht von den Lippen ablesen. Sie öffnete die Tür, um selbst nachzusehen. Zum Weglaufen war mir zu klamm vor Kälte. Tante Cörnchen hob mich auf, hüllte mich in ihren Wintermantel und setzte sich wieder in den Vorlesesessel. Alle Abende dürfe nun auch ich hochkommen und beim Vorlesen zuhören, versprach sie mir mit dem Zusatz: »Aber warm angezogen!«

So gut und warm angezogen wie nur möglich – statt der Holzschuhe trugen Tünnes und ich nun aus Stroh geflochtene Stiefel –, gingen wir mit Omalin und Christof die Clayallee hinunter zur S-Bahn. Omalin trug einen Hut und einen Wintermantel mit breitem Pelzkragen. Sie nahm uns zu ihren vorherigen Nachbarn, der Familie Reimann,[11] nach Schlachtensee mit. Dort seien zwei Kinder, mit denen wir sicher schön spielen könnten, sagte uns Omalin in der S-Bahn. Aribert sei etwa in Tünnes' Alter und seine Kusine Marianne etwas älter als Christof.

Mit den Kindern machten wir in einem geheizten Zimmer Bekanntschaft, Frau Reimann stellte für uns alle einen Teller Adventsplätzchen auf einen niedrigen Tisch. Im Nebenraum spielte Herr Reimann Klavier, leider hörte er damit auf, als Omalin und Frau Reimann zu ihm hinübergingen. Nachdem die Plätzchen aufgegessen waren, verteilte Marianne Papier: zwei große Blätter für Christof und sich, ein mittleres für Tünnes und zwei kleine an Aribert und mich. Gut, daß ich meine fünf Buntstifte mitgenommen hatte! In dem warmen Zimmer waren die Finger auch nicht so steif wie in der Milinowskistraße, es ließ sich geschickt malen.

Als Aufgabe hatte das große Mädchen »Malt ein Haus!« gestellt. Auf unseren kleinen Zetteln zeichneten Aribert und ich bizarre Schlösser und Burgen, den Türmen und Toren gaben wir die unwahrscheinlichsten Farben. Auf ihren großen Papierbögen brauchten die Älteren für ihre Häuser viel mehr Zeit: Mit einem Lineal zogen sie lange waagerechte Linien über ein Rechteck, welches ein Dach darstellen sollte, dann zogen sie viele kurze Linien senkrecht darüber versetzt – dies seien die Ziegel –, welche sie bei jedem Strich zählten.

Nach dieser Vorarbeit mit Bleistift benutzten die beiden einen großen Buntstiftkasten zum Ausmalen. In dem Kasten lagen zwölf neue Farbstifte, schön den Regenbogenfarben nach angeordnet. Tünnes, mit seinem mittelgroßen Papier, bekam daraus von Christofs Spielgefährtin einen grünen Farbstift geliehen. Er schaute hin und her, was die Größeren und die Kleineren zu Papier brachten. Mir schien, als bewundere er die linealgezogene Fleißarbeit mehr als das spontane Gekritzel der Burgen. Auf seinem Blatt war kaum etwas zu sehen, er zerknüllte es.

Während die große Marianne und mein großer Bruder immer noch dabei waren, ihre Ziegel rot anzumalen und sie zu zählen, brachte Aribert seine Sparbüchse herbei. Er schüttete deren Inhalt über »unseren Schlössern« aus und begann nun seinerseits zu zählen. Die Hälfte seines ersparten Geldes schenkte er mir, die andere Hälfte gab er seiner Sparbüchse zurück. Die dreißig Pfennige steckte ich in das Säckchen meiner Buntstifte hinein.
Dies Säckchen mit Ariberts Geschenk hütete ich fortan wie den Jumbo. Später in Süddeutschland, zur Währungsreform 1948, gab auch ich mein Geld ab, die Pfennige in Reichsmark von Aribert. Wie war ich enttäuscht, daß sie nichts mehr wert waren. Nicht einen Pfennig bekam ich dafür wieder. Zum Trost schenkte mir Tante Marielies einen Glücksgroschen.

Schon im Herbst 1945 waren wir Kinder öfter von dem Haus in der Milinowskistraße, an der großen Backsteinkirche vorbei, die Clayallee hinunter nach Zehlendorf-Mitte gegangen. In einem Hauseingang standen des öfteren zwei kleine Mädchen, ungefähr meines Alters, hinter einem niedrigen Gitter. Sie sahen aus wie glatzköpfige Greislein, ihre Köpfe waren kahlgeschoren. Gerne hätte ich mit ihnen gespielt, aber sie sagten mir, ich dürfe sie nicht anfassen, sie hätten eine ansteckende Krankheit. Bei jedem Vorbeigehen unterhielten wir uns über das Gitter hinweg, dabei erzählten sie mir jedesmal, welch wunderbare, lange, blonde, sogar goldene Haare sie vorher gehabt hätten. Meine dünnen, aschblonden Haare waren offensichtlich längst nicht so prachtvoll, darüber gab es gar nichts zu erzählen. Im Winter trugen die beiden Mädchen bunte Pudelmützen, damit sahen sie schön und beschützt aus. Unsere Mutter trug neue, von Omalin gestrickte Fingerhandschuhe, an welchen die Fingerspitzen fehlten. Ob ihr nicht kalt damit sei, fragte ich sie – schon, antwortete sie mir, aber zum Geldzählen brauche man Fingerspitzengefühl. Sie arbeitete in einem Laden gegenüber vom S-Bahnhof. Dort gebe es auch einen Puppendoktor und einen Frisör, erklärte sie, als sie Bürschli und mich eines Tages zu dem Laden mitnahm. In ihrer großen Handtasche lagen obenauf Teile meiner Puppe, rosafarbene, nackte Arme und Beine aus Zelluloid. Die Gummibänder der Gelenke waren gerissen, die Brüder hatten der Puppe ein Loch in den Po gestochen, damit sie Bächlein machen könne. Von der ehemals so hübsch angezogenen Monika war nicht mehr viel übrig.

Bevor der Puppendoktor aufgesucht wurde, kamen wir zum Frisör. Der Haarschneider, ein knochiger Mann mit grauen Haaren, packte mich und setzte mich auf einen schwarzen Stuhl. Unter dem Waschbecken türkisgrün gestrichene Abflußrohre, die metallischen Formen sahen wie übertünchte Kriegsgeräte aus. Schon diese Rohre und der Siphon flößten mir Angst ein, schlimmer noch der Frisör, der mit Scheren und Messern über mir hantierte. Wenn ich geradeaus sah, konnte ich ihn im Spiegel sehen, die anderen Geräte auf dem Waschbecken, vor dem Spiegel wie Marterwerkzeuge bereitgelegt, sah ich sogar doppelt.

Was blieb mir in meiner entsetzlichen Angst, als nur lauthals zu schreien, bevor mir die Kehle durchgeschnitten würde? Meine Mutter hielt mich von hinten in dem schwarzen Stuhl fest. Sie versuchte mich zu besänftigen, Teile der Puppe hielt sie vor mich hin, sie werde wieder heilgemacht, wenn ich mich nur artig frisieren ließe. Im Spiegel war ein verzerrtes Gesicht zu sehen, es war faszinierend, ich schrie wie am Spieß, das Gesicht im Spiegel machte mit und wurde immer verzerrter, wie eine gräßliche, alte Maske. Es war nichts mit mir zu machen. Ich stieg von dem schwarzen Stuhl herunter – daß mich bloß keiner anfaßt! Man ließ mich auf dem Fußboden liegen, Hauptsache, sie schreit nicht mehr. Erschöpft schaute ich zu,

wie nun Bürschli frisiert wurde. Von selbst kletterte er auf den hohen, schwarzen Stuhl, lautlos ließ er es sich gefallen, daß ihm die Haare geschnitten wurden.
Das hatte ich nun von meinem Gebrüll beim Frisör: Die dünnen Haare, vorher zu einer Locke hochfrisiert, ließ man wachsen. In Berlin wurden an den spärlichen Ansätzen von Zöpfen Bänder festgebunden. Später wurden mir Zöpfchen geflochten, das weitete sich zu eingeflochtenen Schnürsenkeln, Affenschaukeln und anderen Prozeduren an meinem Kopf aus. Lieber wäre ich kahlköpfig gewesen und hätte eine Pudelmütze getragen wie meine kleinen Freundinnen.

Weihnachten 1945 war es in Berlin besonders kalt. Zur Mitternachtsmesse am Heiligen Abend durften auch wir beiden Kleinen mitkommen, man wollte uns nicht allein im Haus zurücklassen.
Alle zogen sich ihre besten und wärmsten Kleidungsstücke übereinander. Auch Zudecken aus den Betten wurden mitgenommen. Völlig vermummt verließen wir das Haus.
In der großen Backsteinkirche, nur ein paar Schritte vom Haus der Großmutter entfernt, sah man Licht, vereinzelte Menschengruppen gingen hinein. Dies sei die katholische Kirche, wurde uns gesagt, bis zur evangelischen Kirche sei es noch ein längerer Fußmarsch. Wieder gingen wir die Clayallee hinunter, diesmal im Schnee und bei Nacht. Immer mehr Menschen, in Decken gehüllt, kleine Lichter vor sich her tragend, kamen hinzu und bewegten sich in die gleiche Richtung.
In der Nähe der S-Bahn kamen von allen Seiten noch mehr Menschen zusammen. Auch die evangelische Kirche war von innen hell erleuchtet. Leise strömte die Prozession ins Kircheninnere. Wir aus der Milinowskistraße nahmen in einer der hintersten Reihen der Kirchenstühle Platz.

Während der Andacht versuchte ich, Christus am Kreuz – hoch oben über einem Licht hängend – zu betrachten. Dann vernebelte sich das entfernte Bild: Aus den Decken der vielen Menschen in der Kirche, die hungerten und froren, stieg wie weißer Rauch ihr Atem auf. Weil es so kalt war, stellte ich mir vor, es schneie auch in der Kirche.

Nach den Weihnachtsferien, wie schon im September nach unserer Ankunft in Berlin, gingen Christof und Tünnes wieder zur Schule. Unsere Mutter mit ihren merkwürdigen Fingerhandschuhen arbeitete weiter im Zehlendorfer Laden, mehrmals war sie auch verreist. Der Großvater, in Berlin mit »Herr Präsident«[12] angesprochen, hatte eine Stellung in der Stadt gefunden, auch er war außer Haus. Ein Vorfall aus der Schule erregte uns alle sehr, trotzdem wurde kaum darüber gesprochen.
Zunächst war ich verwundert, daß Christof, der mit seinen elf Jahren schon so gefaßt und erwachsen schien, mehrere Tage mit uns beiden Kleinen die Zimmerecke teilen mußte. Er saß stumm auf seiner Bettkante und starrte immer auf ein und dasselbe Schulbuch. Allmählich stellte sich heraus, was vorgefallen war: Christofs Nachbar auf der gemeinsamen Schulbank hatte einen Zettel mit einem Hakenkreuz unter dessen Tintenfaß gesteckt. Das Hakenkreuz wurde an Christofs Platz entdeckt. Er wurde der Schule verwiesen. Der Großvater, der Jurist war, versuchte Christofs Unschuld zu beweisen. Er ging durch mehrere Instanzen der Viersektorenstadt, um seinen Enkel und die Gerechtigkeit zu verteidigen. Nach zwei bis drei Wochen besuchte Christof die Schule wieder.

Im Frühling bestellten Omalin und Gretchen wieder den Garten. Wir beiden Kleinen, mit ihnen tagsüber allein, waren dabei nicht gerade eine Hilfe: Unter einem steinernen Kopf mit

einem Brunnenrohr in der Mundöffnung krabbelten viele Käfer, mit einem Stöckchen zog ich ihnen Wege zum Nachlaufen. Omalin war entsetzt über dieses Spiel mit dem platten Ungeziefer, Kellerasseln übertrügen ansteckende Krankheiten. Bürschli kam mit der Besonderheit einer »weißen Erdbeere« zur Großmutter, die daraufhin verbot, unreife Früchte zu pflücken.
Es lag jedoch nicht daran, wie wir Kinder uns verhielten, daß der Ertrag aus dem Garten, nach dem Umgraben der früheren Rasenfläche der Villa, im folgenden Jahr geringer ausfiel. Sowieso hätten wir uns mit dem Gemüse des Gartens und den Beerensträuchern hinter der Garage nicht über den folgenden Herbst und Winter bringen können. Wie die ganze Stadt Berlin waren wir auf die Zuteilung von Kartoffeln angewiesen. Aber diese Zuteilungen wurden immer geringer.
Frühling und Sommer in Berlin-Zehlendorf sind mir in schöner Erinnerung, allein schon wegen der warmen Jahreszeit. Das blütenweiße Volantkleidchen mit rosa Schärpe von früher, von vor zwei Jahren in Zernikow, welches lang gewesen war und wie bei einer Prinzessin den Boden gestreift hatte, dasselbe Kleidchen mochte ich nun recht gerne. Inzwischen »dunkelweiß« geworden, der weiche Stoff nicht mehr mit Stärke aufgebügelt, war es zu einem kessen Berliner Sommerkleid geworden; der Saum bedeckte knapp die Knie, die verblaßte Schärpe war, statt über dem Bauch, irgendwie unter den Achseln angebracht.
Als es wärmer wurde, brauchte ich auch das verflixte Dirndlkleid, in Berlin aus einer Hakenkreuzfahne genäht, nicht mehr zu tragen, noch Strohstiefel und Holzklapper. Barfuß durften wir Kinder im Sand zwischen den Beeten im Garten spielen.
Gerne wäre ich noch jahrelang mit Omalin und Gretchen im Garten der Milinowskistraße beisammen geblieben, den

Winter hätte ich bei Tante Cörnchen in der Dachstube verbracht. Und überhaupt hielt ich es für wichtig, in Berlin zu bleiben. Entfernungsmäßig waren die Innenstadt und sogar Zernikow gar nicht so weit, man hätte diese Orte mit der S-Bahn und mit einem langen Fußweg erreichen können. Berlins Zentrum übte eine Anziehungskraft aus, der Gang durch den Tiergarten war ein starker Eindruck gewesen, die Gedanken an Großstadt und Krieg waren damit verbunden. An Zernikow hingen die Gefühle, die das Zuhause und Vati betrafen. Manchmal stellte ich mir vor – wenn ich doch nur die richtigen Schuhe dafür hätte! –, ich könne zu Fuß nach Zernikow gehen, zu Vati, von dessen Schicksal wir Kinder so gar nichts erfuhren.

Mitten im Sommer, im Juli 1946, der plötzliche Aufbruch. Nach Süddeutschland, wo die ältesten Brüder Achim und Clemens seien, solle die Reise gehen. Wieder wurden unsere Rucksäcke für die Flucht gepackt. Beim Abschied sagte mir Omalin: »Halt die Ohren steif, mein Kleines!« und legte mir behutsam den Jumbo in die Arme. Jumbo war schwer geworden.

Wie wir zu einem der Bahnhöfe im Zentrum Berlins gelangten, weiß ich nicht mehr, diesmal hatte ich von der Stadt nichts wahrgenommen. Wir beiden Kleinen hätten Fieber und Windpocken, erklärte uns die Mutter Tage später, als zu befürchten war, daß diese Krankheit unsere genehmigte »Ausreise nach Württemberg« verhindern könnte.

Von Stimmengewirr dicht neben und über mir wachte ich auf. Es war halbdunkel, ich lag auf einem Sack zwischen vielen Menschen und hielt Jumbo in den Armen. Von den fremden Stimmen konnte ich kein Wort verstehen. Jemand sagte auf deutsch, in diesem Wagen befinde sich ein Flüchtlingstransport aus Ungarn. Durch die breite Öffnung des Waggons fiel

Licht herein, als Silhouetten waren Menschen zu sehen, die sich noch nicht hingelegt hatten. Ich erkannte unsere Mutter zwischen ihnen und war beruhigt. Dann ein rasselndes Geräusch, eiserne Schiebetüren wurden von außen zugeschoben und verriegelt. In dem Waggon war es dunkel geworden, von den vielen Menschen darin hörte man nur noch Geflüster. Der Geruch von Verfaultem, ein undefinierbarer Gestank, breitete sich aus. Unheimlicher noch: Der Zug fuhr nicht los.
Nach mehreren Stunden ein Ruck, dann setzte sich der Zug langsam in Bewegung. Er verließ Berlin. Bei jedem Kreischen der Räder auf den Weichen dachte ich an alles Zurückliegende, das wir hinter uns ließen, und war traurig. Als der Zug dann schneller fuhr, malte ich mir das vor uns liegende »Süddeutschland« aus und freute mich darauf – worüber ich wohl wieder einschlief.
Die Schiebetüren rasselten, blendendes Licht fiel ein, Frauen und Männer, unter ihnen auch Christof, sprangen nach draußen. Der Zug hielt auf freier Strecke. Nach einer Weile kam unsere Mutter und half Bürschli und mir von dem hohen Waggon hinunter, damit wir neben anderen, die im Gebüsch hockten, unser »Geschäftchen« machen könnten. Der Zug mit seinen vielen Güterwaggons, den Menschen davor, erschien mir sehr lang.
Von weit vorne, von der Dampflokomotive her, kam Christof zurückgerannt. In einer Milchkanne brachte er heißes Wasser aus der Lokomotive, wir müßten warten, bis es abgekühlt sei, sagte er atemlos. Aus dem Deckel der Kanne tranken unsere Mutter und wir vier Kinder reihum warmes Wasser. Dann hieß es, schnell wieder in den Waggon hochsteigen und sich auf die Säcke legen, bevor die Türen zugeschoben und von außen plombiert wurden. So ging es zwei Tage und Nächte lang, der Zug fuhr, hielt wieder an, fuhr weiter.
Vor der Zonengrenze mußten wir den Zug verlassen. Zwi-

schen anderen Menschen gingen wir zu einer mächtigen Burgfestung hoch. Das Gebäude sah bedrohlich aus, wie ein großes Gefängnis. In dessen Innerem wurden wir fünf von allen anderen abgesondert, weil wir beiden Kleinen die Windpocken hätten.

Durch mehrere lange Säle mit Gestellen voller Menschen wurden wir geführt, dann wurde am Ende eines dunklen Ganges eine Zelle aufgeschlossen. Ich hatte Angst, daß Bürschli und ich wegen unserer ansteckenden Krankheit ganz allein in der Zelle eingesperrt würden. Zum Glück gingen Mutti und die älteren Brüder als erste hinein. Die Nacht in der Zelle, gemeinsam mit Mutti ganz für uns, war dann doch gar nicht so fürchterlich. Vor dem Einschlafen sangen wir leise »Der Mond ist aufgegangen« mit einer leichten Abänderung der letzten Strophe: »... Verschon uns Gott mit Strafen/und laß uns ruhig schlafen/und unsern lieben Vati auch.«

Am nächsten Morgen wurden wir beiden Kleinen zu einer Ärztin geführt. Ich bemühte mich, gesund auszusehen, aufrecht zu gehen und zu lächeln, um mit nach Süddeutschland zu kommen. Die Ärztin lächelte auch, während sie uns untersuchte. Sie sagte zur Mutter, Windpocken seien keine ansteckende Seuchenkrankheit, wir dürften weiterfahren.

Wir stiegen wieder in den Güterzug ein, die Schiebetüren wurden verschlossen, wieder aufgerissen, Christof rannte zur Lokomotive und brachte Trinkwasser, Kontrolleure durchsuchten den Zug, schoben die Türen von außen wieder zu, so ging das im Wechsel von Dunkel und Hell, Fahren und Anhalten, Stunden um Stunden weiter.

Im hinteren Teil des Waggons, im Halbdunkel, lag ich mit Jumbo auf einem Sack. Christof hatte vorn bei der Lokomotive sogar auch Brot bekommen und reichte mir davon ein Stückchen nach hinten weiter. Gerade als ich hineinbeißen wollte, kam hinter mir eine große, weiße Hand hervor und riß mir das Brot vor dem Mund weg. Die Hand verschwand wieder, unter meinem Sack bewegte es sich. Starr vor Entsetzen blieb ich liegen und klammerte Jumbo an mich, lieber ließ ich mir das Stück Brot wegnehmen, als daß die schreckliche Hand nochmals auftauchte und mir den Jumbo wegzerrte. – Später erfuhr ich, daß wir Kinder während der Kontrollen im Zug auf Männer gelegt worden waren, die keine Genehmigungspapiere zur Ausreise durch die sowjetische Zone vorweisen konnten.

Jedesmal wenn der Zug wieder hielt, verließ ich nun, Jumbo im Arm, aus Furcht vor der weißen Hand meinen Sack. »Windpocken machen leicht wie der Wind«, dachte ich mir, bevor ich vom Waggon heruntersprang. Schwieriger war es dann, wieder hochzukommen: Zum Festhalten hatte ich nur den rechten Arm frei, Jumbo, im linken Arm gehalten, war schwer mit hochzuheben.

Christof war schon längst mit seiner Milchkanne von der Lokomotive zurück, ich an der Schiebetür hochgeklettert, Tünnes und Bürschli lehnten sich auch von oben aus dem Waggon. Nur unsere Mutter war noch nicht da. Der Zug ruckte an, gleich würden die Türen verschlossen, fürchteten wir, sie würde den Zug verpassen und wir ohne sie abfahren. Da sahen wir sie weit hinten auf einem Nebengleis Blumen pflücken. Wir winkten und riefen ihr zu: »Mutti, komm! Steig schnell ein!« Sie sah und hörte uns nicht, in aller Seelenruhe war sie über die Blumen gebückt, kam näher, entdeckte eine schöne, rotgelbe Blume nach der anderen, vervollständigte ihren Strauß, hielt ihn freudig vor sich hin, sprang endlich in den Waggon und sagte: »Das ist Goldlack!«

Gleich darauf schlossen sich die metallischen Türen hinter ihr. In der Dunkelheit war von dem Blumenstrauß aus Goldlack nichts zu sehen. Der Zug fuhr weiter.

An der Zonengrenze, in Hof, stiegen wir mit all unserem Gepäck aus. Der Bahnhof war überfüllt von Menschen, unsere Mutter mußte dortbleiben und sich um das Gepäck kümmern. Im Gedränge der Menschenmenge gingen wir Kinder zu einem riesigen Barackenlager, um Quartiere für die Nacht zu finden. Christof hielt Bürschli an der Hand und Tünnes mich. Eine Frau mit weißer Armbinde sagte zu Christof so etwas wie »Block zehn«. In einer großen Baracke voller Holzgestelle vom Boden bis zur Decke, voller Menschen und weiteren, die nachdrängten, fand Christof vier leere Plätze für uns, dicht neben- und übereinander. Tünnes und ich stiegen nach oben, Christof und Bürschli legten sich unten hin.
In der großen Baracke weinten Kinder, kein Singen, keine Gebete waren zu hören, in unserer Nähe flüsterten Frauen, hier sei ein furchtbares Arbeitslager gewesen, sie sprachen von Kriegsgefangenen und Vermißten. Ich dachte an Vati und wünschte mir meine angenehmen Traumvorstellungen herbei – sie wollten sich aber nicht einstellen. Die Gedanken gingen zu Mutti, die am Bahnhof zurückgeblieben war. Ein abscheulicher Alptraum machte sich breit: Schwarzweiß zuckten Blasen in den Augen, blähten sich groß auf, schnurrten zu Spindeln zusammen, breite Wellenbewegungen verwandelten sich in winzige Spitzen, welche die großen Blasen aufstachen, im Wechsel von klein und groß, schwarz und weiß oszillierten die Gebilde penetrant hin und her. Gleich, ob ich die Augen fest zudrückte, um dagegen schöne Träume aus dem Inneren hervorzulocken, oder ob ich die Augen öffnete und in die Dunkelheit starrte, das amorphe Gewaber wollte nicht aufhören. Nach langer Zeit, ich kämpfte noch gegen die abscheulichen Dehnblasen an, hörte ich unsere Mutter neben mir sagen: »Gott sei Dank, sie schlafen wie die Engel.« Das Wort »Engel« verscheuchte den Alptraum, und es war beruhigend, daß Mutti wieder bei uns war. Am nächsten Tag stiegen

wir in einen richtigen Personenzug mit hellen Holzbänken ein. Der Zug fuhr sehr schnell, noch am Nachmittag des gleichen Tages kamen wir am Bahnhof Waldenburg/Württemberg an, in Süddeutschland.

Württemberg

Der Bahnhof Waldenburg liegt in einer weiten Talebene, hoch darüber, auf einem Vorsprung der Waldenburger Berge, die alte Stadtfestung Waldenburg. Weit hinter der Stadt, mitten in den Bergen und Wäldern, stand das Blockhaus am Neumühlsee, es wurde unsere erste Bleibe in Württemberg.
Vor dem Haus spielten wir Kinder am See, die Pflanzen, das Wasser, alles war unberührt und friedlich. Besonders schön, wie auf einer Paradiesinsel, war es am gegenüberliegenden Ufer, unter einer dicken Eiche mit weit ausladenden Ästen. Wir gingen auf einem halb zugewachsenen Weg dorthin, Christof meinte, schwimmend schneller dazusein, und tauchte zwischen Schilf ins Wasser, am Ende trafen wir uns wieder, setzten uns auf die Wurzeln der Eiche und schauten Libellen, Eidechsen und Fischen zu.
Es war Sommer, das Heu wurde gewendet. Die Felder und Wiesen der Bauern vom Weiler Tommelhardt, auf einer Anhöhe über dem See, lagen weit zerstreut. Zusammen mit den Bauernkindern halfen wir bei der Feldarbeit, die für uns Kinder im Absammeln von Kartoffelkäfern vom »Ebierkraut« bestand. Dabei lernten wir Schwäbisch, es wurde bald zu einer Art Geheimsprache von uns Kleinen vor den Großen. Einmal sagte eine Bäuerin zu mir: »Komm, krigscht ä Gsälzbrot!« Ich war froh, daß sich keiner für ein Salzbrot oder Gesälztes interessierte, das Marmeladenbrot brauchte ich nur mit Bürschli zu teilen.

Die zweite Heuernte, die »Öhmd«, wurde eingefahren, Ochsen und Kühe zogen hochgeladene, schwankende Leiterwagen – dann das Korn. Alle Flüchtlinge der Umgebung suchten die abgeernteten Felder nach liegengebliebenen Ähren ab. Unsere Mutter trug dabei einen breiten Strohhut, damit wirkte sie reicher als die anderen Frauen mit ihren Kopftüchern. In den Wäldern – da trug Mutter auch ein Kopftuch – sammelten wir Himbeeren, danach mengenweise Bucheckern. Gegen mehrere Eimer voll Bucheckern bekam man einen Liter Öl. Tünnes, nun Toni genannt, entwickelte besondere Geschicklichkeit beim Bucheckernsammeln: Mit beiden Händen zugleich füllte er seine Kanne. Er sammelte sogar Knochen, dafür bekäme man Seife.
Im vorderen Teil des Blockhauses wohnte die frühere Berliner Schneiderin der Mutter. Bei ihrer Familie waren die beiden ältesten Brüder Achim und Clemens anfangs in Süddeutschland untergekommen. Für ein paar Tage kam Clemens ins Blockhaus zurück. Er verstand sich mit der Schneiderin, seiner »Tante Guggi«, besonders gut.
Nach der langen Zeit, nach fast zwei Jahren, erkannte ich Clemens als einen meiner Brüder nicht wieder. Er war inzwischen fast so groß wie die Mutter, trug heile Anziehsachen und lachte über alles, am liebsten über seine eigenen Worte. Seine kleine Schwester mit ihren bizarren Angewohnheiten von der Flucht, der Angst vor Tieffliegern und vor allem Ekligen, das ansteckende Krankheiten übertragen könnte, war zum Auslachen besonders geeignet. Er nannte mich »die Heulsuse«.
Eines Abends im Bett berührten meine Füße eine kühle, glibberige Masse. Erschrocken hob ich die Bettdecke hoch: Es war eine Kröte. »Gebt acht! Gleich geht das Schreikonzert los!« sagte Clemens zu den anderen mit erhobener Hand wie ein Dirigent. Die Kröte sprang aus dem Bett, ich war erleichtert.

Da griff Clemens nach dem Jumbo, ich schrie wie wahnsinnig, und er bog sich vor Lachen.
Einmal nahm unsere Mutter Bürschli und mich in die Stadt Waldenburg mit. Vom Blockhaus gingen wir den Berg nach Tommelhardt hoch, dann einen weiten Weg durch den Wald. Nach etwa einer Stunde ging es durch einen Hohlweg, noch höher einen Hang hoch, und wir kamen von hinten in die Stadt hinein zu den ersten Häusern. Vor einem Villengarten voller Gartenzwerge blieb ich ganz verzückt stehen. Meine Mutter sagte abfällig: »So ein Kitsch!« Ich solle nicht so lange hinsehen, das verderbe den guten Geschmack, meinte sie und ging weiter. Was denn »guter Geschmack« sei, wollte ich wissen, das war doch gar nichts zum Essen. Das sei eine schwierige Frage, meinte sie, man brauche mehr Zeit, um solche Themen zu erörtern. Als wir dann das mächtige Stadtschloß sahen, sagte die Mutter andächtig: »Dies gehört dem Fürsten von Hohenlohe zu Waldenburg.«
Um die alte Kirche herum lagen die Stadthäuser in Trümmern. Auch das Waldenburger Schloß war zerstört, hohe, schwarze Mauern standen auf der Bergkante. Die Fürstenfamilie wohnte schon länger nicht mehr darin, sondern in einem Forsthaus im Wald, wo wir sie später besuchten. In der Stadt sprach unsere Mutter mit dem Bürgermeister und mit dem Pfarrer.
Den weiten Weg durch den Wald ging ich bald allein, er wurde mein Schulweg. Die Gartenzwerge, schräg gegenüber vom Schulhaus, die ich dann täglich ansehen konnte, verloren allmählich ihren Zauber. Im September 1946 wurde ich eingeschult. Christof kam ins Gymnasium nach Künzelsau, wo schon Clemens bei Tante Uschka, der Schwester der Mutter, wohnte. Die Schulzeit ist jedoch eine Geschichte für sich, die der »Zöpfe«. Noch war Jumbo mein treuer Begleiter durch die Kindheit, er wartete im Bett auf mich, bis ich heimkam.

Im Oktober war mein sechster Geburtstag. Am Morgen desselben Tages fand Toni ein vierblättriges Kleeblatt und ich sogar eines mit sieben Blättern an einem Stiel. Ich glaubte, es würde besonders viel Glück bringen, aber Toni sagte, ungerade Zahlen brächten Unglück. Welche Enttäuschung – aber wenigstens war ich jetzt nicht mehr ungerade fünf Jahre alt, die gerade Zahl Sechs müßte doch die ungerade Sieben des Kleeblattes aufwiegen? Toni, mit seinem vierblättrigen Kleeblatt, aber ungerade neun Jahre alt, meinte dies dann schließlich auch.

Zum Geburtstag schenkte er mir einen grauen Karton, um dessen Rand er sechs farbige Linien als Rahmen gezogen hatte. Am nächsten Tag klebten wir das vorher gepreßte, siebenblättrige Kleeblatt darauf. Den Karton mit dem Kleeblatt hängte ich über mein Bett und hob ihn noch lange auf.

Unsere Mutter, oft unterwegs, war am »Disponieren und Organisieren«, wie sie sagte. Im Blockhaus am See konnten wir nicht länger bleiben. Als neue Unterkunft wurde eine kleine Dachwohnung oben in Tommelhardt ausgebaut. Manchmal begleiteten wir beiden Kleinen die Mutter, wenn sie nach den Handwerkern sah. Auf dem Weg den Hang hoch beschrieb sie, wie schön und gemütlich alles werden würde.

Zu dem Dachboden gab es keinen anderen Zugang als den durch die Küche der Bäuerin, der Besitzerin des Hauses. Anfangs lächelte sie uns noch freundlich zu. Von Gemütlichkeit war auf dem Dachboden noch nichts zu spüren, Handwerker setzten Fenster ein, weißten die schrägen Wände, die Türen fehlten noch.

Es war vor oder nach unserem Umzug, ein Schrank ist mir in Erinnerung. Er stand in der ersten Stube hinter dem Treppenaufgang, hatte zwei Türen, darunter eine breite Schublade, seine weiße Farbe war etwas abgeblättert. Einer der Handwerker schmirgelte die Farbe ab, dann strich er den Schrank auf

Wunsch der Mutter in einem gedeckten Grün an. Danach wünschte die Mutter noch feine Streifen in Bordeauxrot an die Ränder der Türpaneele, um dem Ganzen etwas Relief zu geben. Das sei etwas für Kunstmaler, sagte der Malermeister, für solch unnütze Dekoration habe er keine Zeit und ging. Am nächsten Abend, das Grün war getrocknet, malte unsere Mutter die dunkelroten Streifen selbst. Ein Schrank aus Zernikow schwebte ihr als Modell vor. Zu gerne hätte ich ihr geholfen, wenigstens unten an der Schublade, es gab aber nur einen feinen Pinsel. Das Werk war fast vollendet, da ging die Farbe aus. Trotzdem sah der Schrank, der zum Wohnzimmerschrank wurde, schön aus.

Vom November an wohnten wir, unsere Mutter und die drei Jüngsten, in der Tommelhardter Dachwohnung. In der vorderen Stube stand rechts das Bett der Mutter, tagsüber mit einer Überdecke, grün mit rosafarbenen Blumen, als Sofa verkleidet, dem Bett gegenüber der Wohnzimmerschrank, in der linken Ecke ein Ofen. Die zweite Stube dahinter war das Kinderzimmer mit vier Betten. Toni schlief im oberen Teil eines grüngestrichenen Etagenbetts. Bürschli und ich hatten niedrige Kinderbetten. Neben dem Treppenaufgang gab es noch eine kleine Küche.

Im Laufe der Zeit machte unsere Mutter wirklich alles sehr gemütlich, und wir Kinder fanden die beiden Dachstuben gar nicht so eng wie die Erwachsenen, die uns besuchten.

Am zweiten Advent kam Tante Uschka aus Künzelsau zu uns. Sie fand die winzige Wohnung hübsch, und wir Kleinen sähen nicht mehr so elend wie Flüchtlingskinder aus. Für die üblichen Gutenachtgebete kam sie mit der Mutter in unser Schlafzimmer. Danach kehrten Mutter und Tante in die Wohnstube zurück. Die Tür zwischen den beiden Stuben fehlte immer noch, das Licht schien herüber.

Nach einer Weile standen die beiden wieder vor unseren Betten und schauten uns an. Auch bei geschlossenen Augen war das zu spüren, ein merkwürdiges Gefühl, beim Einschlafen betrachtet zu werden. »Sie atmen durch die Nase«, sagte die Tante, »ein gutes Zeichen, daß sie nicht erkältet sind.« – »Sie schlafen wie die Engel«, flüsterte die Mutter, »nun können wir in Ruhe alles besprechen.« Diesmal machte mich das Wort »Engel« erst richtig wach. Die beiden gingen die drei Schritte ins Wohnzimmer zurück, wegen der fehlenden Tür konnte man alles hören, ob man wollte oder nicht.

Die Mutter sprach von einem Grundstück im Tal, in Kupfer, von der amerikanischen Besatzungsmacht, vom Hohenloher Fürsten, dem Besitzer des Grundstücks, aber woher nur das Geld dafür nehmen? Dann flüsterten die Schwestern etwas von gerettetem Schmuck, so raffiniert versteckt. Mit allem müsse man sich beeilen, denn die Währungsreform stehe bevor – was ich nicht verstand, Weihnachten stand doch bevor!

Die Mutter kam ins Kinderzimmer – wie nur die Ohren zumachen und sich schlafend stellen, also Augen zu und ruhig durch die Nase atmen. Sie legte mir sacht den linken Arm beiseite, holte Jumbo aus meinem Bett und trug ihn in die Wohnstube, von der ich nur den Ofen sehen konnte. Tante Uschka sagte ziemlich laut, von der Näherei habe sie keine Ahnung. »Mach du das mal, die Kleine soll ja nichts merken!« Nebenan war es eine Zeitlang still, nur etwas Rascheln war zu hören.

Die Mutter kam wieder ins Kinderzimmer und legte Jumbo neben mich ins Bett zurück. Im Wohnzimmer waren noch länger die Stimmen von Mutter und Tante zu hören.

Am nächsten Morgen untersuchte ich Jumbo. Seine Mittelnaht am Bauch war mit groben Stichen zugenäht, der Bauch war flach wie bei einem Flüchtlingskind. Ich hielt ihn hoch, um ihm etwas Warmes anzuziehen. Jumbo war leicht geworden.

Zu Weihnachten kam unser ältester Bruder Achim aus einem Internat bei Stuttgart zu uns nach Tommelhardt. Er war inzwischen viel größer als die Mutter, in den Durchgängen der Dachwohnung mußte er den Kopf einziehen.
Zur Begrüßung ließ Achim seinen kleinen Geschwistern kurz eine besondere Kostbarkeit aus der Stadt zukommen: Neben dem Wohnzimmerschrank hieß er uns drei sich in Größenordnung aufstellen, am Ofen steckte er sich eine Filterzigarette an, hielt sie erst Toni, dann mir an den Mund, »nicht reinbeißen, zu lange ziehen aber auch nicht!« sagte er lachend, hielt sie kurz dem Bürschli hin, rauchte sie aus und warf die Kippe in den Ofen.
Außer den drei großen Brüdern waren Tante Uschka und andere Verwandte der Mutter gekommen. Unter einem Strauß aus Tannenzweigen standen Teller mit Plätzchen und Nüssen. Vor der Bescherung und bevor jeder seinen Teller bekam, sollten wir Kinder Gedichte aufsagen. Es war unangenehm, dazustehen und von allen von oben bis unten gemustert zu werden. Von dem langen Weihnachtsgedicht, das mir Toni beigebracht hatte, bekam ich nur zwei Zeilen zustande.
Vati fehlte so sehr. Von dem guten Essen und den Plätzchen wollten wir ihm ein Päckchen schicken, überlegten wir kleineren Kinder uns dann in unseren Betten.
Im Wohnzimmer feierten die Erwachsenen noch weiter. Plötzlich Krachen, Aufschrei, dann Gelächter. Das Bett der Mutter war unter dem Gewicht des vielen Besuchs zusammengebrochen. »So ist das mit den irdischen Gütern«, meinte jemand, und die Mutter sagte: »Meine großen Jungen werden es schon wieder reparieren.«
Achim blieb noch ein paar Tage länger in Tommelhardt, über den Schulbeginn nach Epiphanias hinaus. Er sollte in der Kirche von Waldenburg mit seinen über fünfzehn Jahren, statt wie normal mit vierzehn, »spätkonfirmiert« werden und sich

darauf vorbereiten. Er wohnte bei der Bauersfamilie Wolf im Weiler. Dort trafen wir uns, um den weiten Weg durch den Wald gemeinsam zu gehen.
Auf dem Weg lernte er den Lutherischen Katechismus auswendig, sagte gleichtönig schwierige Sprüche vor sich her, schaute ins Buch, sprach auswendig weiter. Mitten in einem Satz blieb er stehen und putzte sich die Nase, das ohne Taschentuch! So wollte ich es auch machen, Achim zeigte mir wie: mit dem Daumen den rechten Nasenflügel zudrücken, kräftig schnieben, dann das gleiche links. Bei mir kleckerte der Schnupfenschleim auf den Mantel, während der von ihm weit vor uns auf den Weg geflogen war. »Hast noch keine Puste, Schweinchen!« sagte er und memorierte weiter. Am Ende des Waldes blieb er wieder stehen, beim Aufsagen des Glaubensbekenntnisses sollte ich ihn abhören. Schon nach »Heiliger Geist« guckte er ins Buch. »Hast gespickt, Schweinchen!« sagte ich. »Werd nicht frech!« sagte er daraufhin und holte mit dem Buch zu einer Ohrfeige aus. Ich konnte schnell hinter einen Baum ausweichen. Er steckte das Buch ein und meinte, er habe ja noch zwei Monate Zeit, um alles auswendig zu können.

Wochen später, Anfang Februar, war unsere Mutter mit uns beiden Kleinen allein in der Dachwohnung. Wir saßen auf ihrem Bett mit der geblümten Überdecke beisammen, Mutti strickte. Es klopfte an der Tür. Es war die Bäuerin, in deren Haus wir wohnten, eine neugierige Frau, die aber trotzdem noch nie vorher die Treppen zu uns hochgestiegen war. Sie überbrachte einen Brief.
Unsere Mutter nahm den Brief entgegen, schloß die Tür und setzte sich wieder zu uns aufs Bett. Sie untersuchte den Briefumschlag, »Zernikow, unbekannt verzogen«, sagte sie verwundert. Ich war ganz aufgeregt, Zernikow, endlich ein Brief

von Vati, bald würde er kommen und zu uns ziehen! Der Absender: »Oberleutnant Steffen«, ein Vorname, dachte ich und schade, doch kein Brief von Vati selbst. »Obwohl nicht adelig, der Dienstgrad scheint vertrauenswürdig«, sagte die Mutter, auch die Anrede an sie als Baronin sei korrekt. Nachdem sie an der Echtheit des dicken Briefes nicht mehr zweifelte, begann sie vorzulesen.

Nach einigen Sätzen hieß es: »Die Nachricht ist bitter.« Ich schluchzte laut auf, alle Hoffnung war zunichte. Die Mutter sagte mir, ich solle nicht wieder heulen, damit würde ich nur den Bürschli anstecken und ihn unnötig traurig machen. Die vielen Seiten des Briefes las die Mutter still weiter. Währenddessen starrte ich, zusammengekrümmt daliegend, auf die Blumendecke, ein Stück Kissen im Mund, um leise zu sein. Die farbigen Blumen und Blätter der Decke wurden größer und wieder kleiner, kreisten verschwommen um ein schwarzes Loch herum und versanken darin.

Die Mutter ging aus dem Zimmer, hinter der Tür stand noch die Bäuerin, die gelauscht hatte. »Ischt Ihr Mah tot?« fragte sie. Die Mutter nickte und machte die Tür zu. Durch dies Nicken hatten Bürschli und ich verstanden, daß unser Vati gestorben war. Wir blieben auf dem Bett liegen und weinten.

Gegen Abend kam Frau Wolf aus dem Weiler und brachte einen Korb mit Wurst und Eiern. Die Mutter legte einen Tannenzweig vor das Foto des Vaters. Ich dachte an die ungeraden Zahlen, hängte mein siebenblättriges Kleeblatt ab und steckte es zwischen das Anmachpapier neben dem Ofen.

Jahre später fragte ich meine Mutter, woran denn mein Vater gestorben sei. Sie sagte, es sei wohl Malaria gewesen, die er schon als junger Soldat im Ersten Weltkrieg gehabt hätte. Es wurde nicht mehr darüber gesprochen. In meiner Erinnerung hatte weiterhin ein »Stephan« den Brief geschrieben, der für mich mit dem Wort »bitter« endete, ohne daß ich dessen weiteren Inhalt kannte. Erst zweiundvierzig Jahre später bekam ich den Brief mit der Todesnachricht vollständig zu lesen: gedruckt und im Buch veröffentlicht. Merkwürdig, die Wahrheit auf diese distanzierte Weise zu erfahren. Obwohl inzwischen Jahrzehnte vergangen waren, war es noch einmal traurig, nun zu lesen, auf welch schreckliche Weise mein Vater gestorben war. Er hatte selbst einmal gesagt: »Es ist weniger schlimm, erschlagen zu werden, als zu verhungern.«

Damals, für uns Kinder, war unser Vati im Himmel, und wir trösteten uns damit, daß es ihm beim lieben Gott gutginge.

Öfters gingen wir von Tommelhardt nach Waldenburg zur Kirche. Einer der Sonntagsgottesdienste war besonders beeindruckend. Es muß im März gewesen sein, denn vorher, am 29. Februar 1947, einem Schaltjahr, war der »sechzehnte Geburtstag« der vierundsechzigjährigen Frau Rück, der Bäuerin, die im Weiler uns gegenüber wohnte.

Mit unserer Mutter zusammen gingen wir drei jüngeren Geschwister den gewohnten Weg durch den Wald. Es regnete, der Waldweg war voller Pfützen, unter unseren Kapuzen achteten wir darauf, daß die neuen Schuhe, die wir auf Bezugsschein bekommen hatten, nicht naß würden. Im Kircheneingang schüttelten wir unsere nassen Mäntel aus, zogen sie wieder an und setzten uns in der Mitte rechts unten auf die Kirchenstühle.

Wir waren früh dran. Bevor sich die Kirche füllte, erklärte uns die Mutter leise und nach oben auf die Empore weisend, da oben sei das Patronatsgestühl, in der Zernikower Kirche hätten wir darin gesessen, in dieser Kirche sei es der Platz der Hohenloher Fürstenfamilie, vielleicht komme sie gleich selbst. Gespannt schaute ich nach oben und wartete. Aus einer kleinen Seitentür kamen der Fürst, die Fürstin, dann ihre Kinder. Man sah ihre Köpfe, bevor sie sich hinsetzten, womit sie von unten nicht mehr zu sehen waren.[13] Noch interessanter als

das unsichtbare Patronatsgestühl und an diesem Sonntag neu waren zahlreiche große, dunkelgrüne Kränze. Sie waren oben an der Empore, von links vom Altar vor der Fürstenfamilie bis zur Orgel in unserem Rücken angebracht. An den Kränzen hingen schwarze Bänder mit goldener Schrift.
Die Kirche war inzwischen gefüllt mit Menschen, die Gemeinde sang »Eine feste Burg ist unser Gott«. Der Pfarrer stieg auf die Kanzel und eröffnete die Trauerfeier für die Gefallenen des Zweiten Weltkrieges der Gemeinde Waldenburg. Der Reihe nach las er vor, was auf den schwarzen Bändern stand, die Namen und Daten von Gefallenen der Umgebung. Nach vier Kränzen links vom Altar las er den Namen meines Vaters und »geboren 1897 in Zernikow«, also ganz woanders als in Württemberg. Ich freute mich, daß unser Vati in dieser Gemeinde und in einem Land, in dem wir noch Fremde waren, mit diesem schönen Kranz geehrt wurde. Auch war ich mächtig stolz darauf, daß sein Kranz vor dem Platz des Hohenloher Fürsten hing.

Bald darauf feierten wir Achims Konfirmation. Zu diesem Ereignis war Besuch gekommen, so auch wieder Tante Uschka mit Clemens und Christof. In der Kirche stand Achim, lang und in dunklem Anzug mit Krawatte, neben zwei jungen Mädchen vor dem Altar. Die drei da vorne sahen recht einsam aus, ihre Jahrgänge waren durch den Krieg dezimiert. Normalerweise wurden die langen Texte unter zwanzig bis dreißig Konfirmanden aufgeteilt, die drei aber mußten den ganzen Katechismus ungekürzt alleine auswendig aufsagen. Es ging alles gut, und Achim wurde am Ausgang der Kirche für die Leistung gelobt.
Danach gingen wir, die Familie und die Gäste, auf eine Wiese, die von dunklen Tannen umgeben war. Wir sollten uns alle zu einem Gruppenbild aufstellen, sagte die Mutter, die Kleinen

vorn, der Konfirmand in der Mitte. Vor uns stand ein großer Fotoapparat auf einem Stativ, dahinter ein Mann, der sich und dem Apparat ein schwarzes Tuch überzog. Man sah nur noch die Linse auf uns gerichtet.
»Alle lächeln!« sagte die Mutter. »Hierherblicken, Achtung! Gleich geht's los!« rief der unter dem Tuch. Gleich würde geschossen, glaubte ich und wollte wegrennen. Achim hielt mich fest, unter seinem Griff schrie und trampelte ich. Die drei älteren Brüder lachten.
Nach langer Unterbrechung ist dies Konfirmationsfoto wieder das erste im Album. Alle auf dem Bild sind schwarz gekleidet, nur ein kleines Mädchen vorn in der Mitte trägt ein weißes Kleidchen, das Gesicht vom Brüllen verzerrt. Heute kann ich längst darüber lachen, auch wenn ich damals der Mutter die Harmonie der Aufnahme verdarb, zu der sie eigens einen Fotografen bestellt hatte.
Auf dem Foto ist noch ein Kind zu sehen, das nicht gern in die Kamera blickt: Der Toni senkt den Kopf und scheint dem Weinen nah. Dies hatte nichts mit der Angst vor dem schwarzverhüllten Apparat zu tun, sondern damit, daß er unter seinen älteren Brüdern auch nichts zu lachen hatte. Sie hänselten ihn, nannten ihn »Träumer, Spinner, Idiot«. Ferien oder Feiertage waren uns Kleineren – außer Bürschli, der sich zur Mutter flüchten konnte – verdorben. Einmal hatte ich im Wald hinter dem Haus einen Pfeifenkopf aus Porzellan gefunden, fein bemalt mit Blumen und einem Zwerg dazwischen. Ich war ganz glücklich über dieses schöne Fundstück und nahm es in die Dachwohnung hoch. Achim entriß es mir, sagte, es sei dreckig – ich wollte es doch waschen! –, aber da hatte er das Porzellan schon aus dem Fenster geworfen, man hörte es unten aufschlagen und zerbrechen. In der Art ging es öfter. Gab es Fleisch, was nur an Feiertagen vorkam, eben wenn die Großen da waren, stach Clemens mit der Gabel über den

Tisch und pickte sich das Stück von meinem Teller. Schließlich erklärte ich beim gerechten Zuteilen der Portionen für alle, ich wolle kein Fleisch, ich sei Vegetarierin! Der Grund war aber nicht, wie die Erwachsenen verständnisvoll meinten, daß »das sensible Mädchen« Mitleid mit den getöteten Tieren hatte – damit brachten sie mich erst auf den Gedanken –, sondern daß ich es leid war, mein Essen zu verteidigen. Es war sowieso aussichtslos den großen Jungen gegenüber, zumal die kräftig werden sollten.

Für die beiden Großen war es einfach, die Kleinen zu kränken. Sie waren aber auch noch fast Kinder gewesen, als sie fliehen mußten, und wer weiß, was sie damals erlebt hatten. Als Kind machte ich mir natürlich nie Gedanken darüber, sondern wünschte nur, unsichtbar zu sein, wenn sie da waren.

Jahrzehnte später besuchten Achim und ich, nur kurz und im Auto, Waldenburg und Tommelhardt. Dabei erzählte er mir, daß er damals als Vierzehnjähriger auf dem Hof der Verwandten der Schneiderin, der »Tante Guggi«, als Knecht arbeiten mußte, um den Lebensunterhalt für sich und seinen Bruder zu verdienen. Clemens hingegen habe nicht zu arbeiten brauchen, er sei sogar noch von der Tante Guggi mit Leckereien verwöhnt worden.

Nach Ostern, die drei großen Brüder waren wieder fort, brannte in der Wohnstube vor unserem Kinderzimmer noch lange das Licht, oft bis in die Nacht hinein. Unsere Mutter machte Pläne für das neue Grundstück im Tal, so war, nach dem, was sie vor sich hin sprach, zu erraten.

Eines Nachmittags sah ich ihre Entwürfe, nicht weil sie mir ihre Grundrißskizzen erklären wollte, sondern weil sie mir Papier zum Zeichnen gab. Papier war knapp, dieses schien mir besonders kostbar: weißes Bütten, bedruckt mit genauen Zeichnungen verschiedener Baumarten. Meine Mutter nann-

te das Bedruckte die Rückseiten, die Bögen hatte sie schon in vier Teile zerschnitten, so daß die Bäume auch zerteilt waren. Auf manchen der Vorderseiten waren Kästen und Linien zu sehen, die Pläne der Mutter. Ich fragte sie, warum sie die Bäume zerschnitten habe, ob sie die nicht schön finde? Ach nein, meinte sie, das seien nur Vorlagen aus ihrem Zeichenunterricht von früher, damals hätte sie nicht nach der Natur zeichnen dürfen, sondern ganz schematisch nach solchen Vorlagen. So sei auch nie eine Künstlerin aus ihr geworden.
Auf eine dieser Vorderseiten zeichnete ich für Mutti einen Baum nach der Natur, einen Birnbaum vor dem Fenster.
Am Abend überreichte ich meiner Mutter das Blatt mit dem Birnbaum. Daraufhin weihte sie mich in ein Geheimnis ein. Sie klappte den Tisch vor ihrem Bett zusammen, um an den Wohnzimmerschrank zu gelangen. Daraus holte sie eine Dose hervor, aus der Dose ein graues Säckchen und aus dem Säckchen einen goldenen Armreif mit Rubinen und anderen Edelsteinen. »Mein geretteter Schmuck«, sagte sie. Der wertvolle Armreif sei ein Erbstück von der »alten Mevissen«[14] aus ihrer Familie. Damit steckte sie ihn wieder in das Säckchen zurück. In dem Säckchen war noch mehr Schmuck. Sie hob es nur an und meinte seufzend, darin sei auch der schwere Saphirschmuck, den ihre Großmutter in Kassel auf ihrem breiten Dekolleté getragen habe. Man müsse ihn auseinandernehmen, um ihn zu verkaufen. Wieder fröhlicher sagte sie, das alles diene ja einem guten Zweck, dadurch würden wir sechs Kinder wieder ein gemeinsames Dach über dem Kopf bekommen. Es solle ein schönes, eigenes Häuschen werden!
Neben Jumbo im Bett ging mir der Zusammenhang zwischen seinen Gewichtsveränderungen und dem geretteten Schmuck auf. Ich streichelte dem Bären seinen Bauch und bewunderte ihn: Zwei schwere Operationen hatte er überstanden, und das, ohne zu weinen!

Sonntags pilgerten wir nun nicht mehr mit unserer Mutter nach Waldenburg zur Kirche, sondern nach Kupfer zum Grundstück. Der Weg führte am Neumühlsee entlang nach Goldbach, wo einsam ein hohes, finsteres Haus stand. Es sei der Rest eines alten Klosters, sagte die Mutter, nun wohnten mehrere bedauernswerte Flüchtlingsfamilien darin. Weiter ging es durch die Waldenburger Berge, dann steil ins Tal hinunter nach Beltersrot, von da auf einer Straße nach Kupfer, zum neuen Grundstück.

Zunächst war da nur ein lehmiger Acker in der Nähe des Bahnhofs zu sehen. Sonntags darauf war ein großes Loch gegen Ende des Ackers ausgehoben. Später stand ein Fundament aus Zement- und Natursteinen in das Loch gemauert, unter freiem Himmel konnte man sich schon einen Keller vorstellen.

Neben der Bahnunterführung, vor der Straße nach Beltersrot, gab es eine Fabrik für Zementsteine, sie gehörte einem Herrn Strack.

In den Sommerferien, die drei ältesten Brüder halfen mit auf der Baustelle, schien es ein Problem zu geben. Einer der Arbeiter von der Zementfabrik wiederholte in einem unverständlichen Dialekt – Hohenloher Schwäbisch war es nicht: »'s gibt ka Gföi!« Dabei trat er gegen ein waagerecht liegendes Zementrohr. Der Arbeiter war ein Flüchtling aus dem Banat, Maurer von Beruf, es gab nicht genügend Gefälle für den Abfluß in eine Sickergrube, so stellte sich nach den ersten Verständigungsschwierigkeiten heraus. Mit Spaten wurde gegraben, um ein Gefälle zu schaffen.

Nun fehlte noch das Haus selbst. Es sei ein Holzhaus aus Einzelteilen, die schnell auf das Fundament aufgesetzt werden könnten, sagte unsere Mutter. Sie habe das Modell in einer Firma gesehen und das Haus bestellt, hoffentlich werde es noch vor der Währungsreform geliefert!

Tam

Im Spätherbst geriet die Baustelle in Kupfer in Vergessenheit, jedenfalls für mich. Die Mutter verließ uns für einige Monate, um ihre Berufsausbildung als Krankengymnastin zu vervollständigen. Tante Marielies kam nach Tommelhardt, um uns drei Jüngsten zu betreuen. (Sie, die anderen Tanten und die Erdbeeroma hatten 1947 Wiepersdorf endgültig verlassen müssen.)
Erst nannten wir sie noch respektvoll Tante Marielies mit den zwei ie deutlich ausgesprochen, das schliff sich ab zu »Tammarlies«, woraus dann Tam wurde, oder, ganz liebevoll, Tamchen.
Waren wir Kinder zuvor mit der Mutter ständig unterwegs gewesen oder bei anderen Familien abgegeben worden, so blieben wir nun mit Tam in der Abgeschiedenheit der Waldenburger Berge zurück. Wir lebten in der Märchenwelt der Wälder zwischen den alten Gebräuchen der armen Bauern des Weilers, als wäre die Zeit zum Stillstand gekommen.
In der Mitte Tommelhardts stand das älteste Haus. Es hatte einen spitzen Giebel und war als einziges der fünf Häuser ganz aus Steinen gebaut. Zwei alte Menschen, Herr und Frau Walther, wohnten darin. Die Kinder des Weilers, die Erwachsenen, alle sagten, zu Walthers dürfe man nicht gehen, da fiele einem die Decke aus Steinen auf den Kopf. Trotzdem ging ich dorthin, zu gerne wollte ich das Haus von innen sehen. Bürschli kam mit. Hinter dem Haus, am Backofen, schürte Frau Walther ein Feuer. Wir riefen »Grüß Gott!«, und sie kam hinkend auf uns zu. Da bekam ich es doch mit der Angst zu tun und dachte, sie sei eine Hexe und würde Bürschli in den Backofen stecken. Sie schien das schon zu ahnen. »Hobt koi Ängscht«, sagte sie, sie schiebe da nur »Zwetschge« rein, und schenkte uns Backpflaumen. Dadurch wieder ermutigt, trug

ich meinen eigentlichen Wunsch vor, ob wir nicht das Haus von innen sehen dürften? Sie meinte, es sei »halt arg alt«. »Ebe drum!« Frau Walther führte uns in das dunkle Haus, der Fußboden im Flur war aus großen Steinplatten wie in einer Kirche. Frau Walther klopfte an eine Tür, rief laut nach ihrem Mann, kleiner Besuch sei da! Herr Walther, mit langen, weißen Haaren, erschien, blieb aber in der Tür stehen. Das tut er, weil der Türrahmen aus Holz ist, dachte ich, das schützt ihn vor den Steinen von oben. Ich sah an die Decke des Flurs: Tatsächlich war auch sie aus großen Steinplatten. Eine der größten Platten, vor Herrn Walthers Tür, hing schon schräg über uns. Von Tam wußte ich, daß man in Grotten ganz leise sein muß, damit durch die Schwingungen der Töne die Steine nicht in Bewegung versetzt werden. Herr Walther war aber schwerhörig, man konnte sich nicht mit ihm unterhalten, ohne laut zu sein. Und Frau Walther rief noch lauter als vorher, er solle sich doch etwas Warmes anziehen! Mit ihrem Geschrei bringt sie gleich alle Steine ins Wanken, fürchtete ich, und schlich mich hinaus. Bürschli schien das alles nicht so gefährlich zu finden, er kam erst etwas später hinterher, die Taschen voller Backpflaumen.

Uns gegenüber lebten Frau Rück und ihr Mann. Sie hatten zwei Kühe, von denen wir jeden Tag einen Liter Milch bekamen. Frau Rück fluchte mit ihren Kühen und ihrem Mann eine eindrucksvolle Litanei: »Heide Bimbam Dundrewettre Sturgart nochemole!« (Heiden, Glockenläuten der Kirche, schlechtes Wetter, die Obrigkeit der Hauptstadt Stuttgart, alles Übel von oben wiederholt sich.) Im Sailershof, schräg gegenüber von Walthers, lebten vier Kinder, die uns als »Reigschmeckte«, als Fremde im Ort, hänselten. Die Familie Wolf, am anderen Ende des Weilers, hatte fünf Kinder, mit ihnen waren wir von Anfang an, erst vom Blockhaus aus, dann in

Tommelhardt, gerne zusammen. Die drei größeren Mädchen mußten auf den Äckern und im Haushalt schwer arbeiten. Der einzige Junge, ungefähr fünf Jahre alt, hieß Hermann Wolf, die Umkehrung von Wolf-Herman, Bürschlis eigentlichem Vornamen.

Die Bäuerin unter unserer Dachwohnung hatte eine Tochter, Irmgard, gleich alt wie Toni. Irmgard hatte ihm gesagt, daß jeden Adventssonntag »Pelzmärtelsklopfe« sei, dabei gingen alle Kinder vom Ort von Tür zu Tür und bekämen »Kiechle und Gutsle«. Toni gab uns beiden Jüngeren diese frohe Botschaft weiter.

Am ersten Adventssonntag, bei einbrechender Dunkelheit, gingen Bürschli und ich Toni und Irmgard hinterher. Sie trug eine Stallaterne und ein »Grewelich«, ein Körbchen. Auf der Dorfstraße standen schon die anderen Kinder des Weilers zusammen, ebenfalls mit Laternen und Körben ausgerüstet.

Zunächst ging es wieder an unsere Haustür zurück, die Größeren klopften kräftig und riefen nach dem »Pelzmärtl«. Die Tür ging auf, ein bedrohlicher Weihnachtsmann mit Bart und Sack stand vor uns. Toni und ich begannen, ein Adventslied zu singen, um ihn wohlgesonnen zu stimmen. Die anderen Kinder lachten und hieben mit ihren Körben auf den »Pelzmärtl« ein. Der, es war die verkleidete Bäuerin, verteilte Plätzchen und Bonbons aus dem Sack.

Weiter ging es nach gegenüber zu Rücks, wieder kräftiges Klopfen. Die Tür wurde nur halb geöffnet: »I mog net verklopft werde, i geb's euch au so«, sagte Frau Rück, legte Plätzchen und Nüsse in die hingehaltenen Körbe und steckte Bürschli und mir etwas in die Manteltaschen. Das gleiche Klopfen und Rufen vor dem Sailerhaus, da trat wieder ein Weihnachtsmann aus der Tür und verteilte »Kiechle« aus seinem Sack.

Bei den Walthers hieß es: »Net klopfe, sonscht kracht's Haus zamme!« Die Stallaternen wurden hochgehoben, denn Walthers hatten als einzige im Weiler kein elektrisches Licht, wogegen die anderen »Pelzmärtl« von hinten, von ihren Häusern her beleuchtet waren. Frau Walther kam aus der Tür, im Schein der Laternen sah sie wieder wie eine Hexe aus, nicht wie ein strammer Weihnachtsmann. Sie gab allen von ihren Backpflaumen.

Bei Wolfs wurde gerufen und übermütig an den unteren Teil der Tür geklopft – das Haus war ziemlich neu, der obere Teil der Tür aus Glas mit Schmiedeeisen. Die kleine Frau Wolf erschien im großen Wintermantel ihres Mannes, mehr symbolisch wurde sie verdroschen. Sie verteilte Kiechle und Gutsle, Sterne und Herzen mit Zuckerguß.

Am zweiten Adventssonntag wiederholte sich dieser fröhliche Gang mit allen Kindern zusammen durch den Weiler. Wir hatten Tam um »Grewelich« gebeten, damit uns die Leckereien nicht wieder in den Manteltaschen zusammenklebten. Es gab nur zwei Körbchen, für Bürschli improvisierte Tam ein Salatsieb mit Schnur als Henkel und mit Tannenzweigen ausgekleidet. Mit gefüllten Körbchen kehrten wir abends glücklich zurück.

Am dritten Adventssonntag zogen wir drei aus der Dachwohnung, nun von Tam sogar mit einem Lampion ausgestattet, wieder zum Pelzmärtlsklopfen los. Irmgard war nicht zu sehen, auf der Dorfstraße auch kein Kind. Wir versuchten es trotzdem und klopften bei Rücks an. Hinter der Steintreppe neben dem Kuhstall sprang einer der Sailerbuben hoch und rief: »Bätsch, ihr Reigschmeckte, heut isch Bettelmannsadvent!« Frau Rück machte die Tür auf und wollte uns aus Mitleid etwas geben. Es war uns sehr peinlich, wir hielten Körbchen und Sieb hinter dem Rücken und sagten »nein, vielen Dank«.

Wir kamen uns wirklich wie fremde Bettelkinder vor. Ge-

knickt, die Kerze im Lampion ausgeblasen, kehrten wir durch die Küche, in der zum Glück keiner war, in die Dachwohnung zurück. Auch Tam hatte Mitleid mit uns, das war aber etwas anderes, sie war ja auch eine »Reigschmeckte«, und es war zu spüren, daß sie noch Heimweh hatte. Wir Kinder hatten Zernikow schon vor fast drei Jahren verlassen, aber Tamchen Wiepersdorf erst vor ein paar Monaten. Wir versuchten, uns gegenseitig zu trösten.
Tam hatte eine Überraschung für uns: Aus einem Versteck in unserer kleinen Küche holte sie eine Schachtel voller goldbrauner Würfel und verteilte sie in unsere diesmal so peinlich leeren Körbchen. Es war Quittenbrot, von Tam nach einem alten Rezept hergestellt, vorgesehen als Weihnachtsgeschenk für die ganze Familie. Sie opferte uns fast ihren gesamten Vorrat. Daraufhin holten wir Kinder unsere restlichen Vorräte aus besseren Adventstagen und schenkten sie Tam. Gemeinsam auf der geblümten Bettdecke sitzend, aßen wir Quittenbrot und Plätzchen, dabei wurden wir wieder fröhlich. »Jetzt aber ab in die Betten!« sagte Tam. »Und vorher gut Zähneputzen nach all den Süßigkeiten!«

Zu Weihnachten hatten wir einen Schlitten geschenkt bekommen. Es lag dicker Schnee in den Waldenburger Bergen, der Abhang von Tommelhardt zum Neumühlsee hinunter schien ideal zum Schlittenfahren. Aber wir drei Kinder, auf dem kurzen Schlitten hintereinandergequetscht, kamen nicht recht vorwärts damit. Anstatt uns am Schlitten festzuhalten, umklammerten wir uns gegenseitig, Bürschli rutschte vorne zwischen die Kufen, ich hinterher, Toni dahinter bremste dauernd mit seinen langen Beinen. Wir baten Tam, uns vorzumachen, wie man richtig Schlitten fährt.
Tam meinte, sie sei viel zu dick und zu schwer dafür, je schwerer ein Schlitten, um so schneller ginge die Fahrt bergab. »Ach

bitte, Tamchen!« Schwerer als wir drei zusammen sei sie doch nicht. Damit stiegen wir vom Schlitten ab, Tam auf. In rasender Fahrt fuhr sie den Berg hinunter. Wir rannten hinterher, voller Angst, sie würde unten in den See fallen. Kurz davor hatte sie gebremst, neben dem umgekippten Schlitten lag sie im Schnee. Ihr rotbrauner Mantel war ganz weiß, wir klopften Tamchen gründlich ab, wobei sie lachte und sich vor uns drehte.

Später, der Schnee war geschmolzen, mußten Toni und ich im Bett bleiben. Wir hatten Furunkel am Rücken, die immer dicker und schmerzhafter wurden. Tam meinte, es käme vom Vitaminmangel. Ihre Kräuterkenntnis konnte sie um diese Jahreszeit nicht anwenden, sie erzählte von der wunderbaren Lebertransalbe, einer Erfindung ihres Großvaters, unseres Urgroßvaters Friedmund, dem dritten Sohn der Dichter, der seine Söhne auf Moosbetten schlafen ließ. Diese Salbe gebe es aber nur in den Apotheken der Mark Brandenburg, nicht einmal Lebertran pur stand Tam zur Verfügung, davon trichterte sie uns erst später löffelweise ein.
Tonis Furunkel platzte eines Abends auf, er war erleichtert. Tam wollte nachhelfen, daß es auch auf meinem Rücken endlich aufginge. Sie erklärte, Eiter werde durch Hitze zusammengezogen, und legte eine heiße Kartoffel in einer Mullbinde auf das Furunkel. Außer verstärktem Schmerz tat sich nichts. »Lerne zu leiden, ohne zu klagen«, sagte Tam und stöhnte selber. Sie nahm die Kartoffel wieder weg und warf sie in den Ofen. Wir baten Tam, doch mehr von den Moosbetten zu erzählen. Ob denn ihr Vater, unser Großvater Erwin, als Kind so arm gewesen sei?
Nein, das nicht, begann Tam zu erzählen, aber nach dem Tode seiner Frau sei der Urgroßvater aus Gram zu einem weltabgeschiedenen Waldschrat geworden, der sich ganz sei-

nen naturkundlichen Forschungen gewidmet habe. »Die Fensterläden wurden geschlossen, der Vater und seine drei Söhne lebten sehr spartanisch. Er ließ die Söhne auch nicht mehr zur Schule gehen, sondern unterrichtete sie selbst. Der jüngste Sohn hieß Annois, vermutlich nach einem Vorfahren, auf dessen Ahnenbild man vor einer Jahreszahl die Inschrift ›Anno js‹ entdeckt hatte, was aber kein Vorname war, sondern nur bedeutete: ›Im Jahre Jesu Christi gemalt.‹ Annois lernte Latein, nicht nur mit seinem Vater, vor allem alleine aus dem Lexikon, Wort um Wort, von A angefangen. Als er bei G angekommen war, hielt er seine Kenntnis für ausreichend, um ein Jurastudium zu beginnen, und ging zu Fuß nach Berlin.«

Über Tams Erzählung hatte ich das Furunkel fast vergessen. Während der Großonkel im lateinischen Wörterbuch bei »G« ankam, war es aufgeplatzt. Tam konnte nun nicht mehr weitererzählen, sie reinigte mir den Rücken, dann desinfizierte sie die Wunde mit Jod.

In der Dachwohnung hatten wir kein Radio, jedoch stand bei Wolfs ein großer Kasten, und manchmal hörten wir bei ihnen zu. Bürschli besaß eine grüngestrichene, feste Kiste aus Holz – ursprünglich ein grauer Militärkoffer –, in der er seine Spielsachen aufbewahrte. Mit der Kiste könnten wir doch Radio spielen, schlug ich vor. Bürschli räumte seine Sachen aus, aber wie ich auch die Beine einzog, ich paßte nicht in die Kiste hinein. So legte sich Bürschli in seine Kiste, machte sich klein, bei ihm ging sogar der Deckel zu. Er redete und sang darin, ich drehte an den nicht vorhandenen Knöpfen, um das Programm zu ändern, es funktionierte fabelhaft, von einem Sender, hallo, hallo – ja hier, ertönte ein Weihnachtslied aus dem »Radio«. Dann wurde es still in der grünen Kiste.

Tam kam ins Zimmer und fragte, wo Bürschli denn sei. »Im Radio«, sagte ich. Erschrocken öffnete sie den Deckel, er ersticke ja darin, so still, wie er schon sei! Bürschli, verschmitzt in seiner Kiste, murmelte mit verstellter Stimme, es sei doch nur eine Sendepause gewesen. Dann stieg er heraus, Radiomann zu sein sei doch sehr anstrengend, meinte er, ohne Kissen in der harten Kiste.
Bald darauf paßte auch Bürschli nicht mehr in die grüne Kiste. Tam konnte beruhigt sein, daß das Radiospiel, bei welchem er sich »den Tod holen könne«, ein Ende hatte.

Aus der Tommelhardter Zeit ist mir noch der erste Unterricht im Aquarellieren in Erinnerung. Tante Bettina, die Malerin und Tams älteste Schwester, kam uns im Frühjahr besuchen. Mit einem Rucksack, an dem ein faltbarer Hocker hing, zog sie erst durch den Weiler und skizzierte die Gehöfte und die alten Obstbäume. An einem schönen, sonnigen Tag beschloß sie dann, ein größeres Aquarell am Neumühlsee zu malen. Sie nahm mich und Bürschli zu dieser Exkursion mit. Am See ging sie auf und ab, bevor sie sich auf ihren ausgefalteten Hocker setzte, womit die Entscheidung für das Motiv getroffen war. Ich setzte mich neben sie auf einen breiten Stein, Bürschli fand als Sitzplatz einen Stein nah am Wasser. Wir sollten sie bitte beim Malen nicht stören, sagte Tante Bettina und gab uns aus ihrem Rucksack Papier, dazu Bürschli einen Bleistift und mir einen Pinsel. Neben sich, auf meinen Stein, legte sie ihren aufgeklappten Aquarellkasten, der mehrere Reihen kleiner Farbnäpfe enthielt. Ich wollte dasselbe Motiv malen wie meine Tante. Spiegelungen im Wasser sei das schwerste, sagte sie, fürs erste könne ich das Weißaussparen lernen. Als Motiv zeigte sie auf einen Holunderbusch. Das Weiß der Holunderblüten solle ich aussparen, das Grün darum malen und dabei mehr Wasser als Farbe be-

Wolf-Herman, genannt »Bürschli«, mit fünf Jahren, porträtiert von dem Maler Fürst Urach-Waldenburg

nutzen. Ich malte einige grüne Kringel, verband sie miteinander zu Blättern, das Weiß dazwischen sah allmählich wirklich wie Blüten aus.
Bürschli spielte inzwischen am Wasser mit Sand, während große Tante und kleine Nichte ins Malen vertieft waren. Plötzlich rannte er auf uns zu und steckte seine Finger voll Sand in die Näpfe des Aquarellkastens. Tante Bettina schrie entsetzt auf, klappte den kostbaren Kasten zu, klappte ihren Malhocker zusammen und packte den Rucksack. Dabei seufzte sie, zum Kinderhüten sei sie nicht geeignet, damit könne sie Marielies nicht helfen. Das angefangene Bild ließ sie zum Trocknen auf dem Stein liegen und begleitete uns Kleinen hoch nach Tommelhardt zu Tam zurück. Dort reinigte sie sorgfältig ihren Aquarellkasten, ihre Arbeitsgrundlage, das beste Stück, das sie gerettet hatte.

Unsere Mutter war wieder zurückgekommen. Tam schlief nun bei uns im winzigen Kinderzimmer, im unteren Teil von Tonis Etagenbett. Mit der Mutter zusammen gingen wir eines Tages wieder ins Tal nach Kupfer hinunter. Sie war glücklich, daß das Haus – in Form von Fertigteilen, außen Holz, innen Holz, dazwischen Glaswolle –, noch vor der Währungsreform geliefert worden war. Als wir unten ankamen, konnte man schon von weitem das neue Häuschen sehen. Die Fertigteile waren auf das Fundament aufgesetzt, Fenster und Türen dazwischen, darüber das Dachgerüst, alles aus hellem Holz. Es sah schön und freundlich aus.
Im Blockhaus am Neumühlsee wohnte seit unserem Auszug von dort der sogenannte »Urachfürst«. Die Mutter meinte, er sei ein bedeutender Maler; das Bedeutende bezog ich mehr auf den Fürstentitel, über meine Malertante wollte ich keinen kommen lassen. Die Mutter hatte ihm ein Porträtbildnis von Bürschli in Auftrag gegeben, wohl auch, um den verarmten

Fürsten etwas zu unterstützen. In Ermangelung einer Leinwand entstand das Ölbild auf Strohkarton. Während Bürschli im Blockhaus Modell saß, porträtierte mich Tam mit noch geringeren Mitteln, mit Bleistift auf Briefpapier.

Der Urachfürst, der Kunstmaler, war eines anderen Tages unten am Kupferhaus auf einer Leiter stehend zu sehen. Es war Hochsommer und glühende Hitze, der Fürst trug einen Strohhut, kurze Hosen und einen weißen Kittel. Mit einem breiten Quast strich er das helle Holz des Häuschens dunkelbraun an, mit Karbolineum, das stank und flimmerte beim Verdunsten. Die Mutter fragte den Urachfürsten, ob diese Arbeit für ihn als Künstler nicht zu grob sei? Er meinte lachend, das würde seine Handgelenke für zukünftige, große Gemälde kräftigen.

Das Dach war inzwischen mit leuchtendroten Ziegeln gedeckt, später wurden die Fensterläden grün gestrichen, die Fensterrahmen weiß. Dunkelbraun und rot und grün wie im Bilderbuch stand das neue, kleine Haus, noch ohne Baum und Strauch darum, auf dem weiten Acker.

An den Umzug von Tommelhardt oben, von den Dachstuben hinunter ins eigene Haus für alle, kann ich mich nicht erinnern. Vielleicht habe ich ihn auch gar nicht miterlebt. Lieber mochte ich wieder da bleiben, wo ich nun schon einmal war. Und so sind wohl die Sachen und der Körper irgendwann mit umgezogen, die Gedanken und die Kinderphantasie blieben noch länger oben in den Waldenburger Bergen. Oben in den Wäldern, bei Mooshäuschen für Zwerge, beim Wacholder im Hochmoor, umgeben von Arnika und Kreuzblümchen, von Spinnennetzen voll glitzernder Tautropfen, wie von selbst zu Weihnachtsbäumchen dekoriert, bei Eidechsen und Igeln, bei den wunderschönen Füchsen mit ihren goldenen Augen, zutraulich und nah, wenn man in der Abenddämmerung ganz still zuschaute, am See vor den langbeinigen Wasserwebern, die auf der glänzenden Oberfläche spazierengingen, den Vögeln, die sie sich schnappten, wieder hochflogen und kreisförmige Wellen hinterließen, auf der Paradiesinsel unter der alten Eiche am anderen Ufer.

Kupfer

Vom Kupferhaus aus waren die Waldenburger Berge nach Süden hin als breite, dunkelgrüne Silhouette zu sehen. Rechts verdeckte der Friedrichsberg voll dunkler Fichten die Sicht auf die Stadt Waldenburg. Dem Haus gegenüber und von unserem neuen Kinderzimmer aus besonders gut zu sehen, lag ein Berg, in dessen Mitte ein Sturm eine Schneise in den Wald geschlagen hatte. In diesem Einschnitt ging im Winter die Sonne unter, der Himmel hinter dem Berg leuchtete golden, die Sonnenstrahlen streiften für einen Moment die Vorderseite des Berges. Für uns Kinder sahen die Strahlen wie eine hohe, goldene Leiter aus, und wir nannten den Berg das »Himmelstor«.

Ganz in unserer Nähe – am Ende des Ackers – lag die Verbindung zur Welt: Die Eisenbahnlinie Heilbronn–Schwäbisch-Hall–Crailsheim führte vor dem Haus vorbei. Rechts von unserem Fenster sah man das Lagerhaus, vor dem im November Zuckerrüben in Waggons verladen wurden, links stand der Bahnhof Kupfer. Die Züge, die dort hielten, interessierten uns in der ersten Zeit weniger, es waren nur kurze Bummelzüge; spannender waren die langen Eilzüge, die ohne Halt durchfuhren.

Das Aufregendste war »Der Zehnuhrabendzug«. Das waren besonders lange Güterzüge, die mit Getöse durchrasten, eine Dampflok vorne und sogar noch eine hinten. Wir Kinder, von

In Kupfer, Herbst 1948. Clara von Arnim mit ihren drei Kleinen.
Von links nach rechts: *Bettina mit Jumbo, Wolf-Herman und Peter-Anton, genannt »Toni«*

Tam vorher mühsam zu Bett gebracht, stürzten ans Fenster, um die Waggons zu zählen. Christof, der nun mit uns drei Jüngsten zusammen im Kinderzimmer wohnte, zählte sechsundsiebzig Wagen, Toni hundert. Ich konnte die Wagen, die schon hinter dem Bahnhof verschwunden waren, nicht mehr sehen, also auch nicht zählen, fing schnell am letzten Waggon, gerade am Lagerhaus, zu zählen an bis nach vorne, da waren aber auch diese Waggons schon hinter dem Bahnhof verschwunden, so daß ich nur auf dreißig kam. Bürschli rief einfach begeistert »tausend!«. Jeden Abend kamen wir vier zu einem anderen Ergebnis, Wetten wurden abgeschlossen, wer die meisten Waggons »in echt« zählen könne.

In unserem Kinderzimmer in Kupfer standen nun zwei grünüberstrichene Etagenbetten. In dem aus Tommelhardt von Toni schlief er wieder oben, ich unten, die Füße zur Tür, die Köpfe zum Fenster. In dem anderen, rechts neben Tür und Ofen, schlief Christof oben, Bürschli unten. Der Wohnzimmerschrank von vorher war zum Kinderzimmerschrank degradiert worden. Bürschlis kleines Kinderbett wurde zum Puppenbett, vielmehr zu Jumbos Bett und dem von Bürschlis Steiffhäschen.

Neben dem Kinderzimmer, auf der Nordseite, lag die Stube der Mutter, winzig, aber schön. Der Ofen in unserem Zimmer heizte bei ihr nur durch das Ofenrohr mit. Durch dieses konnten wir bei offener Ofenklappe hören, wenn sie nachts noch an ihrem Schreibtisch arbeitete. Das war wichtig zu wissen, denn dort geschah das, was unser Leben durch »Disponieren und Organisieren« bestimmte.

An der Nordseite des Hauses führten drei Steinstufen am Fundament in den Flureingang. Links davon gab es Bad, Toilette und Küche, alles, was ein »Gföi« braucht. Tams Reich war die Küche. Sie mußte nicht nur für uns alle täglich kochen, sie konnte es auch sehr gut. Selbst Rüben und nochmals Rüben schmeckten bei ihr nicht alle langweilig. Sie kostete, blickte an die Decke, dann wieder in den Topf und würzte nach. Alle Maler seien auch gute Köche, sagte sie, »Dosieren und Abschmecken«, darum ginge es beim Malen und beim Kochen. Seufzend fügte sie hinzu, durch das Vorkosten in der Küche werde sie immer dicker, lieber würde sie wieder malen wie früher.

Tams Zimmer war in dem neuen kleinen Haus kaum zu finden. Neben dem Eingang führte eine schmale Holztreppe hoch in einen Abstellraum, in dem die Dachziegel von unten zu sehen waren. Zwischen gestapelten Kartons eine Tür, dahinter, unter der Dachschräge, Tams Bett und ein Stuhl am Fenster, wenigstens mit Blick nach Süden zum »Himmelstor«. Auf der Nordseite des Dachbodens befand sich eine Art Schlauchzimmer, hinten dunkel, unter der Schräge ein Feldbett, ein höheres daneben, vorne am Fenster ein Schreibtisch für Schularbeiten, einer für beide, für Achim und Clemens zusammen. In dem winzigen Schlauchzimmer war es so eisig kalt, daß man es auch im Mantel nicht lange dort aushielt. Meine beiden ältesten Brüder taten mir leid, da oben in der Kälte.

Das Leben aller, die nun ein »gemeinsames Dach über dem Kopf« hatten, spielte sich jedoch vor allem im gut gewärmten Wohnzimmer ab, dem schönsten und größten Raum des Häuschens. Eine Doppeltür nach Süden, zu einer Terrasse in Fundamentshöhe, blieb im Winter mit großen, grünen Läden verschlossen. Durch ein Fenster nach Osten sah man den Bahnhof Kupfer. Auf einem Bücherregal neben diesem Fenster stand – noch weltverbindender als die Eisenbahn – ein Radio. Das Radio war für die drei größeren Brüder nun ihr ein und alles.

In der Weihnachtszeit stand im Wohnzimmer des neuen Kupferhauses ein Weihnachtsbaum, der bis zur Decke reichte und mit silbernen Kugeln und silbernem Lametta geschmückt war. Er sei schlicht gehalten in den zwei Farben Dunkelgrün

und Silber, wie immer in Zernikow, sagte die Mutter. An den Weihnachtsbaum von vor vier Jahren in Zernikow konnte ich mich aber nicht mehr so gut erinnern wie an den ein Jahr zuvor bei Wolfs in Tommelhardt. Diesen hatte ich so schön gefunden wie die »geschmacksverderbenden« Gartenzwerge in Waldenburg, wunderschön mit seinen goldenen Glasvögeln und ihren wippenden Seidenschwänzchen, den purpurnen Kugeln weißbeflockt, türkisgrünen Gläsern, eingebuchtet zu blaufunkelnden Grotten und anderen farbig glänzenden Dingen mehr. Für mich war es ein schwäbischer Weihnachtsbaum. Wir hingegen hatten einen preußischen, in nur zwei Farben wie das Schwarzweiß der preußischen Fahne und das, obwohl wir nun mitten in Schwaben lebten.
Heiligabend saß die Mutter vor dem Weihnachtsbaum und begann, aus der Bibel die Weihnachtsgeschichte vorzulesen: »Es begab sich aber zu der Zeit . . .« Schon den dritten Vers las sie nur mit stockender Stimme: »Und jedermann ging, daß er sich schätzen ließe, ein jeglicher in seine Stadt.« Sie versuchte, die Tränen zu unterdrücken. Noch nie hatte ich sie weinen sehen, vielleicht hatte Mutti Heimweh, und wir waren hier doch nicht in »unserer Stadt«. Sie reichte die Bibel an Achim, der gab sie Clemens weiter mit dem Befehl: »Da, lies du!« Clemens grummelte, warum denn er, er sei doch nicht der älteste Sohn, und gab sie Achim zurück, der schob die Bibel nun zu Christof hinüber. Die Mutter sah Unfrieden aufziehen, faßte sich wieder zu einer würdigen Haltung. Christof gab ihr die Bibel wieder, die sie zuklappte. Darüber faltete sie die Hände.
In feierlichem Ton sagte die Mutter, dieses Weihnachten 1948 sei für uns ein ganz besonderes Fest, denn nun hätten wir wieder ein gemeinsames Zuhause. Bevor es zur Bescherung ginge, wolle sie mit uns ein Danklied singen, denn »das allergrößte Geschenk, welches ihr Kinder heute erhalten habt, ist dieses Haus, unser neues Zuhause«.

Eine wichtige Mitbewohnerin des Kupferhauses, bei Festen nicht anwesend, wohnte im Keller. Sie war wichtig, weil sie uns täglich mit frischer Milch versorgte, nun, nachdem die Milch auf Marken von Frau Rücks Kühen ausfiel. Es war die »Gretel«, eine betagte Ziege. Tam wußte sie zu melken und meinte, Ziegenmilch enthalte noch mehr Nährwerte als Kuhmilch.
Die alte Gretel mochte ich sehr, sie hatte etwas Würdiges, obwohl sie nur eine Ziege war und im Keller wohnte. Morgens half ich ihr, die steile Zementtreppe – vor der Stube der Mutter gelegen – hochzusteigen zum Grasen: Ich war besorgt, sie könne sich ihre dünnen Beine brechen, vor allem wenn einer der Brüder sie zu heftig an der Kette zog. Abends begleitete ich sie mit Tam wieder die Treppe hinunter und umarmte sie nach dem Melken zum Trost, damit sie sich, allein im Keller eingesperrt, nicht allzu traurig fühle.
Der Bahnhof Kupfer gewann als Haltestelle an Bedeutung, vor allem für unsere Mutter. Sie war viel unterwegs mit der Bahn, als Krankengymnastin und Masseuse war sie berufstätig und verdiente Geld. Mit einem Bummelzug halb elf Uhr abends kam sie zurück. Tam geriet in Panik, kommandierte uns Kinder wieder schnell ab in die Betten, wir müßten doch längst drin sein, Licht aus, eh die Mutter käme! Wir krochen brav unter die Decken, der tolle »Zehnuhrabendzug« war ja schon vorüber.
Sonntags hatte die Mutter frei, meist nähte sie und räumte im Haus auf. Eines Sonntags vor Ostern wollte sie sich ganz ihren Kindern widmen und mit allen sechs zusammen spazierengehen. Ihre drei ältesten Söhne verspürten jedoch keinerlei Lust dazu, sie mochten lieber Radio hören. So ging sie mit uns drei Jüngeren nach Beltersrot, von da aus hoch bis zum Himmelstor. Es wurde ein schöner Ausflug mit Mutti zusammen.
Am späten Nachmittag kamen wir wieder hinunter nach Kupfer und näherten uns dem Haus. Eine schlimme Ahnung ließ mich

vorauslaufen. Aus unserem Kinderzimmer war Gelächter der drei großen Brüder zu hören, ich stürzte hinein. Clemens stand lachend vor einer Wand – Jumbo, ach mein Jumbo! – verkehrt herum an der Wand aufgehängt, zwei Nägel durch seine Hinterpfoten getrieben, eine Schere zwischen die Beine gespießt. Wütend zog ich die Schere heraus und schmiß sie Clemens vor die Füße. Der feixte, im Hintern müsse der Kerl doch ein Loch haben, zum Kacken. Achim und Christof bogen sich vor Lachen, warfen sich in unsere Kinderbetten und kicherten da weiter. Ich heulte, schrie und schlug wie eine Furie um mich. Dann entfernte ich behutsam die Nägel aus Jumbos Pfoten und schloß meinen mißhandelten Bären leise weinend in die Arme.
Tam, die bei Jumbos Abnahme hinzugekommen war, sagte erschrocken, im Andreaskreuz hätten die Jungen ihn aufgenagelt, schlimmer als das Christuskreuz: Keiner lacht mehr. Achim und Christof verdrückten sich hinter Tam aus der Tür hinaus. Clemens blieb noch etwas stehen, als ob er auf ein Machtwort der Mutter wartete. Aber sie kam nicht ins Kinderzimmer. Es war anzunehmen, daß ihr, wie so oft, andere Versionen der Begebenheiten berichtet wurden, Versionen, in welchen der jeweilige Berichterstatter im besten Lichte dastand. An mein Gebrüll war man ja inzwischen gewöhnt, nur ich selbst noch nicht an all das Schlimme, womit es so leicht auszulösen war.
Ich legte Jumbo in sein Bettchen, das ich ganz dicht neben meines im Etagenbett schob, was Toni von oben auch für richtig befand. Auf seine Wunden klebte ich dem armen Jumbo Pflaster, ohne sie vorher mit Jod zu desinfizieren, das hätte ihm nur zusätzlich weh getan. Warm bis unter seine große Nase, nicht darüber, deckte ich ihn zu – ersticken wie in Tommelhardt der Bürschli fast im Radio, das sollte er nach alledem nicht auch noch.
Eines Tages war Jumbo aus seinem Bettchen verschwunden. Wohin, weiß ich nicht. Die Mutter räumte gerne auf, »ausmi-

sten« nannte sie das. Lädiertes kam weg, Neues an dessen Stelle. Ich sei nun zu alt für Kuscheltiere, erklärte sie, und versprach mir eine neue Puppe. Außerdem seien Bären ein Spielzeug für Jungen, aber doch nicht für ein Mädchen.
Jumbo war für mich jedoch mehr als ein Spielzeug gewesen, »keine Puppe, es ist nur/eine schöne Kunstfigur«. Jumbo war ein beseeltes Lebewesen, mein lieber Begleiter auf der Flucht und durch die frühe Kindheit, zwischen wirklichen Erfahrungen und Phantasie. Und schließlich hatte er in seinem Bauch den Schmuck gerettet, welcher unser neues Zuhause, das Kupferhaus, ermöglicht hatte.

Ich ging in den Keller und besuchte die Ziege Gretel. Sie schnaubte mir warm ins Gesicht und leckte es mit ihrer rauhen Zunge ab. Das war tröstlich, es schien, als habe sie alles verstanden. Mit Gretel hatte ich von da an ein echtes Tier als Begleitung. Damit war ich über ein Schmusetier hinausgekommen. Bald kam eine zweite Ziege hinzu, und ich wurde in Kupfer zur Ziegenhüterin. Die Ziegen liebte ich sehr, meinem guten alten Jumbo wollte ich trotzdem noch ein Denkmal setzen. Mit Toni zusammen, der einen Kasten mit Deckfarben besaß, bemalte ich zwei flache Latten, zu einem Kreuz montiert. Zum Ziegenhüten nahm ich es mit hinunter zum Bach Kupfer, wo es so schön war wie in den Waldenburger Bergen. Für das Anpflocken der Ziegen hatte ich einen großen Holzhammer und zwei Pflöcke. Mit den Pflöcken ließ sich gut ein Loch machen, in welches hinein das Kreuz gesteckt wurde. Auf schwarzem Grund trug es eine goldene Inschrift:

Jumbo von Arnim
geboren Weihnachten 1944 in Zernikow
gestorben Karfreitag 1949 in Kupfer

TEIL II

CLARA VON ARNIM

ICH BAUE UNS EIN HAUS

TOMMELHARDT

Umsiedlung von Berlin nach Württemberg

Wenn ich aus meinem Buch lese, werde ich immer wieder gefragt: »Wie ging es denn weiter?« – »Wie kamen Sie allein zurecht, mit sechs Kindern, in einer anderen, neuen, Ihnen fremden Welt?«

Es war ein mühsamer Weg, eine schwere Zeit.

1946 war Deutschland in eine amerikanische, englische, französische und russische Zone geteilt worden, und Berlin hatte vier Sektoren,[1] die diese Aufteilung spiegelten. Die Berliner stellten Kerzen in die Fenster. Es tröstete sie das Kabarett »Die Insulaner«,[2] die sangen:

»Der Insulaner verliert die Ruhe nicht,
Der Insulaner macht kein Getue nicht,
Der Insulaner glaubt unbeirrt,
Daß seine Insel einmal wieder Festland wird«,
... und sie hungerten.

Es war sehr schwer, von einer in eine andere »Zone« zu gelangen oder sogar umzuziehen. Aber es gab eine hilfreiche Verordnung, die »Familien-Zusammenführung« hieß. Meine beiden ältesten Söhne, dreizehn und vierzehn Jahre alt, waren in Württemberg, in der amerikanischen Zone; die vier Kleinen bei mir in Berlin, im überfüllten, aber kaum beschädigten Haus meiner Eltern in Zehlendorf. Ich arbeitete als Verkäuferin, während meine Mutter, meine Tante und unser »Gretchen« die Kinder hüteten. Zu Kochen gab es eh nichts, einzukaufen auch nichts, aber es gehörte ein großer Garten zum Haus, der Kräuter hergab für die dünnen Suppen. Mein Vater war Pensionär, ein hoher Siebziger. Er machte ungezählte Behördengänge, um für mich und meine vier jüngeren Kinder eine Zuzugsgenehmigung nach Württemberg zu bekommen. Meine beiden Großen waren seit einem Jahr auf einem Bauernhof in den Waldenburger Bergen. Im »Grünen Baum« habe ich geschildert, wie ich zuerst allein über die grüne Grenze gegangen bin und dort in Waldenburg (nach Abstimmung des Gemeinderates) eine Zuzugsgenehmigung des Bürgermeisters erhielt. Unsere Übersiedlung fand am 15. Juli 1946 bei großer Hitze im Viehwagen statt – acht Tage waren wir zu 40 Personen zusammengepfercht – mit Übernachtung in der Grenzstation Hof in einem ehemaligen Arbeitsdienstlager.

Schlachtfeld in der Hauptstadt. Der Tiergarten 1950

Danach ging es in nur acht Stunden nach Waldenburg. Am selben Tag hatte der Bürgermeister vom Behördenleiter aus Stuttgart Order erhalten, meine Zuzugsgenehmigung zu sperren – aber nun war ich da. Wir wurden in das große Blockhaus am Neumühlsee einquartiert, wo meine frühere Schneiderin, Bombenflüchtling aus Berlin, meine beiden ältesten Söhne aufgenommen hatte.
Durch den Waldenburger Pfarrer war der Älteste inzwischen ins Internat nach Korntal (das sogenannte »Heilige Korntal«, denn es gehörte der evangelischen Brüdergemeinde) gekommen. Zwei Söhne nahm meine Schwester Uschka in Künzelsau bei sich auf, die Dolmetscherin bei der amerikanischen Besatzungsbehörde geworden war. Sie kampierten im Flur vor ihrem möblierten Zimmer und aßen in einer Gastwirtschaft. So konnten die drei Großen schon bald auf die betreffenden Oberschulen gehen.

Das große Blockhaus am Neumühlsee war im Krieg von der Forstverwaltung des Fürsten Hohenlohe-Waldenburg gebaut worden, um polnische Waldarbeiter unterzubringen. Am See lagen außerdem ein Gasthaus und ein Sägewerk. Von dort wanderte man eineinhalb Stunden zum Städtchen Waldenburg, das am Rande des Hochplateaus, weit über der Ebene liegt. Das Renaissanceschloß war noch in den letzten Kriegstagen zerstört worden. Die fürstliche Familie zu Hohenlohe wohnte in einem Jagdhaus oberhalb des Neumühlsees.
Meine drei »Kleinen«, Peter-Anton, acht, Bettina, fünf, und Wolf-Herman, drei, wurden nun auch im Blockhaus aufgenommen. »Tante Gucki« (so nannten wir die Hausherrin) hatte bereits drei sogenannte »Nähmädchen« angestellt und eine Schneiderwerkstatt aufgemacht.
Das Leben für die drei Kinder und mich im Blockhaus war sehr schwer. Nicht äußerlich, denn die Lage dort im Tal am

Wald war wunderschön, aber das Heimweh und die Schwierigkeit, uns in eine uns noch ganz fremde Welt einzufügen, ließen uns verstummen. Die kleine Tochter äußerte sich in Schreikrämpfen. Aber dann kam der Umzug in ein eigenes, sehr kleines, sehr bescheidenes Heim.

Der Weihnachtsbrief

Davon schrieb ich am 6. Dezember an meine Eltern in Berlin:

Tommelhardt bei Waldenburg/Württ;
den 6. Dezember 1946

Meine Lieben!
Endlich! – werdet Ihr sagen. In Gedanken schreibe ich schon seit Wochen beim Putzen, Kochen oder Stopfen, Waschen oder Nähen lange Briefe an Euch, aber der Tag ist immer zu kurz! Die Weihnachtspäckchen sind weg, und nun will ich den Weihnachtsbrief dazu schreiben und Euch einmal ausführlich von hier berichten. Von Euch kamen bereits viele Päckchen, Lichthalter und Leuchter, vielen Dank! Von Großmutter viele Bücher, für jedes Kind etwas. Ihr wart also pünktlich und rechtzeitig im Packen. Auch für mehrere liebe Briefe habe ich zu danken, freue mich immer sehr und bitte, weiter so »Böses mit Gutem zu vergelten« und fleißig zu schreiben, auch wenn ich es nur selten tue.
Eben fülle ich die drei Kinderschuhe zu Nikolaus mit auf eigenem Herd gebackenen Plätzchen und Zuteilungs-Schoko-Täfelchen. Heute nachmittag erschien unsere Bäuerin als »Pelzmärtl« – wie es hier heißt – verkleidet und brachte »Gutsli« und Nüsse. Die Kleinen waren sehr niedlich: Bürschli weinte bitterlich, weil Toni in den Sack gesteckt und mitgenommen werden sollte; sagte deutlich, wie er heißt,

und machte eine tiefe Verbeugung. Bettina »betete« ernst und andächtig und wurde sehr gelobt. Sie ist der Liebling der Bäuerin. Diese ist dick, derb und geschwätzig. Ich komme gut mit ihr aus, werde bei allen schwierigen Sachen um Rat gefragt, z. B. Kartoffelablieferung, Brief an den Milchverband usw. – In diesem kleinen, hochgelegenen Nest mit ganz leichtem Boden sind die Leute sehr arm und sehr fleißig, aber gänzlich von den Ereignissen draußen in der Welt unberührt. Meine Bäuerin dünkt sich fortschrittlicher und klüger, denn sie war Mädchen in »besseren Häusern« (bei Pastoren, Schulrat). Also hat sie die Welt gesehen! Sie hat ein »Büfett« in ihrer Wohnstube und besitzt das einzige Pferd des Ortes, einen Schimmel, den die Wehrmacht daließ. Alle hier sind Kleinbauern.
Nach Bettinchens Geburtstag (19. Okt. 1946) folgten unruhige 14 Tage, in denen Tante Gucki wie auch ich (vom Blockhaus am Neumühlsee) in unsere »Neubauten« rannten und die Handwerker »stökerten«. Meiner ist, Gott sei Dank, ganz nah, nur den Berg hinauf (Anm.: Mein »Neubau« war das Dach eines Bauernhauses, wo »auf Bezugschein für Flüchtlinge« zwei winzige Dachkammern umgebaut wurden) – ihrer, in Richtung Waldenburg, ein richtiges Haus. Es gab ein großes Durcheinander: Einen Tag sagte »Tante Gucki«: »Morgen ziehe ich um« mit Lastwagen, dann mit Pferdewagen, dann wieder gar nicht usw. Ich half tüchtig packen, denn ich bin das ja gewohnt. Es herrschten bis zuletzt Frieden und Freundschaft, was nicht ganz leicht für mich war, denn ich wurde kommandiert wie ein Schulmädchen. Jedenfalls machte ich drei Kreuze, als die gute Dame am 31. Oktober endgültig auszog und mir das Feld (d. h. das Blockhaus) überließ.
Vorher – das muß ich noch berichten – war ich einen Tag in Öhringen und lief von Pontius zu Pilatus (Wirtschaftsamt

etc.) wegen eines Herdes. (Ein Öfchen hatte die Bäuerin schon besorgt.) Schließlich erhielt ich die Aussicht auf einen »Sparherd«, das sind kleine unsolide Dinger aus Blech, kleiner als unser Puppenherd zu Hause. Man stellt sie auf eine Kommode, so man eine hat. Die nette Dame im Wirtschaftsamt fand selbst, daß das für meine große Familie nichts sei, aber es sei nichts anderes zu kriegen. Müde kam ich heim – da lag ein Brief von Teddas Schwester Käthe, in dem stand, ihr Mann habe mir aus Bretten[3] einen Herd besorgt. Einen richtigen mit Backofen und Schiff, 45 x 65 cm groß. (Ich habe ihn seit 30. November in Betrieb!) Seht Ihr, das war wieder so ein Fall, wie mir sichtlich und wunderbar geholfen wird! Wie Mutti früher sagte: »Den Seinen gibt's der Herr im Schlaf.«

So geht es mir jetzt immer – mit den Äpfeln vom Bodensee; mit der ganzen Wohnungsgeschichte; der Sendung vom Hilfswerk, dem Gemüse von Hege, den Reitstiefeln, die Großvater verkauft hat, an die ich überhaupt nicht mehr gedacht hatte; der großen Hilfe, die ich durch Tedda bekam, die meinen Haushalt gemeinsam mit ihrer Schwester und Ruthli mit den nettesten und nützlichsten Dingen ausgestattet hat (z. B. Nähkasten, Lämpchen, Sieb, Eimer, Geschirr und andere weder käufliche noch bezahlbare Dinge). »Tante Gucki« versteht nicht, »wie so etwas möglich ist! Die Frau kriegt alles!« – »Was haben Sie dafür gegeben?« – »Gar nichts.« Es will ihr nicht in den Kopf, daß Menschen einfach aus Nächstenliebe geben, ohne dafür Kleider oder sonstwas einzuheimsen. Von ihr als tüchtiger Geschäftsfrau will natürlich jeder Gegengaben. So kommt es, daß Armut reich machen kann.

Am 24. Oktober holten mich Fürst und Fürstin Hohenlohe und ihr Güterdirektor vom Blockhaus ab, und wir fuhren zwecks Beratung zu Herrn Hege-Hohebuch zum Tee. Wir besichtigten anschließend das Grundstück in Kupfer. Herr Hege hatte unterdessen festgestellt, daß die Militärregierung die Sache genehmigen muß und ich einen Antrag zu stellen habe.

Am 31. Oktober »Tante Guckis« Auszug aus dem Blockhaus. Am 2. November kamen die Künzelsauer (Uschka, Clemens und Christof-Otto) und Achim aus Korntal, und wir feierten sehr vergnügt »Brüdis« (Christofs) Geburtstag. Im Blockhaus hatten ja nun alle Platz, aber es war schon erheblich kalt. Das Blockhaus ist nur mit ungeheuren Holzmengen erträglich warm zu machen. »Tante Gucki« verheizte im vergangenen Jahr 18 Festmeter Holz und drei Zentner Kohlen! Ich hatte nun die Absicht, auch umzuziehen und die Jungen zur Hilfe zwei Tage dazubehalten. Da ging im letzten Moment dem Schreiner die Hobelmaschine kaputt, und er konnte die Türen in der Dachwohnung nicht fertigstellen. Der Maler war aber fertig, und ein Notlicht war da. So mußte es eben ohne Türen gehen. Am 4. November halfen die Jungen noch Sirup kochen. Am 5. November ging der Umzug vonstatten. Zweimal fuhr der »Wilhelm«, Knecht und Bräutigam meiner Bäuerin (Mann gefallen), mit einem Leiterwagen hin und her. Geschirr und Eingemachtes trugen wir in Körben den Berg hinauf. Bürschli (der Jüngste) fuhr stolz thronend auf seiner Kiste, in der er seine Spielsachen hat und die sogar frisch gestrichen wurde, hinauf. (Die »Kiste« ist der alte graue Offizierskoffer von Friedmund aus dem Ersten Weltkrieg.)

Die ersten Tage waren natürlich schwierig, und eigentlich bis jetzt bin ich noch am Putzen hinter den Handwerkern her. Kaum habe ich morgens saubergemacht, erscheinen Schreiner, Schlosser, Ofensetzer und machen alles wieder dreckig. Diese Woche wurde noch der Flur gedielt, die Treppe zum Dachboden abgedichtet und mit Türen versehen, wodurch es erheblich wärmer und der kleine Flur in sich abgeschlossen wurde. Jetzt fehlt nur noch eine kleine Tür in der Küche (ehemalige »Knechtskammer«), die unter dem Fenster in die Dachschräge führt, in welcher ich Koffer und Kartons verwahren und die ich als »Speisekammer« (kann man eigentlich nicht sagen, aber zum Abstellen von Sachen, die kalt stehen müssen) benutzen will. Bis Weihnachten wird alles fertig sein, und ich werde auch die Gardinchen genäht haben. Trotz allem fühlten wir uns vom ersten Tage an in der Wohnung sehr glücklich. Auch Uschka staunt jetzt, wie hübsch und gemütlich es geworden ist, gar nicht »proletarische, ärmliche Flüchtlingswohnung«, sondern irgendwie »zernikowisch«. Ich lege Euch einen Grundriß ein, wonach Ihr Euch die Einrichtung etwa vorstellen könnt. Die Küche ist bis zur halben Höhe blau gestrichen, als Abschluß ein Heizbörtchen, soll blaukarierte Vorhänge kriegen (aus Ami-Bettbezügen). Die Eckbank erbte ich aus dem Blockhaus. Die Jungen verkürzten sie mir. Den alten, aber sehr soliden, eigentlichen Wäscheschrank, der jetzt mein gesamtes Geschirr und Vorräte birgt, konnte ich aus dem Nachlaß der Schwiegermutter kaufen. Der Spültisch ist, wie hier landesüblich, aus Zement, links tiefer mit Abfluß, rechts etwas höher mit Holzrost (von Clemens gemacht). Zwischen Herd und Spültisch hat gerade ein Bänkchen mit zwei Eimern Platz. Das Wasserholen ist hier aber gar nicht schlimm, nur aus Frau Olpes Küche, eine Treppe tiefer. Sie haben einen Motor für die Selbsttränke der zwei Kühe, bisher lief er. Der Küchentisch mit Schublade für Bestecke ist von der alten Pensionärin in Schloß Weiler geborgt.[4] Das Schlafzimmerchen, meine »Schatzkammer«, ist hellgrün gestrichen, dazu auf den Betten die grünbedruckten Decken aus Zernikow. Tonis Bettstatt ist zweistöckig, alte eiserne Jugendherbergsbettstellen, nur 1,80 x 90 cm aus dem Blockhaus, jetzt auch grün gestrichen. Die Betten der Kleinen sind auf Bezugschein in Öhringen gekauft, naturlasierte Holzbettstellchen, Bespannung aus Zernikow-Stöffchen, rosa-grün gestreift. Aus der großen, geretteten Matratze ließ ich zwei sehr gute für die Bettchen machen; die gerettete Schafwolldecke ergab für jedes Bettchen eine. Der Waschtisch ist ein alter, brauner mit grauer Marmorplatte, praktisch und geräumig, geborgt aus Weiler. Bettinchen ist besonders glücklich über ihre Puppenecke, sogar mit Teppich. Zu Weihnachten wird sie von einem hiesigen netten Schreiner noch Tisch und Stühlchen dazu kriegen. Bürschli hat seine Kiste, auf der ich auch die Kinder wasche und anziehe, gerade richtig in der Höhe.

Das Wohnzimmer ist hellgelb gestrichen. Übrigens war Frau Olpe und mit ihr die übrige Bevölkerung, die an allem regen Anteil nimmt, entsetzt, daß ich die Wände einfach streichen und nicht, wie hier üblich, mit Blumen und Weintrauben tapetenähnlich »walzen« ließ. Neben meinem Schreibtischchen (von Heges geborgt) hängt »Bettina vor ihrem Goethemonument« und Friedmunds Bild, an der Fensterwand zwei andere goldgerahmte Bildchen aus meinem Zernikower »Stübchen«. Die Couchdecke kennst Du ja, ich habe passende Kissen dazu gerettet. Der Tisch (aus Weiler) ist ein aufklappbarer Spieltisch, sehr praktisch. Es gehen acht Personen ran, die zwei Kleinen am Katzentisch = Bürschlis Kiste. Wenn ich an den Schrank (auf Bezugschein) will, der die Sachen für uns sieben Personen enthält – der Rest in Kartons unter meinem Couchbett –, muß ich den Tisch hochklappen. Vier, mit bayerischem Königswappen versehene alte Lederstühle schenkte mir Tante Elisabeth Weiler. Ein grüner Korbsessel und der Teppich aus meinem Zernikower »Stübchen« machen es behaglich. Uschka besorgte mir eine im Ton glänzend passende Lampe, die über dem Tisch hängt. Das wäre die Wohnung.

Etwas abseits auf dem Hof habe ich einen kleinen Holzschuppen für mich. Holz habe ich ganz schön. Gutes Buchenholz, kriege noch mehr. Anfuhr ist hier kein Problem. Kleinmachen besorgen die Jungen. In einem der Gemeinde Waldenburg gehörenden alten Gebäude wies mir der Bürgermeister einen eigenen, gewölbten Keller zu, wo ich meine Kartoffeln und Gemüse lagern und mein bescheidenes »Eingemachtes« frostsicher aufbewahren kann! Ich habe soviel Zentner Kartoffeln, wie Toni Jahre alt ist, also wirklich schön, besonders, da die Kleinen und ich ja gar nicht soviel essen und wir abends oft Nährmittelgerichte machen. Ihr habt anscheinend nur wieder einen Zentner pro Person bekommen? Außerdem habe ich einen halben Zentner Lauch, Sellerie, rote Rüben, Weiß- und Rotkohl, zwei Zentner Mohrrüben, ein Faß Sauerkraut. Milch bekomme ich für Bürschlis Alter bis zu seinem vierten Geburtstag am 30. 8. Es geht uns also wirklich nicht schlecht, und man sieht es den Kindern auch an.

Bürschli, unser Wolf-Herman, ist sehr stramm und hat dikke, rote Backen. Peter-Anton, Toni, ist jetzt nach seiner Angina ein bißchen blaß und spitz. – Außerdem kann ich dem Achim von meinen Karten zusteuern, damit er sich im Gasthaus ab und zu satt essen kann. Er ist so entsetzlich lang und dünn und die Ernährung nicht mehr doll in Korntal. Die Künzelsauer können sonntags »umsonst« bei mir sein. Diese sind ganz gut versorgt, aber nicht üppig, denn Uschkas Hilfsquellen sind durch Chefwechsel seit dem Sommer ganz versiegt. Sie läßt Dir, Oma, übrigens sagen, daß es hier keinerlei schwarzen Markt gibt in unseren ländlichen Gegenden und sie Dir nicht (ich erst recht nicht) das Gewünschte besorgen kann. Man kann hier durchaus von den Karten leben, obwohl es seit dem Sommer (1946), wo es mir direkt schlaraffenlandmäßig vorkam gegen Berlin, sehr viel weniger gewor-

den ist. Zum Beispiel 300 statt 500 Gramm Fett pro Person monatlich. Toni und Bettina haben 1200 Gramm Fleisch im Monat.
Nährmittel gibt es außer den üblichen 500 Gramm im Monat meist zusätzlich in Gestalt von Maisprodukten und Suppenerzeugnissen. Es gibt Käse und Marmelade, öfter Hülsenfrüchte, Trockenei oder Erdnußbutter. Die Kinder sind so glücklich über die »Wohnung« und so stolz auf sie! Geben sich auch große Mühe, bei Tisch gute Manieren zu halten, und kritisieren mit Wonne an den Großen rum, wenn sie kommen. Das Gefahrenmoment »Verwahrlosung durch primitives Wohnen« ist überwunden. Das einzige, was hier fehlt, ist die Verdienstmöglichkeit für mich. Hoffentlich zieht sich die Währungssache noch recht lange hin, dann kann ich ja noch aushalten. Aber auch wenn ... es ist mir so wunderbar geholfen worden, es wird mir auch dann geholfen werden, vielleicht kommt Friedmund gerade im rechten Augenblick!!
Außerdem ist meine Berufstätigkeit, solange Bürschli noch nicht zur Schule geht, ohne häusliche Hilfe doch nicht möglich. So ist es besser, ich lebe hier billig (Miete dreißig Reichsmark) und gesund in der ländlichen Abgeschiedenheit. Daß ich ein Landmensch geworden bin und die Kinder es von Anbeginn sind, fühle ich hier täglich. Der Wald, der wunderschöne Wald, ersetzt mir Konzerte und dergleichen ganz. Einzig ein Radio würde ich mir mit der Zeit wünschen, denn es könnte sein, daß die Welt untergeht, und wir merken es hier gar nicht. Sehr beruhigend für die Nerven!
Das Einkaufen ist übrigens nicht so schlimm. Natürlich ist eine Stunde Fußmarsch mit Bürschli, zurück mit schwerem Rucksack, bei schlechtem Wetter kein Vergnügen, aber doch viel schöner als stundenlanges Anstehen in der Stadt. Es gibt hier in Waldenburg einen sehr netten »Schlemminger« (das

war der Kolonialwarenhändler in Gransee), der mal in England war und deshalb für »Ausländer« wie mich Wohlwollen zeigt. Waldenburg ist nicht so groß wie Gransee. Ich gehe ein- bis zweimal die Woche hin an Tagen, wenn Toni und Bettina beide gleichzeitig in der Schule sind. Toni macht zu Weihnachten bei einer Aufführung mit und ist ganz Feuer und Fett. Er lernt hier weiter gut und hat eine junge reizende Lehrerin. Als »Haushilfe« ist er wenig zu gebrauchen, weil er zu verträumt und schußlig ist, aber Schuhputzen und Holzholen kann er schon ganz nett. Das Töchterchen unserer Bäuerin, Irmgard, ist in seiner Klasse, ein nettes Kind. So geht er nicht allein zur Schule, und es ist auch eine Brücke zwischen den Müttern. Der »Bursche« (Wolf-Herman, drei Jahre) ist noch der alte, ein lieber drolliger Kerl, gut lenkbar; nur beschäftigt er sich schwer allein und macht viel kaputt. Er hängt immer an Mutters Rockzipfel. Es ist prachtvoll, wie kräftig er ist, wie er marschiert. Der Weg nach Waldenburg macht ihm gar nichts. Er futtert auch tüchtig, oft seinen geliebten Grießbrei. – Sehr niedlich hat sich Bettinchen entwickelt. Die Schule hat ihr sehr wohlgetan. Nachdem der Anfang schwierig war, ist sie jetzt eifrig und fleißig und stapft tapfer ganz allein den weiten Weg. Sie findet es im Wald sehr schön und hat gar keine Angst, worüber die Leute hier staunen. Sie steht extra früh auf, um zu rechnen, »weil das so 'n Spaß macht«, und schreibt auch nett, Blockschrift. Dabei ist sie ein wirklich besorgtes und ordentliches Puppenmütterchen und eine richtige Haushilfe; sie wischt Staub, deckt usw. Alle nervöse Heulerei und Bockerei hat sich gegeben. Sie empfindet besonders stark die Geborgenheit im »eigenen Heim«, und ihr ästhetisches Gemüt freut sich besonders an allen schönen Dingen; Schmücken, »alles schön machen« ist ihr genau solche Freude wie ihrer Mama. Während sie im Blockhaus großen Anstoß erregte, als sie zum Beispiel

plötzlich laut erklärte: »Ich esse nicht gerne mit den Nähmädchen, weil sie so häßliche Manieren haben.« Für Cousine Evchen, die eine rührende Patentante ist, hat sie jetzt wieder reizend gezeichnet. Gestern sagte sie: »Wir haben es jetzt so gut, nun fehlt uns nur noch eins: unser Vati!« Nun, da sie Friedmunds Bild (auf meinem Schreibtischchen) täglich vor sich sehen, lebt er ganz mit ihnen, und bei allem Guten, das wir essen, sagen die Kinder: »Wenn wir das doch Vati schicken könnten!« – Aber auch an Euch gehen solche »geistigen Liebespäckchen« ab. – Über Clemens und Christof Otto berichtet sicher Uschka. Im großen und ganzen muß man doch sagen, daß die mit Hangen und Bangen angetretene Fahrt nach Württemberg, die doch mehr oder weniger eine Fahrt ins Blaue war, zu großem Erfolg geführt hat. Daß wir nach vier Monaten schon ein eigenes Heim, warm und zu essen haben, das ist mehr, als man erwarten konnte und die meisten Deutschen heute haben. Es erfüllt mich mit tiefer Dankbarkeit. Ich glaube, daß die Übersiedlung bei der mir gestellten Aufgabe, nämlich die Kinder leiblich und seelisch gesund über diese Zeit zu bringen, ein großer Schritt vorwärts war.
Am vierten Advent wird hier schon Familienbetrieb sein. Wie ich es schaffen werde, weiß ich noch nicht, aber die großen Jungen sind sehr praktisch und hilfreich, und ich muß eben »gut disponieren«. Unterbringung zum Teil bei Olpes auf dem Dachboden. Vorher muß ich noch zwei Zentner Zuckerrüben verarbeiten, backen, waschen, noch einiges basteln, na, mein »Stromverbrauch« ist natürlich ziemlich hoch! Aber es geht mir sehr gut dabei, und ich habe wenig Migräne.
Das Wetter war bis auf einige kalte Tage im Oktober, teils regnerisch, teils wunderbar sonnig und frühlingsmäßig, eine Wohltat für alle, die nichts zu heizen haben. Hoffentlich war es in Berlin auch so!

Bei Euch wird es stiller sein zu Weihnachten dies Jahr. Jetzt aber Schluß! Es ist ein Roman geworden. Gebt bitte den Tanten, besonders Tante Pulchen, diesen Brief, denn ich kann leider nicht allen lieben Menschen schreiben.
Nun wünsche ich Euch ein gesegnetes und gesundes Weihnachtsfest

In Liebe
Euer Clärchen

Dies also der Weihnachtsbrief vom 6. Dezember 1946. Zum Fest kamen dann die Künzelsauer und Korntaler herauf zu uns in die Berge.

In Tommelhardt

In Tommelhardt waren wir, trotz der bösen Hauswirtin, trotz der Abgelegenheit und Enge dort, »von guten Mächten wunderbar geborgen«.[5] Bettine von Arnim, die Ururgroßmutter der Kinder, hat einmal geschrieben: »Ich glaub', es gibt vielleicht Augenblicke im Leben, wo ein reines Verhältnis zwischen Gottheit und Menschheit ist, so daß die Menschennatur sich dazu eignet, das zu übernehmen, was die Menschen ›Botschaft Gottes‹ nennen, also das Amt der Engel verrichten.«
Ein Engel mit ganz großen Flügeln war für mich in dieser schweren Zeit meine Schwester Ursula, von der Familie Uschka genannt. Ich erwähnte sie schon im Weihnachtsbrief. Sie ist fünf Jahre jünger als ich. Kurz vor dem Ersten Weltkrieg wurde sie in Kassel geboren. Sie erlebte ihre Schulzeit mit Abitur in den Jahren, als mein Vater Präsident des Obergerichts der »Freien Stadt Danzig« war. Mein Vater ging in Pension, als die Nazis 1934 Danzig »heim ins Reich« führten. Die Eltern

lebten dann in Berlin-Zehlendorf. Als »höhere Tochter« besuchte Uschka zuerst das Lettehaus. Dann durfte sie aber studieren und machte ihr Diplom als akademische Dolmetscherin in Heidelberg.
1939 wurden die Frauen unter vierzig »dienstverpflichtet«, das heißt, wie Soldaten eingezogen und eingesetzt; meistens in Fabriken. Wegen ihrer Sprachkenntnisse ist Uschka ins Luftfahrtministerium gekommen. Dieses wurde im Verlauf des Krieges teilweise aus Berlin zuerst nach Schlesien, dann nach Templin (Uckermark) verlegt. Dort, erinnert sich Uschka: zu viert in Barackenräumen, schlechtes Essen, Dienst wie Soldaten. In der letzten Kriegsphase fuhr sie mit männlichen Kameraden in endloser, kohlenstaubgeräucherter Bummelzugfahrt (alles sehr geheim) nach Lübeck. Unterdessen war Lübeck bereits von den Engländern eingenommen worden. Im großen und ganzen waren die Engländer eine zivilere Besatzungsmacht als die anderen Alliierten. Uschka wurde als Dolmetscherin bei der Bahnhofsverwaltung verpflichtet. Sie konnte bei einer netten Eisenbahnerfamilie untergebracht werden. Über das Rote Kreuz, auf umständlichste Weise, erfuhr sie, daß die Eltern in Berlin am Leben, Friedmund in Gefangenschaft, die übrige Familie in Mecklenburg bei Verwandten waren. Und sie erfuhr auch, daß die zwei ältesten Arnim-Jungen ganz allein in Württemberg in der Nähe von Heilbronn auf einem Bauernhof untergebracht waren. – Da hat sie der Bahn gekündigt und ist gen Süden gefahren, mit dem Rucksack auf dem Rücken.
Sie landete schließlich in Waldenburg. Sie hatte einen Bauern getroffen, der ihr Hochdeutsch und dessen Schwäbisch sie verstand. Der wußte in der Gegend Bescheid. So fand sie endlich die zwei Jungen in der Baracke am Neumühlsee. Uschka berichtet weiter: Der Große, vierzehn Jahre, sei ihr über den Kopf gewachsen gewesen; er habe geweint beim Wiedersehen;

der Jüngere, noch sehr kindlich, auch überglücklich über ihr Erscheinen. Die Jungen seien sehr allein und unglücklich gewesen. Uschka kochte für sie und betete mit ihnen am Abend, so berichtete sie später. Ein Stück Heimat, ein Stück Familie war zu ihnen gekommen. Um Zuzug und Lebensmittelmarken zu erhalten, nahm sie eine Stelle als Schulhelferin (ohne Gehalt) an. Der Schulrat, ein Emigrant, hatte sie engagiert. Alle dort eingeborenen Lehrkräfte seien Nazis und daher nicht zu gebrauchen gewesen. Für sie war es wohl aber auch nicht der richtige Job, denn sie konnte weder singen noch malen, und vor allem konnte sie den hohenlohischen Dialekt der Kinder nicht verstehen. Und die Kinder verstanden ihr Hochdeutsch genausowenig. Es wurde ihr dann im nahen Städtchen Künzelsau eine Stelle als Übersetzerin bei der dort stationierten amerikanischen Militärregierung angeboten. Da bekam sie Gehalt und die Zuweisung eines möblierten Zimmers bei einem alten Ehepaar in deren Villa.
Unterdessen war ich mit den vier jüngeren Kindern – Sommer 1946 – nach Württemberg eingereist und zuerst im Blockhaus, dann »unterm Dach« in Tommelhardt untergekommen.
In Künzelsau hat Uschka in dem schmalen Flur vor ihrem möblierten Zimmer zwei übereinandergestellte Eisenbetten aufstellen lassen. Da hat sie dann die zwei Buben, die schon in Berlin aufs Gymnasium gegangen waren, aufgenommen. Denn in Künzelsau gab es eine Oberschule. Die Jungen aßen in einer Gastwirtschaft und konnten nachmittags Uschkas Zimmer für Schularbeiten benutzen. Samstags/sonntags kamen alle drei herauf nach Tommelhardt in die Dachkammern, und wir waren froh, alle miteinander.
1949 kam ganz plötzlich ein furchtbar aufregendes Telegramm aus Bonn, Uschka solle sofort kommen und sich im Auswärtigen Amt vorstellen. Eine »Deutsche Botschaft«, das

heißt, erst einmal ein »Deutsches Konsulat« sollte in New York eingerichtet werden, das hatte Adenauer erreicht. Ein deutscher Industrieller war als erster Botschafter vorgesehen, und der mußte eine gewandte Chefsekretärin haben. Uschka fuhr sofort nach Bonn und stellte sich vor; sie kam zurück ohne feste Zusage, wir warteten mit ihr ein dreiviertel Jahr. Dann wieder ein Telegramm; sofort kommen; Flug gebucht mit Generalkonsul Dr. K. nach New York – Packen, Abreise in aller Eile. Sechzehn Stunden Flug nach New York. Dort zuerst einmal kein Gebäude für den Generalkonsul, geschweige denn eine Deutsche Botschaft. Uschka wohnte mit dem Chef also zunächst im Hotel Plaza. Der Gegensatz vom Kleinstädtchen Künzelsau und New York sei überwältigend gewesen. Auch die Verständigung nicht leicht, da man in Amerika meistens kein »Oxford-Englisch« spricht. Endlich wurde die Botschaft dann eingerichtet. Uschka hat sogar das Protokoll beim Adenauer-Besuch 1952 geführt. Und hat in Amerika trotz aller Arbeit noch Abendkurse und den »Master of Arts« gemacht.
Viel später, in den sechziger Jahren, hat sie an neuen Gesetzbüchern in Bonn mitgearbeitet, nachdem sie in den höheren Dienst gekommen war. Auswärtiger Dienst dann in Stockholm (Schweden) und in Toronto (Kanada). Als ich in Eschborn wohnte, durfte ich sie dort besuchen und beide Länder kennenlernen.

Das Grundstück

Hier in Tommelhardt hießen meine Engel Frau Wolf und Frau Rück und vor allem Herr Dr. Hans Hege. – Nur daß meine Familie so auseinandergerissen war, empfand ich als sehr schlimm für die Kinder. Es wäre leicht möglich gewesen, für

die Großen weiterhin Internatsplätze zu bekommen, da gab es hilfreiche Möglichkeiten. Viele meiner Schicksalsgenossinnen nahmen diese Möglichkeiten wahr. Sie wurden dann selbst frei für Arbeit und Beruf und einen eventuellen neuen Lebensgefährten. Aber gerade das wollte ich nicht, denn meine starken kleinen Männer hätten keinen anderen Vater akzeptiert. Ich habe das ein paarmal erfahren. Das erste Mal 1947 in Kupfer, als eine Pfarrerswitwe mit einem Söhnchen im Alter des Jüngsten zu Besuch war. Wir hatten die beiden Bürschchen, beide fünf Jahre alt, im Kinderzimmer zu Bett gebracht. Worüber unterhielten sie sich, kaum daß wir Mütter draußen waren? Der eine: »Was wünschst du dir am döllsten?« – »Daß meine Mutti nicht wieder heiratet!« – »Das wünsche ich mir auch!«
Ich wollte etwas viel Schwierigeres in der damaligen Zeit, nämlich ein Dach über dem Kopf für uns alle sieben.
Dafür mußte ich zuerst ein Grundstück haben. Und das mußte an der Bahn liegen, wegen der Schulmöglichkeiten. Das Gymnasium in Schwäbisch-Hall war nur drei Bahnstationen entfernt. Fürst Hohenlohe hatte am Bahnhof Kupfer Grundstücke, die er nicht brauchte, die aber verpachtet waren. Dr. Hege fuhr selbst mit mir zur Pächterin, der Gastwirtswitwe Pfeiffer, und redete wahrlich mit Engelszungen auf sie ein. Aber Frau Pfeiffer sagte: »Nein, wenn mein Sohn (der als vermißt gemeldet war) zurückkommt, soll er alles so vorfinden, wie es vor dem Kriege war.« Nach zwei oder drei Treffen hat Dr. Hege sie dennoch überzeugt, daß sie »der fremden Frau mit den sechs Kindern« helfen müsse! Sie war später mit ihrer Schwester, die das ländliche Postamt verwaltete, die rührendste Nachbarin und Gönnerin dieser Kinder. Bei ihr durften wir unser Hohebucher Schwein schlachten. Der Gastwirtschaft war eine Metzgerei angeschlossen, die mit den nötigen Kesseln und Wurstmaschinen ausgestattet war. Und wir

konnten auch ihre Obstpresse für unsere jährlichen 150 Flaschen Apfelmost benutzen.
Ich unternahm fünfzehn Fahrten zur »Württembergischen Landsiedlung« in Stuttgart. Fürst Hohenlohe durfte sein Land nicht selbst verkaufen. Seine Besitzungen waren unter »kommissarischer Verwaltung«. Ich mußte bei der »Landsiedlung« Antrag auf eine »Nebenerwerbssiedlung« stellen. Danach bekam ich dann das Land auf drei Jahre in Pacht und – falls ich mich »bewährte« – übereignet; und vor allem bekam ich ein Aufbaudarlehen mit äußerst niedrigem Zinssatz für den Hausbau. – Ich fuhr stets in tiefschwarzen Gewändern, die ich von Charlotte Hege bekommen hatte, nach Stuttgart. »Eine Witwe mit sechs Kindern« – ich nutzte bewußt meine »weibliche Schwäche« als Stärke. Frau Wolf versorgte an diesen Tagen meinen Jüngsten; Bettina gab ich meist in Hohebuch bei Heges ab. Eine lustige Episode von unterwegs: Ich unterhielt mich mit einem netten schwäbischen Bauern, der mir am Schluß der Unterhaltung einen Heiratsantrag machte. Ich meinte: »Sechs Kinder sind ein bißchen viel für einen Hof.« – »Och«, sagte er, »wo sechse satt werden, hat auch noch ein siebentes Platz!«
Irgendwo in der Nähe von Stuttgart gab es damals eine Fertighaus-Ausstellung. Jemand aus Waldenburg, wo ich unterdessen Leiterin des wiedergegründeten Landfrauenvereins geworden war, nahm mich mit einem der damals noch so raren Autos dorthin mit. So konnte ich viele »mögliche« Häuschen besichtigen und Firmen notieren. Dann kam eines Tages ein Brief meiner Freundin Inge aus Memmingen im Allgäu. Ihr Mann war dort Augenarzt. Sie hatten eine bezaubernde Villa am Stadtrand. Inge war 1936/37 als Gärtnerin in Zernikow gewesen. Inge also schrieb, da sei in Memmingen ein Bauunternehmer, der habe während des Krieges Baracken für Wehrmacht und Arbeitsdienst gebaut. Er mache zur Zeit hübsche

Fertighäuser aus restlichen Holzbeständen, preiswert und solide. Ich solle kommen! – Also auf nach Memmingen! Dort schloß ich wirklich mit einem Herrn Platzer einen sogenannten Werksvertrag ab, das heißt, ich mußte Holz liefern, reichlich, und dafür würde er mir ein Holzhaus für 11 000 Reichsmark bis Mai 1948 liefern! – Schon damals stand das Schreckgespenst der Währungsreform vor der Tür, niemand wußte, wie sie aussehen würde. Ich konnte nur hoffen, daß sie nicht vor Mai 1948 kam und ich bis dahin die erforderliche Summe würde zusammenpumpen können. Das ist mir auch mit Hilfe meiner Schweizer Freunde und dem Verkauf von ganz wenigen geretteten Papieren und Schmuck gelungen. Ein Musterhäuschen war bei Herrn Platzer auch zu besichtigen. Das meine sollte auch »Muster« werden. Deshalb mußte ich mich zur Reklame verpflichten.

Erst mal Arbeit

Eher durch Zufall bekam ich im Herbst 1947 Arbeit: Von den Bauern in der Gegend hatte ich gehört, daß am Rande eines Dorfes ein Arzt aus Schlesien ein Haus gebaut habe. Es hieß, er habe Wohnung und Praxis aus einer alten Scheune gezaubert. Er sei mehr so homöopathisch, sagten die Leute. Er hatte sehr großen Zulauf! »Ach«, dachte ich, »aus Schlesien und ein Haus gebaut, wie hat er das wohl gemacht?« Ich wollte ihn nach Firmen, Möglichkeiten, Ämtern fragen. Ich machte mich auf den Weg. Nach etwa zweieinhalb Stunden zu Fuß kam ich gegen Mittag an. Die Leute saßen noch immer auf der Treppe und im Flur zum Sprechzimmer. Ich setzte mich dazu und wartete. Endlich war der letzte Patient entlassen, und der Doktor erschien: schlank, lange, blonde Haare, im wallenden weißen Kittel. »Kommen Sie herein. Was wünschen Sie?«

Ehe ich etwas vom Hausbauen sagen konnte, musterte er mich mit scharfen blauen Augen von Kopf bis Fuß und sagte: »Haben Sie einen Beruf gelernt?« – Ich, leise: »Ja, ich bin Krankengymnastin, Kohlrauschschülerin – Berlin.« Er, laut und spontan: »Wollen Sie für mich arbeiten?« – Ich: »Ja – aber wie ist das möglich?«
Er: »Ich schicke Ihnen eine Postkarte, wie und wann Sie fahren. In Langenburg habe ich eine Reihe Patienten, die meisten aus Stuttgart, die brauchen Bewegung! Ein Bus fährt von Waldenburg, wo Sie wohnen, einmal in der Woche – mittwochs früh hin und donnerstags abends zurück. Ich sage meinen Patienten Bescheid. Sie werden sie behandeln und dort wohnen! Auf Wiedersehen!«
Ganz betäubt und verwirrt wanderte ich heim. Keine Baupläne oder Adressen, aber Arbeit! Das war vielleicht erst einmal noch wichtiger. Ich habe dann mehrere Jahre, jeweils am Mittwoch, in Langenburg gearbeitet, dem wunderschönen Ort auf dem Rücken eines Berges mit seinem klassischen Renaissanceschloß.[6] Die Patientin, bei der ich wohnte, eine liebe, rundliche Dame, war die Frau des Tischlermeisters, der später meine geretteten Barockmöbel fachmännisch restaurierte. Weitere Patientinnen waren: eine tüchtige Berlinerin, die bereits wieder ein gutgehendes Konfektionsgeschäft aufgemacht hatte, oder die Frau des Forstmeisters, welche, zu meinem Erstaunen, auf einen »Wunderheiler« hereinfiel. Davon gab es, wie so oft in Umbruchszeiten, damals einige. Besagter Herr Gröning verteilte vom Balkon herab Kügelchen aus Stanniolpapier, die fast alle Gebrechen linderten, wenn man nur daran glaubte. Auch Fürstin Hohenlohe, eine geborene griechische Prinzessin, war meine Patientin. Sie lud mich, nach der ersten Ganzmassage, regelmäßig zum Tee ein. Wir saßen dann oft auf der großen Terrasse im ersten Stock, welche in dem Buch »Die Heilige und ihr Narr« beschrieben wird, das die Pfarrersfrau von Langen-

burg in den neunziger Jahren des vorigen Jahrhunderts geschrieben hatte. Hier hatte im Liegestuhl die damalige Prinzessin geruht, das »Seelchen« (gewiß war sie lungenkrank), deren vielgelesene, rührselige Geschichte in diesem Buch erzählt wird. Nach einiger Zeit erhielt ich den Auftrag, den beiden jüngsten Prinzen, ungefähr fünf oder sechs Jahre alt, Turnunterricht zu geben; keine leichte Aufgabe!
An der großen Mauer am Schloßberg war von einem tüchtigen Direktor ein Café eingerichtet worden (auch Schloßbesitzer mußten sehen, wie sie finanziell über die Runden kamen). Hier erlebte ich Prinzessin Margret von England, die jüngere Schwester der Queen. Sie war klein, zierlich, sehr lebhaft, und ich hörte, wie sie sagte: »Was hat heute wieder Scheußliches über mich in den Gazetten gestanden?«

Die Familie Wolf

Eigentlich sind wir in Tommelhardt recht glücklich gewesen. Wir hatten unsere eigenen vier Wände und genug, sogar gesundes Essen. Die Kleinen bauten sich Gärtchen und Wohnungen im Wald. Besonders Peter-Anton und Bettina ließen ihre Phantasie spielen. Die Kleinbauern waren sehr nett zu uns, nachdem sie gemerkt hatten, daß ich keine »Städterin«, die faul im Liegestuhl liegt, war, sondern auch »schaffe tät«, wie man dort sagte. Frau Wolf liebte besonders meinen Jüngsten und nahm ihn zu sich, wenn ich nach Öhringen aufs Landratsamt mußte.
Beide Wolfs kamen ursprünglich von der Schwäbischen Alb. Herr Wolf war jüngster Sohn auf einem Bauernhof gewesen und wollte selbständig werden. Mehrere Jahre arbeitete er als Knecht auf einem großen Hof und sparte. Dann konnte er das kleine »Gütle« in Tommelhardt kaufen: Haus, Stall, Acker

und eine Scheune, Frau Wolf hatte als Hausmädchen gearbeitet und auch fürs »Gütle« gespart. Es kamen Kinder: vier Mädchen und ein Sohn. So wurde weiter gespart. Sie aßen Margarine, die selbst hergestellte Butter wurde auf dem Markt in Schwäbisch-Hall verkauft. Vater Wolf bestellte mit zwei Ochsen das Ackerland. Außerdem grub er noch Sand in einer Kuhle am Waldrand. Der Sand, den er an eine Baufirma verkaufte, sollte Bargeld bringen. Er war ein großer, wortkarger Mann mit grimmiger Miene, aber herzensgut. Gern sprach er dem sauren Most zu, den sie aus eigenen, kleinen Äpfeln herstellten. Tommelhardt, recht hoch gelegen, ließ keine besseren Obstsorten wachsen.
Eines Tages kommt eine der Töchter schreiend zu mir herübergestürzt: »Vater hat sich mit der Kreissäge die Finger abgesägt!« Ich renne hin. Es war der Daumen. Er hing noch irgendwie an der Haut. Das wichtigste war nun: Ganz ruhig bleiben! (Als Krankengymnastin hatte ich wenig Ahnung von Chirurgie, aber ich hatte zu Hause im Krieg schon als Hebamme gewirkt.) Ich schiene die Hand, lege den Finger an die richtige Stelle, verbinde, lagere Hand und Arm hoch. Als nach einer Stunde der Arzt kommt, ist er sehr zufrieden. Der Daumen ist tatsächlich angewachsen und dann sogar wieder funktionstüchtig geworden.
Im Frühjahr 1948 kam die älteste Wolf-Tochter aus der Schule, sie war vierzehn Jahre alt, ein großes, hübsches, blondes Mädel. Vater Wolf dachte: »Nun habe ich einen Knecht!« Susanne verrichtete den ganzen Sommer über die Feldarbeit mit den zwei Ochsen, sorgte fürs Heu und vieles andere, damit ihr Vater ungestört in der Sandkuhle arbeiten konnte. Im Herbst bekam sie solche Rückenschmerzen, daß die Mutter mit ihr in das Diakonische Krankenhaus in Schwäbisch-Hall fuhr, zur Untersuchung. Sie wurde dabehalten, kam in ein Gipsbett, und das für ein halbes Jahr. Sie hatte einen schweren

»Scheuermann«[7] – auch »Lehrlingskrankheit« genannt. Es handelt sich dabei um eine Spätrachitis, wobei die Wirbel des Brustabschnitts entkalken und weich werden. Auf diese Weise kann es einen Buckel geben. Susanne wurde geheilt – natürlich habe ich sie behandelt –, sie durfte aber nie wieder schwer arbeiten. Sie hat dann auch – zum großen Kummer der Eltern – »nur« einen Arbeiter geheiratet, einen ordentlichen Mann, der an einer Tankstelle in Öhringen arbeitete. Aber für die Bauersleute war ein Arbeiter nicht standesgemäß.
Ja, der falsche Stolz! Ich hatte gedacht, der wäre nur in Adelskreisen zu Hause.
Bei diesen armen, einfachen Menschen hatte ich etwas gelernt, was mir mein »Philosophen-Sohn« Peter-Anton später mit Hegels Worten aus Tübingen beschrieb:
»Die Religiosität, die Sittlichkeit eines beschränkten Lebens – eines Hirten, eines Bauern –, in ihrer konzentrierten Innigkeit und Beschränktheit auf wenige und ganz einfache Verhältnisse des Lebens hat unendlichen Wert und denselben Wert als die Religiosität und Sittlichkeit einer ausgebildeten Erkenntnis und eines Umfangs der Beziehungen und handlungsreichen Daseins.«[8]

Der Sommer 1947 war außerordentlich heiß und trocken. Die Ernte fiel katastrophal aus. Alle Flüchtlinge gingen »stoppeln«, das heißt Ähren lesen. Die Äcker in Tommelhardt waren klein, der Boden leicht. Auch ich ging mit den Kindern »stoppeln«. Am Abend las ich in des frommen Herrn Rücks großer Bibel (Buch Ruth, Kap. I, Vers 22): »Ruth sprach zu Naemi (ihrer Schwiegermutter): ›Laß uns aufs Feld gehen und Ähren lesen.‹ Boas, der wohlhabende Grundbesitzer, kam aus Bethlehem. Er sprach zum Vorschnitter: ›Wer ist diese Dirne?‹ – ›Eine Moabiterin‹ (das heißt: eine Fremde). Boas sagte zu Ruth: ›Bleib bei meinen Dirnen, iß mit ihnen.‹ Da sagte

Naemi: ›Gesegnet sei der Herr!‹, und Ruth bekam Achtung unter seinen Leuten.«

Und dann, im Herbst, gingen wir Bucheckern lesen im Wald. Für einen Zentner Bucheckern bekam man einen Liter Öl – das weiße Gold. Aber bis von den leichten Bucheckern ein Zentner zusammen war, hatten sich in diesem Jahr viele Flüchtlinge Rheuma auf dem feuchten Waldboden geholt.

Als die Kartoffelernte kam, fragten wir, ob die großen Jungens und ich bei Wolfs helfen könnten, natürlich in der Hoffnung, etwas mehr von der Ernte abzukriegen, als man auf Marken bekam. Auf Lebensmittelkarten sollte es für den Winter pro Person einen Zentner geben; das war wenig, wenn man sonst nicht viel zu kochen hatte. Das Wetter war leidlich, und wir drei – die Jungen hatten Herbstferien – buddelten fleißig auf Wolfs Acker.

Da kam Frau Wolf aus dem Haus. Sie arbeitete nicht mit, denn sie war im siebten Monat schwanger. Natürlich hatte sie gesehen, daß ich noch nie in meinem Leben Kartoffeln gebuddelt hatte.

Sie sagte, ich könne doch nähen und sie brauche ganz nötig ihr schwarzes Kleid für die Beerdigung ihrer Tante. Sie bat mich, es so für sie zu ändern, daß es ihr passe. Ich zögerte wegen der Kartoffeln. Aber sie meinte, ihr Mann würde das schon machen.

Das Kleid war fertig, die Kartoffeln aus dem Boden. Sie standen in Säcken vor dem Haus zur Ablieferung bereit. Die Bauern mußten alles, was sie nicht zum eigenen Gebrauch behalten durften, an eine Sammelstelle nach Waldenburg abliefern: Milch, Eier, Getreide und auch Kartoffeln.

Herr Wolf holte einen kleinen Kastenwagen herbei und schüttete einen und immer noch einen Sack auf den Wagen. (Wir waren fünf Personen, zwei meiner Jungens waren in

Künzelsau bei meiner Schwester gemeldet.) Ich stammelte ganz selig: »Oh, da kann ich meiner Schwester in Künzelsau abgeben!« Darauf sagte Herr Wolf in seiner trockenen Art: »Fräulein von Hagens kriegt auch Kartoffeln.«

Wolfs hatten einen Schwager auf einem Obstgut bei Heilbronn. Dort war es lieblicher und wärmer. Die Gegend war für sehr gutes Obst bekannt. Wolf: »Mein Schwager wird Millionär! Der verkauft seine Äpfel an die Amis für Dollar! I fahr' hie und hol' mir welche. Wollet Se mitkomme?« – »Ja, aber ich habe doch kein Geld.« – »Kommet Se mit, Sie krieget Äpfel, dafür sorg' i scho!« Wir fuhren mit einem Rumpelwagen und einem geliehenen Gaul viele Stunden gen Süden. Ich bekam einen Schatz: vier Zentner herrlicher Gravensteiner und Goldparmänen! Die Leute waren sehr nett. Wir wurden köstlich bewirtet. – So hatte ich es viel besser als andere Flüchtlinge. Wenn die sich einen Rucksack voll Äpfel oder Kartoffeln organisiert hatten, kam in der Bahn fast immer die Polizei, machte Razzia, und sie wurden alles wieder los.

Der Bau des Brunnens

Von Tommelhardt aus pilgerte ich im Herbst 1947 zum Fürsten Hohenlohe. Noch für Reichsmark hatte er mir dreißig Festmeter Holz verkauft!
Sie wurden geschlagen und von dem Ehemann einer meiner »Landfrauen«, einem prächtigen Bauern und Langholzfuhrmann, zum Bahnhof Waldenburg gefahren und verladen nach Memmingen, zur Firma Platzer!
Überaus wichtig, und zwar bevor man ans Bauen selbst ging, war und ist das Wasser, so zum Beispiel auch zum Mischen von Zement. »Hinter den sieben Bergen«, das heißt einige

Dörfer hinter Waldenburg im Hohenloher Bergland, sollte ein Wünschelrutengänger und Brunnenbohrer wohnen. An einem ziemlich warmen Tag machte ich mich also auf den Weg. Ich weiß noch, daß ich mich auf meinem dreistündigen Fußmarsch vor Schwäche immer wieder ins kühle Gras der Chausseegräben setzte. Endlich, über das schöne, von Birken bestandene Hochmoor, wo noch die Heilpflanze Arnika wuchs, kam ich in das Dörfchen. Ich fand das Haus des Brunnenbohrers. Er hatte gerade eine Berliner Flüchtlingsfrau geheiratet, welche sehr geschäftstüchtig war. Er selbst war ein einfacher, stiller Mann, vordem langjähriger Witwer. Seine Frau veranlaßte mich erst einmal, für zweihundertfünfzig Reichsmark einen Schwindelkasten zu kaufen. Er war aus schwarzem Eisen, vermutlich mit Sand gefüllt, den sollte man gegen Wasseradern unters Bett stellen und dadurch von Rheuma verschont bleiben. Den Kasten hat sie vielen Bauern der Gegend angedreht. Der Brunnenbohrer kam dann wirklich herunter auf das Grundstück in Kupfer, ging mit der Wünschelrute und fand Wasser. Danach konnte der Grundriß für das Häuschen abgesteckt werden. Das schwierigste war, die Bohrmaschine, die einzige weit und breit, zu bekommen. Die hatte der Brunnenbohrer gerade ins sogenannte Kupfermoor ausgeliehen. Das Kupfermoor war ein Hochmoor mit vielen seltenen Pflanzen (Peter-Anton fand dort zu seinem Entzücken Sonnentau!), das im Krieg als Munitionsdepot gedient hatte.

Jetzt wurden die Bombentrichter ausgepumpt, um Granaten und Minen zu entschärfen. Trotz meiner Angst vor großen Hunden bin ich mehrmals dorthin gegangen.

Endlich habe ich die Bohrmaschine bekommen, und der Brunnen für das Kupferhaus wurde gebohrt.

»Kriegsgewinnler«

»Kriegsgewinnler«, was sind denn das für Leute? Heute, 1997, höre ich diesen Ausdruck nicht mehr; in meiner Kindheit wurde er sehr viel gebraucht. Dabei gab es Kriegsgewinnler, Leute, die sich am Krieg bereichern, schon immer, und es gibt sie heute wie damals. Irgendwo auf der Welt ist immer Krieg, und die Waffenhändler, unter anderem, das sind die »Gewinner«, während die Zulieferfirmen nach dem Motto »Wir schaffen Arbeitsplätze« sich natürlich nicht dazurechnen.

Damals, nach dem Ersten Weltkrieg, wie gesagt, konnte man den Kriegsgewinnlern in persona begegnen. Ich erinnere mich, wie ich, etwa neun Jahre alt, in Kassel in der Elektrischen fuhr. Selbstverständlich stand damals ein Kind sofort auf, wenn ein Erwachsener keinen Platz fand. Ein Ehepaar war eingestiegen, sichtlich »neureich«, wie man damals sagte: sehr elegant, gute Stoffe, Pelz, Hüte, was sehr auffiel, denn Anfang der zwanziger Jahre waren alle Deutschen – Inflationszeit – eher dürftig gekleidet. Es gab ja nichts zu kaufen, und das Geld rannte davon, indem es täglich an Wert verlor. Ich gab damals Nachhilfeunterricht; ich wollte mir so gerne selbst eine Gitarre kaufen, die ich mit bunten Bändern an die Wand hängen könnte. Als ich das Geld zusammenhatte, war es nur noch ein Straßenbahnbillett wert.

Das feine Ehepaar hatte einen etwa zehn Jahre alten Jungen dabei. Der Waggon füllte sich; eine alte Frau humpelte herein. Weder die Eltern noch der Knabe rührten sich. Der Schaffner kam und sagte: »Kinder sollten alten Leuten Platz machen!« Darauf der Herr Papa: »Nein, das müssen sie nicht, wir haben ja für unseren Sohn bezahlt.« Großes Murmeln im Publikum. Ob diese Leute »Kriegsgewinnler« oder auf andere Weise »neureich« geworden waren, weiß ich nicht. Aber nach dem

Zweiten Weltkrieg habe ich als Flüchtling einen echten »Kriegsgewinnler« erlebt!
Kupfer war ein ganz kleines Dorf, ein Weiler eigentlich, fünf oder sechs stattliche Höfe, ein Gasthof, der gleichzeitig auch Metzgerei und Poststelle beherbergte. Ende des vorigen Jahrhunderts, als die Bahnstrecke von Heilbronn nach Crailsheim gebaut wurde, war der große Nachbarort Westernach für den Bahnhof ausersehen. Aber der Gemeinderat von Westernach, das heißt die großen Bauern, waren gegen dieses Projekt. Kein Bahnhof, da könnten ja die Knechte und die Dienstmädchen leichter abends in die Stadt fahren. Die sozialen Verhältnisse waren auch 1949/55 nicht viel besser. In Kupfer hatten die Knechte der Bauern nur eine kalte Dachkammer zum Schlafen. Sie durften beim Essen mit unten am Tisch sitzen, aber die Abende verbrachten sie im Stall auf der Futterkiste sitzend. Ich weiß das, weil meine großen Söhne sich oft dazugesellt haben. Da war man lustig, machte viele Sprüche; aber ohne Mädchen (die Gegend war pietistisch und sehr moralisch. Erst mußte man Geld verdient haben, ehe man heiraten konnte). – So also bekam das kleine Kupfer einen Bahnhof und daneben ein großes Lagerhaus. Die Bauern aus den rundumliegenden Dörfern mußten nun ihre Erzeugnisse ziemlich weit transportieren.
Am Eingang des Dorfes wohnte ein Maurermeister namens Strack. Ein solider alter Mann, der seinen kleinen Acker mit einem Ochsen pflügte. Eines Tages lief ich von meinem Neubau hinüber, um etwas auszurichten. Es war Vesperzeit, das heißt bei uns »zweites Frühstück«, und die wird dort im »Hohenlohischen« ausgiebig wahrgenommen. Einige Männer saßen mit dem Meister in der Runde. Ich hörte von weitem, daß sie über mich sprachen. »Die baut? Hat sie denn Geld?« Der Meister: »Nein, aber sechs Kinder.«
»Hat sie denn was zu tauschen?«

»Nein.«
»Aber wie macht die das denn?«
Der Meister: »Na, mit ihrem Wääsen.«
Das war das größte Lob, das ich je in meinem Leben erhalten habe. Mein Häuschen war ein Holzhäuschen; es mußte aber natürlich ein Fundament haben. Der Sohn des alten Maurermeisters Strack bekam einen Vorschuß für den Bau dieses Fundamentes. Das ging nun folgendermaßen vor sich: Früh um sieben Uhr kamen ein paar Arbeiter und fingen an. Acht Uhr war Frühstück. Acht Uhr dreißig erscheint der junge Herr Strack: »Kommt sofort zum Bau in ..., eilt euch!« So kam mein kleines Fundament, nur sechs auf zehn Meter, natürlich nicht voran, und die Lieferung des Fertighaus-Oberteils stand bevor. Ich fuhr nach Stuttgart und schilderte bei der Landsiedlung den Fall. Tatsächlich kam ein Berater nach Kupfer gefahren, sah sich die Sache an und sagte zu Herrn Strack: »Wenn Sie nicht in soundsoviel Tagen das Fundament fertig machen, werden Sie Ihren Vorschuß zurückzahlen und keinen Pfennig mehr kriegen. Im übrigen ist Ihre Kalkulation zu hoch! Wir werden Ihnen von Ihrer Rechnung 10 Prozent abziehen!« Da hat er schön geguckt und schnell den Keller gebaut.
Ganz in unserer Nähe und der Nähe des Bahnhofs war in den dreißiger Jahren eine kleine Eisenbahnersiedlung entstanden. Wir befreundeten uns mit den Eisenbahnern, die Kinder spielten miteinander Indianer. Meine Tochter, das einzige Mädchen, wurde ihr Häuptling, denn sie hatte die Phantasie, die Spiele anzugeben. Ich erinnere mich, wie sie mit der Flöte der ganzen Kinderschar voranzog in die Schule nach Übrigshausen.
Den Eisenbahnern wurden Flüchtlinge aus dem Banat zugewiesen, mehrere Familien, meist Frauen und Kinder. Zwei sehr große, kräftige Männer waren dabei, blonde Hünen, vol-

ler Energie, und ein würdiger Großvater. Sie beabsichtigten, sich so schnell wie möglich ein eigenes Haus zu schaffen. Als ich einige Jahre später wieder einmal in Kupfer zu Besuch war, zeigte man mir dicht beim Lagerhaus eine ziemlich große, schmucke Villa, zweistöckig mit Terrasse und allem Komfort. Die hatte sich der Strack dann gebaut, der Kriegsgewinnler.

Gegensätzliche Welten

Frau Rück hatte zwei Töchter, die eine lebte in der Stadt, die andere hatte einen Bauern im nahen Goldbach geehelicht. Diese kleinen württembergischen Bauern bekamen Carepakete, weil ihre Großeltern im vorigen Jahrhundert nach Amerika ausgewandert waren. Ich muß gestehen, daß es für mich damals manchmal bitter war, wenn diese Leute, die als Bauern ja zu essen hatten, Kaffee, Kakao, Reis, Grieß und ähnliches mehr in schönen, großen Paketen bekamen, während ich, Flüchtling mit sechs Kindern, aber ohne Verwandte in den USA, leer ausging. Aber ich war mir auch bewußt, daß ich es gut hatte im Vergleich zu anderen Flüchtlingen, beispielsweise in Schleswig-Holstein, wo sehr viele Menschen sich hingeflüchtet hatten, denen gegenüber man sich durchaus nicht immer sehr edel verhielt.
Das Dörfchen Goldbach hatte eine Klosterruine, es soll ein Frauenkloster gewesen sein. Ein unterirdischer Gang habe zum nächsten Männerkloster in Gnadental geführt.
In Goldbach also bekam Frau Rücks Tochter 1948 ganz hohen Besuch: eine Tante aus den USA! Da die Tante krank war, wurde ich gebeten, öfter herüberzukommen, um ihr die Beine und den Rücken zu massieren. Da lag die alte Frau nun in einem schmalen Kämmerchen im großen Mahagonibett unter

gewaltigem, kariertem Federbett. Sie war vielleicht fünfundsiebzig Jahre alt, geblondet und gelockt, die Lippen geschminkt, das Nachthemd rosa mit vielen unechten Spitzen. Sie zeigte mir die rührenden Grüße und Postkarten, die sie von ihrer Kirchengemeinde in Amerika, in der Nähe von Boston, bekommen hatte: Vergißmeinnicht und Veilchenkarten, Täubchen, die sich schnäbelten, und Kätzchen mit rosa Schleifen. Zwei Welten in der Dachkammer!

Im Sommer 1947 lernte ich den Landarzt Dr. Feldmann kennen. Er war ein hervorragender Arzt, neuen Methoden gegenüber sehr aufgeschlossen. Seinen Fähigkeiten nach hätte er längst in einer großen Klinik sein können – aber er war ein »Quartalssäufer«. Sein Vater soll es auch schon gewesen sein. Jedes Vierteljahr überfiel es ihn wie eine Krankheit: Der geringste Tropfen Alkohol machte ihn betrunken. Auf den Höfen, wo er zu Geburten oder bei Unfällen hinkam, wurde ihm natürlich ein »Schnäpsle« angeboten. Auf dem Nachhauseweg landete er regelmäßig einmal im Vierteljahr im Chausseegraben. Danach benannten die Leute bestimmte Kurven auf der Landstraße »Feldmannseck«. Es ist nie etwas Ernsthaftes passiert, aber an diesen Tagen wurde die Praxis dann geschlossen. Seine tüchtige, energische Frau stand vor der Tür und beruhigte die Patienten, so gut sie konnte. Vor der Hochzeit hatte der Arzt ihr versprochen, nie mehr zu trinken, aber es war eben kein »Saufen«, sondern eine Krankheit. Einige Jahre später, ich erlebte es noch, hat er sich »selbst aus dem Sumpf gezogen«. Er machte eine Kur und hat danach konsequent keinen Tropfen Alkohol mehr angerührt.

Diesen Dr. Feldmann lernte ich kennen – oder besser gesagt, er mich. Er bot mir an, zweimal in der Woche in seinem zweiten Sprechzimmer, in dem Heißluft und sonstige Apparate vorhanden waren, seine Patienten zu behandeln. Ich fuhr zum Bahnhof Waldenburg, wartete im Wartesaal, stieg um ins

Zügle nach Kupferzell, wo sich die Arztpraxis befand. Der Wartesaal in Waldenburg war für mich wie eine Oase. Die Wirtin richtete mir ein ruhiges Plätzchen ein, gab mir eine Tasse Kaffee, und wir hielten ein Schwätzchen über »Gott und die Welt«. Zudem hatte ich hier auch die Ruhe, Briefe zu schreiben, besonders nach Berlin an die Eltern.

Konfirmationen

In unserer kleinen Wohnung in Tommelhardt haben wir Weihnachten, Geburtstage, auch Konfirmationen gefeiert.
Achims, des Ältesten Einsegnung wurde leider noch nicht mit der Familie gefeiert. Der arme Junge konnte 1946 nicht mit seinem Jahrgang eingesegnet werden, weil es mir nicht gelungen war, schwarz über die Grenze zu kommen. So hatte der Pfarrer für das nächste Jahr eine Einzelkonfirmation für ihn arrangiert. Vor versammelter Gemeinde wurden Bibelsprüche, Katechismus und Lieder »abgefragt« (die Württembergische Konfirmationsordnung legt Prüfung und Festakt zusammen). Das war sonst auf fünfundzwanzig bis dreißig Kinder verteilt, aber der Pfarrer war nett und sagte kräftig vor.
Wegen eines Anzugs hatte ich an nicht ausgebombte Westverwandte geschrieben. Achim war inzwischen einen Meter fünfundachtzig groß, und ich bat um eine Leihgabe. Per Post erhielt ich einen guten, braunen Anzug geschenkt.
Die Konfirmation von Clemens, vielmehr die dazugehörige Familienfestlichkeit, fand im März 1948 in unserem Dachstübchen statt. Das Festessen bestand aus Hefekranz und Apfelmost. Fünf Personen saßen auf meiner Bettstelle, die als Couch hergerichtet war. Seufzend brach diese alsbald zusammen. In meinem Gästebuch gibt es eine Zeichnung: Ein Tisch mit Flasche und einem halben Hefekranz ist zu sehen; mein

Vetter Dieter und Clemens von hinten, wie sie das zusammengebrochene Bettgestell bearbeiten. Unten im ersten Stock bekam Frau Olpe gerade ein Kind, innerhalb einiger Stunden kam es auch glücklich zur Welt. Unser Waldenburger Arzt eilte immer hin und her, zwischen Wochenstube und Konfirmationsfeier. Nach einer Stärkung bei uns ging er dann wieder zu seiner Pflicht zurück.

Wir waren da oben verschollen und verzaubert wie im Märchen, besonders im Frühling, wenn es in den Wäldern und in den Gehölzen zu blühen anfing. Die Blüte der Obstbäume, Äpfel, Birnen, Pflaumen, war wundervoll, und wir sammelten Schlüsselblumen in den Wiesen. Dennoch überkam uns das Heimweh nach den Anemonen im Zernikower Tiergarten, den Leberblümchen und den Maiglöckchen im Junkerbusch, den Orchideen – und all den Pflanzen im Polzow-Tal. Ein wenig von alldem gab es auch hier, daneben anderes, wie wilde Akelei, sogar so groß wie in der heimischen Staudenrabatte; man fand sie in einer Talsenke im Wald.
Der Wald ernährte uns auch. Nicht nur Pilze gab es, die wir zum Trocknen an Schnüren aufhängten, sondern auch besonders viele und aromatische Himbeeren. In der Himbeerzeit stieg ich schon um fünf Uhr aus dem Bett und brachte Milchkannen und Eimer voll nach Hause. Die Bäuerin Olpe empfing mich mit dem Vorwurf, ich hätte ihr alle ihre Himbeeren weggepflückt!
Sie selbst war aber viel zu faul, um in den Wald zu gehen. So früh am Morgen war ich wegen der Städter losgegangen, bevor die mit dem Zug aus dem Tal aus Heilbronn so gegen acht Uhr heraufkamen. Flaschen hatten wir aus dem Chausseegraben geholt und mit Sand gereinigt. Saft machte ich bei Frau Wolf – aber nicht mit einem »Entsafter« wie noch in Zernikow und später wieder. Ein großer Topf mit Wasser wurde

auf den Herd gestellt; dahinein kam eine Schüssel. Über die Schüssel hängte man ein großes Stück Stoff und füllte die Beeren hinein. Der Wasserdampf zog die Flüssigkeit aus den Beeren, der Saft tropfte in die Schüssel; sehr heiß wurde abgefüllt und zugekorkt; die Flaschen wickelten wir in Decken. So kühlten sie sehr langsam ab, und der Saft wurde dadurch haltbar.

Das Problem war nur, woher den Zucker nehmen, den es spärlich auf Karten gab. Aber bei dieser Methode genügte ein Pfund auf zehn Pfund Früchte. So hatten meine Lehrlinge zu Hause Saft eingeweckt, und einige hiesige Bäuerinnen lernten die Methode gern. Preiselbeeren und Blaubeeren gab es natürlich auch.

Eines Tages hielt ich mich mit den Kindern in einem Waldstück auf, das von der einzigen Landstraße, die in den Weiler führte, durchschnitten wurde. Wir sammelten Blaubeeren und waren alle schon blaubeschmiert an Mund und Händen. Plötzlich hörten wir ein Geräusch: »Das kann nur ein Auto sein!« riefen die Buben. Autos gab es damals noch sehr wenige, und noch nie hatte sich eines in den Waldenburger Bergen bis nach Tommelhardt verirrt. Wir stürzten an die Straße: Es war tatsächlich ein Auto, und es wollte zu uns! Freunde aus dem Rheinland, die dort eine Weckgläserfabrik besaßen, brachten uns mehrere Kartons mit Einmachgläsern; welch eine Gabe in der damaligen Zeit!

Ein Problem hatten wir in der Dachwohnung: Es gab keine Toilette. Im Sommer konnte man hinaus in die Natur, aber im Winter oder nachts? Der »stille Ort« war nur durch die Küche von Frau Olpe zu erreichen. Das »Kabuff« hatte ein Brett mit einem Loch, von da ging es hinunter, direkt auf den Misthaufen, der seinerseits hinter dem Stall im Erdgeschoß lag. Ich dachte an unseren Besuch der Marienburg im Danziger Werder, die wir in den dreißiger Jahren besichtigt hatten. Das

Prinzip der »Entsorgung« war ganz ähnlich gewesen, nur in anderen Dimensionen. Ein gedeckter Flur führte durch einen großen Raum in einen Turm am Ende des Ganges, auch hier ein Podest mit Loch an seiner Rückseite mit Mündung ins Freie, tief, tief hinab.

Am Wege

Von der Chaussee nach Crailsheim zweigte ein Weg ab zum Weiler Tommelhardt. Der Weiler lag auf einer Anhöhe am Waldrand. Zu Fuß ging man auf kleinen Pfaden durch den Wald, bergauf, bergab. Ich holte im Rucksack das, was ich auf unsere Lebensmittelkarten im Städtchen Waldenburg einkaufen konnte.

Einmal, so erinnere ich mich, hat es Salzheringe gegeben, so etwas hatten wir jahrelang nicht bekommen. Auf dem Rückweg setzte ich mich eine Weile auf einen großen Stein, die Sonne schien, ich konnte es nicht lassen, ich aß einen der kostbaren Heringe. Noch heute habe ich ein schlechtes Gewissen, daß ich diesen Hering den Kindern weggegessen hatte.

Wenn ich von Tommelhardt den Weg hinunter zum Neumühlsee ging, begegnete mir öfter ein jüngerer, gutaussehender Mann, der im Wald arbeitete. Er grüßte immer höflich. »Er wird wohl ein Angestellter der fürstlichen Forstverwaltung sein«, dachte ich.

Frau Rück, meine Nachbarin, hatte eine Schwester mit fünf Kindern in Waldenburg. Deren Mann war Schneider und befand sich noch in Kriegsgefangenschaft. Eines Tages war die Schneidersfrau aber wieder schwanger. Ich fragte Frau Rück ganz naiv: »Ja, von wem denn?« – »Nun, natürlich von dem schönen Waldarbeiter.«

Am selben Tag, an dem das Kind geboren wurde, kam der Schneider nach Hause. Frau Rück meinte, er sei gar nicht böse geworden, »'s ist ein lieber Mann«.
Einige Wochen später war bei Frau Rück Schlachtfest. Im hinteren Küchenraum mit Herd und Kessel lag auf einem großen Tisch fein ordentlich das »Schlachtgut« ausgebreitet: Speck, Rippen, Keulen, Innereien und was so dazugehört. Im vorderen, dem Wohnraum, saß eine fröhliche Runde beim Most, die Nachbarn und Verwandten; ich war auch eingeladen. Die Stimmung war gehoben, es wurde gesungen und getrunken. Endlich sagte Frau Rück: »Nun müsset mer doch wieder schaffe!« Sie ging in die Küche und schrie laut auf: Der Tisch mit dem Geschlachteten war leer, ratzeputze leer!
Die Polizei wurde gerufen. Sie kam schnell und untersuchte den Fall. Jemand vermutete, es könnten die Polen gewesen sein, das Gefangenenlager im Wald war nicht weit entfernt, und einige Polen waren noch da.
»Nein«, sagte die Polizei, »die waren es nicht, die sind ja jetzt freie Menschen.« Nein, es müsse jemand gewesen sein, der sich hier gut auskenne, aber ein Profi sei er auch nicht. Einige Tage später hörte man, es sei »der falsche Schwager«, wie Frau Rück ihn nannte, gewesen, der schöne Waldarbeiter, den sie oft bewirtet hatte. Er wollte wohl das Schlachtgut verkaufen, und dabei wurde er geschnappt.
Am nächsten Tag ein Menschenauflauf vor Wolfs Haus, das am Dorfeingang lag. Da stand eine »Grüne Minna«. Zwei Polizisten stiegen aus und gingen in Wolfs Haus. Wer aber sprang dann aus der »Grünen Minna«? Der »falsche Schwager«! Rasch verschwand er im Wald. Die Polizei hat ihn mit Hunden bald wieder eingefangen, und nun erfuhren wir auch, wer er eigentlich war, nämlich ein SS-Offizier.

Fortbildung in Hamburg

Im September 1947 erhielt ich aus Berlin die Nachricht, daß meine Schwiegermutter und Friedmunds Schwestern aus Wiepersdorf ausgewiesen worden waren, und zwar als »Angehörige ehemaliger Gutsbesitzer, wie deren Förster und Beamte«. Sie hatten schon seit 1945 nicht mehr im Schloß gewohnt, sondern siebenmal im Dorf das Quartier gewechselt. Schließlich waren sie in zwei Dachkammern des ehemaligen Forstamtes gelandet. Dort hatte ich sie vor meiner Abreise nach Württemberg im Mai 1946 noch einmal besucht. (Zu Fuß von Jüterbog aus – auf derselben feingepflasterten Chaussee, von der aus man die schöne Silhouette der Kirchtürme von Jüterbog noch heute sieht.)

Meine Eltern in Berlin-Zehlendorf hatten die Flüchtlinge, vier Personen und Gepäck, vorerst in ihrem ehemaligen Eßzimmer im Parterre untergebracht. Es gelang meinem Vater durch unzählige Behördengänge, die behinderte Gudrun (ihre Pflegerin war verstorben) mit einer der Schwestern als Begleitung durch das »Rote Kreuz« über die Zonengrenze zu bringen. Meine Schwiegermutter kam regulär mit Paß und Papieren ihrer Schwester, der Baronin Elisabeth von Weiler, in den Westen. Marielies, die zweitjüngste meiner Schwägerinnen, ging schwarz über die Grenze und kam zu Fuß im Westen an, schließlich bei mir in Tommelhardt.

Ich erwartete sie sehnlich. Eigentlich wollte Tedda, unsere Kinderschwester aus Zernikow, meine Kinder hüten, weil ich vorhatte, mich beruflich in Hamburg fortzubilden. Aber Tedda mußte sich einer komplizierten Zahnbehandlung unterziehen und deswegen nach Hause zurückkehren.

An Bettinas siebtem Geburtstag, am 19. Oktober 1947, traf Marielies ein. Tedda wollte sie noch einweisen. Am Abend vor meiner Abreise kam meine Schwester Uschka aus Künzelsau

herauf, und wir holten in aller Heimlichkeit meinen von meiner Großmutter mütterlicherseits geerbten und geretteten Schmuck aus dem Bauch von Jumbo, dem Stoffbären der Kinder, heraus und nähten ihn in meinen Hüftgürtel.
Es waren Saphire und Brillanten auf Platin, ein großes schweres Stück, ein goldener Armreif und kleinere Stücke mehr. Ich wollte alles in Hamburg verkaufen.

Unten in Kupfer, auf dem Grundstück, tat sich zunächst nichts. Der schwere Letteboden stand unter Wasser, und man versank. Auf das Fertighäuschen mußte ich sowieso warten. Also nutzte ich die Zeit und ging von Oktober bis Dezember 1947 nach Hamburg. Meine Hauswirtin dort überließ mir das kalte Zimmer ihrer Tochter, die auswärts studierte. Obwohl es nur eine Stunde am Tag Gas gab, ließ mich die nette Vermieterin meine wenigen Kartoffeln auf ihrem Herd mitkochen. Und immerhin hatte ich ein warmes Bett. Vom Hamburger Bahnhof bis hinaus nach Aumühle, wo sich die Schule befand, fuhr man ziemlich lange. Da meine Ernährung aus Kartoffeln, in einem großen Margarinekarton mitgebracht, bestand, zu welchen ich am Bahnhof eine markenfreie Fischpaste kaufte, kippte ich zweimal in der S-Bahn um. Meine Lebensmittelkarten hatte ich den Kindern dagelassen.

Der Unterrichtsbetrieb bei Frau Neuman-Neurode mit lauter jungen Mädchen machte Freude. Die Vorlesungen beim Arzt waren hervorragend; ich frischte Bekanntes auf und lernte noch dazu. Frau Ruth Neuman-Neurode war mit ihren Töchtern in den letzten Kriegsjahren als Berliner Bombenflüchtling bei mir in Zernikow gewesen. Seitdem waren wir befreundet. Jetzt konnte ich bei ihr meine medizinischen Kenntnisse auf den neuesten Stand bringen und mich auch noch in Kinder-Krankengymnastik spezialisieren.

Neben der Fortbildung war die Begegnung mit meinem Vetter Herbert von Platen besonders wichtig. Er war mit Frau und fünf Kindern von seinem Gut auf der Insel Rügen geflohen und in Holstein gelandet. Ich wußte, daß er sehr tüchtig und geschickt auf dem schwarzen Markt arbeitete und dadurch erst einmal seine Familie durchbrachte. Wir trafen uns, und ich vertraute ihm den in Jumbos Bauch geretteten Schmuck an. Er tauschte ihn zuerst in Zigaretten, dann in Reichsmark um. Davon habe ich dann in Kupfer alles noch fehlende Material für das Häuschen eingekauft.

Samstags und sonntags besuchte ich Verwandte und Freunde im Umkreis. So auch die alten Verwandten aus Hinterpommern. Onkel Friedhelm war Friedmunds Patenonkel und Lehrherr nach dem Ersten Weltkrieg gewesen. Er selbst hatte kein Gut geerbt, sondern lange Jahre als Inspektor auf großen Gütern gearbeitet. Schließlich konnte er ein bescheidenes Gut im hintersten Hinterpommern kaufen. Tante Else war Hofdame bei der Kaiserin gewesen; sie bezog eine kleine Pension. Sie hatten zwei Söhne. Der ältere war gefallen, der jüngere verlor einen Arm. Das Ehepaar blieb 1945 zunächst am Ort und wurde – wohl wegen seiner vorbildlichen Haltung – auch von den Russen respektiert. Tante Else hielt im Sommer 1945 den Gottesdienst in der Dorfkirche, was von den Alt- und Neubürgern gern angenommen wurde. Aber nach zwei oder drei Monaten wurden sie von den neuen Bürokraten »rausgeschmissen« (man kann hier dies häßliche Wort gebrauchen). Die beiden kamen in ein Flüchtlingslager nach Stettin, wo ihnen ihre letzte Habe, ihre Rucksäcke, geklaut wurden. Schließlich landeten sie in Holstein auf einem großen Gut, weil sie wußten, daß der ihnen gebliebene Sohn mit Frau und Kind in der Nähe von Kiel untergekommen war. Er studierte, so gut es ging, in Kiel Landwirtschaft.

Die alten Verwandten waren auf einen Hof eingewiesen worden; sie waren aber keineswegs im Herrenhaus des Gutes untergebracht, sondern weit über den Hof hinüber in zwei Räumen eines leerstehenden Arbeiterhauses. Ihr Sohn versorgte sie nach besten Kräften über den Schwarzmarkt. Ich meldete mich mit einer Postkarte an. Nach einem Stückchen Bahnfahrt ging ich zu Fuß zu diesem abgelegenen Ort. Ich fand die alten Herrschaften schließlich in ihrer Unterkunft. Meine Postkarte war verfrüht eingetroffen. Onkel und Tante hatten schon zwei Tage gewartet. Sie hatten eingeheizt und ein Frühstück für mich bereitet. Sogar ein Ei hatten sie sich vom Munde abgespart. Da ich aber zwei Tage später kam als erwartet, war es bereits angefault. Ich habe es natürlich – mit Todesverachtung, doch mit Anstand – gegessen und gedankt.

Ich hatte irgend etwas Kostbares mitgebracht, es wird Kaffee gewesen sein. Tante Else tat es in ein Bord und bedankte sich sehr. »Ach, liebe Tante Else«, sagte ich, »ist es nicht sehr schwer für dich, jetzt milde Gaben anzunehmen, wo du doch so vielen Menschen immer nur schenktest und Gutes tatest?« – »Liebes Kind«, sagte sie, »so lange Jahre habe ich die Freude gehabt zu geben. Soll ich nicht jetzt auch einmal anderen die Freude machen, mir zu geben?« Dieser Ausspruch hat mir in den nächsten Jahren sehr geholfen, als ich fast immer die Nehmende war. Auf dem schwarzen Markt, der in Hamburg besonders blühte, gab es für mich nichts, was ich unbedingt brauchte und haben wollte. Doch ich entdeckte etwas, ein Klavier. Da konnte ich nicht widerstehen! Es sollte ja für die Kinder sein, für Weihnachten und Feste im neuen Zuhause. So kaufte ich preiswert ein solides, altes Klavier! Warum tat ich das? In meinen Akten fand ich diesen Brief aus dem Jahr 1947 des neunjährigen Peter-Anton an Tante Paula, die seit 1946 auch bei meinen Eltern in Berlin-Zehlendorf untergekommen war, da sie auf ihrem Gut in Schönlage (Mecklenburg) enteignet worden war.

Das Klavier sollte ein Mittelpunkt der Familie im neuen Kupferhaus werden, »nicht nur zur Weihnachtszeit«.[9]

Liebe Tante Paula!
Wie schön wäre es, wenn Du bei uns wärst. Mußt Du schon arg frieren? Hoffentlich habt ihr genug Heizmaterial für den Winter. In der Schule machen wir oft lustige Sachen. Heute haben wir einen Vertrauensmann gewählt. Er hatte 23 Stimmen. Ich bin auch nicht schlecht in der Schule. Mutti ist nach Hamburg gefahren und geht dort zur Schule. Wir bauen bald ein Holzhäuschen. Frieren brauchen wir trotzdem nicht. Ich bekomme jetzt Klavierunterricht. Er ist sehr schön. Donnerstags dürfen wir in den Jugendfilm. Er ist sehr nett und kostet 20 Pfennig. Öfters gehen wir auch in gute Konzerte. Meistens kostet es nichts. Einmal haben wir von der Militärregierung die Karten bekommen, einmal war es in der Kirche.
Wenn Du wüßtest, wie schön wir es hier haben, wenn Du schon so gerne kommen tätest, würdest Du noch viel lieber kommen.

Viele Grüße Dein Peter-Anton

Scharnhorst

Karin, meine beste Freundin aus der Jungmädchenzeit, machte gerade in Hamburg ihre Ausbildung als Krankengymnastin, als auch ich in Hamburg war. Wir sahen uns wieder! Ihre Schwester, Mutter und Tante hüteten die insgesamt sechs Kinder der Familie auf dem Heidehof »Barkhoop« bei Neustadt am Rübenberge. Die Geschichte dieser Flüchtlingsfamilie ist so außergewöhnlich, daß ich sie erzählen muß! Auf dem Rückweg nach Württemberg habe ich kurz auf dem »Barkhoop« Station gemacht.

Der enteigneten Familie aus der Mark und Vorpommern war fast nichts geblieben, außer ein Stück karges Land im Westen – Heide, Kiefernwald, eine Jagdhütte. Dorthin zogen sie, und dort wollten sie bleiben und eine Gärtnerei anlegen.
Der gefallene Mann meiner Freundin, Siegmar Graf Dohna, hatte dieses Stückchen Land geerbt. In der Nähe von »Barkhoop« (Birkenhof) lag das große Dorf Bordenau. Von dort stammte der Freiheitsheld und Reformer des preußischen Heeres vor 1813, der Generalstabschef Blüchers: Gerhard Johann David Scharnhorst (1755–1813). Die Karriere eines Bürgerlichen bis zum General war damals ungewöhnlich, ja revolutionär zu nennen. (Im Hannover der Welfen unter der Regierung englischer Könige herrschten zudem besonders große Standesunterschiede.) Der Großvater Scharnhorst hatte als Wachtmeister des Achten Hannoverschen Kavallerieregimentes in den Bauernhof der Familie Tegetmeyer in Bordenau eingeheiratet. Ein Jahr vor dem Siebenjährigen Krieg, 1755, wurde Gerhard Scharnhorst geboren. Spartanische Jugend, dörfliche Schulbildung. Mit sechzehn Jahren trat er in die hannoversche Armee ein. Graf von Schaumburg-Lippe (Feldherr im spanischen Erbfolgekrieg 1701–1714) entdeckte die Begabung des jungen Mannes. Er schickte ihn auf die Artillerieschule, wo er Mathematik, Kriegs- und Zivilbaukunst lernte. Scharnhorst wechselte nach Preußen über in die berühmte friderizianische Armee, die aber auf ihren Lorbeeren eingeschlafen war. Es ist die Zeit der Stein-Hardenbergschen Reformen. (Auch das Heer wird reformiert, Militärschulen werden gegründet; akademische Schulung ist nötig: »Der Militär ist ein wissenschaftlicher Arbeiter.« In der Nachwirkung der Französischen Revolution gibt es keine Söldner mehr, sondern ein Volksheer.)[10]
Scharnhorsts berühmtester Schüler ist Clausewitz (1780–1831). Dessen Buch »Vom Kriege« umschreibt die moralischen und

politischen Grenzen der Kriegführung (nur Verteidigungskrieg, Achtung des Gegners soll sein).
Scharnhorst wird vom preußischen König geadelt; bei Jena und Auerstädt verwundet. Er wird Stabschef. Einer seiner Adjutanten ist der nachmalige Generalfeldmarschall Graf Friedrich von Dohna-Schlobitten; dieser heiratet dann die Scharnhorst-Tochter Juliana. Scharnhorst stirbt an der Verwundung von 1806 schon 1813.

In Hannover lebte der Historiker Usener. Er schwärmte für Scharnhorst. Aus Verehrung für ihn kaufte er in der Nähe seines Geburtshauses in Bordenau den kleinen »Barkhoop«. Er vererbte ihn testamentarisch dem direkten, letzten Nachkommen Scharnhorsts, und das war Siegmar Dohna, der 1944 gefallene Mann meiner Freundin.
Christian Graf von Krockow hat die Jahre nach dem Zweiten Weltkrieg als die »Stunde der Frauen« bezeichnet.[11] Was ich hier auf dem Heidehof bei Schicksalsgefährtinnen erlebte, hat mich sehr beeindruckt.
Meine Freundin machte ihr Krankengymnastinnen-Examen und sorgte durch ihre Arbeit für die Ausbildung der Kinder. Zwei zarte alte Damen, Karins Schwester und die sechs Kinder kampierten zuerst in der winzigen Jagdhütte. Dann bauten sie ein einfaches Haus in Fertigbauweise. Sie machten das Stück Heide urbar und düngten – schon damals! – biologisch-dynamisch. Karins Schwester fuhr dreimal in der Woche um fünf Uhr früh mit dem Einspänner voll Gemüse nach Hannover. Sie hat es dort auf dem Markt verkauft. Das größte Stück Ackerland wurde mit Getreide eingesät.
Einige Jahre später, als wir schon auf unserer Nebenerwerbssiedlung in Kupfer lebten, schickte ich meine Tochter in den Ferien auf den »Barkhoop«.
Nicht eigentlich zur Erholung, vielmehr hatte ich einen päd-

agogischen Zweck im Auge: Meine Bettina sollte gleichaltrige Mädchen kennenlernen, die aus ähnlichen Familien wie die unsere stammten und die gleichermaßen aus ihrer Heimat vertrieben worden waren.
Bettina erinnert sich sehr gut an diesen Aufenthalt 1954. Sie hat sogar noch Zeichnungen in ihrem alten Skizzenbuch: Vom Pferd »Lama«, den Foxterriern »Dasti und Mörchen« und den Ferkelchen. Sie erinnert sich, daß das Grundstück kleiner war als unseres in Kupfer, der Boden karg. Der älteste Sohn mähte das Getreide. Die Mädchen pulten schwarze, giftige Körner aus den Ähren heraus, danach gründliches Händewaschen – es war das sogenannte »Mutterkorn«, das an eine Apotheke verkauft wurde.[12] Bettina wurde öfter von dieser Arbeit freigestellt, weil den Tanten ihre Zeichnungen so gut gefielen. Ihr Fazit der Reise: »Die Kinder arbeiten dort genausoviel in Stall und Feld wie wir in Kupfer auch!«
Meine Freundin arbeitete einige Jahre. Sie fuhr mit einem Moped zu Patienten nach Wunsdorf in die Praxis. 1957 ist sie auf der Landstraße tödlich verunglückt.

Weihnachten 1947

Weihnachten 1947 in Tommelhardt war stiller als 1946. Ich war aus Hamburg zurück. Marielies fuhr zu ihrer Mutter nach Nentershausen. Aus Berlin waren gerettete Ahnenbilder, ein paar Möbel und vor allem meine Nähmaschine gekommen, alles wurde auf einem trockenen Speicher in Hohebuch bei Heges abgestellt.
Die drei Kleineren hatten die Masern, ziemlich schlimm.
Achim erwischte es auch; er blieb in Hohebuch bei Heges, wo er rührend versorgt wurde. Clemens und Christof-Otto blieben – um sich nicht anzustecken – bei Uschka in Künzelsau.

So machte ich gemütliche Vorlese- und Kerzenstündchen mit den drei Kleinen. Es war scheußliches Wetter. Der Wind blies in die beiden wackligen Fensterchen hinein.
Ich sang ihnen wie zu Hause und wie auf unserem Strohlager in Mecklenburg viele Abendlieder vor – »Weißt du wieviel Sternlein stehen«, »Guten Abend, gute Nacht« und andere mehr. Sie wollten aber auch das Lied hören, das ich immer so traurig fand:

»Schlaf in guter Ruh,
tu die Äuglein zu.
Höre, wie der Regen fällt.
Hör, wie Nachbars Hündchen bellt,
Hündchen hat den Mann gebissen,
hat des Bettlers Kleid zerrissen.
Bettler eilt dem Tore zu,
schlaf in guter Ruh.«

Dann ging ich in das vordere Stübchen und setzte mich in den grünen Korbsessel, in dem ich oft strickte. Aber an diesem Tag konnte ich nicht stricken. Ich blieb im Dunkeln sitzen. Draußen fegte der Sturm schwarze Wolken über den Himmel und legte Schatten über mich. Es war, als hätte mich all meine Kraft, all mein Mut verlassen. Einsamkeit, Schweigen, keine Musik, keine menschliche Stimme, nicht einmal Radio.
Da kam mir in den Sinn, daß ich ja zu Hause nie so allein gewesen war. Ich dachte an meinen Mann. Friedmund hatte mir im April '45 gesagt: »Rette du die Kinder, ich will sehen, was sich hier machen läßt.« Er hatte mich, in letzter Minute, den Kindern nach Mecklenburg nachgeschickt. Er selbst, als Reserveoffizier aus dem Ersten Weltkrieg, war zum Volkssturmhauptmann für die ganze Gegend gemacht worden. Er hätte mit unseren kriegsgefangenen Franzosen gehen können, die Anfang April nach Frankreich zogen und ihn gerne mitgenommen hätten. Aber die ihm anvertrauten Menschen, seine

Betriebe, sein Wald, die Verantwortung und Sorge für andere, das war – nun erst recht – sein Lebensinhalt.

> *»Der ist in tiefster Seele treu,*
> *der die Heimat so liebet wie Du.«*[13]

Wie zum Trost kam mir dann die Erinnerung an »Centesimus«, eine riesige schwarzweiß gefleckte Dogge. Welch eine treue Begleitung war sie mir zu Hause gewesen!
Wie schön war es, wenn Friedmund und ich zu Fuß oder zu Pferde in den Wald zogen, um nach den Waldarbeitern zu sehen oder Stangenholz auszuforsten. Wenn Friedmund aber unterwegs war, sollte ich einen Begleiter haben, denn es wäre damals, in der Nähe von Berlin, nicht ratsam gewesen, daß eine Frau allein in die großen märkischen Wälder ging. Ich sollte einen Schutz haben, meinte er, einen großen Hund; er dürfe nur nicht jagen.
Wir hatten in der Zeitschrift »Wild und Hund« gelesen, daß es bei Potsdam einen Doggenzwinger mit preisgekrönten deutschen Doggen gab. Wir fuhren hin. Ich erinnere mich gut: ein weites Gelände, große Gatter mit Hunden. Ein stattlicher Bungalow. Mutig gingen wir hinein, wurden vom Züchterpaar freundlich begrüßt. Wir betraten eine große Halle, auf der Rückseite ein Kamin, rechts und links daneben zwei schwarzweiße Doggen, die still wie Statuen dalagen. Wir trugen unser Anliegen vor. Friedmund sagte: »Erstens suchen wir einen Rüden, zweitens muß dieser ohne jede Jagdleidenschaft sein!« Die Züchter antworteten: »Wir bringen Ihnen einen einjährigen jungen Herrn, der Ihren Vorstellungen entspricht. Er heißt ›Centesimus‹, weil er der einhundertste Wurf unseres Zwingers ist. – Bitte bleiben Sie ganz ruhig sitzen! Die beiden Doggen am Kamin sind Weibchen und sehr scharf!« Nach einer Weile kam das Ehepaar mit Centesimus wieder, der schön, schlank und in den Bewegungen noch ein Welpe war. Ich frag-

te: »Muß der nicht erst erzogen werden, abgerichtet in Gehorsam usw., wie die Schäferhunde?« – »Nein«, sagten sie. – »Wer wird der Herr sein?« – Friedmund sagte: »Nur meine Frau.« – »Dann wird er auch nur ihr gehorchen, sonst niemandem; lassen Sie ihn drei Tage auf ihrem Bettvorleger schlafen. Füttern Sie ihn nur selbst.« Sie gaben eine Futteranweisung.
»Wie ist er im Umgang mit Kindern?« – »Mit Kindern ist er sehr gutmütig, wenn es Ihre sind! Leckt auch nicht.« Er kostete fünfhundert Mark, damals sehr viel Geld. »Aber wir lassen ihn Ihnen für einhundert, wenn Sie uns die Zuchterlaubnis überlassen.« (Sie haben diese »Erlaubnis« nie eingeholt.) Wir zogen also zufrieden ab und taten, wie uns gesagt worden war. Centesimus ist mein Kamerad gewesen, über vierzehn Jahre hinweg begleitete er mich wie ein Schatten. Von den Kindern ließ er sich streicheln und sogar auf sich reiten! Er war so groß, daß man den Eßtisch am Rand abräumen mußte, denn er konnte sich selbst bedienen, gern mit Wurst und Schinken. Das Küchenmädchen brachte bald sein Fressen, und unser junger Buchhalter aus dem Büro von Herrn Rust, ein großer Hundefreund, vertrat mich, wenn ich wegfuhr. Wenn Friedmund und ich ausritten oder mit dem Jagdwagen unterwegs waren, lief er unbeirrt nebenher, nicht einmal am Wege aufspringende Kaninchen interessierten ihn. – Beim Mittagessen im Eßsaal saß er vor dem kleinen eisernen Rokokoofen, malerisch wie eine Statue. Er wartete geduldig, bis er auch drankam.
Der zweite Kriegswinter – die Wehrmacht war in Rußland schon weit vorgedrungen – brachte Schnee und Eis und enorme Kältegrade. Viel zu spät wurden im Reich Skier, Pelze, Winterkleidung für unsere Soldaten gesammelt. Dann gingen Eisenbahnwaggons voll Winterausrüstung in den Osten und kamen viel zu spät oder gar nicht an. Die Belegschaft unseres Gutes bestand nun fast nur noch aus Frauen und Mädchen. Um sie zu unterhalten, veranstalteten wir sonntags Schlitten-

fahrten, auch um die wenigen zurückgebliebenen Pferde zu bewegen. Die kleineren Kinder wurden in die großen Pelzsäcke gesteckt, die großen hängten sich mit Rodelschlitten an die Fuhre, Centesimus lief nebenher. Übrigens haben die Kinder ihn »Müschen« genannt, sie wollten oder konnten den Namen Centesimus nicht aussprechen. Im Sommer darauf bemerkte ich, daß »Müschens« Pfoten dicker waren als normal und eine gelbe Flüssigkeit absonderten. Der Tierarzt diagnostizierte Frostbeulen und verschrieb eine Salbe. »Müschen« wurde 1944 dreizehn Jahre alt, das sind, in Menschenalter gerechnet, 91 Jahre. Aber bis auf die Frostbeulen war er, etwas gravitätischer ausschreitend, gesund.
Der letzte Winter im großen Gutshaus war ungewöhnlich kalt. Mit dem Heizen wurde es schwieriger. In der gepolsterten Hundekiste schlief Centesimus nicht mehr. Es fand sich für ihn immer noch ein warmes Plätzchen.
Aber eine »Vorsorge« für Centesimus habe ich dann noch im Februar 1945 getroffen. Wegen der »wehrwirtschaftlich wichtigen Betriebe« war uns ein Förster zugestellt. Es war Herr H., ein gutausgebildeter, netter junger Mann. Er durfte die Stelle in Zernikow bekleiden, weil er nicht mehr »kriegsverwendungsfähig« war. Sein rechter Arm war durch eine schwere Verwundung gelähmt. Zu ihm brachte ich meinen treuen Hund, der immer schlechter laufen konnte. Wir wollten dem Tier eine Hatz und einen unwürdigen Tod durch die russischen Soldaten ersparen. Wir gingen in den nahen Tiergarten, zu einer mit Birken umrandeten, lichteren Stelle.
Ich faßte meinen geliebten Kameraden am Kopf und streichelte ihn. Der Förster gab ihm einen Blattschuß. Er war sofort tot. Es war gut, daß ich nun weinen konnte. Die Kinder schliefen ruhig. Aber die dunklen Wolken wollten nicht weichen, sie verfolgten mich weiter als dunkle Erinnerungen.

Anfang Februar 1945 erster Abschied: Die beiden Jüngsten fuhren unter dem Schutz von Kinderschwester Nanni nach Mecklenburg. Am Tag darauf, nach Clemens' Geburtstag, haben wir die zwei großen Jungen, Achim und Clemens, mit der Hauslehrerin unter Bombengefahr zu einer Cousine nach Bayern aufs Land geschickt. Wir fürchteten, daß sie noch als Flak-Helfer eingezogen oder von den Russen »umerzogen« werden könnten. Ende Februar treckte mein Vater unter dem Vorwand, wichtige Akten in Sicherheit zu bringen, denn Trecken war verboten, von Berlin zu seiner Schwester auf das Gut in Mecklenburg. Schließlich, erst Anfang April, folgten dorthin auch Christof-Otto (zehn Jahre) und Peter-Anton (sieben Jahre) mit den fast letzten Pferden. Ich blieb zurück. Wir arbeiteten Tag und Nacht. Friedmund sagte: »Es ist die Zeit der großen Ratlosigkeit.«
Im Januar schon hatten die Russen an der Oder gestanden – blieben aber dort stehen, völlig unverständlicherweise. Viele, viele Flüchtlinge, auch Verwandte, zogen bei uns durch, große und kleine Bauern, große und kleine Familien, mit oder ohne Vieh. Sie zogen nachts und wurden am Tage versorgt; denn tagsüber hatten die feindlichen Tiefflieger die Flüchtlinge auf den Straßen und auch die Bauern, die ihre Felder bestellen wollten, abgeschossen.
Ich erinnerte mich weiter daran, daß ich dann noch einmal mit meinem Kutscher Julien, dem Obmann unserer kriegsgefangenen Franzosen, zum Einkaufen nach Gransee gefahren war. Es macht mir immer noch Alpträume, wenn ich daran denke, daß ich am Bahnhof an einem Baum deutsche Deserteure aufgehängt sah. – Im Lebensmittelgeschäft erzählte eine Frau aus Ostpreußen, daß sie achtmal vergewaltigt worden sei. Wir hatten gedacht, das sei Goebbels-Propaganda. Jedenfalls wurde bis zuletzt die »Russenangst« geschürt.
Ich fror und zitterte in meinem Sessel. Es kam mir nun auch in

den Sinn, was damals nicht Goebbels-Propaganda war, sondern entsetzliche Tatsache, die zu uns aufs Land gedrungen war: Das Radio hatte im Oktober 1944 gemeldet: »Wir stehen 35 km vor Moskau. Schnee ist gefallen und bis zu 50 Grad Kälte, früher als sonst.« Der Rückzug und die Verluste waren nicht mehr zu verheimlichen; aber auch nicht die schrecklichen Erfrierungen und Verletzungen, die unzulängliche Ausrüstung. Napoleons Rückzug 1815; Väterchen Frost wurde Verbündeter der Sowjets; aber Durchhaltebefehle kamen aus dem Führerhauptquartier wie zuvor.
Ich erinnerte mich auch an den Abschied von Zernikow, und wie Friedmund gesagt hatte: »Ich sehe dir an, daß du es nicht ohne deine Kinder aushältst! Fahr hinterher!«
Ich habe im »Grünen Baum« beschrieben, wie es weiterging, und daß alle, bis auf den Vater Friedmund, am Leben blieben.

Ich bin damals, 1947, im grünen Sessel endlich friedlich eingeschlafen. Bis ich plötzlich von den Kindern geweckt wurde, denen es besserging; das Fieber war gefallen. Bald konnten sie wieder aufstehen und in den Frühling hinauslaufen.
Der Frühling kam wie jedes Jahr und war sehr schön hier oben in den Bergen. Aber auch unten im Tal, auf dem Grundstück, »grünte wieder Hoffnungsgrün«.

Rückblick auf Tommelhardt

Als ich 1965 mit meinem jüngsten Sohn im Auto Tommelhardt besuchte, war der Feldweg von damals eine Betonstraße. Es gab sogar Telefon, und am einst idyllischen, stillen Neumühlsee waren ringsherum Wohnwagen aufgestellt, ein riesiger Campingplatz.
Frau Rück, »die alte Batschappel«, so hatten sie die Leute da-

mals genannt, lebte nicht mehr. Ihr Haus war zusammengefallen. Das lag an der Bauweise solcher hohenlohischer Kleinbauernhäuser. Ein paar Stufen hinauf war es gleich in die Wohnstube gegangen, Kieferndielen, vier bis fünf Fenster an den Außenseiten, eine Doppelbank, ein Herrgottseckchen, ein Tisch. An der anderen Ecke ein Ofen, ein Schrank oder ein wachstuchbezogenes Sofa. Direkt unter dem Wohnraum der Kuhstall. Das war vorteilhaft, denn die animalische Wärme heizte das Zimmer. Andrerseits fraß der schwüle Dampf allmählich die Balken an, so daß der Fußboden sich senkte und eines Tages zusammenkrachte. So war es mit Rücks Haus gegangen, dessen Trümmer von einem großen Holunderstrauch überwachsen waren. Ein anderes Haus hatte ein Antiquitätenhändler als Lagerschuppen ausgebaut, das dritte war eine Zweigstelle der Hohenloheschen Forstverwaltung geworden.

Das Häuschen der Familie Wolf jedoch hatte einen Anbau bekommen, sogar mit einem Blumenfenster. – Vater Wolf war noch dünner und krummer geworden. Er ist 1984 mit fünfundachtzig Jahren gestorben. Mutter Wolf hütete neben all ihrer Arbeit zahlreiche Enkelkinder. Sie klagte, daß sie die Kühe nicht mehr melken könne. Sie konnte mit fünfundsiebzig Jahren fast gar nicht mehr gehen, geschweige denn auf einem Melkschemel sitzen. Die Rachitis auf dem Lande! Das hatte ich schon zu Hause in Zernikow und Wiepersdorf erlebt, und in den dreißiger und vierziger Jahren mit meinen Dorffrauen etwas dagegen getan. Und wenn ich viel später, in den sechziger Jahren, auf den Frankfurter Bahnhof ging und ein Zug mit Rentnerinnen aus der sogenannten »Ostzone« kam, erkannte ich sofort, auch an den starken O-Beinen, wer aus der DDR kam.

DAS HAUS IN KUPFER

Einzug ins Kupferhaus

Jetzt ging eine furchtbare Zeit der Angst und Sorge los! Der Wettlauf mit der Währungsreform!

Immer wieder fragte ich bei Herrn Platzer in Memmingen nach, wann ich mit der Lieferung des Hauses rechnen könne. – Ja, leider, er könne den Termin nicht einhalten. Er habe sich im Winter das Bein gebrochen, alles sei im Rückstand. Ich fand dann einen Handwerksmeister in Waldenburg, der als Fachmann mit mir im Auto nach Memmingen fuhr und die Sachlage in Augenschein nahm. Tatsächlich war fast alles, was zu meinem Häuschen gehörte, fertig! Das war Mitte Mai 1948. Ob ich denn meine 11 000 Reichsmark zahlen könne? Nein, hieß es, wie laut Vertrag, erst bei Lieferung. Offensichtlich wollte Platzer diese aber bis nach der Währungsreform hinausschieben! Ich war verzweifelt. Einige Tage darauf kam eine Postkarte: »Sie können die 11 000 RM auf angegebenes Konto einzahlen!« Ich bin zur Sparkasse in Waldenburg gerannt und habe gezahlt!

Auch die Dachziegel und Nägel und einige nötige Dinge habe ich noch mit Reichsmark beschaffen können. In der Nähe von Künzelsau, wo meine Schwester und die großen Jungen wohnten, lag auf einem Berg eine Ziegelei. Durch Bekannte hatte ich eine Empfehlung an den Besitzer erhalten. Ich stieg mit Uschka den Berg hinan. Unterwegs überraschte uns ein Gewitter, völlig durchnäßt kamen wir oben an. Wir wurden in die gute Stube geführt. Da gab es Most und Vesper. Am Tisch saß auch der Bruder des Ziegeleibesitzers, ein Malermeister.

Seine weiße Kluft klaffte über seinem Bäuchlein. Vorsichtig fingen wir ein Gespräch an, »sechs Kinder, Landwirtschaft gehabt usw.«. Ganz zuletzt kam ich auf die gewünschten Ziegel. Plötzlich sagte der Malermeister: »Sin Se vom hohe oder vom niederen Adel?« Ich trat Uschka unter dem Tisch auf den Fuß. Was sollte ich sagen? Bei uns in Preußen kannte man diesen Begriff kaum, da gab es den Landadel und die Hohenzollern. Aber ich sagte schnell: »Vom niederen.« Das war objektiv richtig und auch richtig in dieser Situation, denn ich bekam meine Ziegel! Im Juni 1948 kam die Währungsreform! Nachdem die ersten Meldungen am Radio und die ersten Zeitungsberichte erschienen waren, schien meine Lage völlig verzweifelt. Meine 11 000 RM waren nur noch 1100 DM wert, also so gut wie nichts; Geld weg, Holz weg, Platzer hatte gesiegt! – Nach vier Wochen kamen die sogenannten Ausführungsbestimmungen. Danach hatte ich einen Werkvertrag, und dieser besagte: Ich hatte Material geliefert gegen Leistung. Platzer konnte nur noch für diejenige Arbeit, die nach der Währungsreform am Häuschen zu leisten war, D-Mark verlangen. Das war nicht mehr viel, und irgendwie kam diese geringe Summe auch zusammen. Wie gut, daß ich mit dem Handwerksmeister dort gewesen war und den Status quo festgestellt hatte! Platzer mußte liefern!
Im August 1948 rollten zwei Eisenbahnwaggons auf dem Bahnhof Kupfer an. Es erschienen die getreuen Waldenburger Handwerker und bauten auf: Türen und verglaste Fenster waren bei der Lieferung dabei, Zimmermann, Dachdecker, Installateur konnten arbeiten. Nach zwei Tagen schlief ich schon einmal unten im Haus, aber weil die Schornsteine noch nicht hochgemauert waren, liefen mir die Feldmäuse nachts über das Gesicht. Schon nach acht Tagen stand das Häuschen bezugsfertig da.

Wieder ging ich nach Hohebuch. Dr. Hege hatte schon im Frühjahr mit den kleinen Hohebucher Saatmaschinen den zwei Morgen großen Acker pflügen und einsäen lassen.

Gerste und Klee Untersaat	9,0 Ar
Flachs	7,2 Ar
Mohn	5,2 Ar
Futterrüben	7,2 Ar
rote und gelbe Rüben	4,9 Ar
Kartoffeln	14,5 Ar

Dazu 100 kg Superphosphat und 75 kg Kali.

Jetzt kam ein Trecker nach Tommelhardt und lud unsere Habseligkeiten auf. Ganz obenauf thronte Wolfs Spielzeugkiste sowie ein Bienenstock, den Bauer Wolf uns zum Abschied geschenkt hatte. In einer großen Kurve stürzten die Kiste und der Bienenstock herab, und Bettina und Wolf heulten. Aber nach langer Fahrt über Waldenburg zogen wir unten im Tal in unser eigenes Häuschen ein.

Aufbau des Hauses

Im ersten Jahr des Hausbaus hatte die Württembergische Landsiedlung (die für Geld und Pacht zuständige Behörde in Stuttgart) einen Gartenarchitekten geschickt. Er maß die 1,7 ha aus und zeichnete einen wunderschönen Plan. Der wurde dann in einer Zeitschrift unter dem Titel »Ein neuer Kleinsthof in Württemberg« veröffentlicht. Im nächsten Jahr kam der Architekt wieder, machte Aufnahmen und schrieb einen ausführlichen Artikel dazu. Diese Texte geben einen Eindruck unseres damaligen Lebens. Die Bildunterschriften lauteten:

Neben dem kleinen Siedlerhäuschen ersteht das Stallgebäude. Zwei Ziegen bilden den ersten bescheidenen Viehbestand.

Nach der Schule müssen die sechs Kinder im Garten helfen. Der Vater wird von allen sehr vermißt, er ist bis heute aus der Weite des Ostens nicht zurückgekehrt.

Es ist nur wenig, was aus dem Besitz der Familie gerettet wurde. Dieses Wenige schmückt das kleine Heim, und wenn alle um den Ecktisch sitzen, wandern die Gedanken in die Heimat, die verlorenging. Und doch wird am Weiterbau der neuen Heimat unermüdlich gearbeitet.

Einst Gutsbesitzerin in der Mark, heute Siedlerfrau auf 50 Ar. Als Heilgymnastikerin verdient sie sich das Geld, das zum Aufbau ihres Betriebes notwendig ist.

Und der Text des Artikels:
Unter den wenigen, die nach 1945 an den Aufbau einer bescheidenen bäuerlichen Existenz herangehen konnten, befindet sich eine ehemalige Gutsbesitzerin aus Ostdeutschland, die für sich und ihre sechs Kinder – der Mann ist vermißt – wieder Land unter die Füße bekam. In den letzten Tagen des Krieges war die Familie in das schwäbische Unterland gekommen, in die Landschaft um Kocher und Jagst, die ihrer intimen Schönheit und Fruchtbarkeit wegen ein besonderes Kleinod im Diadem der schwäbischen Landschaften ist. 1,7 ha Fläche konnte der Familie durch die Mithilfe des Württembergischen Landessiedlungsamts gegeben werden [...] – Die Verkehrslage ist äußerst günstig. Acht bis zehn Minuten geht der Fußgänger bis zum Bahnhof der kleinen Station Kupfer an der Strecke Schwäbisch-Hall–Heilbronn. Die alte Reichsstadt Hall ist nur acht Kilometer entfernt. Der Grundstückschnitt ergab sich aus

Eine FRAU steht ihren MANN

Neben dem kleinen Siedlerhäuschen ersteht das Stallgebäude. Zwei Ziegen bilden den ersten bescheidenen Viehbestand.

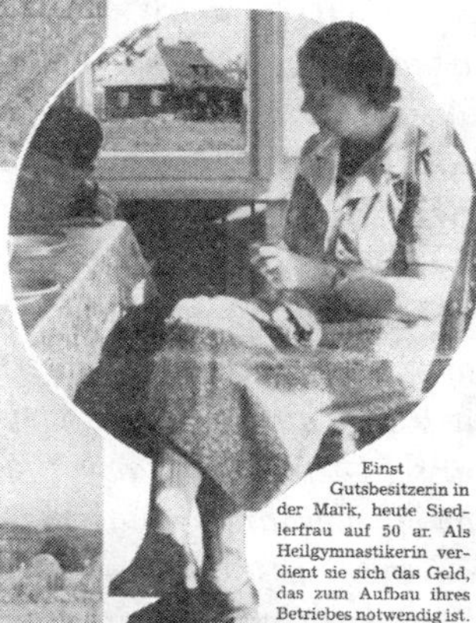

Einst Gutsbesitzerin in der Mark, heute Siedlerfrau auf 50 ar. Als Heilgymnastikerin verdient sie sich das Geld, das zum Aufbau ihres Betriebes notwendig ist.

Nach der Schule müssen die sechs Kinder im Garten helfen. Der Vater wird von allen sehr vermißt, er ist bis heute aus der Weite des Ostens nicht zurückgekehrt.

FOTOS SCHREINER

Es ist nur wenig, was aus dem Besitz der Familie gerettet wurde. Dieses Wenige schmückt das kleine Heim, und wenn alle um den Ecktisch sitzen, wandern die Gedanken in die Heimat, die verlorenging. Und doch wird am Weiterbau der neuen Heimat unermüdlich gearbeitet.

»Eine Frau steht ihren Mann«

alten Besitzrechten. [...] Im Norden und im Westen wird das Grundstück durch einen drei Meter breiten Feldweg begrenzt, im Osten schließen sich die ersten Gärten einer kleinen Wohnsiedlung an (Eisenbahnersiedlung). Die Fläche ist leicht nach Süd und Süd-Ost geneigt. Sie ist Bestandteil eines von Norden nach Süden verlaufenden Flußtals. [...] Als ich 1948 zum erstenmal nach Kupfer gerufen wurde, um den Betriebsplan zu besprechen, fand ich eine kahle Fläche, zwei Drittel Hackfrucht und ein Drittel Wiese, ohne Baum und Strauch, ohne Haus, ohne Wasser. Wir befanden uns im wahrsten Sinne des Wortes dem Nichts gegenüber, wenn wir vom Boden absehen. Etwas sehr Wesentliches stand jedoch dem Nichts gegenüber, eine Frau, die ein Ziel vor Augen hatte. Sie hatte viele Jahre sorglos gelebt, dann war sie vom Schicksal in kurzer Zeit erbarmungslos hin- und hergerissen worden, als ob sie alles, was ihr bisher an Prüfungen erspart blieb, auf einmal nachholen müsse. Diese Frau war von dem Gedanken förmlich besessen, daß sie hier ihren Kindern eine neue Heimat und eine Aufgabe geben müsse.
Als ich kürzlich wieder draußen war und mir den ersten Besuch vergegenwärtigte, als ich durch das kleine Holzhäuschen ging, die Schritte durch den Garten lenkte und noch beim Dunkelwerden die Kinder zwischen den Pflanzenreihen hacken sah, kam mir erneut zum Bewußtsein, daß der schönste Plan nichts nützt, wenn ihn nicht »wahre Kerle« mit ihrem Wesen erfüllen.

So hätte ich damals Herrn Schreiner antworten mögen:
Lieber Herr Schreiner! Ich bin kein »Kerl«; ich bin eine Frau und Mutter. – Ich habe gekämpft, vielleicht mehr als mancher Mann. Aber ich habe immer versucht, nicht hart zu werden, und dazu haben mir meine »Engel« verholfen. Das heißt die hilfreichen Menschen, die mir immer wieder begegneten.
Das Grundstück, das Herr Schreiner im zweiten Jahr vorfand,

war von Dr. Hege mit den kleinen Saatgutmaschinen beackert, in schmale Streifen eingeteilt und eingesät beziehungsweise bepflanzt worden; ein kleiner Stall mit Heuboden für zwei Ziegen, ein Schwein und vierundzwanzig Hühner war auch gebaut worden. Die Jungen hatten zum Ausgang des Wohnzimmers hin eine »Terrasse«, das heißt einen Sitzplatz im Freien mit Gatter und Blumenkästen, gebaut. Quer zur Anlage hatten wir japanische Quitten wie eine Hecke angepflanzt; parallel zum Küchenfenster, da wo die Pumpe war, zwei Frühbeete angelegt (zur Aufzucht von Pflänzchen und für frühen Salat). An den Kellereingang kam eine Trauerweide. Sie wuchs so schnell, daß sie bald das Häuschen überragte. Und vor allem, für mein persönliches Glück, ein großes Spalier mit einer dunkelroten Kletterrose, davor ein langes Staudenbeet. Staudenbeete enthalten Pflanzen, wie sie schon immer in den Bauerngärten blühten, wie Rittersporn, Akelei, Phlox, Astern usw. In den zwanziger Jahren gab es da eine kleine Revolution. In den Villengärten in Berlin-Dahlem, Wannsee, Zehlendorf lösten Rabatten, die vom Frühjahr bis zum Herbst in abwechselnder Farbenpracht blühten, die geometrisch gepflanzten, meist in Buchs eingefaßten Beete mit Stiefmütterchen, Begonien etc. ab. In Bornim bei Potsdam lebte der große Gärtner Karl Förster, der diese Revolution entfacht hatte. Er gab eine Zeitschrift heraus »Die Gartenschönheit«.[14] Auch meine Mutter las sie. Oft zitierte sie scherzend das Wort von Karl Förster: »Das Leben ohne Phlox ist ein Irrtum.« Und sie ließ die Gärtnerin in unserem großen Garten walten.

Fräulein von L., so hieß die Gärtnerin, war auch eine kleine Revolutionärin, und zwar in der Mode der zwanziger Jahre. Selbstverständlich trugen Damen damals lange Röcke (»knöchelfrei« war schon ein bißchen zu kurz) und selbstverständlich die Haare zu einem Knoten, sprich »Dutt«, frisiert. Ganz langsam fingen Filmstars an, sich die Haare schneiden zu las-

sen, den sogenannten Bubikopf, und bis zum Ende der zwanziger Jahre »kniebedeckt« oder sogar kniefreie Röcke zu tragen (Pola Negri und andere Filmstars).
Fräulein von L. erschien (sehr praktisch natürlich für die Gartenarbeit) in Breeches, Wickelgamaschen, Lederjacke und mit Bubikopf! Sie hatte eine tiefe Stimme, und ich erinnere mich an ein herzliches Lachen. Erstaunlicherweise verstand sie es aber sehr gut, mit meiner konservativen Mutter umzugehen; sie führte die Stauden und die »Gartenschönheit« bei uns ein. Auch meine Schwiegermutter hatte im Zernikower Park parallel zur geschnittenen Hainbuchenhecke, die bis zur fünfhundertjährigen Linde hinaufführte, eine Staudenrabatte anlegen lassen, die ich dann übernahm. Sie lieferte die Sträuße für die vielen Vasen, die ich sonnabends, ehe die Gäste kamen, im Haus verteilte. Also eine Staudenrabatte, auch hier in Kupfer! Es muß mir wohl so ein »Klein-Zernikow« vorgeschwebt haben.

Was ist Glück?

Nun, im Kupferhäuschen leben, mit den Kindern vereint, mit Garten, Tieren, Blumen, war das nicht Glück? Und es gab für alle Kinder eine Grundlage für ein Leben in Europa, gute Schulen, die leicht zu erreichen waren. Heute, mit dem gutausgebauten Netz der öffentlichen Verkehrsmittel, ist das etwas Selbstverständliches, besonders in der Stadt. Auf dem Land war es – zumindest dazumal – schwieriger. Auch als wir noch zu den sogenannten »Oberen Zehntausend« zählten. Die Jungen kamen auf Internate. Die Mädchen meist bis zur sogenannten »mittleren Reife« auf eine Maidenschule, Haushaltungsschule oder sogar in ein Pensionat in der Schweiz. Ich erinnere mich gut an einen Vortrag von Hildegard Hamm-Brücher in den sechziger Jahren, wo sie für die

Schulreform plädierte: »Wer hat die geringste Bildungsmöglichkeit in Deutschland? Das katholische Kleinbauernmädchen in der Eifel.« Da war unsere Situation auf der »Nebenerwerbssiedlung« in Kupfer sehr viel besser. Hier hatten die zwei Kleinen eine halbe Stunde Fußweg zum nächsten »Schuldorf« Übrigshausen; die Großen zwei Bahnstationen bis zum humanistischen Gymnasium in der schönen alten Reichsstadt Schwäbisch-Hall. Der Direktor, Gerhard Storz, war nicht nur ein hervorragender Goethe-Kenner, sondern auch ein glänzender Pädagoge und ein überdurchschnittlich begabter Erzieher. Er ist dann einige Jahre darauf Kultusminister in Baden-Württemberg geworden.

Wenn die großen Söhne nach Hause kamen, hieß es erst einmal nach dem Mittagessen: den Keller auspumpen, die Ställe ausmisten, die Frühbeete versorgen, das Heu hereinbringen, den Apfelmost keltern. Bettina hütete die Ziegen. Dann erst kamen Schularbeiten und Bücher. Zum Glück gab es noch kein Fernsehen.

Ich dachte, sie haben keinen Vater, aber die Arbeit, das Leben, die Kameradschaft erziehen sie.

Mein Beruf trug vielleicht auch dazu bei, daß sie sahen, daß Fleiß, Durchhalten, »keine Müdigkeit vorschützen« (wie mein Vater immer sagte) wichtig waren. Immer erst die Patienten, dann erst die Kinder.

Wenn die Leute mich fragten: »Wie woll'n Se denn das und das machen?«, sagte ich: »Ach, das machen die großen Jungen.« So war es auch. Der Jüngste holte mich abends oft von der kleinen Bahnstation Kupfer ab. Er besah meine große Tasche mit dem weißen Kittel und nahm sie mir ab. »Die ist schwer«, sagte er, »Mutti, was hast du denn heute massiert?« Eier und Mehl waren damals wertvoller als Geld.

Im zweiten Jahr in Kupfer konnte ich in Frankfurt ein gerette-

tes Ahnenbild verkaufen. Dadurch wurde ich für meine Ärzte und Patienten »beweglich«, denn ich kaufte von dem Geld eine Lambretta, einen Motorroller.
Damals war es noch nicht allgemeines Gedankengut, daß jeder in seinem Beruf nicht nur das ausführt bis zur Pensions- oder Rentenreife, was er gelernt hat, sondern daß das Wichtigste, eigentlich für jeden, Mann oder Frau, Fortbildung ist, gerade auch im sogenannten »freien Beruf«. Ich hatte damit ja schon von Tommelhardt aus, in Hamburg, angefangen. Von Kupfer fuhr ich fort, nicht um Ferien zu machen – die machte ich in jenen Jahren nie –, sondern um zu lernen. Einer meiner großen Engel war die Cousine meines Mannes, Dr. Lili Walter in Überlingen am Bodensee. Sie war dort eine vielbeschäftigte Frauenärztin. Schon sehr bald hatte sie eins meiner Kinder in den großen Ferien eingeladen, zum Aufpäppeln und zur Gesellschaft ihres Töchterchens. Das war mein Sohn Nummer vier, Peter-Anton. Der war mit seiner großen Phantasie auch ein hervorragender Spielgefährte. – Jetzt berichtete sie mir von Fortbildungskursen in Bindegewebsmassagen dort in Überlingen bei einer Frau Dicke, einer Krankengymnastin. Ich durfte in der Praxis der Cousine auf dem Untersuchungsbett schlafen. Frau Dicke habe ich im ersten Kurs noch selbst kennengelernt; im nächsten Sommer konnte ich nur noch an ihrer Beerdigung teilnehmen. Frau Dicke hatte als Krankengymnastin in einer Klinik im Rheinland gearbeitet. Damals mußte man in diesem Beruf sehr viel stehen. Sie bekam, schon über fünfundfünfzig, schwere Durchblutungsstörungen in den Beinen. Sie massierte sich selbst im Kreuzbereich, spürte bald ein Kribbeln. Die Beine wurden wieder lebendig. Der Chefarzt interessierte sich sehr für diese Art Massage und ließ Frau Dicke auch an anderen Patienten, mit Erfolg, ihre »Bindegewebsmassagen« ausführen.
Eine ihr befreundete Ärztin, Frau Dr. Teirich-Leube, hat die

Methode dann wissenschaftlich ausgearbeitet und publiziert. Dr. Leube war Krankengymnastin bei Dr. Kohlrausch (Schüler von Geheimrat Bier), als ich dort 1930 Examen machte. Die hochbegabte Frau hat dann Medizin studiert, hat in Freiburg unterrichtet und dort schließlich eine Krankengymnastik-Schule aufgemacht.
Die Bindegewebsmassage eröffnete die Möglichkeit, auch innere Syndrome anzugehen, unter anderem Menstruationsstörungen, Obstipation, Migräne. Ich habe diese Technik dann selbst fünfundzwanzig Jahre lang ausgeübt und höre von Kolleginnen, daß sie – ergänzt durch andere Methoden – noch heute angewendet wird. Allerdings ist sie für den »Therapeuten« sehr anstrengend, denn erstens, gewußt wo, zweitens, gewußt wie (die Haut wird in der Fascie gelöst, es gibt Streifen, und der Patient hat zuerst Schmerzen); Mindestzeit fünfundzwanzig Minuten. Aber die Kassen haben die Methode anerkannt und bezahlen sie.

Nachkriegsschicksale

Meine Praxis hatte sich mehr und mehr ausgedehnt. Ich arbeitete bald auch für die Krankenkassen und Berufsgenossenschaften. Die verlangten von einer frei praktizierenden Krankengymnastin, daß man eine Bäuerin oder einen Bauern noch nach acht Uhr, wenn das Vieh gefüttert war, behandelte oder die Kaufmannsfrau oder Angestellte nach Ladenschluß.
Ich fuhr mit dem Fahrrad zu den verschiedenen Bauernhöfen – bald mit der Lambretta – und in alle Arztpraxen der Umgebung: Öhringen, Neuenstein, Kupferzell, Waldenburg, Schwäbisch-Hall. So mußte ich in Kupfer unbedingt einen Menschen für den Haushalt haben; für die Kinder, das Viehzeug, den Garten.

Ich fuhr in ein Flüchtlingslager – die gab es damals für »Ostzonenflüchtlinge«, wie man sagte. Ich fragte nach einer Frau, die gerne in einen kinderreichen Haushalt aufs Land käme. Ich fand Frau Fritz, eine Großbäuerin von der Insel Rügen, und hatte das große Los gezogen! Frau Fritz war zwar schon über sechzig Jahre alt, aber sie wollte nicht länger im Lager sein: »Sie sei zu stolz«, sagte sie, »um Fürsorge zu beziehen, solange sie noch arbeiten könne.«
Sie konnte alles: Melken (die Ziegen), Kleinvieh versorgen und den Garten, kochen, waschen, bügeln und vor allem als Respektsperson den Kindern Vorbild und Erzieherin sein. – Als sie dann mit fünfundsechzig die ihr zustehende Rente erhielt, zog sie – nach schwerem Abschied – in die Nähe ihrer Kinder ins Rheinland.
Als uns Frau Fritz verlassen hatte, gab es ein kurzes Zwischenspiel mit einem Fräulein Lina. Sie war etwa vierzig Jahre alt, tüchtig und fleißig. Aber die heranwachsenden Jungen liebten sie nicht. Dazu hatten sie auch folgenden Grund. Fräulein Lina wohnte in einer größeren Mansarde, oben im Kupferhäuschen. Die Dachschrägen bildeten ringsherum niedrige Gänge, die unser Dackel gern entlangtobte. Das ging Fräulein Lina sehr auf die Nerven! Aber mehr noch fürchtete sie sich vor Mäusen, die da sicher herumlaufen könnten. Sie streute Rattengift.
Eines Tages – die Kinder kamen gerade aus der Schule – lag im Wohnzimmer am Ofen unser geliebtes Hundchen, schnaufend und mit geblähtem Bäuchlein. Unser Jüngster – er ist immer unser Hundedoktor gewesen (auch später bei Hundegeburten) erkannte sofort die Lage. Er nahm Ali auf den Arm, rannte zur Bahn und fuhr mit dem nächsten Zug zum Tierarzt nach Schwäbisch-Hall. Aber es war zu spät. Ali mußte sterben.

Meine Schwägerin Marielies war nicht nach Kupfer mitgekommen. Sie wollte, verständlicherweise, selbst Geld verdienen. Zu Hause hatte sie gemalt, gezeichnet und nettes Kunstgewerbe in Wiepersdorf und Zernikow fabriziert. Der strenge Vater hatte ein Ausbildungsjahr in der (privaten) Reimann-Schule in Berlin gestattet. Aber wer dachte damals daran, daß das Leben auf den Gütern des Bruders mit Wohnrecht, Apanage usw. so plötzlich zu Ende sein würde! Sie nahm nun in Norddeutschland eine Stellung als Hausdame an.

Meine Schwiegermutter und die sehbehinderte Schwägerin waren unterdessen in Nordhessen auf dem Familiengut der Baumbachs in Nentershausen, dem meine Schwiegermutter entstammte, untergekommen – zuerst provisorisch, dann in einer richtigen Wohnung des großen alten Gutshauses; die behinderte Schwester in einem Heim in Treysa. Marielies ging später zu ihnen, hatte dort sogar ein Gärtchen, die lieben Verwandten und eine herrliche Umgebung. Alle vier sind dort auf dem Familienfriedhof begraben.

Aber zunächst war sie doch zu uns nach Kupfer gekommen. Sie kochte, kaufte in dem kleinen Dorflädchen ein; aber auch noch Viehzeug und Garten? Es war ein bißchen zuviel für sie. Da kam ganz unerwartet eine weitere Hilfe: Zwei mir befreundete Diakonieschwestern leiteten ein Waisenhaus, das am Abhang des Waldenburger Berges gelegen war. »Wir können Ihnen helfen«, sagten die Schwestern. »Wir haben hier eine Waise, recht und schlecht von der Großmutter erzogen, aus einem Dorf in der Eifel: Berlind R. Sie ist schon fünfzehn Jahre alt, eigentlich zu groß für unser Heim. Sie ist intelligent und anstellig; musikalisch und liebebedürftig.« Berlind kam und konnte auf dem oberen Etagenbett im Kinderzimmer untergebracht werden.

Sie ordnete sich gut in die Familie ein, war fröhlich und flei-

ßig. Hühner füttern, das Schwein versorgen, im Garten arbeiten; Wäsche waschen und putzen, all das war ihr nicht fremd. So mußte Marielies nur einkaufen und kochen.
Abends wurde bei uns immer gesungen; sehr gerne im Kanon, wie zum Beispiel »Abendstille überall«. Berlind hatte einen schönen Sopran.
Aber dann mußte ich sie leider entlassen; Frau Seewall und Sohn zuliebe, von der ich später erzählen werde, denn noch zwei Menschen mehr in meinem winzigen Häuschen, dafür wäre wirklich kein Platz gewesen.
Ich stellte Berlind ein gutes Zeugnis aus und empfahl sie an eine Arztfrau in einer Kleinstadt am Bodensee; tränenreicher Abschied. Es war die schönste Zeit ihres kurzen Lebens gewesen. Nach vier Wochen kam ein Brief von Berlinds neuer Chefin. Sie schrieb, sie habe bei der Wäsche verschiedene Handtücher mit eingesticktem Monogramm gesehen; Berlind klaue! – Ich schrieb zurück, ich hätte Berlind verschiedenes geschenkt (was nicht stimmte, jedenfalls nicht für die Handtücher), aber die Frau ließ sich nicht überzeugen und setzte Berlind vor die Tür. Sie soll dann in die Großstadt gegangen sein, nach Frankfurt am Main, auf die Straße! Zuerst schrieb sie ab und zu, dann hörten wir nichts mehr von ihr. Nach etwa drei Jahren – wir waren noch in Kupfer – sprachen zwei Polizisten vor. Sie brachten eine vergammelte Brieftasche. Darin hatte meine Adresse gestanden, als einzige Adresse und Spur. Berlind war von einem Auto überfahren und dabei getötet worden. Nun sollte ich der Polizei Auskunft über das junge Menschenkind geben.

Eines Abends ging ich auf den Acker. Die Sonne ging gerade unter. Da sah ich auf der angrenzenden Wiese eine Gestalt: eine Frau mit aufgelösten Haaren. Sie kam mir irgendwie bekannt vor. Ich ging auf sie zu. Es war eine ehemalige Patientin aus Langenburg. Sie sah verstört und verzweifelt aus. Hatte wohl zu mir gewollt, mich aber nicht gefunden. Frau Seewall, eine schöne und gepflegte Frau, war Kriegerwitwe und stammte aus Posen. Sie war von Langenburg nach Schwäbisch-Hall umgezogen, weil dort ihr Sohn Dirk, damals zwölf Jahre, aufs Gymnasium gehen konnte. Sie selbst hatte eine Stellung als Vertreterin einer berühmten Wäschefirma, Bielefelder Leinen, angenommen und fuhr mit ihrem kleinen VW hin und her.

Wahrscheinlich war ihr alles zuviel geworden. Jedenfalls hatte sie wohl einen Nervenzusammenbruch gehabt. Mißgünstige Nachbarn? Man hatte sie in eine Nervenheilanstalt bei Heilbronn – in die »Klapsmühle«, wie es hieß – gebracht. Dort hatte man sie mit Elektroschocks behandelt. Sie war »ausgerückt« und nun, noch etwas verstört, in Kupfer gelandet. Ich nahm sie in die Arme und bat sie, sich erst einmal bei uns zu erholen. Sie blieb in Kupfer, solange wir dort wohnten. Und sie brachte ihren zwölfjährigen Sohn mit, der sich glänzend mit unseren Jungen verstand.

Frau Seewall war nicht nur eine gute Stütze im Haushalt, sondern sie konnte auch mit den Jungen Schularbeiten machen – Sprachen und Mathematik, denn sie hatte selbst das Abitur.

1955, als wir nach Schwäbisch-Hall zogen und die Nebenerwerbssiedlung aufgaben, zog sie zu ihrer Schwester in die Eifel. Die Freundschaft blieb.

»Bedeutungsvolle Stunden des Lebens«, wie Novalis einmal sagte, hatte ich in der Nähe von Stuttgart auf Schloß Dätzingen bei den Eltern meiner Cousine, mit der ich später schöne Wanderungen im Taunus machte und die leider früh verstorben, verunglückt ist. Da ich öfter nach Stuttgart zur Landessiedlung fahren mußte, fuhr ich einmal weiter – ich glaube, es ging schon ein Bus – nach Dätzingen. Im Obergeschoß des

Schlosses waren Verwandte, Bombenflüchtlinge aus Berlin, untergebracht. Das alte Ehepaar von Raumer. Sie luden mich zum Tee ein. Herr von Raumer war Minister in der Weimarer Zeit gewesen. Seine Frau war eine geborene von Heyking. Ihre Mutter, Elisabeth von Heyking, war die Verfasserin des Buches »Briefe, die ihn nie erreichten«.

Auch deren Schwester, Irene Forbes-Mosse, war eine bedeutende Schriftstellerin. Beide Schwestern waren in der Kindheit bei den Cousinen in Wiepersdorf gewesen, denn die alte Frau von Heyking und Irene Forbes-Mosse waren die Töchter von Armgard von Arnim (verheiratete Gräfin Fleming), der zweiten Tochter aus der Ehe Bettina und Achim von Arnim.

Baron Edmund von Heyking, der Vater also von Frau von Raumer, war deutscher Gesandter in Peking gewesen. Daher die »Briefe, die ihn nie erreichten«.

Die Raumers hatten in Berlin-Grunewald eine wunderschöne Villa gehabt. Sie war deshalb so eindrucksvoll, weil der Eßraum, Entree und Wohnraum mit herrlichen Holzarbeiten aus China ausgestattet waren und überall originale kostbare Bronzen standen. Aber für mich noch wichtiger war ein Raum, wo Frau von Raumer, als »Tochter der Töchter von Wiepersdorf«, ein originales Biedermeierbett der Urgroßmutter Bettina aufgestellt hatte. So erinnerte ich mich, daß der berühmte Goethe-Kopf, den Bettina als Vorbild für ihr Monument besaß, dort auf einer Stele stand.

Die Villa ist im letzten Krieg völlig ausgebrannt, durch einen Volltreffer, der nur einen Trümmerhaufen hinterließ. Ich weiß nicht, ob das alte Ehepaar zu diesem Zeitpunkt schon evakuiert war, jedenfalls blieben beide am Leben. Wir saßen beim Tee; der alte Herr zitierte Ina Seidel (aus dem »Wunschkind«), »Glück und Unglück ist die Arbeit Gottes an den Menschen«. Und dann sagte er, der mich mit seinen feinen Händen an den französischen Schriftsteller André Germain erinnerte: »Was ich materiell verloren habe, ist ungeheuer. Aber es wiegt bei weitem nicht auf, was ich gewonnen habe an Erkenntnis.«

Es gab Tee aus einem braunen Kännchen, gerettet aus ihrem chinesischen Besitz. Nur aus diesem einfachen Tongefäß sei der Tee gut, sagte Frau von Raumer.

Ich verabschiedete mich, zog den Mantel an. Da kam der alte Herr mit einem in feines Seidenpapier gewickelten Päckchen. »Nimm das Teekännchen mit, meine Liebe, behalte es als Andenken an uns.«

Patienten

Von Kupfer aus vergrößerte sich mein Patientenkreis. Ich hatte zwar noch kein Auto und im Häuschen keinen Raum für die Praxis, aber den Bahnhof in der Nähe.

Eines Tages meldete sich Dr. Kibler aus Heilbronn bei mir. Er war früher der Leiter des Diakonissen-Krankenhauses in Schwäbisch-Hall gewesen und jetzt Chefarzt einer Klinik in Heilbronn. Er hatte auf einer Fortbildungsveranstaltung meine »heilenden Hände« und meinen Einsatz bereits kennengelernt. Er sagte: »In Waldenburg gibt es einen ganz dringenden Fall für Sie!« Dort war ein junger Pfarrer hingekommen, mit Frau und drei kleinen Buben. Der jüngste hatte Kinderlähmung. Diese Krankheit ging nach dem Krieg wie eine Seuche um und ebbte erst nach etwa zehn Jahren ab, als man ein Impfserum entdeckte und die Schutzimpfung für Kinder eingeführt wurde.

Der Pfarrer hat mich dreimal wöchentlich auf den Berg hinauf ins Pfarrhaus geholt. Ich werde den ersten Anblick meines kleinen Patienten nie vergessen! Im Bettchen lag ein Kind mit einem Engelsgesicht und strahlte mich an! Der

Kleine konnte alle Gesichtsmuskeln bewegen und die Hände; sonst nichts!

Also bin ich dann dreimal in der Woche oben gewesen. Nach einem Vierteljahr konnte Günther sitzen. Als nach einigen Jahren der Pfarrer nach Ulm versetzt wurde, konnte Günther am Laufbarren gehen. Das verdankte er nicht nur der krankengymnastischen Behandlung, sondern der konsequenten Mithilfe der Eltern und auch der älteren Brüder. Die haben ihn nämlich zuerst im Liegewagen, dann im Rollstuhl mit in die Schule genommen. Dazu kam seine hervorragende Intelligenz.

Günther hat Medizin studiert und den Doktor med. gemacht. Er arbeitet in einer medizinischen Beratungspraxis in Baden. Er hat geheiratet. Ich traf ihn und seine Frau bei einem medizinischen Kongreß in Freiburg. Die freundschaftlichen Bande zur ganzen Familie sind bis heute geblieben.

In den Jahren in Kupfer hatte ich eine Patientin in Schwäbisch-Hall, Frau Margarete Gutöhrlein, die wichtig für mich wurde und die mich an ihrem Werk, den SOS-Kinderdörfern, an deren Gründung und Gestaltung mitarbeiten ließ. Frau Gutöhrlein war Jüdin, hatte Jahre seelischen Leidens hinter sich. Durch die Liebe und Kraft ihres Mannes ist sie lebend durchs Dritte Reich gekommen. Georg Gutöhrlein besaß in Schwäbisch-Hall die »Wildbadquelle«, eine natürliche Quelle mit Mineralwasser-Fabrikation; ein gutes, solides Unternehmen. Mineralwasser wird immer getrunken, in guten und in schlechten Zeiten. In einem großen Haus am Stadtrand hatte das Paar äußerst zurückgezogen gelebt; die Töchter hatten sie rechtzeitig nach Schweden geschickt, wo sie geheiratet haben. Bald nach dem Krieg sah sich Frau Gutöhrlein um, nicht wie sie »vergelten«, sondern wie sie in Not geratenen Menschen helfen könnte. Sie hörte von einem Arzt in der Schweiz, der für die vielen Kriegswaisen ein Heim gründete. Das war Dr.

Corti, ein Nachfolger Pestalozzis. Und sie hörte von einem jungen Mediziner in Innsbruck, Hermann Gmeiner, der ein ganz neues Konzept für Kinderheime erdacht und bereits in die Tat umgesetzt hatte: das Kinderdorf Imst in Tirol. Es bestand aus Familienhäusern im Dorfverbund. Jedes Haus mit neun bis zehn Kindern aller Altersstufen und einer »Mutter«. Außerdem gab es einen Dorfleiter. Frau Gutöhrlein verriet mir ihr Alter nicht. Jedenfalls war sie über siebzig und nicht mehr sehr gesund. Deshalb beauftragte sie mich, nach Innsbruck zu fahren und Hermann Gmeiner aufzusuchen. Ich traf ihn in seinem Büro im »Goldenen Dachl«. Er schickte mich zu seinem ersten Dorf in Imst/Tirol. Dann berichtete ich Frau Gutöhrlein in Schwäbisch-Hall von allem, was ich gesehen hatte.
Am 9. Juni 1956 wurde im »Haus Wildbadquelle« ein Kinderdorf-Verein gegründet.
Nach vielen Besprechungen und Schreibarbeiten erging dann die »herzliche Einladung zu dem am Freitag, den 9. XI. 1956 um 20 Uhr im Neubausaal Schwäbisch-Hall stattfindenden Vortragsabend über das Thema: ›Das SOS-Kinderdorf – Idee und Zielsetzung einer modernen Erziehungsstätte für verlassene Jugendliche‹.« Auch Hermann Gmeiner gehörte zu den Sprechern.
Anschließend lief ein Farbfilm über das Schicksal eines Kindes, das aus Not und Leid den Weg ins SOS-Kinderdorf gefunden hatte. Kommentar dazu: Nicht jede Einrichtung, die elternlose Kinder betreut, darf sich »Kinderdorf« nennen. Das SOS-Kinderdorf ist eine natürliche Lebensgemeinschaft von Familien mit freiwilligen Müttern, die verlassene Kinder als ihre eigenen angenommen haben und sie betreuen, wie jede gute Mutter ihre Kinder betreut. In einer solchen dörflichen Gemeinschaft lebt das Kind wie jedes andere. Es besucht öffentliche Schulen und hat so Kontakt mit der Wirklichkeit.

Hermann Gmeiner hatte in Österreich bereits vier SOS-Dörfer geschaffen. In kleinen Einfamilienhäusern wohnten neun Buben und Mädchen verschiedenen Alters wie eine Familie zusammen; Kinder, die als verbitterte, scheue, vom Leid zerstörte Wesen ankamen, wurden wieder fröhlich und glücklich. Auch in Italien und Frankreich entstanden mehrere solcher SOS-Kinderdörfer. Nun sollte in Waldenburg/Württ. das erste deutsche SOS-Kinderdorf errichtet werden.
In dem alten Bergstädtchen nahe Schwäbisch-Hall hatte uns die Gemeinde ein schön gelegenes, zwölf Morgen großes Grundstück kostenlos zur Verfügung gestellt. Dort wurde unser Kinderdorf gebaut. Das Gründungskomitee bestand aus:

Margarete Gutöhrlein
Gottfried Fürst zu Hohenlohe-Langenburg
Margarita Fürstin zu Hohenlohe-Langenburg
Prof. Dr. med. K. H., Rechtsanwalt Dr. Sch.
Regierungsrat Dr. B., Architekt H. K.
Clara von Arnim

Frau Gutöhrlein ließ ihre Beziehungen zu hochgestellten Amerikanern spielen. Die ließen das Grundstück planieren und vorbereiten. Geld kam schnell zusammen – bei Schulklassen und privaten Spendern. Verbindungen zu Ministern in Stuttgart wurden hergestellt. Ein Kuratorium wurde gegründet und in langen Sitzungen das Konzept für das Waldendorfer Kinderdorf erarbeitet. Eines Tages hatte Frau Gutöhrlein darum gebeten, die Kuratoriumsmitglieder möchten doch Entwürfe befreundeter Künstler zu einem Emblem für unser Dorf mitbringen. Wir saßen in Stuttgart zusammen. Jeder Anwesende reichte einen Entwurf herum. Meine siebzehnjährige Tochter war gerade in Amerika (dank des »American Field Service«). Sie hatte meine Kinderdorfpläne immer

begeistert unterstützt. Gerade hatte ich einen Brief von ihr bekommen, dem war ein Zettel beigelegt mit einer Zeichnung fürs Waldenburger Kinderdorf, klein, bescheiden. Ich brachte den Zettel nach vorn; Frau Gutöhrlein sah ihn, unterbrach die Sitzung und sagte: »Meine Herren, hier ist das Zeichen für unser Dorf; die junge Bettina von Arnim schickte es aus USA.«
In einer späteren Sitzung wurde das Emblem ein wenig verändert, ein »Vater« wurde hinzugefügt. Gmeiners Konzept aus den ersten Nachkriegsjahren war von jungen katholischen Frauen in Österreich ausgegangen, die – so viele Männer waren gefallen – keinen Lebensgefährten fanden. Solche Frauen übernahmen die Mutterrolle in seinen Dörfern. Gmeiner: »Mütterlichkeit ist das Geheimnis der Erziehung im Kinderdorf; gerade für entwurzelte Kinder.« Dazu fungierte ein Dorfleiter als Vater für alle. Aber die Zeiten hatten sich geändert; es waren auch nicht mehr nur Kriegswaisenkinder, die Aufnahme finden mußten, sondern auch Kinder mit anderen Problemen. Frau Gutöhrlein vertrat selbstverständlich das Konzept der überkonfessionellen Dörfer. Außerdem suchte man Ehepaare, eventuell sogar mit eigenen Kindern, für die Elternrolle. Dazu kam dann auch noch eine Hilfskraft für die Mutter. So entstanden in Waldenburg siebzig Häuser. Bald brauchte es mehr betreuendes Personal; der Verein stellte eine Dorfpsychologin an, eine Kindergärtnerin, eine Bewegungstherapeutin.
Wir suchten einen Schirmherrn und einen Namen. So wandte sich Frau Gutöhrlein Anfang 1957 an Albert Schweitzer. Seine »Ehrfurcht vor dem Leben« und seine Forderung nach »Verantwortung für alles, was lebt«, sein weltweites Eintreten für ein friedliches Zusammenleben von Menschen und Völkern entsprach auch ihren Überzeugungen. Sie schrieb im Mai 1958 an den Doktor von Lambarene: »Ich will und werde durch unser Kinderdorf beweisen, daß die Menschen in Frie-

den miteinander leben können, ob sie evangelisch oder katholisch sind oder welcher Rasse sie auch angehören mögen.« Sie bat ihn, ihrem Dorf seinen Namen zu geben. Er hat die Patenschaft für das Waldenburger Kinderdorf übernommen. Er hat es auch selbst besucht. Inzwischen sind neun Albert-Schweitzer-Kinderdörfer in der Bundesrepublik gebaut worden. Albert Schweitzer selbst ist seit über dreißig Jahren tot. Margarete Gutöhrlein starb am 15. Juni 1958 in Schwäbisch-Hall. »Ihre Werke folgen ihr nach.«
Das Protokoll der Kuratoriumssitzung vom 24. April 1959 des Kinderdorfes in Stuttgart schloß mit einem Wort Albert Schweitzers:

> »*Was ein Mensch mit Gütigkeit in die Welt hinausgibt, arbeitet an den Herzen und dem Denken der Menschen.*«

Ankunft der Familie Platen

Meine fast krankhafte Angst vor Feuer hatte ich aus der Kinderzeit mitgebracht. Da brannte bei uns in Kassel einmal der Weihnachtsbaum. Mein Vater war im Krieg (1917/18), meine Mutter mit vier Kindern und den Mädchen allein. Meine Mutter, äußerst ruhig, schickte alle Kinder und die Mädchen auf die Straße, ergriff einen Teppich und warf ihn über den Baum. Das Feuer erstickte sofort. Aber die Angst blieb. Meine Angst verstärkte sich, als ich als Braut erfuhr, daß in Zernikow 1909 alle Ställe mit dem Vieh durch Blitzschlag abgebrannt waren. Im ersten Sommer im Kupferhäusle war im Nachbardorf bei schwerem Gewitter ein Bauernpaar vom Blitz erschlagen worden, alle beide! Sie hatten das trockene Heu noch einbringen wollen. Das Metall der Heugabel hatte den Blitz angezogen.

Deshalb habe ich im Sommer 1949 einen Blitzableiter fürs Kupferhäuschen gekauft, zumal es im vorangegangenen Winter auch bei uns gebrannt hatte, und das kam so: Wir hatten das erste Weihnachten im Haus verbracht – es war sehr schön und »wie zu Hause« mit dem Klavier, dem ausgiebigen Singen, alle Kinder beisammen. Tante Marielies und Tante Uschka lasen die Weihnachtsgeschichte. Ob ich die Kinder auch quälte mit dem Aufsagen von Gedichten, weiß ich nicht mehr. Aber ein riesiges Paket vom »Christlichen Hilfswerk« war gekommen.

Eine spanische Wand wurde in der Mitte des Wohnzimmers aufgestellt. Weiblichkeit links und Männlichkeit rechts probierten die Kleider, Hosen, die das Paket enthielt, unter großem Gelächter an. Auch die immer wieder gehütete Nähmaschine war aus Berlin gekommen. Damit wurden dann die Schätze aus dem großen Weihnachtspaket passend gemacht.

In Hamburg hatte ich meinem Vetter, demselben, der meinen Schmuck verkauft hatte, von meinem Grundstück und dem Plan, ein Haus zu bauen, erzählt. Seine Familie war mit fünf Kindern von der Insel Rügen geflüchtet und in Schleswig-Holstein gelandet. Da wollten sie aber nicht bleiben. Holstein war von Flüchtlingen überlaufen. Auf meine Erzählung hin kaufte auch Herbert ein Fertighaus. Dort oben gab es sogenannte »Schwedenhäuser«, eigentlich einstöckige weiße Baracken.

Mir gelang es dann, angrenzend an mein Siedlungsland, einen kleineren Streifen Grünfläche für diese Familie zugesagt zu bekommen. – Am zweiten Januar 1949 sollte das Haus (per Bahn) geliefert werden.

Wir waren, wie berichtet, im Sommer 1948 eingezogen und hatten uns schon recht gut im Kupferhäuschen »eingewohnt«. Herberts Häuschen kam nicht zum versprochenen Termin. Aber Anfang Januar 1949 rollte eines Nachts ein gro-

ßer Lastwagen bei uns vor, und die Cousine, der Vetter und fünf Kinder stiegen heraus! Die Familie war da, das Haus aber nicht! Alles, was sie gerettet hatten, Möbelteile, Matratzen, Bücher, Bilder wurden in unsere ziemlich geräumige Waschküche geschafft; meine Jungen schleunigst umquartiert, auf Matratzenlager ins Wohnzimmer. Die drei Dachkammern im Obergeschoß waren fertig, in der vorderen Kammer stand sogar ein Ofen. Es war bitterkalt. Hinter dem Ofen hatte der Maurer eine Asbestplatte an der Wand angebracht. Die sei absolut feuerfest!
Natürlich wurde nun tüchtig eingeheizt, und alle hatten es einigermaßen warm.
Die Cousine stand früh auf, öffnete die Tür ihrer Kammer – da schoß ein Feuerstrahl aus der Asbestplatte. Die hatte die ganze Nacht über geglüht. Da nun Sauerstoff dazukam, entflammte sie lichterloh. Feuer in einem Holzhaus!
Cousine Carola war außerordentlich tüchtig, energisch und geschickt. Schnell hatte sie alle geweckt und eine Kette zum Löschen mit Eimern organisiert (unser Wasser war zum Glück nicht eingefroren). Bald war der Spuk vorbei.
Einige Tage später wurde das Haus meiner Verwandten geliefert. Meine bewährten Waldenburger Handwerker stellten es auf.
Es waren dann einige Jahre fröhlichen Zusammenlebens. Die Jungen beider Familien waren im selben Alter, und Bettina hatte Britta als Spielgefährtin. Auch die Schulen wurden gemeinsam besucht. Die beiden ältesten Söhne, mein Sohn Achim und Olof Platen sind 1950 nach Südafrika ausgewandert.

Achim

Ich glaube, daß Achim der große Bruch in seinem jungen Leben – er war vierzehn Jahre alt, als er Zernikow verlassen mußte –, der Verlust der Heimat und des Vaters, von all meinen Kindern am meisten getroffen hat.

Einst dem »Herrn Baron sin Sohn«, wie die Gutsleute sagten, landete der hochgewachsene Achim mit seinem jüngeren Bruder Clemens im Februar 1945 auf einem württembergischen Bauernhof, wo er auf einem kurzen, schmalen Sofa kampierte und todunglücklich war.

In drei verschiedenen Internaten in Berlin hatte er Latein und Griechisch gelernt und seit Januar 1945 gar keine Schule mehr besucht. Nun sollte er Englisch und Französisch nacharbeiten. Durch Vermittlung des »Christlichen Hilfswerks« (Eugen Gerstenmaier) bekam er eine Freistelle im »Internat Korntal« bei Stuttgart. Es wurde damals von den Amerikanern unterhalten. In einer Schulversammlung »löckte Achim wider den Stachel«, will sagen wider den damaligen Direktor. Er sagte, und das in Anwesenheit der amerikanischen Sponsoren, der Direktor habe für die Schüler bestimmte Carepakete für sich selbst »abgezweigt«. Daraufhin mußte er das Internat verlassen. Freunde in Schwäbisch-Hall, das heißt der Kriegskamerad eines Arnimschen Onkels, nahmen ihn zeitweilig auf, und er konnte dort 1948 seine Schulzeit mit der »Mittleren Reife« abschließen.

Der Schwager von Achims Großonkel Annois, Erich von Schauroth, hatte schon nach dem Burenkrieg eine Farm in Südwestafrika gekauft. Jetzt, 1949, schrieb er, sein Schwager, der Herr Le Riche, wolle jüngere enteignete deutsche Landwirtssöhne herüberkommen lassen, ihnen die Überfahrt bezahlen und sie auf seinen Farmen beschäftigen. In Deutschland sei ja doch nichts los, da kämen bald die Bolschewiken.

Hier bei uns wußte man natürlich nicht, daß das ganze Land in Südwestafrika nach dem Burenkrieg modernen kapitalistischen Ausbeutermethoden unterworfen worden war.
Bisher waren die einfachen Buren, wenn es nicht geregnet hatte, weiter aufs Land getreckt, das noch nicht beweidet war, denn es regnete oft mehrere Jahre nicht. Das war nun nicht mehr möglich, denn alles Land war inzwischen vermessen, großenteils eingezäunt und an feste Eigentümer vergeben.
Herr Le Riche hatte bereits drei große Farmen aufgekauft und erwarb in den nächsten Jahren an die zwanzig Farmen hinzu. Dazu brauchte er Arbeitskräfte, insbesondere für die Karakul-Schafzucht. Die Schwarzen liefen ihm wegen miserabler Arbeitsbedingungen davon. Deshalb lockte er enteignete Deutsche heran. – Es war aber auch ein Land von großartiger Weite, und jungen, tatkräftigen Menschen schien es Zukunftsaussichten zu bieten.
Achim, mein Ältester, wollte Landwirt werden. Er und sein Vetter Olof, Landwirtssohn von der Insel Rügen, waren deshalb von dem Angebot des Onkels sehr angetan und verabredeten, zusammen nach Afrika zu gehen. Die bürokratischen Formalitäten dauerten fast ein Jahr. In dieser Zeit arbeitete Achim auf einem Hof in der Nähe von Kupfer und half auch viel beim Hausbau und Anlegen meines Grundstücks.
Während dieser Zeit des Wartens haben wir eine Maßnahme getroffen, die viele Leute in Erstaunen setzte: Ohne akute Entzündungsgefahr ließ ich Achim im Öhringer Krankenhaus den Blinddarm herausnehmen, natürlich mit seinem Einverständnis. Prinz Hubertus von Hohenzollern, dritter Sohn des deutschen Kronprinzen, wollte in Südafrika zwei Farmen, Besitz des Hauses Hohenzollern, übernehmen und als »Farmer unter Farmern« leben. Er starb dort jedoch nach kurzer Zeit an den Folgen einer Blinddarmentzündung, die da unten nicht rechtzeitig behandelt werden konnte. Als ich Achim das

erste Mal nach der Operation im Krankenhaus besuchte, sagte ich, er sei sicher böse auf mich, ihn zu dieser Strapaze gedrängt zu haben! Er lachte und sagte: »Nein, der operierende Arzt hat gemeint, es war höchste Zeit, in vier Wochen hätten sie sowieso operieren müssen.«

Die Abreise fand dann 1950 wirklich statt. Nach Erteilung der Ausreisegenehmigungen durch die Militärregierung und dem Erhalt der Visa, reiste Achim mit Olof – ohne einen Pfennig Devisen (ausländische Währung war für Deutsche verboten) nach Kapstadt. Dort nahmen Verwandte des Onkels Schauroth die beiden jungen Leute in Empfang und brachten sie auf eine der Farmen des Herrn Le Riche. Dann wurden sie weit ins Land, in die Nähe von Bloemfontain, geschickt. Dort lebte noch eine Burenfamilie, die aber nicht mehr Besitzer der Farm war. Die jungen Deutschen hoben (zu schlechten Löhnen) Gräben aus, bekämpften Ungeziefer und schoren nachts die Schafe. Das war Schwerarbeit, aber vor allem herrschten tagsüber vierzig Grad Hitze, während nachts das Thermometer bis auf zwei bis drei Grad unter Null fiel, so daß sich Achim eine schwere Lungenentzündung zuzog. Die burischen Farmleute waren hilfsbereit und pflegten ihn. Halbwegs wieder gesund, ging er auf die große Farm. Herr Le Riche empfing ihn und brüllte: »Sie Kommunist! Sie haben sich mit den Schwarzen unterhalten, statt sie zu kommandieren. Sie sind entlassen; ich kann sie nicht gebrauchen.« Der Brief, aus dem ich dies erfuhr, kam erst vier Wochen später an. Da war er zum Glück schon überholt.
Wieder nahmen die Verwandten ihn auf, und wie ein Lauffeuer hatte es sich herumgesprochen: »Junger Deutscher aus guter Familie sucht Stellung.« Er bekam sieben Angebote und suchte sich dasjenige aus, von dem er erhoffte, am meisten lernen zu können. Es war ein großer Farmkomplex wei-

ter nördlich, wo besonders Karakulzucht betrieben wurde. Solche Farmen hatten einen Farmshop, das heißt in einer großen Baracke einen Laden, wo es von der Petroleumlampe bis zum Kochtopf für die Arbeiter der Plantage alles zu kaufen gab. Der Shopkeeper war krank geworden; Achim wurde gebeten, ihn zu vertreten. Diese Arbeit machte ihm viel Spaß. Er hatte wohl indessen auch erfahren, daß Casimir Edschmid recht hatte, als er damals schrieb: »Wer nach Afrika kommt ohne Geld, bleibt ein Knecht.« Er wurde also Kaufmann, das heißt, er engagierte sich bei einer Hamburger Exportfirma und fuhr dann in einem Kombi-Auto mit Gemischtwaren (eine schwarze Hilfskraft dabei) ab Hafen Swakopmund, wo die Ware ankam, von Farm zu Farm. Er verkaufte seine Waren an die Shopkeeper auf den verschiedensten Besitzungen und verdiente dabei recht gut. Ein Jahr später schrieb er, daß er sich zwanzig Rinder gekauft und auf eine Farm zum Hüten gegeben habe. Wenn es gutgehe (das heißt, wenn es regnete), würden die Rinder verkauft und zwanzig Prozent Gewinn statt drei Prozent bei einer Bank erbringen – es ging gut. Er konnte nun endlich sein Heimweh stillen und nach Deutschland kommen. Er traf im Dezember 1954 bei uns in Kupfer ein: ein eleganter junger Mann, englischer Anzug, Lederkoffer. Ich hatte mir gedacht, sicher will er auch etwas »Kultur schlürfen«, und hatte Opernkarten in Stuttgart besorgt: »Ist es dir recht, wenn wir uns ›Fidelio‹ in Stuttgart ansehen?« – »Da muß ich nur meinen Smoking auspacken«, sagte er darauf.

Er kaufte sich einen Volkswagen und bemühte sich um neue Arbeit. In Deutschland gilt ein Mensch, so meinte er, nichts, der kein Examen oder eine Lehre absolviert hat. Dabei hatte er sich in Afrika ja bereits kaufmännisches Wissen, Englisch und Afrikaans angeeignet. Aber alle Firmen lehnten ab. Schließlich sagte ihm eine Hamburger Export-Firma eine Volontär-

stelle zu und schickte ihn nach Afrika, um verschiedene Niederlassungen zu gründen.
Er hatte Erfolg, wechselte zu einer viel größeren Firma, einem Konzern im Rheinland. Er wohnte in einem ehemaligen Farmhaus in Lusaka, Zambia. Nach zwei Jahren holte er sich eine schöne und tüchtige Frau aus Hamburg, die wunderbar Klavier spielen konnte. Leider hielt das Klavier die dortigen Temperaturschwankungen nicht aus.

Ich habe die Familie in den sechziger Jahren in Afrika besucht. Große Räumlichkeiten, ein Garten, wo Achim seinen botanischen Liebhabereien nachgehen konnte, zwei reizende Kinder. Seine Frau arbeitete als technische Assistentin in dem dortigen kleinen Krankenhaus. Die Küche versorgte seine Schwiegermutter. Die Hilfskräfte, zwei Familien, waren schwarz. Sie wohnten in einer großräumigen Baracke auf dem Hof, jede Familie hatte einen Raum. Eine Wäscheleine war durch den Raum gezogen, daran hing die Kleidung der Familie; ein Bett, darin schlief der Familienvater; Frau und Kinder auf der Erde – eine Kochstelle im Hof.
Ein großer Schäferhund bewachte das Grundstück, eine elektrische Warnanlage das Haus. Eine Safari, zu der Achim seine Frau und mich einlud, war ein ganz großes Erlebnis!
Achim ist im ganzen fünfundzwanzig Jahre in Afrika geblieben. Es gab eine sehr gute (englische) Elementarschule für die Kinder. Im Anschluß an diese Schule hätte er die Kinder auf ein Internat schicken müssen, denn weiterführende Schulen gab es in Zambia nicht. Er hatte eine kleine Villa mit Garten in Siegen gekauft. Er konnte von hier aus bei seiner Firma weiterarbeiten, seine Frau in der dortigen Klinik. Die Kinder kamen beide ins Gymnasium und machten dort Abitur. Ein wunderschöner Garten am Hang, eine alte Stadt (Rubens' Geburtsstadt).

Vetter Olof, vier Jahre älter als Achim, ist übrigens in Afrika geblieben. Seine Verlobte aus Deutschland folgte ihm, und sie sind – soviel ich weiß – dort eine glückliche Familie geworden.

Clemens

Als Achim 1950 nach Afrika gegangen war, wurde Clemens der Chef der Kinderschar in Kupfer. Gleich nach seinem dreizehnten Geburtstag war er 1945 mit Bruder Achim und der Hauslehrerin nach Süddeutschland abgereist. Sein Vater hielt am vierten Februar 1945, zu seinem Geburtstag, noch eine kleine Ansprache. Als er innehalten mußte, weil er so bewegt war und ihm der Abschied die Tränen in die Augen trieb, rief der kleine Kerl am anderen Ende der Tafel im Eßsaal in Zernikow: »Vati, wir arbeiten uns wieder hoch!« Ein Versprechen, das er bis heute gehalten hat.
Die Natur hatte ihn dazu mit den besten Gaben ausgestattet: nicht nur mit gutem Aussehen, Intelligenz und starkem Willen; auch mit einem besonderen Charme, einer Ausstrahlung, die sich gleichzeitig eine gewisse Autorität verschafft. Dazu fand er ein großes Vorbild in meinem Vater, der sich meiner vaterlosen Söhne nach dem Kriege in jeder Weise angenommen hat.
Clemens stellte im Kupferhäuschen und draußen im Gelände nicht nur die jüngeren Geschwister und Freunde an: Er war selbst ungeheuer geschickt, zum Beispiel im Reparieren elektrischer Geräte, auch im Nähen und vor allem im Kochen. Er war es, der die Konfirmationsessen für die Brüder kochte. Das Gymnasium in Schwäbisch-Hall absolvierte er ohne Mühe und gewann dort Freunde. Den Motorroller, den ich zur Erleichterung meiner Fahrten zu den Patienten brauchte, holte

er in Stuttgart ab (ohne Führerschein), übergab ihn mir strahlend und brachte mir das Fahren bei.
In Schwäbisch-Hall hatte er unter anderem Freundschaft geschlossen mit dem Besitzer eines Hotels, das sich in einem mittelalterlichen Ständehaus direkt neben der Michaelskirche befand. Der Inhaber war begeistert von dem wachen jungen Menschen und bot ihm eine Lehrstelle als Kochlehrling an. Er könne dann gewiß mal Hoteldirektor werden.
In der Unterprima wurden Clemens, was damals sehr häufig geschah, die Mandeln herausgenommen. Ich kannte die Ärzte des Haller Diakonissenhauses alle durch meine Praxis. Sie ließen mich kommen und sagten: »Lassen Sie diesen Sohn nicht Koch werden; die Küchendämpfe! Er ist zu zart dazu. Erst mal Abitur!«
Clemens verließ das Kupferhäusle nach dem Abitur 1953 und ging nach Stuttgart beim Siemens-Stammhaus in die Lehre; da unterzukommen war nicht einfach. Unter 1600 Aspiranten wurden nur 60 ausgewählt. Damals wurde, unter dem Einfluß der westlichen Alliierten, eine Verordnung erlassen, die sich »Erziehungsbeihilfe nach dem Bundesversorgungsgesetz« nannte. Mit viel Bürokratie und Schreiberei erhielt ich diese schöne Unterstützung, so daß Clemens nach der Lehrzeit studieren konnte.
1956 begann er das Studium der Volkswirtschaft in Berlin. Er wohnte bei den Großeltern in Zehlendorf. Nach Zwischenstudium in München, dann Kiel schloß er 1959 mit dem Examen zum Diplomvolkswirt ab. In seiner Kieler Zeit wohnte er auf einem Gut bei Verwandten in der Nähe von Kiel. Nach dem Examen wurde ihm durch einen älteren Vetter eine Stellung im Verkehrsministerium angeboten. Ich war gerade bei den Verwandten eingeladen. Clemens und ich gingen eineinhalb Stunden bei Regen im Park auf und ab und diskutierten die Aussichten: Feste Stellung im Verkehrs-

ministerium, eintausend Mark Gehalt im Monat oder weitergesteckte Ziele?
Er entschied sich für eine Tätigkeit in der Industrie und begann gleich auf höherer Stufe. Zuerst Vorstandsassistent, wurde er dann Geschäftsführer einer Chemiegesellschaft in Frankfurt am Main.
1966 heiratete er eine in Ostpreußen geborene junge Frau, deren zwei Kinder aus erster Ehe, Beate und Christof, er adoptierte. Drei Töchter, Anna, Caroline und Maximiliane wurden geboren. Dorothee und Clemens schufen zusammen ein Heim für die Familie in Kronberg im Taunus, am Waldrand. Ein Heim, das in Atmosphäre und Gartenanlage ein kleines Zernikow wurde.
Im Atelier in Wiepersdorf stand bis 1945 ein lebensgroßes Selbstporträt seines Großonkels, des Malers und Fideikomißbesitzers Achim von Arnim, Enkel des Dichters, im schwarzen Johannitermantel mit dem weißen achtspitzigen Herrenkreuz des Ordens auf der Brust. Clemens ist heute Leiter der Subkommende von Kronberg des Johanniter-Ordens und setzt auch damit eine geistige Tradition der Vorfahren fort.

Christof-Otto

Ich hatte gehofft, daß das »einfache Leben« dort oben in den Hohenloher Bergen, das Leben mit der Natur, mit den Jahreszeiten, den fleißigen, hilfreichen Kleinbauern die Wunden, die den Kindern durch die Flucht geschlagen worden waren, ein wenig heilen würde. Auch die Arbeit im eigenen Kupferhäuschen, mit Garten und Tieren, sollte heilende Wirkung entfalten. Doch Christof-Otto sagt heute noch: »Die Flucht hat unser Leben geprägt.« Dazu fällt mir ein Abend in Tommelhardt ein: Peter-Anton, zehn Jahre alt, war schlecht einge-

schlafen, weil ihm sein Federbett weggerutscht war. Er sagte, er habe von den Russen geträumt. »Ach«, sagte ich, »laß doch die Russen; wer nichts mehr hat, dem tun sie nichts.« Darauf rief der kleine Bürschli, erst vier Jahre alt:
»Doch, Mutti, die, die nichts mehr haben, die quälen sie.«
Also hatte sogar er die Geschehnisse in Schönlage in Mecklenburg im Sommer 1945 mit Bewußtsein erlebt. (Vgl. »Der grüne Baum des Lebens«, Seite 293.) Und wir Erwachsenen hatten immer geglaubt, die Kleinen hätten nichts direkt gesehen, also auch nichts mitgekriegt.
Für mich waren die Kinder selbst Heilung von Wunden; Trost und Hoffnung. Im Kupferhäuschen feierten wir auch zum ersten Mal wieder größere Feste. Als Platens eingezogen waren, ein Faschingsfest mit allen Schulfreunden. Christof-Ottos, des dritten Sohnes, Konfirmation, fand nun in Kupfer statt. Nach der kirchlichen Feier in Waldenburg – es gab schon mehr Menschen, die Autos hatten – versammelte sich eine große Schar. Auch der Senior der Familie, der Vetter Achim-Friedenfelde, der mit meinem Mann Friedmund im Ersten Weltkrieg gewesen war, war mit Sohn Ernst erschienen, der ebenfalls später nach Afrika ging und dort beim Brunnenbohren ums Leben kam. Patentante Marielies, die süddeutschen Verwandten, Dr. Hans Hege aus Hohebuch, der eine wunderschöne Rede hielt. Ich fand diese bei meinen Unterlagen, und ich fand auch die Rede, die ich selbst bei Christofs Konfirmation hielt und aus welcher ich gerne zitieren möchte:

26. III. 1950

Meine lieben Gäste! Die Konfirmation unseres lieben Christof-Otto ist ein ganz besonderer Tag, sozusagen ein festlich weißer Meilenstein nicht nur im Leben unseres lieben Konfirmanden, sondern auch in meinem und dem meiner übri-

gen Kinder, und deshalb möchte ich selbst heute das Wort ergreifen, während ich das sonst meist schon meinen großen Söhnen überlasse. – Es ist vor allem ein Tag des Dankes! Dank für die erste Konfirmation wieder im eigenen Heim unter dem gemütlich ausladenden Dach des Kupferhäuschens. Dank, daß ich euch alle sechs noch einmal gesund und froh um mich habe, derselbe Dank, der deinen Vater an deinem Tauftag die Worte aus dem 127. Psalm wählen ließ: »Kinder sind eine Gabe des Herrn. Wie die Pfeile in der Hand eines Starken, also geraten die jungen Knaben! Wohl dem, der seinen Köcher derselben voll hat!«

Für dich, mein lieber Junge, hat der Ernst des Lebens schon sehr früh begonnen. Nach glücklichen Kinderjahren zu Hause hast du, nachdem deine größeren Brüder im glücklicheren Westen bereits geborgen waren, mir als Ältester damals mit erst zehn Jahren wirklich wie ein Mann zur Seite gestanden. Du hast Flucht und Wanderschaft, Russenschrecken, Hunger und Krankheit schon bewußt miterlebt. Du hast Wache gestanden in Schönlage. Du trugst tags in deiner Hosentasche jenen auf dem Bilde verewigten Schmuck, aus dessen Erlös dies Haus gebaut wurde. Nachts, ehe du dein Strohlager bestiegst, heftete ich dir das kleine Lederbeutelchen an deinen Schlafanzug. Du bist auf jener mühseligen Fahrt vor fast vier Jahren in acht Tagen von Berlin bis zur Zonengrenze, die wir im Viehwagen mit vierzig Personen verbrachten, wenn der Zug hielt, mit den Männern zur Lokomotive gestürzt, um deinen in der Julihitze fiebernden Geschwistern Wasser zu holen.

Als wir eines Abends endlich das gelobte Land in Hof erreicht hatten, eine Rotkreuzsuppe uns gestärkt und wir zusammen zum soundsovielten Male entlaust waren, stand ich vor der Wahl, meine todmüden Kleinen in einem Lager in der Nähe unterzubringen, oder die so mühsam bis hierher geretteten zwölf Stück Gepäck, Bündel und Säcke zu expedieren. Unverdrossen sagtest du: »Mutti, ich mach's« und zogst mit den Kleinen los, den zweijährigen kranken Bürschli auf dem Arm. Als ich endlich, um zwei Uhr nachts, das Gepäck losgeworden war und in dem Lager nach vier elternlosen Kindern fragte, hieß es: »Ja, Baracke eins, Zimmer vier!« Da lagen sie tatsächlich alle vier friedlich schlafend auf den Betten.

Dann kam Blockhaus und Tommelhardt, und zwei Jahre durftest du bei der guten Tante Uschka in Künzelsau wieder ganz Kind sein und ein wenig »in den Mustopf steigen«.

Du hast vielleicht nicht nur äußerlich viele Eigenschaften von deinem lieben Vater geerbt: Du bist im allgemeinen in Taten, auch wie er, zielstrebig und energisch, in Worten karg. So war mir ein kurzer Satz von dir in einem Brief an die Großeltern, Weihnachten vorigen Jahres, kurz nach dem Einzug ins Häuschen, der schönste Dank für alle die Mühen des Baujahres. Du schriebst: »Nun hat das Wanderleben ein Ende!«

Ja, nun war wieder Heimat, ein Stückchen eigener Boden unter unseren Füßen. Heimat, das ist für uns Menschen hier auf Erden eines der köstlichsten und höchsten Güter, das weiß der am besten, der sie verlor.

Christof hat Jura studiert, maßgebend war, außer der Familientradition, ein Corps in Heidelberg, dem drei Onkel, einer väterlicher und zwei mütterlicher Seite, angehört hatten.
Referendar-Examen 1959, magna cum laude.
1963 Großes juristisches Staatsexamen in Düsseldorf.
Seine berufliche Laufbahn begann Christof-Otto noch 1963 beim Bundesministerium für Wirtschaft in dessen Europaabteilung. Alle Fragen der Europäischen Gemeinschaft – ausgenommen Landwirtschaft – gehörten in Vorbereitung der

deutschen Haltung für Brüssel zu seinen Tätigkeiten. 1965 kam er zur weiteren Ausbildung an die École Nationale d'Administration (ENA) nach Paris und an die Präfektur in Toulouse. So wurde er als einer der ersten Deutschen nach dem Kriege innerhalb der französischen Regionalverwaltung tätig. Nach seiner Rückkehr 1966 ins Ministerium in Bonn wurde er zum Regierungsrat ernannt.

Das Alter und eine materielle Grundlage zu heiraten hatte er damit erlangt. In Bonn lernte er Ragna Rhode kennen, die dort Rechtswissenschaften studierte. Verbindend war ein ähnliches Schicksal des Verlustes der Heimat und Herkunft aus einer Familie von Gutsbesitzern, allerdings in Ragnas Falle in Schlesien ansässig. Nach der Heirat 1968 und Geburt der ersten Tochter, Alix-Maximiliane, setzte Ragna ihre Ausbildung fort. Die Geburt der zweiten Tochter, Isa-Katharina, folgte 1976. 1980 wurde der Sohn Raban-Erdmann geboren.

Im Bundesministerium für Wirtschaft wurde Christof-Otto in das Referat für EG-Rechtsfragen versetzt. Die Vertretung der Bundesregierung vor dem Europäischen Gerichtshof gehörten zu seinen Aufgaben. Seine Beteiligung an der Vertragskommission im Rahmen der Beitrittsverhandlungen 1971/72 mit Dänemark, Großbritannien und Irland sowie Norwegen war ein hervorragendes Ereignis jener Zeit. Derartige Ereignisse vermitteln den Eindruck, daß manchmal sich doch etwas bewegen läßt, denn durch den Beitritt dieser Länder zur EG wurde das Entstehen eines tieferen Grabens in Europa verhindert. 1969 erfolgte seine Ernennung zum Oberregierungsrat, und 1971 wurde er zum Regierungsdirektor ernannt. Anfang 1975 wurde Christof-Otto die Leitung des Koordinierungsreferates der Europaabteilung im Ministerium übertragen, die Abteilung, in welcher seine Laufbahn begonnen hatte. Ende 1975 erfolgte seine Ernennung zum Ministerialrat.

Für Christof-Otto begann 1982 nochmals eine Tätigkeit in Frankreich. Er wurde der deutsche Vertreter an der international mit einem Franzosen und einem Briten besetzten Verwaltungseinheit namens »Agence Exécutive Airbus«. Diese aus historischen Gründen im französischen Verteidigungsministerium (Luftfahrt) angesiedelte Behörde hatte den Auftrag, für die das Airbus-Programm finanzierenden Regierungen die Entwicklung dieses Flugzeugprogramms zu überwachen. Frühere Auslandserfahrungen kamen Christof-Otto bei dieser Aufgabe sehr zugute. Ende 1986 kehrte er in die Europaabteilung des Bundesministeriums für Wirtschaft zurück. Er übernahm die Leitung des Referates, zuständig für die wirtschaftlichen Beziehungen der Bundesrepublik Deutschland zu Belgien, Dänemark, Frankreich, Großbritannien, Irland, Luxemburg und der Niederlande, welches er heute noch leitet. Er ist Träger des Bundesverdienstkreuzes am Bande.[15]

Verkauf des Kupferhauses

1955 verließen die Amerikaner verschiedene Villen in Schwäbisch-Hall. Die Eigentümer erhielten sie zurück. Darunter war auch das große Haus von Dr. Kibler, der in Heilbronn ansässig geworden war. Es war zweistöckig, mit ausgebautem Dachgeschoß. In die untere Etage zog der bekannte Fotograf Swiridoff. Den ersten Stock bot Dr. Kibler mir an, da er es für wichtig erachtete, eine freischaffende Krankengymnastin in der Stadt Schwäbisch-Hall zu haben. Ich nahm das Angebot gern an und mußte mich nun um den Verkauf meiner »Nebenerwerbs-Siedlerstelle« bemühen. Ich hatte diese ja von der Württembergischen Landessiedlung Stuttgart zu günstigen Bedingungen erhalten. Es meldeten sich mehrere Flüchtlingsfamilien, denn nur solche durften das Objekt kaufen, aber deren Kinder, die schon im Westen aufwuchsen, lehnten alle ab. »Sie wollten sich nicht soviel Arbeit nach Feierabend ans Bein binden.« Es gab lange Verhandlungen. Endlich half wieder Dr. Hege. Der langjährige Obermelker auf der Domäne Hohebuch konnte wegen einer Lungenkrankheit in der feuchten Luft des Kuhstalls nicht mehr arbeiten. Er hatte zehn Kinder. Da er aber kein Flüchtling war und die Militärregierung dem Verkauf zustimmen mußte, hat es auch Dr. Hege Mühe und viele Verhandlungen gekostet, bis er für seinen Angestellten das Kupferhäuschen mit Land und Ställen erwerben konnte. Die Familie ist bald eingezogen und dort sehr glücklich gewesen.

TEIL III

BETTINA VON ARNIM

ZÖPFE
(1946 bis 1957)

Es ist sicher eine schöne Sache,
aus gutem Haus zu sein. Aber das
Verdienst gebührt den Vorfahren.
Plutarch

DER WALDENBURGER SCHULWEG

Zum ersten Schultag im September 1946 flocht meine Mutter ihrer fünfjährigen Tochter die dünnen Haare stramm und ordentlich über den Ohren zusammen, knüpfte die Zöpfchen zu Affenschaukeln hoch und band darüber rot-blau gestreifte Schleifen fest. Diese breiten Taftschleifen waren in der Schneiderwerkstatt der »Tante Guggi« im Blockhaus am Neumühlsee noch extra aufgebügelt und gestärkt worden. Von solcher Art Taft- und Seidenschleifen gab es bald ein ganzes Sortiment: bunte Bänder für alltags und weiße für sonntags. Dabei handelte es sich um »gerettete Friedensware«, sagte die Mutter, auch um den Wert des Kopfputzes für das einzige Mädchen unter fünf Söhnen zu unterstreichen. Die eigentliche Bekleidung kopfabwärts hingegen war nur »Kriegsware«, aus verblichenen, abgetragenen Stoffen genäht. »Ärmlich, aber reinlich« stand sie im Kontrast zu der auffallenden Aus-

Waldenburg, vom Ghaiwald aus gesehen, April 1953 (Scherenschnitt)

staffierung darüber, zu den exotischen Schleifen, die von den Ohren abstanden.
Bevor es auf den weiten Weg zur Waldenburger Schule ging, fand ich den ersten Spiegel in den Augen meiner älteren Brüder: »Rot und blau ist des Kaspers seine Frau!« lachten sie. Noch schlimmere Kommentare waren von den anderen, noch unbekannten Kindern beim Eintreffen in der Schule zu befürchten. So auffällig aufgezäumt würden mich alle verspotten, und kein Kind würde mich mögen.
Toni, mein drei Jahre älterer Bruder, stieg mit mir den Berghang nach Tommelhardt hoch. Dort trafen wir die anderen Schulkinder, die denselben Weg zu nehmen hatten: Irmgard, die mit Toni zusammen in die dritte Volksschulklasse kam, die Sailachkinder und die beiden großen Mädchen der Familie Wolf. Sieglinde, die vierzehn Jahre alt war, nahm mich an die Hand und meinte, mein erstes Schuljahr wäre nun leider ihr letztes. Für die Tommelhardter Kinder hatte mein Aussehen nichts Lachhaftes. Das wichtigste war, daß wir ja pünktlich zur Schule kämen! Sieglinde und Rosa, ihre jüngere Schwester, schauten auf die große Küchenuhr – nur die gehe richtig, denn sie sei nach dem Radio gestellt. Für den Schulweg brauche man, ohne zu trödeln, genau eine Stunde. Dann ging es los in den Wald, auf dem Fußweg im Eilschritt über Stock und Stein hinter den beiden für mich so großen Mädchen her.
Unter der offenen Vorhalle der Waldenburger Schule verließen mich, pünktlich zum Klingelzeichen, Toni und die Tommelhardter Kinder. Verloren und schüchtern standen andere Erstkläßler herum. Wir beäugten uns, auch um vielleicht Freundschaft zu finden. Keines der Mädchen hatte so spärliche Haare und trug um so größere, bunte Schleifen am Kopf. Nur eine war auch auffallender frisiert, ihre dichten, schwarzen Haare waren zu einem Kranz hochgeflochten. Ich fand

sie schön und lächelte ihr zu, aber sie drehte sich von mir weg.

An ärmlicher Bekleidung waren alle Kinder gleich. Alte Schuhe waren nur frisch aufpoliert, die Röckchen der Mädchen aus Gardinenstoff geschneidert, die Buben trugen zu große Hosen, von Hosenträgern in Brusthöhe festgehalten. Manche dieser Hosenträger waren nur aus Hanfschnur, wie sie um Strohballen gebunden wurden. Für die Buben gab es nicht einmal den Ersatz von Haarpracht, um die zusammengeschusterte Kleidung wettzumachen, denn über den Ohren waren sie kahlgeschoren. Dadurch waren manche Charakterköpfe noch auffallender. Ein Junge hatte einen Plattkopf, ein anderer abstehende, rosa Segelohren. Es war mir ein Trost, daß die beiden ebenso anormal aussahen, wie ich mir vorkam, und daß sie trotzdem nicht ausgelacht wurden.

Eine junge Lehrerin begrüßte freundlich die kleine Schar der Erstkläßler, ging in das Klassenzimmer voraus und stieg auf das Lehrerpodest. Alle folgten ihr und standen wie eine Hammelherde vor der leeren Wandtafel. Für die Sitzanordnung, sagte die Lehrerin, wäre es am besten, wenn diejenigen, welche schwer hörten, sich nach vorne setzen, dann je nach Gehör weiter nach hinten, damit alle Kinder sie verstehen könnten.

Mit den Affenschaukeln und Schleifen über den Ohren hielt ich mich den Schwerhörigen zugehörig. Die erste Reihe war aber schon besetzt, Plattkopf und Segelohr von hinten zu sehen. Es ging so schnell, auch die mittleren Reihen der Schulbänke, immer für zwei Kinder zusammen, waren schon eingenommen, wie auf vorherige Verabredung, Freundinnen tuschelten miteinander. Alle saßen schon. Hinten waren noch einige Bänke frei. Bloß nicht als einzige noch stehen bleiben! So nahm ich ganz hinten, in einer der leeren Schulbänke, ohne Nachbarin, Platz. Das mit dem auffälligen Aussehen war glimpflich abgelaufen. Aber dann kam es zum Aufsagen der Namen. Damit wir uns kennenlernten, sagte die Lehrerin, sollten alle Kinder der Reihe nach aufstehen und ihre Namen sagen, so alle Bankreihen durch, von vorne bis hinten.

Die Jungen in der ersten Reihe sprachen die Namen stotternd, dafür um so lauter. Aus den nächsten Bänken hieß es: Kurt Nägele, Erich Köhler, dann Erika Häfele – Gelächter, sie hieße ja Nachttöple! Rechts neben ihr, noch ziemlich weit vorne, stand ein Mädchen mit dicken, blonden Zöpfen auf und sagte entschieden und deutlich: »Ich heiße Inge Schaaf, Schaaf mit zwei a geschrieben«, drehte sich auch zu den hinteren Reihen um und setzte sich wieder. »Das werdet ihr noch lernen, Kinder, daß sich das Tier, das Schaf, nur mit einem a schreibt«, sagte die Lehrerin.

In mir stieg die Angst auf, nun gleich meinen Namen hersagen zu müssen, dies auch noch mit all seinen Schreibfehlern darin. Zuvor, während der Fahrt von Berlin nach Württemberg, hatte ich ihn auf einem Schild um den Hals immer nur von oben gelesen. Schon der Vorname war ein Problem, Bettina mit zwei t geschrieben, dazu würde die Lehrerin meinen: »Das werdet ihr noch lernen, Kinder, daß sich das Bett tatsächlich mit zwei t schreibt!« Noch peinlicher schien der Nachname, auffallender als die abstehenden, bunten Schleifen: das kleine »von« vor dem großen A verdoppelte dieses zu adelig. Wieviel schöner waren die beiden kleinen a in Inges Nachnamen, womit sie fast wie ein Tier hieß. Und wie schön waren auch Inges kräftige, blonde Zöpfe! Kein Vergleich zu meinen spärlichen, aschblonden Affenschaukeln. Wenigstens einen schönen Tiernamen wollte ich haben, als Erstkläßlerin könnte man sich vielleicht noch schnell selber umtaufen. Beim Nachdenken über einen Namen wie »Berta Bärle« hörte ich kaum die Namen der anderen Kinder aus den mittleren Reihen.

Es kam weiter nach hinten. »Ich heiße Priska Frantoszek«, sagte das Mädchen mit dem schwarzen Haarkranz schüchtern. »Franzpolack«, tuschelte jemand. »Du hast einen schönen Vornamen«, sagte die Lehrerin. Die Priska ist auch nicht von hier, dachte ich und kam von der Idee des Selbstumtaufens ab.

Es war soweit, als letzte kam ich dran und sagte meinen richtigen Namen so leise wie eine Maus. Die Lehrerin hielt ihre Hände wie Lauscher hinter die Ohren und sagte: »Für dich brauche ich ja ein Hörrohr!« – Ob es denn nicht etwas lauter ginge? Beim zweiten Versuch kam aber kein Piep mehr hervor.

Die Lehrerin schrieb große Buchstaben an die Wandtafel. Mit ihren Griffeln sollten alle Kinder diese auf ihren kleinen Schiefertafeln nachschreiben. Das machte Spaß. Es wurde still, nur das Schrabbeln der Griffel war zu hören. Die Lehrerin kam nach hinten. Sie prüfte die Entfernung zur Wandtafel, dann sah sie auf meine Schiefertafel herunter. »Das machst du aber schon hübsch!« sagte sie und meinte, von so weit hinten könne ich die Wandtafel wohl recht gut sehen? Brav antwortete ich mit ja. – Schade, so blieb ich hinten bei den »Weitsichtigen« sitzen und kam nicht zu den Schwerhörigen, zu der Lehrerin nach vorne.

Den Waldweg, von hinten aus den Waldenburger Bergen zur Schule in der Stadt, waren wir nur an meinem ersten Schultag gemeinsam gegangen. Unter den Tommelhardter Kindern war ich damals noch die einzige, welche die erste Klasse besuchte. Alle anderen waren älter, ihre Stundenpläne verschieden eingeteilt. Sieglinde und Rosa, zwei der Sailachkinder, Toni und Irmgard, sie kamen von der Schule zurück, wenn ich hinging, oder umgekehrt.

Der Weg selbst wurde allmählich zum Ziel, die lange Wegstrecke ebenso wichtig und interessant wie die Zeit in der Schule. Nach meinem Stundenplan, ungefähr zwei Stunden vor Schulbeginn, wurde ich vom Blockhaus losgeschickt. Die Hälfte der Zeit, so dachte ich, könnte ich also trödeln und spielen.

Erst ging es noch zügig den Hang nach Tommelhardt hoch, wo es schön war, bei der Familie Wolf Station zu machen. Frau Wolf stellte mir einen Becher warmer Milch mit Lindeskaffee auf den Küchentisch. Bevor der große Zeiger oben sei, müsse ich aber losgehen, sagte sie und ging wieder »schaffe«.

Der Wald gleich hinter den Äckern und Obstbäumen von Wolfs war finster und unheimlich. Die Baumwipfel hoher Fichten verdeckten den Himmel, unter den mächtigen Stämmen war es so dunkel, daß kein Gebüsch wuchs, nur tote Äste lagen auf dem kahlen Waldboden. Dieses gerade Stück Wegs rannte ich, denn es machte angst.

Eine Bäuerin hatte mit Schaudern berichtet, warum die Stadt Waldenburg, obwohl der Krieg schon fast zu Ende war, doch noch von den Amerikanern zerstört worden war: Soldaten der Waffen-SS hätten sich im Schloß verschanzt, als wäre die befestigte Stadt auf dem Berg uneinnehmbar wie im Mittelalter. Die Brandbomben hätten dann aber vor allem die kleinen Leute in den Stadthäusern getroffen, die SS-Männer wären in die Wälder entkommen. Einer von ihnen sei sogar vor kurzem noch in Tommelhardt aufgetaucht, in zerlumpter Uniform habe er um Essen gebettelt. Schnell habe man Türen und Fenster verschlossen, mit so einem wolle man nicht gesehen werden.[1]

Manchmal knackte und knallte es laut zwischen den dunklen Fichten, vor allem bei Regen und Wind. Es krachte, als würden die SS-Männer aus dem Hinterhalt schießen. In panischer Angst spähte ich in das Halbdunkel, vielleicht fielen nur tote Äste herunter? Es war jedoch nichts zu sehen, auch kein

Mann in Uniform. Aber vermutlich hielt der sich ganz nah hinter einem Baum versteckt. Bloß nicht umdrehen, wer nicht sieht, wird auch nicht gesehen. Falls der unsichtbare Soldat hinter mir herliefe, wollte ich ihm mein Schulbrot geben, damit er mich nicht erschießen würde. Und so rannte ich bis zu einer Stelle, an welcher der Wald lichter und heimeliger wurde.

Helle Buchen rauschten im Wind, im Gebüsch raschelten kleine Tiere. Zwischen Blättern und Blumen ließen sich die Ängste vergessen, das Herzklopfen legte sich. Durch das Rennen schien auch Zeit für eine Ruhepause gewonnen. Von meinem Schulbrot aß ich ein bißchen, legte Krümel davon auf ein Moospolster, schaute zu, wie Käfer darauf krabbelten und sie sich abholten.

Ein Stück weiter lag feiner Sand auf dem Weg. Da konnte man mit dem Finger Figuren hineinzeichnen oder auch mehrere Kreise um die Fußspuren der anderen Schulkinder ziehen. Bei Regen waren Wasserlachen hinter Dämmen aus Laub und Sand aufgestaut. Mit Aststäbchen ließen sich diese schaumigen Dämme durchstochern, das abfließende Wasser in verzweigte Flußdeltas einem Meer zuleiten.

Gegen Ende des Waldes verlief der Weg steil abwärts. Nun war ganz darauf zu achten, wohin man seine Füße zwischen Wurzeln und Steinen setzte, um nicht vornüber zu stolpern. Unten angelangt, stand links vom Weg eine alte Eiche. Am Rand einer offenen Talwiese, vor dem dichten Bergwald, hatte sie genügend Licht und Platz gehabt, um zu mächtiger, schützender Größe aufzuwachsen. Unter diesem schönen Baum war nochmals eine Ruhepause gestattet, er lud geradezu dazu ein. Von meinem Schulbrot, eine Scheibe ohne Aufstrich, aß ich wieder ein bißchen. Wenigstens die breite Kruste davon mußte jedoch übrigbleiben, sonst wäre ich die einzige gewesen, die auf dem Schulhof ohne »Pausenvesper« dagestanden hätte.

Nach der schönen Eiche, nach der weichen Wiese ging es wieder steil nach oben, durch einen Hohlweg. Oben war ein Weg nach links, von der Stadt wegführend, von knorrigen Birnbäumen gesäumt. Zu meiner ständigen Enttäuschung. Vom September an waren diese Birnen als Obst so nicht eßbar, sie waren für Most bestimmt. Die beißend-körnigen Birnen spuckte ich also schnell wieder aus. Mit einem pelzigen Nachgeschmack im Mund ging ich dann den Weg zur Stadt, zu den ersten Häusern. Rechts die Villa mit den Gartenzwergen. »Grüß Gott!« rief ich den emsigen Menschlein in Eile zu und begab mich ins Schulhaus gegenüber. Dort traf ich anfangs, trotz des langen Weges, noch pünktlich vor dem Klingelzeichen ein. – Und falls doch nicht, so schien es von Vorteil zu sein, daß mein Platz hinten in der Nähe der Tür war. Da würden die Lehrerin und die Schwerhörigen vorne nicht merken, wie ich mich leise hineinschlich, wenn der Unterricht schon begonnen hatte.
Die Rückwege gestalteten sich noch zeitverlorener. »Schularbeiten« vermischten sich aufs Schönste mit allem, was im Wald mitspielte. In der Schule lernten wir Kinder anfangs noch lustige Verse, einer davon begann so: »Dicker, fetter Pfannekuchen, kantipper, kantapper lief er in den Wald hinein.« Dabei sollten wir die n am Ende von »Kuche« und »hinei« deutlich betonen, um Deutsch statt Schwäbisch zu sprechen, dann schreiben zu lernen. Mir waren jedoch die vielen r an den Wortenden schwieriger auszusprechen, noch von Berlin her sagte ich »dicka, fetta«. Also in den Wald hinein, »kantippa, kantappa« mit Stöckchen den Takt auf Steine klopfend, dann singend und Vogelstimmen nachahmend und so weiter von Baum zu Baum den Weg zurück. Nur durch den Fichtenwald rannte ich wieder bis zum Tommelhardter Ackerweg.
Im Oktober wurden die Schatten länger und die Tage kürzer. Um nicht etwa bei Dunkelheit noch im Wald zu sein, war Eile

geboten. Aber die anfänglichen Ruhepausen erweiterten sich zu immer schöneren Spielen, zum Ausbauen von Mooshäuschen, zum Zählen und Auslegen von bunten Herbstblättern zu Mustern, alles getreu der Mahnung: Eile mit Weile.

Ende Oktober kam »Onkel Hans-Karl«, der Bruder der Mutter, für einige Zeit zu uns ins Blockhaus. Er sei Kriegsheimkehrer, hieß es bedeutungsvoll, mehr wurde uns Kindern nicht darüber gesagt. Eine längliche, weiße Narbe zwischen kurzen, grauen Haaren hielten wir für eine schwere Kriegsverletzung am Kopf und erklärten uns daraus auch des Onkels abgehackte Sprechweise. Die Frauen begrüßten es, daß endlich wieder ein Mann im Hause war. Die Mutter veranlaßte ihren Bruder, sich des Problems anzunehmen, daß ausgerechnet das einzige Mädchen so schrie. Das sei doch häßlich und würde nur den kleinen Bürschli anstecken, dem Kind fehle der Vater, eine männlich durchgreifende Hand sei durchaus angebracht.
Meine Ängste vor Krieg und Tieffliegern brachen unversehens aus und damit auch das Schreien. War es wieder soweit, griff sich der Onkel das Stück Kind, hieb es durch, windelweich, bis es nur noch wimmerte, um in der Nacht um so lauter aufzuschreien.
Schlimmer noch, des Onkels eingreifende Art verhinderte, daß ich meinen gewohnten, schönen Schulweg gehen durfte, ja, daß ich überhaupt zur Schule und zu der netten Lehrerin gelangen konnte. Die Mutter hatte mir am Morgen gerade rote Schleifen am Kopf angebracht. Ansonsten war ich noch nicht fertig angezogen, über die Unterhose war nur ein blauverblichenes Schürzchen gebunden. Da ergriff der Onkel meinen Schulranzen und ging damit hinaus. Oh, mein kostbarer Ranzen! Ich lief hinterher. Der Onkel stand groß mit dem kleinen Ranzen vor dem Haus. »Ich will meinen Ranzen

haben!« – »Kind mit 'nem Willen kriegt eins auf die Brillen!« Der Onkel schlug kräftig auf die Unterhose ein. Schließlich hielt er inne: Da hätte ich meinen Schulranzen, sagte er, das aber nur, wenn ich einen anderen Schulweg ginge. Er wolle mir eine Abkürzung zeigen. Ich nahm schnell meinen Ranzen und lief zum Hang Richtung Tommelhardt. Mit drei Sätzen war der Onkel hinterher und prügelte drauflos. Es gab kein Entkommen mehr, am Neumühlbach war der Weg naß und matschig, ich fiel hin, Schürze und Unterhose wurden dreckig. Der Onkel hatte einen Stock genommen, er wolle sich die Hände nicht schmutzig machen. Der Schulranzen war ein guter Schutz gegen die ärgsten Hiebe.

Abrupt hörte der Onkel zu schlagen auf, keuchte, lächelte, packte mich an der Hand und zog das schmutzige Bündel in Richtung der Abkürzung. Das war eine Teerstraße, links vom Neumühlsee nach Obermühle. Auf dieser Straße angekommen, wies der Onkel soldatisch-knapp in Marschrichtung. Dann kehrte er um. Ich ging auf der schrecklichen Straße weiter, denn wäre ich gleich in den Wald gelaufen, hätte mich der Onkel gewiß wieder in drei Sprüngen eingeholt. Er sah sich jedoch nicht mehr um. Seine Pflicht war getan, wahrscheinlich strebte er dem verpaßten Frühstück entgegen. Hinter einer Straßenbiegung war der Onkel verschwunden. Da dröhnte aus der Richtung dumpfes Rattern wie von einem Panzer. Auf der Flucht, auf solchen Straßen rollten Panzer, gleich würden auch Flugzeuge darüberdonnern, schnell in den Wald, in Deckung gehen! Das Fahrzeug kam näher, hielt an, Benzingeruch von Panzern. Starr vor Angst hinter einen Baum geduckt, hoffte ich, unsichtbar zu sein. Aber wie nur die roten, abstehenden Schleifen verstecken, ohne sich zu rühren? Schritte vom Panzer her, direkt auf meinen Baum zu, zum Weiterlaufen war es zu spät, Aufschrei, ein fremder Mann stand vor mir. »Hob kei Ängscht, Mädle«, sagte er ruhig,

»muscht zur Schul, gell?« – Nicken und Schluchzen. Er könne mich bis kurz vor Waldenburg mitnehmen. Ich wollte ja zur Schule und wagte mich hinter dem Baum hervor. Der »Panzer« war nur ein Traktor mit einem Anhänger voll langer Baumstämme.
Die Angst ging vorüber. Nun wäre ich doch ganz gerne mit dem freundlichen Mann oben auf dem Trecker zur Schule gefahren. Aber so spärlich angezogen, mit roten Schleifen und angeschmutzter Unterhose, wie peinlich, so wollte ich nicht zur Schule kommen. Der Mann reichte die Hand herunter, um mir beim Hochsteigen zu helfen, leider mußte ich ablehnen. »Denn ebe net«, rief er, alles andere ging im Motorengeräusch unter. Der Trecker setzte sich in Bewegung, die Stämme zogen langsam an mir vorüber. Am hinteren Ende, unter der schweren Ladung, saß dicht über der Straße schleifend ein anderer Mann auf einem Notsitz. Er bediente ein kleines Rad, wie um den Anhänger von hinten zu steuern. Bei ihm sei kein Platz zum Aufsitzen, rief er und duckte sich wieder unter die fahrenden Baumstämme.
Der Trecker war nicht mehr zu sehen, sein Getöse vertuckerte zu einem fernen Geräusch im Wald. Nur noch der Geruch von Panzerbenzin blieb über der Straße. Am besten schien es, wieder in ein Versteck hinter den Baum zurückzukehren. Aber in der Nähe der gefährlichen Straße, in dem unbekannten Wald, machte es keinen Spaß, mit Stöckchen und Moos zu spielen. Nach den überstandenen Ängsten ließ es sich erst einmal gründlich ausheulen, ohne daß der Onkel es hörte. Wäre doch Vati nur da! Schluchzen steckte zu immer lauterem Heulen an, schließlich über alles, alles war traurig. So verging einige Zeit. Hunger meldete sich an. Im Schulranzen war aber kein Pausenbrot zu finden. Um ins Blockhaus, vielleicht schon zum Mittagessen zurückzugehen, war es noch zu früh, obwohl nun die Sonne durch die Bäume schien und etwas aufwärmte.

Bei so verheulten Augen hätten die anderen gemerkt, daß ich gar nicht in der Schule gewesen war. Um die Augen auf klare Sicht einzuüben und um die Zeit zu vertreiben, war es gut, ganz viele Zahlen auf die Schiefertafel zu schreiben, so viele, wie wir in der Schule schon gelernt hatten, von eins bis hundert, bis die Tafel auf beiden Seiten randvoll beschrieben war. Trotz der langen Rechenstunde im Wald kam ich zu früh im Blockhaus an: Es gab noch kein Mittagessen. Bei Tisch, als es dann soweit war, meinte der Onkel, die Straße sei doch eine gute Abkürzung, schnell hin, schnell zurück! Ich nickte, ohne von meinem Teller aufzuschauen.
Am nächsten Morgen, nach dem Frühstück und fertig angezogen, mußte ich notgedrungen so tun, als würde ich wieder »die Abkürzung« nehmen. Ein Stück trottete ich die Teerstraße entlang, von da wollte ich ungesehen durch den Wald nach Tommelhardt hoch, bei Wolfs Station machen und dann den bekannten Schulweg gehen. Der Wiesenhang unterhalb des Weilers, allzu übersichtlich, mußte vermieden werden, denn der Onkel war kontrollierend vor dem Blockhaus stehengeblieben. Von dem unteren Wald an der Straße gab es aber keinen Weg nach oben. Das Gestrüpp wurde immer dichter, irgendwie mußte es nach links gehen, oder der Sonne nach, jedenfalls bergauf. Ich verirrte mich. Schade, die Schule hatte sicher schon begonnen. Zu spät kommen ist unangenehm, also besser ganz wegbleiben, sich hinsetzen und abwarten.
Nach unbestimmter Zeit war zu hören, wie Frau Rück mit ihren Kühen fluchte. Ich kraxelte dem Gehör nach in die Richtung und kam zu einer Viehtränke am oberen Neumühlbach. Frau Rück fragte, ob die Schule schon aus sei? Das hätte ich auch gerne gewußt. Meine Geschichte war aber zu umständlich zu erklären, so antwortete ich mit ja. Da oben am Bach solle ich aber nie wieder allein herumlaufen, sagte sie und zeigte mir den Weg zum Hang, nach unten.

Der Onkel reiste ab. Ich konnte wieder meinen normalen Schulweg gehen. Aber da erhielt die Mutter einen Mahnbrief. Er lautete in etwa so: Ihre Tochter käme schon des längeren unpünktlich zur Schule, ältere Kinder hätten auf dem Schulweg beobachtet, wie das Kind singend um Bäume herumtanze. Nun sei es zwei Tage dem Unterricht ganz ferngeblieben. Ein elterliches Entschuldigungsschreiben für letzteren Vorfall solle möglichst umgehend nachgereicht werden.
Meine Mutter verlas dies offizielle Schreiben der Lehrerin offenbar mit dem Vorsatz, ihre Tochter ernsthaft zu ermahnen. Über das Tanzen um Bäume konnte sie jedoch kaum das Lachen unterdrücken. Für sie war demnach alles wohl doch nicht so ernst. Aus Tonis Schreibheft nahm sie ein Blatt, murmelte »elterlich . . .«, schrieb schnell etwas darauf, steckte es in Tonis Ranzen und sagte ihm, er solle es in der Schule abgeben. Zu gerne hätte ich gewußt, was in dem Entschuldigungsschreiben stand. Toni wagte aber nicht, das Blatt, welches ihm und seinem Schulranzen anvertraut worden war, vorzeitig herauszuholen und heimlich aufzufalten. Sowieso hätte er die gotische Handschrift der Mutter auch noch nicht entziffern können. Es war aber doch wichtig zu wissen, ob mein Fernbleiben wirklich der Anwesenheit des Onkels zugeschrieben wurde, einem Vorfall, der sich nie wiederholen sollte, denn der Onkel war ja nun abgereist.
Am nächsten Tag, nach Toni, kam ich laut Stundenplan der Erstkläßler ganz pünktlich zur Schule. In der Vorhalle fragte mich die Lehrerin, ob ich denn nun warm angezogen und schon wieder gesund sei? Es mußte sich also um eine Erkältungskrankheit gehandelt haben.
Bald darauf war zu merken, welche älteren Kinder mich in der Schule verpetzt hatten. Ich war auf dem Rückweg durch den Wald, zurück schien Trödeln weiterhin erlaubt. Da kamen im Eilschritt alle älteren Kinder aus der Gegenrichtung gelaufen.

So nebenbei griff mich einer der Sailachbuben, andere halfen, ich weiß nicht wer, es ging sehr schnell, sie hängten mich mit dem Ranzen an einem Baum auf. »Da kannsch jetzt um de Bäum danze!« rief der Junge, streckte die Zunge raus und lief mit den anderen weiter. »Sieglinde! Rosa!« rief ich von da oben, dann: »Toni, Toni!« Mein Bruder sah kurz zurück, zögerte, dann lief er den anderen hinterher. Das war enttäuschend, aber er mußte ja pünktlich zur Schule kommen.
Da hing ich nun am Baum aufgehängt und von allen verlassen. Es war zum Fürchten, der dunkle Fichtenwald mit seinem unheimlichen Knacken war ganz in der Nähe. Sehr weh tat jedoch eigentlich nichts, obwohl die Schultern eingeklemmt waren, ließen sich die Arme bewegen. Hinten an den Kopf stach etwas Spitzes, mit den Händen tastete ich danach, es war der Rest eines abgebrochenen Astes am Stamm einer Fichte. Daran befühlte ich den großen, silbernen Ring meines Schulranzens, der die Riemen hinter den Schultern zusammenhielt. Um herunterzukommen, bräuchte ich vielleicht nur die Arme aus den Trägerriemen herauszuwinden? Aber vor einem Absturz war das Vorgehen genauer zu planen, das Problem waren die Affenschaukeln und die abstehenden Schleifen. Der Baumstamm war voll von spitzen Aststücken, beim einfachen Fallenlassen würden die Schleifen und Zöpfe daran hängenbleiben, Haare und Haut vom Kopf abreißen. Das war die Lösung: Ich zog die Schleifen auf, in den Zopfenden blieben sie eingeflochten, und steckte alles, Zopf und Schleifenenden, in den Mund. Dann einen Arm aus den Riemen gezogen, mit der Hand schnell wieder festgehalten, dann den anderen Arm, loslassen! Plumps, Landung.
Die Beine taten weh, um nachzusehen, mußten die Strapse von den Wollstrümpfen abgezwackt werden. Aus den Knien floß kein Blut, also war alles heil geblieben, welch ein Glück! Mein Schulranzen hing noch oben am Baum. Eigentlich

könnte Toni ihn auf seinem Rückweg später mitnehmen – oder doch nicht, dann wäre es schon dunkel, womöglich würde jemand anderes den Ranzen holen, mein gutes Stück. Mit einem langen Ast angelte ich ihn herunter.
In der Zeit war unsere Mutter in Tommelhardt oben in den Dachkammern bei Handwerkern zwischen Tür und Angel zu finden. Bevor ich hochging, versuchte ich, die hängenden Haarbänder so ordentlich zu binden, wie ich konnte, das heißt wie Schnürsenkel. Seine Füße kann man ohne Spiegel sehen, nicht aber den eigenen Kopf. Deshalb band ich die Schleifen nicht zu Affenschaukeln hoch, sondern nur an den Zopfenden in Halshöhe. Die Mutter bemerkte die Veränderung gar nicht. Sie hatte viel zu tun und keine Zeit.

Nach unserem Umzug vom Blockhaus nach Tommelhardt mußten wir, um in die Dachwohnung zu gelangen, immer durch die Küche der Bäuerin, der Frau Olpe gehen. Einmal stand sie am Herd, es dampfte und roch verlockend. Ich hatte Hunger und blieb etwas stehen. Sie nahm Teigklumpen, stülpte sie mit der rechten Hand über die linke Faust, zog einen breiten Rand darum, der Teig wurde in der Mitte so dünn, daß die Fingerknöchel darunter zu sehen waren. Diese hellen Teigringe legte sie in siedendes Fett, knusprig braun wurden sie wieder herausgeschöpft und mit Zucker bestreut. So etwas hatte ich noch nie gesehen und fragte, wie denn dieses Gebäck heiße? »Fasnetskrapfe«, antwortete die Frau so mürrisch, daß zu verstehen war, nicht einmal ein Stückchen zum Kosten wäre abzubekommen.

Ein andermal, es lag Schnee, schenkte mir eine ältere Frau am Ausgang der Schule ein junges Kätzchen. Ich nahm es in die Arme und ging den Waldweg zurück. Auf halbem Weg sprang es weg und kroch unter dichte Tannenäste, die der Schnee heruntergebogen hatte, selbst seine schwarzen Flecken waren nicht mehr im Schnee zu sehen. »Miez, liebe Miez!« rief ich, und nach einigem Locken kam das Kätzchen wieder. Im Winter trug ich eine rote Strickmütze über den Zöpfen, oben spitz, über den Ohren runde Klappen, daran gehäkelte Bändchen. In diese Mütze legte ich das Kätzchen, immer wieder wollte es davonspringen, durch die zugebundenen Ohrenklappen konnte es jedoch nicht mehr heraus. Schließlich beruhigte es sich und schnurrte, so trug ich es bis ins Haus. Ausgerechnet in der Küche, in der die Bäuerin wieder am Backen war, jaulte das Kätzchen. »Kommt mir net ins Haus!« schrie die Frau, packte es aus der Mütze und knallte es an die Wand.

Bestürzt ging ich nach oben. Mutti versuchte zu trösten, sie fand diese Bauersfrau sowieso gemein und einem Kind das Kätzchen zu töten den Gipfel der Bosheit. Mir kamen Selbstvorwürfe, weil ich das Kätzchen nicht hatte in den Wald weglaufen lassen. Dort in Freiheit hätte es sicher ganz gut für sich selbst sorgen können, besser als ich es in den Dachkammern je gekonnt hätte, zudem noch es schützen gegen Bosheiten.

Von da an hatte ich Angst, durch die Küche der Bäuerin Olpe zu gehen. Nach dem Schulweg blieb ich unten vor der Haustür neben dem Stall stehen. Es war schön, von da dem Flimmern in der Luft über Frau Rücks Backhaus zuzusehen, wie Bäume und Mauern, sonst mit klaren Umrissen, geheimnisvoll zu Nebel in schimmernden Farben verschwammen.

Die Frau Olpe war zum Glück nicht immer in ihrer Küche. Als es wärmer wurde, hörte man sie öfter unten im Stall. Anstelle des Plumpsklos hinter ihrer Küche benutzte sie das Stallstroh und hockte zu dem Zwecke zwischen Pferd und Kuh.

Angenehmer als in dem Bauernhaus, in dem wir oben wohnten, war es bei der Familie Wolf. Wenn Toni und ich Schule hatten, gab die Mutter dort den vierjährigen Bürschli zum

Hüten ab. Ohne Kinder sei sie unabhängig, um von »Pontius zu Pilatus« zu laufen, sagte sie. Meist saß Bürschli auf dem Schoß von Herrn Wolf. Ein gläserner Humpen Most stand vor dem »großen und dem kleinen Wolf«, daraus tranken sie abwechselnd und lasen in der Bibel. Kam ich aus der Schule, überantwortete mir Herr Wolf meinen jüngeren Bruder, denn er müsse nun »schaffe gehe«.

Frau Wolf arbeitete mit ihren drei ältesten Töchtern auf den Äckern und nahm ihre beiden Jüngsten mit, den Hermann und ein zweijähriges Mädchen. Herr Wolf hatte eine Sandgrube hinter dem Hof. Bürschli und ich sahen ihm von weitem bei seiner schweren und gefährlichen Arbeit zu. Mit der Spitzhacke hieb er in die Steilwand der Grube, wenn zuviel Sand auf einmal herunterfiel, wich er schnell aus, der Sand drohte ihn sonst zu verschütten. Den Sand schaufelte er in eine Lore. Dann schob er, mit den Schultern dagegen gestemmt, die volle, schwere Lore auf einem schmalen Gleis von der Grube hoch an den Wegrand. Wieder schaufelte er den Sand, diesmal von der Lore auf einen Anhänger. Der leeren Lore gab er einen Fußtritt, sie raste in die Grube zurück. Es war allen Kindern streng verboten, zu nah an das Gleis zu kommen oder gar die Grube zu betreten.

Die Sandgrube und der Hof wurden von einem Wolfshund bewacht, der vor seiner Hundehütte angekettet war. Zu gerne hätte ich diesen Hund, der wedelte, wenn man zu ihm sprach, auch einmal gestreichelt. Herr Wolf warnte, wer näher als an das Kettenende käme, der würde zerrupft. So machte ich, vor allem frühmorgens, wenn noch keiner draußen war, einen weiten Bogen um die Hundehütte und nahm den Hintereingang, der direkt in die Küche zu dem warmen Milchkaffee führte.

Die Mutter hatte Tommelhardt verlassen, mehrere Monate war sie in Hamburg. Oben in der Wohnstube lagen drei

Ostereier in einem blumengeschmückten Nest. Tam, die nun mit uns drei Jüngsten zusammenlebte, hatte sie bemalt. Die Eier vorher zu verstecken, um sie dann zu suchen, nein, dazu sei diese Nahrung zu wertvoll, schrecklich, wenn auch nur ein Ei verlorenginge! Tam mahnte auch immer: »Mit Essen spielt man nicht!« Auf Tonis Ei war ein Osterhase gemalt, auf Bürschlis Küken und auf meines Blumen. Abends legten wir unsere Kostbarkeiten neben das Kopfkissen.

Am frühen Morgen kündigte sich ein schöner Sonnentag an. Noch in der Dämmerung hatte in der Ferne ein Hahn gekräht, bald darauf gackerten überall die Hühner, der Knecht der Frau Olpe dengelte seine Sense, der Singsang von Frau Rücks Flüchen, mit denen sie ihre Kühe auf die Weide trieb, war zu hören. Toni und Bürschli waren auch schon länger wach, wir konnten nicht mehr schlafen, weil wir Hunger hatten. Wir horchten nach draußen. Dann versuchte ich, die Geräusche nachzuahmen, am besten gelang das Gackern der Hühner. »Ding-Dang« machte Bürschli das Dengeln nach, und Toni sang Morgenlieder. Das wäre doch eigentlich wunderbar, ein Huhn zu sein! kam die Idee wohl mehr aus dem hohlen Magen als aus dem gackernden Kopf. Als Huhn könnte ich Eier legen, mich draußen selbst ernähren, und wir alle hätten täglich ein frisches Ei und das nicht einmal auf Bezugsmarken!

Von meinem Bett am Fenster teilte ich diese Idee dem Toni hinten in seinem Etagenbett mit. Dabei versprach ich ihm auch gleich schon Eierpfannkuchen, die wir dann backen könnten und die er doch so gerne aß. Toni, der als kleiner Biologe galt, zweifelte an der Idee, denn Menschen könnten keine Eier legen, nur Vögel. – Ob Engel, die doch Flügel hätten, auch Eier legen könnten? – Toni sinnierte über Straußeneier und Straußenvögel, die wie Menschen auf zwei Beinen liefen. Dann aber meinte er, wenn seine Schwester Eier lege, dann würden wir täglich unsere eigenen Jungen aufessen, oder nein, doch nicht, nur befruchtete Eier seien schon Lebewesen, diese dürfe ich als Vegetarierin übrigens sowieso nicht essen. Toni hatte eine viel bessere Idee: Ein Huhn solle ich nicht werden, sondern eines ausbrüten. Bei gleichmäßiger Wärme würde aus dem Ei bald ein Küken ausschlüpfen, das zögen wir dann groß, und schon als Junghenne würde es Eier legen, als erwachsenes Huhn noch mehr. Daraufhin legten wir mein Osterei an die wärmste Stelle des Körpers in mein Bett. Toni deckte mich gut zu, um die Brutwärme zu halten. Damit unser Vorhaben geheim blieb, beschlossen wir, daß ich mich krank stellen sollte.

Da lag ich nun im Bett und brütete. Die schönen Sonnentage draußen vergingen, ich hörte dem Regen zu und sah den Himmel nur über dem Waschtisch gespiegelt. Toni besuchte mich oft und las mir vor. Abends sang er lieblich zum Einschlafen, nach mehreren Liedern fragte er: »Schläfst du jetzt?« – »Ja.« – »Wenn du noch ja sagen kannst, schläfst du doch gar nicht!« sagte er enttäuscht.

Die Schule fing wieder an, aber das Küken war noch nicht ausgekrochen. Toni meinte, mehr als sechs Tage müsse man schon rechnen, zehn wären richtig. Vier Tage Fehlen in der Schule sei doch nicht so schlimm, er würde mir alles von dort berichten. Tam machte sich Sorgen um meine Bettlägrigkeit. Sie kam zum Fiebermessen. Bevor sie die Bettdecke hochhob, um das Thermometer in den Po zu stecken, schob ich das Ei vorsichtig von den Schenkeln auf die Bauchseite. »Erhöhte Temperatur«, las Tam vom Thermometer ab. Also die richtige Temperatur zum Brüten, glaubte ich und hustete als Hinweis auf Erkältung. Tam gab Toni ein Entschuldigungsschreiben in die Schule mit. Er kam mit dem, was die Erstkläßler zu lernen hatten, zurück, half mir bei den Hausaufgaben, erklärte, was er in seiner vierten Klasse gelernt hatte, und unterwies mich im Konjugieren.

Am zehnten Tag rührte sich immer noch nichts in dem Ei, am elften auch nicht. Im Bett war es schrecklich langweilig, und draußen war inzwischen wieder so schönes Frühlingswetter. Ich stand auf, legte die Bettdecke über das Ei – Tam war gerade bei Frau Wolf – und lief in den Wald, weit hinaus ins Hochmoor, wo Kreuzblümchen und Arnika blühten. Welch herrliches Gefühl von Freiheit, zwischen den Pflanzen herumzuspringen! Zumal nach dem stumpfsinnigen Stilliegen im Brütebett.
Als ich wieder nach oben in die Dachwohnung zurückkehrte und Toni von der Schule kam, stand Tam empört in der Tür. In meinem Bett habe ein Osterei gelegen und fürchterlich gestunken, warum wir denn das gute Ei hätten verkommen lassen? Wegen der schönen Bemalung, antwortete ich verlegen. Toni erklärte unseren Plan, ein Hühnchen auszubrüten, aus einem Ei viele zu machen. »Du Dussel!« sagte Tam, das hätte er doch wissen müssen, daß Ostereier hart gekocht seien! Das Ei kam auf den Kompost, und von da an malte Tam ihre schönsten Dekorationen nur noch auf ausgeblasene Eier.

Monate danach, im September 1947, mußte Toni Tommelhardt verlassen. Er kam ins Gymnasium nach Künzelsau, wo er mit Christof zusammen bei Tante Uschka wohnte. So blieben nur noch wir beiden Kleinen mit Tam zusammen in der Dachwohnung. Einmal war Christof etwas länger bei uns, weil er krank war und von Tam gepflegt wurde. Aus Garnrollen, Gummibändern und Streichhölzern baute er kleine Maschinen, die sich wie Käfer von selbst auf dem Fußboden vorwärts bewegen konnten.
Bürschli, der gerade erst fünf Jahre alt geworden war, kam ebenfalls zur Schule nach Waldenburg. Leider konnten auch wir nur selten gemeinsam dorthin gehen, denn trotz allem war ich in die zweite Klasse versetzt worden, womit mein Stun-

denplan wiederum ein anderer als seiner war. Bürschli hatte auch furchtbare Angst, wenn er den weiten Weg durch den Wald allein gehen mußte.

In der zweiten Volksschulklasse unterrichtete uns ein älterer Lehrer. Nun war es vorbei mit den lustigen Versen, dem Singen und Rechnen. Statt dessen mußten wir Kinder ellenlange Litaneien aus dem Kirchengesangbuch auswendig lernen, alle Strophen hersagen können, dies auch noch, ohne die Melodien dieser Lieder zu kennen. Der Lehrer konnte oder wollte nicht singen, folglich durften wir es auch nicht. Dieses Deutsch nun war viel schwieriger zu lernen als Schwäbisch, es war mir gänzlich unverständlich: »Heid' der Feind, Heerscharen rücken, Erbsünden, süß' Verkünden«, alles geriet durcheinander, obwohl es sich irgendwie reimte.

Solche Veränderungen in der Schule hingen mit Anordnungen der Alliierten zusammen. Nach dem Krieg war vorübergehend nur Kirchliches erlaubt, die amerikanische Militärverwaltung hatte auch nur dem Pfarrer ein Auto zugelassen. Vom »Morgenthau-Plan« war die Rede, wonach Deutschland als unterentwickeltes Agrarland in Schach gehalten werden sollte. Die Erwachsenen sprachen von diesem Plan als von etwas Entsetzlichem für die Deutschen. »Morgentau«, so ein wunderschönes Wort, ich verstand gar nicht, was die so schrecklich dabei fanden.

Eines Morgens lag das aufgeschlagene Kirchengesangbuch neben dem Teller Haferflocken. Tam band mir schon die Schleifen der Affenschaukeln über den Ohren zurecht, dabei fragte sie mich ab – über Nacht hatte sie mir das Buch unter das Kopfkissen gelegt, damit ich die Strophen wie im Schlaf lerne –, aber nichts konnte ich der vorgeschriebenen Reihe nach hersagen. Ein Löffel Haferflocken, eine Strophe, wieder ein Löffel, dabei das Zerren am Kopf wegen der Schleifen, das konnte nichts werden.

Tam begleitete mich zum Weiterlernen auf den Schulweg. Das Gesangbuch hielt sie hoch erhoben vor sich hin. Wenn man die Strophen singen würde, könne man sich alles viel leichter merken, sagte sie und sang mit lauter Stimme: »Jesu geh voran, auf der Lebensbahn!« Tam sang etwas falsch, auch mochte ich ihr nicht sagen, daß wir jetzt in der Schule nicht mehr singen dürften. Es war so schön von Tam, die so überzeugend sang, auf dem Schulweg begleitet zu werden. Aber am Waldrand blieb sie leider schon stehen. In der Küche würde sonst etwas anbrennen, sagte sie und kehrte um.
Bürschli war ein Wunderkind. Schon nach einigen Wochen Schule konnte er fließend lesen, sogar die schwierigen Texte, welche seine Schwester nur mit Mühe in den Kopf bekam. Eines Sonntags in der Kirche begann die Gemeinde zu singen, Tam schmetterte laut und inbrünstig los, Bürschli sang die Strophen deutlich ausgesprochen mit. Aber oh, er hielt ja sein Gesangbuch verkehrt herum! Möglichst unauffällig machte ich ihm mit meinem Gesangbuch Zeichen, er solle seines umdrehen. Aber da hatte es Tam auch schon gemerkt, sie verstummte und sah verwundert den Jungen an, der unverdrossen weitersang.
Nach der Kirche sagte Tam, sie müsse ihm wohl Nachhilfeunterricht geben zum Lesenlernen. Wieso? meinte er, das gehe doch ganz gut ohne die ollen Buchstaben, er brauche nur gut zuzuhören. – Ein fabelhaftes Gedächtnis habe er, daß er das alles auswendig könne, aber so ging das doch nicht sein Leben lang. Und wie mache er das denn mit dem Schreiben? – Einfach auf die Wandtafel gucken und alles nachmalen. In der Schule habe noch keiner etwas gemerkt.

Im folgenden Winter war es noch dunkel, wenn ich zur Schule losmußte. Es schneite im Wald, die Schneeflocken froren auf meinem Mantel fest. Im Klassenzimmer angekommen, häng-

te ich den klammen Mantel an den Kleiderhaken in der Nähe der Tür. Inzwischen war mein Platz nicht mehr ganz hinten, sondern in der Mitte. Sobald alle saßen, stellte der Lehrer eine Frage und rief mich als erste auf. Aufzustehen war ein Reflex, die Frage hatte ich aber nicht mitbekommen, die Gedanken waren noch im Wald. Stumm blieb ich stehen. Der Lehrer fragte andere Kinder. Sie sagten Strophen auf, an denen zu erkennen war, welcher Liedtext gemeint war. Unvermittelt sprach ich eine weitere Strophe. Der Lehrer meinte überrascht, da wäre ja das Posthorn plötzlich aufgetaut! Einige Kinder lachten. Sie verstünden doch gar nicht, was daran zu lachen sei, sagte der Lehrer und erzählte:
»Es war einmal ein Postillon, der blies draußen im Winter in sein Horn. Während er die Töne blies, fror das Horn ein. Erst als das Horn in der Poststation an einem Nagel und im Warmen hing, taute es auf. Die Töne lösten sich und erklangen wunderschön.«
In der Klasse war es nun ganz still. Den Vergleich verstand ich aber nicht recht, ich hing doch gar nicht an einem Nagel, sondern mein Mantel. Ich sah mich nach ihm um, der Schnee taute von ihm ab, Wassertropfen fielen zu Boden, kaum hörbar.

Manchmal, wenn sich unsere Stundenpläne nicht um mehrere Stunden unterschieden, wartete ich nach der Schule auf Bürschli oder er auf mich. So konnten wir wenigstens den Rückweg zusammen gehen. Oben, nach den letzten Häusern von Waldenburg – der Schule und damals nur zwei Villen –, besuchten wir zuerst die alten Birnbäume. Den Saft der herben Mostbirnen saugten wir aus, mit den körnigen Resten spuckten wir um die Wette. Dann, den Hohlweg hinunter, machten wir einen Abstecher nach links zu einem gelben Häuschen unten am Ende eines Feldes. Dieses Häuschen war faszinierend, schon von weitem hörte man daraus Summen

und vibrierendes Singen. Beim Näherkommen klang es, als wäre in der Waldenburger Kirchenorgel ein hoher und ein tiefer Ton für immer festgehalten. Wir horchten an der geheimnisvollen schwarzen Tür, auf die ein weißer Zickzackpfeil gemalt war. Auch die beiden Fenster waren mit schwarzen Metalläden verschlossen, so daß wir nicht sehen konnten, was da drinnen sang und summte. Wir stellten uns eingesperrte Insektenschwärme darin vor, Hummeln, so groß wie Schafe.
Wir erzählten Tam von dem wundersamen Häuschen. »Um Himmels willen!« rief sie, niemals dürften wir uns dem nähern, sonst würden wir vom elektrischen Schlag getroffen. Es sei ein Transformatorenhaus – Was für ein Haus? Und was für ein elektrischer Schlag? – Von Elektrizität verstünde sie nichts, sagte Tam, das sei wie der Blitz bei Gewittern, der könne einen allerdings auch auf freiem Felde treffen, und sie fügte hinzu: »Eichen sollst du weichen, Buchen sollst du suchen!« Wenn dann ein Gewitter aufzog und wir gerade auf dem Schulweg waren, rannten wir von Buche zu Buche, eine Hetzerei, denn es gab mehr Eichen und noch mehr Fichten in diesen Wäldern.
Es war im Winter, es hatte geschneit und gefroren. Die knorrigen, hohen Birnbäume standen wie dunkle Gespenster im Schnee. Unter ihnen lagen merkwürdige, schwarze Haufen, sie rauchten, und der Schnee um sie herum war geschmolzen. Beim näheren Hinsehen stellten wir fest, daß es faulende Mostbirnen waren. Wir zogen unsere Handschuhe aus und hielten die Hände dicht über die Birnenhaufen. Sie wärmten wirklich und dampften wie die Misthaufen vor den Bauernhäusern.
Ein langer Schultag stand bevor. Priska, das Mädchen, welches am ersten Schultag seine schwarzen Haare als Kranz getragen hatte, war inzwischen meine Schulfreundin. Sie sagte ihren Nachnamen mit dem »sz« ebenso ungern wie ich mei-

nen, und sie erzählte mir, eigentlich sei sie aus einer Stadt in Schlesien, die auch Waldenburg heiße, von da aus sei sie mit ihrer Mutter geflohen. Ihr Vater und ihr großer Bruder seien vermißt, jeden Abend bete sie darum, daß sie wiederkämen.
Priska wohnte näher zur Schule, in einem der halbzerstörten Häuser der Stadt. Nie zuvor hatten wir uns gegenseitig zu Hause besuchen dürfen. Ich wohnte zu weit weg im Wald, und vielleicht genierte sich ihre Mutter für die ärmlichen Wohnverhältnisse und dafür, daß nichts zu essen angeboten werden konnte. Oder es trennten die verschiedenen Religionszugehörigkeiten. Priska war eines der wenigen katholischen Kinder in der Schule.
In der ersten Pause flüsterte sie mir etwas Überraschendes zu: Ich solle nach der Schule zu ihr nach Hause kommen, sie habe heute Geburtstag, ihre Mutter habe einen Kuchen gebacken, und ich sei dazu eingeladen. Das war sehr verlockend! Ich sagte gleich voll Vorfreude zu. Nur, ich hätte kein Geschenk und könne auch nur kurz bleiben, es würde doch schon so früh dunkel. Das mache doch nichts, meinte die Freundin, ihren Geburtstag könne sie nicht verschieben, und es sei auch ihr Namenstag.
Gegen Mittag war für Bürschli die Schule aus, er ging allein zurück. Später, nach Schulschluß für uns Zweitkläßler, gingen Priska und ich am Lachnersturm vorbei in die Stadt, zu ihr nach Hause. Die Wohnung war klein und eng wie bei uns, nur die Wände waren gerade, nicht so schräg wie in unserer Dachwohnung. Priskas Mutter, mit schwarzvioletten Locken und lila Kleid, begrüßte mich überschwenglich, doch das war mir nicht ganz geheuer, denn sie stellte mir gleich tausend Fragen über das Adligsein – aus Höflichkeit hatte ich die Wohnstube bewundert, sie sei schöner als unsere –, wie es denn sein könne, daß wir in so engen Verhältnissen lebten, obwohl meine Mutter doch mit dem Hohenloher Fürstenhause verwandt sei

– was gar nicht stimmte –, so eingeschränkt wie sie, wobei sie entschuldigend und stolz zugleich auf Sofapuppen und Häkeldecken zeigte, ihrer Tochter als ihrem besten Stück an den Zöpfen zog und an ihr herumzupfte. Dann wurde es noch unangenehmer, sie fragte mich nach meinem Vater, wies auf zwei Fotografien an der Wand, auf zwei Männer in Uniform, obwohl nicht adlig, sei ihr Mann ein hoher Offizier gewesen, ob denn meine älteren Brüder noch lebten, ob unsere Heimat Schlesien oder Ostpreußen sei? Ich antwortete, so gut ich konnte, mit »Preußen«. Es ging mir mehr um den Kuchen.
Endlich durften wir zu essen anfangen. Das Silber sei auf der Flucht verlorengegangen, sagte die Frau, als sie mir ein Stück Kuchen auf den Teller legte, und dann, als ich mit einem Gäbelchen hantierte, ihre Tochter möge sich ein Beispiel daran nehmen, mit welch feinen Manieren dies adlige Mädchen zu essen wisse. Am liebsten hätte ich den ganzen Kuchen auf einmal mit den Händen gepackt und verschlungen! Meine Freundin senkte den Kopf, sie tat mir leid. Es war zu spüren, daß sie sich noch feiner benehmen mußte als ich, noch schlauer und pünktlicher in der Schule zu sein hatte, um Lob und Essen zu bekommen. Und das auch noch an ihrem Geburtstag.
Frau Frantoszek versuchte, mich in weitere, schwierige Gespräche über Vermißte und Vermißtes, über Deutschland und den Krieg zu verwickeln. Mit vollem Mund spricht man nicht, deutete ich entschuldigend an. Dann wieder stimmte ich so und so zu, weil es dafür noch mal ein Stück Kuchen gab. Auch für meine Freundin, die bei sich zu Hause so stumm war wie ich sonst in der Schule.
Der Kuchen nahm im Uhrzeigersinn ab. Das runde, silbrige Tablett gemahnte kuchenentblößt an die fortschreitende Zeit. Dieser mußte ich nachlaufen, durch den Wald, vor Einbruch der Dunkelheit. Ich ruckelte auf dem Stuhl – wie nur die guten

Manieren bei einem abrupten Aufbruch wahren? – »Vielen Dank, gnädige Frau!« Damit zog ich schon Mantel und Mütze an, lief dann die steile Treppe hinunter, schnell aus dem Haus, durch die Stadt, am Schulhaus vorbei. Der Himmel wurde schwarz, Schneesturm kam auf. Oben, hinter der Stadt, wurde der Sturm stärker. Im Hohlweg wäre man windgeschützt, hoffte ich. Der Hang war aber nur noch als weiße, glatte Fläche zu sehen, über die der eisige Wind noch weiteren Schnee hinwegfegte. Der Wind biß in die Augen, den Weg kannte ich auch ohne Hinsehen und stapfte weiter und weiter. Der Schnee wurde immer höher, ich war im Hohlweg. Jedes Bein, vor das andere geschoben, sackte tiefer ein, immer tiefer, der Schnee reichte bis zu den Hüften. Dann versank der ganze Körper im Schnee, bis über den Kopf. Es wurde schwarz vor den Augen. Weiterzukommen nach Tommelhardt, undenkbar, der Hohlweg, zugeweht, war voll Schnee. Zurück nach Waldenburg in der eigenen Schneespur, das schien eher möglich. Mit aller Kraft drückte ich mit dem Schulranzen nach hinten, das Gesicht schaufelte ich immer wieder mit den Händen frei. Aber sowie ein Loch freigeschoben war, wehte der Sturm es wieder zu. Die Handschuhe wurden naß und eisig, die Hände taten weh. Unten im Schnee, bei den Füßen, die sich nicht mehr regen konnten, war es windstill und warm. Es war schön, den Kampf aufzugeben und im weichen Schnee einzuschlafen.

Nach längerer Zeit wachte ich wieder auf. Zu meiner Verwunderung lag ich in meinem Bett in der Dachstube. Tam hielt mir den Kopf und flößte mir warmen Holundersaft ein.

Als das Fieber gesunken war, erzählte Tam: Bei einbrechender Dunkelheit habe sie sich Sorgen gemacht, als ich immer noch nicht von der Schule zurück war. Sie sei zu Wolfs gegangen in der Hoffnung, ich hätte da, wie so oft, noch Station gemacht. Als dort alle bestätigten, sie hätten das Mädle nicht gesehen, habe sich Herr Wolf auf den Weg gemacht. Erst nach Stunden sei er zurückgekommen, das halberfrorene Kind in den Armen. Eingewickelt hatte er mich noch hoch ins Bett getragen. Herr Wolf habe berichtet, auf dem Schulweg hätte er lange, aber vergeblich gesucht. Richtung Ziegelhütte dann kam ihm eine »Funzel« entgegen, eine alte Bäuerin mit einer Stallaterne und einer Art Sack auf dem Rücken. Zufällig war diese Frau bei Sturm und Dunkelheit noch von Waldenburg, wo sie zu lange »gebatscht« hätte, nach Ziegelhütte zurückgegangen. Den Hohlweg hatte sie vermieden, bei Schneesturm sei der ja zugeweht. Aber aus dem Schnee hätte etwas herausgeschaut. Beim näheren Hinleuchten von oben habe sie eine rote Mütze im Schnee erkannt. Damit sei doch immer im Winter ein Mädle zur Schule gegangen, die Mütze könnte doch nicht einfach nur der Wind dahingeweht haben. Tief im Schnee habe sie wirklich das Mädle gefunden. Wie einen Kartoffelsack geschultert, hätte sie's erst mal bis Ziegelhütte tragen wollen. Und wenn sie nicht zufällig noch so spät aus der Stadt zurückgekommen wäre, »wär's Mädle über Nacht ganz erfrore«.

Nur vage ist mir in Erinnerung, daß ich manchmal auch vom Tal aus steil hoch nach Waldenburg zur Schule ging. Wenn unsere Mutter zu Ämtern und Behörden unterwegs war, gab sie mich in Hohebuch ab. Sie sagte, dort könne ich mich endlich satt essen.

Hohebuch, die Domäne des Herrn Dr. Hege, lag in der Nähe des Waldenburger Bahnhofs. Um den Zug zu erreichen, war die Mutter immer in Eile, auf dem Weg zum Bahnhof hinunter konnte ich ihr kaum folgen.

Herr Hege und seine beiden fast erwachsenen Kinder waren sehr freundlich. Dennoch fühlte ich mich in dem großen Haushalt und dem Landwirtschaftsbetrieb verloren. Das mag auch daran gelegen haben, daß ich mir die Frau des Hauses

»Toni«, Clara von Arnim und »Mäuschen«. Aufführung zum 60. Geburtstag von Herrn Dr. Hege in Hohebuch

Die Dichterin Bettine von Arnim vor ihrem Goethedenkmal

nur als hohes, schwarzes Kreuz vorstellen konnte. Ein solches Kreuz stand oben in den Bergen am Ende des Weges mit den alten Birnbäumen. In Trauer um seine verstorbene Frau hatte es Herr Hege vor dem Waldenburger Friedhof errichten lassen.

Später, wir wohnten schon in Kupfer, fühlte ich mich in Hohebuch noch unwohler in meiner Haut. Es war während einer Aufführung der Mutter zu Herrn Dr. Heges sechzigstem Geburtstag.

Die Mutter wollte, daß ihre drei Kleinen an dem Auftritt teilnähmen. Bürschli schaffte es gleich schon bei den Vorbereitungen, sich als zu klein und ungeschickt zu erweisen. Ich wollte mich mit ihm zusammen vor der Aufführung drücken. Aber die Mutter sagte, das ginge auf gar keinen Fall, gerade ihr Kind mit dem echten Namen der Dichterin müsse unbedingt dabeisein! Mir wurde angst und bange, vor aller Öffentlichkeit ein Gedicht aufsagen zu müssen. Nun gut, das brauche ich nicht, das würde sie schon machen, ich solle nur ab und zu auf ihr Zeichen hin eine Blume oder ein Taschentuch reichen. Toni erklärte sich bereit, als Ururenkel der Dichterin Bettine von Arnim mitzuwirken und etwas dafür auswendig zu lernen.

Unter einem hohen Baum im Park saß dann die Mutter in einem Sessel. Sie trug ein langes, schwarzes Kleid und eine schwarze Spitze über weißem Wattehaar. Wie Tonis Einführung zu entnehmen war, stellte sie die Dichterin als Freundin Goethes und Witwe des Dichters Achim von Arnim zugleich dar. Neben ihr stehend hatte ich Angst vor den vielen Zuschauern und der fremd aussehenden Mutter. Auf dem Schoß hielt sie die Bibel, als wolle sie daraus vorlesen wie zu Weihnachten. Es lag aber nur ihr Spickzettel darin. Bürschli hatte Glück, munter lief er den Parkweg neben uns auf und ab. Dadurch knirschte der Kies, »Pst, Wolf!« machte die Mutter mitten zwischen ihrem Text. Er kroch unter einen Tisch, auf dem Gebäck bereitstand. Ich sah nur noch zu ihm unter die Tischdecke und vergaß dabei das Lampenfieber, sah, wie er sich fix einen Keks vom Tisch stibitzte, und vergaß dabei auch, im richtigen Moment Taschentuch und Blume zu reichen. Am Ende wurde kaum Beifall geklatscht. Das war mir peinlich, und ich glaubte, es sei meine Schuld.

In der Schweiz

Im September 1948 war nicht nur der neue Schulweg bequemer, auch meine Anziehsachen waren besser. Ich trug ein neues Kleidchen und einen warmen Lodenmantel mit Kapuze. Am liebsten waren mir noch lange, bis sie dann Bürschli paßten, feste, bequeme Haferlschuhe. Alle diese neuen Sachen waren von echter Schweizer Qualität. Und das Erstaunlichste für damals: Über die Sommerferien war ich als Siebenjährige sogar selbst in der Schweiz gewesen.

Dies kam so: Eine meiner Patentanten ist Marguerite Staehelin, eine Freundin der Mutter aus ihrer Jugendzeit. Zur Taufe und zu jedem Geburtstag hatte sie mir zwei silberne Teelöffel geschenkt. Das war als der Beginn einer Sammlung von jeweils zwölf Teelöffeln, Suppenlöffeln, Gabeln und Messern gedacht, komplett zum zwanzigsten Lebensjahr als Aussteuer. Meine acht Teelöffel blieben in Zernikow, die Sammlung wurde wieder von vorne angefangen. Tante Margrit wußte wohl, daß man von silbernen Teelöffeln allein nicht leben konnte. In der Notzeit nach dem Krieg hat sie ihrer Freundin in Deutschland sehr geholfen. Eine ihrer guten Ideen war auch, ihr Patenkind in die Schweiz einzuladen.

Für die weite Bahnfahrt mit mehrmaligem Umsteigen war ich noch zu klein. Einer der großen Brüder sollte mich begleiten.

Bedürftig an Kleidung und Nahrung waren sie alle, das gute Los fiel nicht an Achim oder Christof, sondern an Clemens. Er war der geheime Liebling der Mutter, denn er sah ihrem jüngsten, im Krieg gefallenen Bruder Werner ähnlich. Auch galt Clemens als der gewandteste unter den Geschwistern.
So gut es ging, wurden wir für die Reise in die Schweiz hergerichtet. Etwas hilfsbedürftig sollten wir ruhig aussehen, meinte die Mutter dazu. Clemens trug kurze Hosen mit Flicken, dazu ein graues Hemd mit Taschen für unsere Fahrkarten und Ausweise. Ich hatte ein rot-weiß kariertes Kleidchen aus Bettwäsche genäht bekommen, trug aber nur abgenutzte Sandalen. Verschnürte Pappkartons ersetzten Reisekoffer.

Mit dem ersten Zug fuhren wir los. Es war noch kalt auf den harten Holzbänken. Nach dem Umsteigen wurde es am frühen Sommermorgen wärmer. In Stuttgart dann dunkle Ruinen, schwarz von Brandbomben. Clemens suchte nach dem richtigen Bahnsteig für den Zug nach Zürich und hieß mich solange unsere Pappkartons bewachen. Zum Glück kam er bald wieder.
Der Zug nach Zürich fuhr ein. Es war ein Eilzug, bequemer und schneller als alle Züge, in denen wir bislang je gefahren waren. Er hielt nur selten und kurz, am Abteilfenster sausten Landschaften vorüber, zu flüchtig, um das Gesehene auch wahrzunehmen. Dann jedoch hielt der Zug länger: an der Grenze. Den verschiedenen Kontrolleuren zeigte Clemens mehrmals unsere Fahrscheine und Kinderausweise, einmal sogar auch ein Schreiben meiner Patentante, wobei er beteuerte, daß wir wirklich für unseren Aufenthalt in der Schweiz eingeladen seien.
Der Zug fuhr langsam auf ein Nebengleis. Wir befürchteten, unsere Papiere stimmten nicht, wir müßten aussteigen, dann zurückfahren. Es sollten jedoch nur die Lokomotiven ausge-

wechselt werden. Während des Stillstandes auf dem Nebengleis gab es Zeit zum Betrachten von eingefaßten, hellen Kieswegen, glattem Rasen, zugeschnittenen Hecken, Häusern mit roten Dächern und heilen Fenstern mit Blumenkästen davor. Alles war so ordentlich, sauber und heil, keine der gewohnten, unheimlichen Ruinen mehr. Wir waren in der Schweiz angekommen, in dem märchenhaften Land, in dem nicht Krieg gewesen war.

Am Bahnhof Zürich stand Tante Margrit – groß, blond und schön – mit einem weißen Taschentuch, dem vereinbarten Erkennungszeichen. Sie umarmte mich, nahm Diener und Handkuß von Clemens entgegen, sagte, sicher hätten wir noch nichts Rechtes gegessen, sie kenne ein nettes Restaurant, nicht sehr weit entfernt. Auf dem Weg dorthin rissen die Riemen einer meiner Sandalen, beim Überqueren einer großen Straße verlor ich sie, hob sie im Autoverkehr wieder auf und kam nur noch schlurfend voran. Einfach barfuß zu gehen wäre zu peinlich gewesen.

Nach dem Essen – meine Sandalen waren mit Sicherheitsnadeln provisorisch repariert worden – führte uns Tante Margrit in das Kaufhaus Jelmoli. Es sei das größte, modernste Kaufhaus von Zürich, ja der ganzen Schweiz.

Der fünfzehnjährige Clemens blieb unten in der Herrenabteilung, er dürfe sich einen Anzug aussuchen, sagte ihm meine Patentante und nahm mich in ein anderes Stockwerk, in die Kinderabteilung, mit. Dort bekam ich den Kapuzenmantel und ein wollenes Kleidchen. Eine Verkäuferin wurde gebeten, sie möge alles an Unterwäsche, Strümpfen, Freiluftanzügen einpacken, was für ein Kinderheim erforderlich sei. Vor dem Schuhkauf ging es wieder hinunter in die Herrenabteilung. Da stand Clemens mit seiner schwarzen Haartolle in hellem Jackett und dunkler, langer Hose vor dem Spiegel, andere Jacken und Hosen hielt er über den Armen. Er sah

wie ein erwachsener, eleganter Herr aus und betrachtete sich. Tante Margrit riet zu einem dunklen Anzug, den später noch Christof und Toni zur Konfirmation tragen könnten.
Zum ersten Mal durfte ich mir Schuhe aussuchen. Am besten gefielen mir die Schweizer Trachtenschuhe. Ein Paar war rotbraun, die Verschnürung von einer breiten, olivgrünen Lasche mit Lederfransen überdeckt, an den Seiten baumelten dunkelgrüne Schnürsenkel mit roten Perlen daran. Wunderschön waren diese Schuhe! Ich durfte sie anprobieren. Mit einfachem Aufundabgehen zur Bestätigung, daß sie bequem seien, war es aber nicht getan. Die Schuhverkäuferin meinte, wenn Kindern Schuhe besonders gut gefielen, würden sie nicht sagen, wenn sie drückten, auch deshalb habe Jelmoli eine neue Einrichtung, ein Röntgengerät. In den schönen Schuhen, die aber wirklich nicht drückten, stieg ich auf ein Podest und schob die Füße unter ein Rohr, höher als ich es war. Von oben guckten die anderen abwechselnd in einen grauen Plastiktrichter hinein. Tante Margrit meinte, die Schuhe paßten sogar auf Zuwachs. Die Schuhverkäuferin hob mich an, um mich auch in den Apparat schauen zu lassen. Nur kurz sah ich eine Anreihung vieler grauer Knöchelchen, dunkel umrahmt, dazwischen einen hellen Abstand, den »Zuwachs«. Durch das graue Röntgenbild war entschieden, daß ich die schönen, bunten Haferlschuhe bekam.
So gut und neu eingekleidet fühlte man sich auch selbst gleich wie neu. Nun war es ein leichtes, wieder zum Zürcher Bahnhof zu gehen! Wir fuhren zum Vierwaldstätter See, nach Vitznau, zu dem Haus der Eltern der Patentante. Die Schweizer Züge sahen aus wie frisch lackiert in mehreren Farben, ganz anders als das gewohnte, eintönige militärische Graugrün. Ein solch farbiger Zug fuhr unten über ein Viadukt, wir sahen ihn aus unserem Zug von oben, wie es schien aus schwindelnder Höhe.

Abends in Vitznau angekommen, war alles dunkel und still, tiefblau die hohen Berge, noch dunkler der See. Ein beleuchteter Kiesweg, gelbes Licht, die Villa der Staehelins. Nachdem uns ihre Eltern begrüßt hatten, ging Tante Margrit mit ihnen nach oben, wir Kinder bekamen von der Haushälterin in der Küche Grießbrei mit Kompott. Mein ganzes Entzücken war ein Kätzchen, das sein Körbchen unter dem Abwaschtisch hatte. In einem großen Raum hinter der Küche waren Betten für uns hergerichtet. Tante Margrit sagte uns noch gute Nacht und knipste das Licht aus. Stumm lagen wir im Dunkeln, ich wußte nicht, ob Clemens nach seiner Konfirmation noch betete, und tat es deshalb auch nicht.
Die große, schöne Villa, der Vierwaldstätter See, die hohen Berge, all dies bedeutete mir nicht so viel wie das niedliche Kätzchen in der Küche. Die Haushälterin unterhielt sich mit mir, schenkte mir noch mehr Kleidungsstücke und ließ mich dem Kätzchen Milch geben. Die Tante und der Bruder badeten im See, ich konnte noch nicht schwimmen, in der Küche fand ich es sowieso viel gemütlicher. Die Haushälterin stickte mit rotem Faden unsere Namen auf die Kleidungsstücke, wie es für ein Kinderheim notwendig war. Ich wünschte, nie würde sie mit dem Aufsticken der Bändchen fertig werden oder es würde zumindest noch Tage dauern, um noch dableiben zu können und nicht in das Heim zu müssen. Aber leider hatte sie schon am Abend nach unserer Ankunft alles bestickt.
Am nächsten Mittag mußte ich von dem Kätzchen Abschied nehmen. Tante Margrit setzte sich ans Steuer eines Autos. Clemens nahm begeistert neben ihr Platz. Traurig, Vitznau nach so kurzer Zeit schon zu verlassen, begab ich mich auf den Rücksitz. Nach einiger Fahrt durch viele Kurven wurde mir schlecht. Mit zusammengepreßtem Mund, um ja nicht in das Auto zu spucken, stupste ich von hinten Clemens an. Sowie es ginge, würde sie anhalten, sagte die Tante. Zu spät, in

der nächsten Kurve erbrach ich auf den Rücksitz. Kurzer Halt, die Rücktür wurde geöffnet, es war mir schrecklich peinlich, daß nicht nur Clemens, sondern auch meine Patentante den Rücksitz säuberte. Ich entschuldigte mich. »Armes«, sagte sie, das sei doch nicht so schlimm. Im nächsten Städtchen hielt sie wieder, lief in einen Laden und kam mit einer Tüte Bananen und Schokolade zurück, das würde stopfen! Als Nützlichstes für die Weiterfahrt erwies sich die Tüte, denn Bananen waren mir ebenso unbekannt wie Auto fahren.

Im Kinderheim angekommen, ging Tante Margrit ins Büro zur Leiterin. Eine Kinderschwester führte mich zu dem Schlafraum der siebenjährigen Mädchen, ordnete meine Sachen in einen numerierten Flurschrank, daraus würde sie dann verteilen, was wir bräuchten, sagte sie und steckte den Schrankschlüssel ein. Zum Abschied durfte ich noch einmal meine Patentante sehen und ihr ein Busserl geben. Sie fuhr davon. Ich fühlte mich verlassen und fremd in dem großen Kinderheim.

Clemens war gleich nach unserer Ankunft schon verschwunden. Am nächsten Tag sah ich ihn vom Spielplatz aus im Wald, zusammen mit ebenso großen Jungen wie er. Erfreut lief ich zu ihm, unter Tannen waren schöne Moospolster, zu gerne hätte ich mit ihm zusammen ein Mooshäuschen gebaut. Aber als ob das unter seiner Würde sei, winkte er ab und lief den anderen Jungen hinterher. Manche trugen Armbrüste und riefen »Wilhelm Tell!«. Erst zur Rückfahrt sahen wir uns länger wieder.

In der Schweiz, Sommer 1948 (Kinderzeichnung)

Das Kinderheim war ein großes, mehrstöckiges Haus. Mädchen und Jungen, die verschiedenen Altersgruppen, waren in den Gebäudeteilen getrennt untergebracht. Nachdem ich spontan zu Clemens in den Wald gelaufen war, erteilte die Kinderschwester, für die kleineren Mädchen zuständig, den strengen Hinweis, ohne besondere Erlaubnis dürfe ich niemals diese Gruppe verlassen! Gewohnt an freies Herumlaufen in den Waldenburger Bergen, fiel es schwer, sich all den Anordnungen zu fügen.
Nach Süden, mit Blick auf einen schneebedeckten Berg in der Ferne, gab es zwei sogenannte Sonnendecks, das obere für die jüngeren Kinder. Dort sollten wir unter Decken und auf Liegestühlen zwei Stunden Mittagsruhe halten. Rechts vom Zugang lagen schon die Buben still, wenn wir Mädchen nach links auf das Sonnendeck gingen. Am ersten Nachmittag – mir war ein Liegestuhl neben einem etwas älteren Mädchen aus einer anderen Gruppe zugewiesen worden – stellte ich mich diesem Mädchen vor, fragte, woher sie käme, alles, um ein freundliches Gespräch zu beginnen. »Aus Genf«, flüsterte sie, aber »Pst!« Schon kam eine Kinderschwester und fragte, wer da gesprochen habe. Ich meldete mich wie in der Schule. Es herrsche absolutes Schweigegebot während der Mittagsruhe, sagte sie und blickte auch streng auf das Genfer Mädchen, sie müsse es doch schon längst wissen! Dann patrouillierte die Schwester auf dem langen Balkon auf und ab, sie verbot auch den leisesten Mucks. Die ersten Tage war ich noch müde von der Reise, versuchte aber wach zu bleiben aus Angst, im Schlaf zu sprechen oder gar zu schreien.
Die zwei Stunden auf dem Sonnendeck schienen eine Ewigkeit zu dauern. Man sah nur die graue Zudecke vor seiner Nase, nichts von dem Fernblick auf die Berge. War die Schwester bei den Buben, flüsterte das Genfer Mädchen mit ihrer anderen Liegenachbarin auf französisch, drehte sich zu mir

um und flüsterte auf deutsch weiter. Gerade wollte sie mir etwas erklären, aber da stand schon die Aufsichtsschwester. Leider blieb sie immer öfter vor uns stehen, Mädchen seien nun mal schwatzhafter als Jungen, murmelte sie, wir täten besser daran, die gute Bergluft einzuatmen. Im Laufe der Zeit und der Mittagsruhen verständigten wir uns heimlich in einer Art Fingersprache durch ein Guckloch unter den Zudecken. Das Genfer Mädchen zupfte Flusen von der grauen Decke ab, dann farbige von ihrer Strickjacke, zwirbelte sie zu Fäden und hob die Finger zu komplizierten Stellungen. Ich machte ihr alles nach. Sie zeigte mir, wie man die Fäden auf die linke Hand aufspannt, um dann mit der rechten darauf zu weben. Mit Zupfen, Zwirbeln und Weben wurden die Mittagsruhen sogar kurzweilig.

Eines Nachmittags steckte mir das Genfer Mädchen ein graurosa Gewebe mit geknüpften Fransen zu. Mit wenigen Zeichen gab sie zu verstehen, daß es ein Abschiedsgeschenk ihrer anderen Liegenachbarin für mich sei. Aus meiner Produktion konnte ich nur ein noch winzigeres Flusenwerk als Dank zurückreichen lassen. Das graurosa Mättchen blieb mir als Erinnerungsstück an zwei Mädchen im Kinderheim. Im wörtlichen Sinne hatten wir Freundschaft geknüpft.

Nach den Mittagsruhen waren Wanderungen angesagt. Im Erdgeschoß, wie ein Keller mit Betonwänden, waren die kleineren Mädchen und Jungen vor dem Losgehen noch ohne Aufsicht versammelt. Ein Junge hänselte mich als Deutsche, als »Hitlers Tochter«. Darauf wußte ich nicht, was sagen, gepackt von Wut auf alle und alles, was mit dem Krieg zu tun hatte, ergriff ich den Jungen an den Ohren, drückte seinen Kopf gegen eine Wand, er trat mit den Füßen zurück, ich schlug seinen Kopf immer stärker gegen den Beton. Andere Buben ermunterten den Jungen zu kräftigeren Fußtritten. Die

Treppe herunter polterten große Jungens. Einerseits hatte ich Angst, sie würden auch für den kleineren Jungen Partei ergreifen, gegen »die Deutsche«, andererseits hoffte ich, Clemens wäre unter ihnen. Sie beachteten uns nicht. Ich schlich mich zwischen ihnen hinaus. Einer der Kinderschwestern wollte ich beichten, daß ich einen Buben geschlagen hatte, sie fragen, ob er am Kopf verletzt sei, die ganze Begebenheit war mir unheimlich. Sie hörte gar nicht zu. Die Wanderung ging in Richtung des schneebedeckten Berges – die Vorstellung, mitten im Hochsommer Schnee zu sehen, war für alle verlockend. Im Eilschritt und mit Gejohle zogen die großen Jungen vorüber, vorneweg die Schweizer Fahne, Clemens gleich hinter dieser her. Mir taten die Schienbeine weh, mir wurde erlaubt, mich der Gruppe der kleinsten Kinder, die ganz langsam gingen, anzuschließen. Der hohe Berg blieb wie eine helle, unerreichbare Wolke in der Ferne. Wir Langsamen fanden zwar keinen Schnee, dafür eine schöne Wiese voll wilder Blumen.

Das Vertrauen zu den vier gleichaltrigen Mädchen im Schlafzimmer war gleich anfangs verdorben. Eine, die unten im Etagenbett schlief, ließ mich zwar ihr großes, rosa Kuscheltier streicheln, bevor ich über sie nach oben kletterte. (Den Jumbo vermißte ich sehr und hoffte, Toni und Bürschli würden während meiner Abwesenheit lieb mit ihm sein). Aber als wir vor dem Flurschrank standen, die Kinderschwester unsere Nachthemdchen daraus verteilte, verpetzte mich dies Mädchen: Die Deutsche würde über Nacht ihr Unterhöschen anbehalten, statt es für den Wäscheschrank abzuliefern. Anstelle einer Rüge erklärte die Schwester: Bei Bombenalarm hätten die deutschen Kinder immer schnell in die Keller laufen müssen, ohne Zeit, sich vorher umzuziehen. Deshalb wären sie auch nachts angezogen geblieben. Dies verschaffte mir etwas Respekt in der Mädchengruppe.

Eine andere Wanderung wurde unternommen, zu einem Heim für behinderte Kinder. Nur die Mädchen kamen mit. Auf dem Weg dorthin, im Gänsemarsch über schmale Brükken, unter hohen Tannen, gingen drei Kinderschwestern mal vorne, mal hinten. Sie sagten zu allen, wir sollten nett mit diesen Kindern sein, die könnten ja nichts dafür. Nach einiger Zeit, der Weg neben einem Bach war gerade besonders schmal, kam die älteste Kinderschwester noch einmal nach hinten. Sie nahm mich beiseite und sagte ernst, als Deutsche dürfe ich eigentlich nicht in dieses Heim mitkommen. Zögernd fügte sie hinzu, die Deutschen hätten solche Kinder umgebracht. Es war schrecklich, was sie sagte. Ich wollte versprechen, besonders nett mit den Kindern zu sein, sah aber nur in den Bach und mußte weinen.
Wir kamen zu einem schönen, kleinen Haus, umgeben von Gärten. Kein großes, kahles Krankenhaus und auch nicht traurig. Freundlich und gemütlich sah das Heim aus mit seinen grünen Fensterläden und vielen Blumen. Alle drängten sich in einen hellen, wohnlichen Raum. Die Heimschwestern begrüßten jedes von uns Kindern gleich freundlich. Dann gingen sie mit unseren Kinderschwestern in die Küche Kaffee trinken. Die größeren Mädchen vom »Sonneck« sollten solange auf die Kleineren achtgeben. Die behinderten Kinder saßen an Tischen und malten. Ob ich mich dazusetzen dürfe und mitmalen, fragte ich die älteren Mädchen, die unter sich in einer Zimmerecke standen. Eine von ihnen gab die Frage in die Küche weiter. Selbstverständlich! rief eine Heimschwester zurück. Statt nur Bleistift und Briefpapier gab es Deckfarben, Pinsel und festes Papier auf den Tischen. Die Kinder schoben mir gleich etwas davon zu. Ganz klein unten angefangen, begann ich einen Blumengarten zu malen. Der Junge neben mir schaute zu. Plötzlich pinselte er eine große, schwarze Figur mitten in mein Bild, auf die Fläche, die ein blauer Himmel

hätte werden sollen. Beinahe hätte ich ihn belehrt, wie man genau malt, aber das wäre nicht nett gewesen. Schließlich malten wir uns alle am Tisch gegenseitig lustige oder böse Figuren in die Bilder. Auf dem Rückweg meinten die älteren Mädchen, in dem Heim sei es fürchterlich langweilig gewesen. Ich empfand das Gegenteil, am liebsten wäre ich dort geblieben, sagte aber nichts.

Im »normalen Kinderheim« fühlte ich mich mehr und mehr isoliert. Dann kam eine gute Nachricht: Post sei für mich eingetroffen! Es war ein Päckchen mit Schweizer Briefmarken darauf, meine liebe Patentante hatte es geschickt. Kleine Garnrollen in vielerlei Farbtönen waren darin, dazu Nähnadeln, eine feine Schere, etwas Stoff und eine lange, dreieckige Schokolade »Toblerone«, jeder Buchstabe auf der Verpackung wie auf eine Bergspitze gedruckt.

Regenwetter, keine Wanderung. Im Saal des Kinderheims wurde ein Wettspiel vorbereitet. Alle Kinder waren im Halbkreis vor aufgestellten Köchern versammelt. Aus den Köchern wurden einzeln die Gewinne vorgezeigt: hübsche, bunte Fähnchen, welche die Schweizer Kantone darstellten; »Uri, Schwyz, Unterwalden!« riefen alle begeistert mit. Die Spielregeln wurden erklärt, es schien leicht, zu gerne hätte ich das Fähnchen mit dem Edelweiß gewonnen. Dann wurden Stühle um die Köcher herum aufgebaut. Für mich war kein Stuhl vorgesehen. Es hieß, die Deutsche dürfe doch nicht etwa einen Schweizer Kanton gewinnen! Die Kinderschwester mit dem Schrankschlüssel führte mich aus dem Saal ins Schlafzimmer. Ich bat sie, nicht ins Bett zu müssen, ganz still wolle ich dem großen Spiel nur zuschauen dürfen. Sie holte mein Päckchen mit den Nähsachen aus dem Flurschrank, gab es mir und nahm mich wieder zurück in den Saal. Ungesehen, solange die Schwester noch vor mir stand, setzte ich mich schnell auf den Fußboden neben die Tür, bevor sie wieder

zum Mittelpunkt der Ereignisse ging. Das Spiel kam in Fahrt, Jubel bei Gewinnen. Viel kostbarer und schöner waren meine Garnrollen, redete ich mir ein, damit könne ich mir selbst ein Edelweiß sticken. Das war aber nur eine innere Angeberei, ich tat nur so wie Sticken, damit keiner die Trübsal bemerkte.
Am Tag unserer Abreise kam Tante Margrit nicht wieder, um uns abzuholen. Vielleicht kam ihr Bruder, oder Clemens fuhr mit mir allein in einem Bus nach Luzern. Ich weiß es nicht mehr, an die ganze Rückreise bleibt überhaupt keine Erinnerung.
Meine Patentante sah ich erst zehn Jahre später in New York wieder.[2]

Das Kupferhaus

Während Clemens und ich in der Schweiz gewesen waren, hatte der Umzug ins neue Kupferhaus stattgefunden. Gleich nach unserer Rückkehr fing die Schule wieder an. Die vier älteren Brüder fuhren mit der Bahn von Kupfer nach Schwäbisch-Hall zum Gymnasium für Jungen. Morgens gingen sie auf dem Weg an der Gastwirtschaft Pfeiffer vorbei zum Bahnhof. Aber wenn sie mittags zurückkamen, rannten sie als Abkürzung über unseren lehmigen Acker um die Wette. Es ging um den Platz am Radio, das im Wohnzimmer neben einem breiten Ledersessel stand. Tam seufzte, weil jedesmal der gebohnerte Holzfußboden wieder voller Lehm war. Achim und Clemens trafen ständig als erste ein und stritten sich dann um den Sesselplatz. Christof gab es trotzdem nicht auf, vom Zug zum Radio zu rennen. Nur einmal war er als erster im Sessel: Während die anderen ums Haus herum zum Eingang liefen, kletterte er direkt durchs Wohnzimmerfenster. Es gab eine solche Prügelei unter den drei Ältesten, daß er es nicht wieder tat. Toni hielt sich da möglichst heraus, er kam immer langsamer vom Bahnhof zurück. Bei Prügeleien unter den großen Jungen, die öfter vorkamen, schlug Tam verzweifelt mit dem nassen Wischlappen dazwischen.

Bürschli und ich gingen nach Übrigshausen, nur zwei Kilometer entfernt, in die Volksschule. Die einzelnen Klassen wurden nicht im Schichtwechsel unterrichtet wie noch in Waldenburg, sondern jeweils zwei Klassen von einem Lehrer gleichzeitig. So konnten wir nun gemeinsam zur Schule gehen. Bürschli wiederholte die erste Klasse, und ich kam in die dritte zu Herrn Punzet. Er war ein sehr netter Lehrer, und es war interessant, zwischendurch mitzuhören, was er den Viertkläßlern beibrachte. Die Familie Punzet war aus Ungarn

Adventsabend im Kupferhaus, 1949. Mutter am Klavier, Toni dahinter, Christof mit Blockflöte, Clemens mit Geige, Wolf dahinter, »Mäuschen« daneben (Kinderzeichnung mit Deckfarben)

geflohen. Herr Punzet spielte wunderbar Geige; hatten wir gut gelernt, stand er vor der Wandtafel und spielte uns zur Belohnung vor. In diesen Genuß kam Bürschli noch nicht, dafür war er bald mit seinem jüngeren Klassenkameraden Poldi Punzet, einem schwarzgelockten, pfiffigen Jungen, befreundet und durfte ihn besuchen. Frau Punzet könne noch besser als Tam aus fast nichts etwas Leckeres kochen, sagte er nach seinen Besuchen.

Im neuen Kupferhaus fand alles, von den Mahlzeiten bis zu den Schularbeiten, am Wohnzimmertisch statt. Erstaunlicher noch als das Radio waren in dem kleinen Wohnzimmer fünf große Ahnenbilder in Goldrahmen. Die Ahnen aus der Zernikower Kirche nahmen so viel Platz ein, als wäre das Häuschen für sie gebaut worden. Dicht an dicht über der Eckbank hinter dem Wohnzimmertisch drei von ihnen, das Bildnis der »Alten Labes« das beeindruckendste, aber auch das beängstigendste von allen. Ein strenger Blick schien uns zu beobachten, zur Stirn hin verlängerte sich die kräftige Nase zu schmalen Falten, über der hohen Stirn türmte sich eine noch höhere, graue Frisur auf, umgeben von einem weißen Schleier.

Eine glänzende Brosche mit ihrer breiten, perlmuttschimmernden Schleife auf dem Busen verstärkte noch den Eindruck der Strenge. Neben ihr, an der gleichen Wand, zur Tür und zum Ofen hin, hing das Porträtgemälde ihrer Tochter Amalie Caroline[3] Jung, im schwarzen Spitzenschleier, eine Rose im Haar und am Dekolleté, eine hingetupfte Blütengruppe wie ein forthuschendes Gartenfrauchen. Die Geschichte zur schönen Amalie war traurig. Jung schon war sie gestorben, nach der Geburt ihres zweiten Sohnes Achim von Arnim. Diese Geburt, die ihr das eigene Leben genommen hatte, stand in einer merkwürdigen Verbindung zu meinem gestorbenen Vati, denn ohne seine junge Ururgroßmutter wäre er nie zur Welt gekommen.

Neben der Alten Labes, über Eck im Zimmer, Fredersdorff, ihr erster Ehemann, der Kammerherr Friedrichs des Großen, dem der König das Gut Zernikow geschenkt hatte.[4] Er schien größer als die anderen Ahnen, weil ihn auf dem Gemälde kein dunkelbraunes Oval umgab; von der unteren Bildkante bis oben an seinen Hals waren viele hellgraue Quastenverschlüsse auf seiner preußischblauen Samtjacke angereiht. Seine seitliche Haltung wirkte auch weniger steif, sein Kopf, von weißgepuderten Locken umrahmt, den Betrachtern zugewandt.
Neben dem Fenster mit Blick zum Bahnhof, über dem Radio, der zweite Mann der Alten Labes, der rundliche Hans von Labes.[5] Aus seinem rosa Gesicht schaute er immer gelassen drein, gleich, was auch unter ihm in dem Sessel und mit dem Radio passierte. Zentral im Wohnzimmer, über einer geretteten Barockkommode, der Dichter Achim von Arnim selbst. Den kräftigen, nackten Hals umgab eine Art Mönchskutte, so dunkel wie der Hintergrund.[6] Er war uns Kindern der Liebste, denn sein Blick schweifte in die Ferne. Damit war er nicht so bedrohlich omnipräsent wie die anderen Ahnen über dem Wohnzimmertisch. Diese verfolgten uns ständig mit ihren Blicken, gleich, in welcher Zimmerecke man stand, ob man brav oder ungezogen war. Das Geheimnis dieser Blicke durchschaute ich erst später und lernte den malerischen Trick dazu: winzige, weiße Punkte seitlich auf die schwarzen Pupillen gesetzt, und der Blick scheint mitzuwandern.
Sonntags, wenn unsere Mutter zu Hause war, wurde statt des braungeblümten Wachstuchs eine weiße Damasttischdecke auf dem Wohnzimmertisch ausgebreitet. Wir Kinder sollten nicht verlernen, bei Tisch nicht zu kleckern, überhaupt mit feinen Manieren zu essen. Die Mutter saß vor der Brosche der Alten Labes. Blickte sie selbst nicht streng genug, um ihre Sechse in Schach zu halten, tat es die Ahnin über ihr. Christof und Achim hatten ihren Platz auf der Eckbank unter Freders-

dorff, ich unter der Blumen-Amalie. Es war zwar schön, sonntags neben Mutti zu sitzen, doch merkte sie auch immer gleich, wenn ich, statt mit der rechten Hand das Messer zu halten, sie auf das Griffloch des Hockers neben dem Ofen hielt. Unter dem Hocker saß mein Kater und steckte mir sein Pfötchen durch das Loch zu. Mit einem kurzen »Etötöt!« verbot sie es mir, sagte aber nichts, wenn Bürschli, auf einem Stuhl neben mir, mit dem Kater weiterspielte. Mutter und Tochter gegenüber saßen Clemens und Toni bei Tisch. Tam, die das Essen zubereitet hatte, servierte es, als müßte sie das ehemalige, zahlreiche Personal allein ersetzen. Sonntags aß sie in der Küche.

Alltags war schon frühmorgens Betrieb im Haus. Tam, als erste auf, heizte vom Spätherbst an die Öfen, den im Kinderzimmer, der das Stübchen der Mutter mitwärmte, den im Wohnzimmer, den Küchenherd. Mit Holz, das die großen Brüder gehackt hatten, feuerte sie vor, schleppte Kohlen, ließ die Öfen durchziehen, legte nach und bereitete das Frühstück für alle zu. Alltags sahen wir unsere Mutter manchmal nur flüchtig im Morgenmantel, wenn sie sich ihr Frühstück von der Küche in ihr Stübchen holte. Nicht ansprechbar wollte sie da in Ruhe sein, bevor sie zu ihrer Arbeit aufbrach. Tam frühstückte mit uns Kindern zusammen am Wohnzimmertisch mit seiner gewohnten Wachstuchdecke. Auf die konnte man in der Eile vor Schulbeginn ruhig auch mal kleckern. Tam sagte nichts zu den Tischmanieren. Und doch waren die Ahnen ja eigentlich ihre direkten Vorfahren, nicht die der Mutter. Frühmorgens schienen diese noch mit offenen Augen zu schlafen.

Meine fünf Brüder mit ihren kurzgeschnittenen Haaren hatten sich schon längst selbst gekämmt, ungestört konnten sie frühstücken. Aber ich mit meinen inzwischen länger gewachsenen Haaren konnte die nicht allein entzausen, die Zöpfe so stramm flechten, daß sie sich zu Affenschaukeln hochbinden ließen, noch die Schleifen daran anbringen. Eine demütigende Unfähigkeit, als könnte ich mir auch nicht selber die Zähne putzen oder mich anziehen. Am Frühstückstisch entwirrte mir Tam die Haare – vorher hatte sie keine Zeit dazu gehabt –, kämmte und bürstete. Jeden kleinen Aufschrei, wenn es gar zu sehr ziepte, kommentierten die Brüder mit: »Lange Haare, kurzer Sinn!« Ich haßte die Zöpfe.

Die großen Jungen machten sich schon auf den Weg zum Bahnhof, Bürschli war auch mit dem Frühstücken fertig, nur ich saß immer noch am Tisch. Natürlich nicht auf der Eckbank unter der Amalie, sondern vorn auf einem Stuhl, damit Tam von hinten mit den Haaren hantieren konnte. Sie ermunterte mich zum Weiteressen. Am Kopf, der über gebrocktes Brot in Ziegenmilch gebeugt war, traf Tam den Anflechtpunkt der Zöpfe nur so ungefähr. Mal standen die Zöpfe wie die Hörner unserer Ziege über die Stirn ab, dann wieder war der eine vor dem Ohr, der andere dahinter angebracht. Dementsprechend verquer auch noch die Schleifen. »Bitte, Tam«, die solle sie doch weglassen, nun sei aufgegessen, ich käme sonst zu spät zur Schule. – Ach nein, Clärchen, ihre Schwägerin, die Mutter, wünsche das so, es müsse sein. So in etwa ging das jeden Morgen. Schlecht und recht band Tam in Eile noch die Schleifen über den Affenschaukeln fest. So frisiert, wagte ich kaum, an der Gastwirtschaft Pfeiffer vorbeizugehen. Zwei Truthähne standen manchmal mitten auf dem Weg, statt in ihrem Gehege eingesperrt zu sein. Auch Bürschli hatte Angst vor ihnen, vorsichtshalber trug er einen Stock, und wir machten einen Bogen um diese Riesenvögel. Sie kollerten, fächerten ihre Schwanzfedern auf, blickten aus kleinen Augen, zitterten mit ihrer leuchtendblauen Fiederung und den roten Kämmen und Bartgehängen, wenn sie auf uns zukamen. Ihr Kopfputz war viel merkwürdiger und bunter als meiner, aber dennoch machte er die Puter böse, glaubte ich, besonders wenn meine Schleifen gerade rot waren. Toni hatte erklärt, bei Vögeln sei es umgekehrt wie bei Menschen, da würden sich die Männchen ganz farbig herausputzen, während die Weibchen in Grau oder Schwarz wie Witwen gingen. Und Stiere würde rotes Tuch wütend machen. Um die Puter mit meinem Aufputz nicht zu reizen, hielt ich den Schulranzen vor den Kopf. Der Ranzen schützte nicht nur die Puteraugen vor ungewohntem Anblick, sondern auch die eigenen Augen, denn wütend gewordene Truthähne würden sie einem aushacken. War diese Klippe des Schulweges überwunden, mußte den anderen Kindern, vor allem den Buben, die aus Beltersrot und dem eigentlichen Bauerndorf Kupfer kamen, standgehalten werden. Auf der Straße nach Übrigshausen hoch riefen sie »Siedler, Fiedler!«, denn unser Häuschen gehörte nur zu der neuen Flüchtlingssiedlung am Bahnhof. Zu mir dann: »Adlig Madlig!«, wobei die Buben an den Schleifen zerrten.

Es dauerte Wochen, bis mir die Idee kam, nach Verlassen des Hauses die Schleifen einfach abzubinden und sie an einem Holunderbusch anzuknüpfen. Auf dem Rückweg kamen sie wieder vom Ast an den Kopf. Was anfangs Mut erfordert hatte, wurde allmählich zur Gewohnheit. Achtlos zerknüllt steckten die Schleifen im Schulranzen. Zu Hause merkte keiner, daß ich ohne sie zu tragen zur Schule ging. Nur die Zöpfe waren nicht so einfach zwischendurch loszuwerden, um sie nach Bedarf wieder anzuknöpfen, für die Mutter, die alles »so wie früher« haben wollte. Mit den Zöpfen hieß es noch jahrelang weiterleben.

Die kleine Straße von Kupfer nach Übrigshausen wurde von einer großen Schnellstraße durchquert. Vor der Kreuzung blieben alle Schulkinder stehen, horchten, ob ein Auto käme, war alles still, liefen wir hinüber. Auf dem kurzen Stück am Friedhof vorbei bis zur Schule fingen die Hänseleien noch einmal an. Meist blieben wir Mädchen dann beisammen, um uns gemeinsam gegen die Buben zu wehren.

Auf dem Rückweg prahlte einmal ein Junge mit zwei Kaugummis. Von dem einen hatte er nur noch das Silberpapier, von dem anderen verteilte er millimeterkleine Streifen. Dort an der Schnellstraße habe er sie von vorbeifahrenden Amerikanern zugeworfen bekommen. Wenn wir nichts davon weitersagten und gut zu ihm wären, dürften wir alle zu der Stelle mitkommen.

Wir überquerten die Schnellstraße. Die Mädchen gingen weiter, sie wolle lieber nach Hause, sagte Ingrid, die bald meine beste Freundin wurde. Ich zögerte, so gern zu Hause wie Ingrid bei ihren Eltern war ich nicht, und Bürschli ging schon mit den anderen Buben am Straßenrand der Schnellstraße entlang zum Waldrand. Von Amerikanern Kaugummis zu bekommen verlockte sehr. Ich lief den Buben nach. Wir saßen am Straßengraben, kein Geräusch, kein Auto. Wenn sie kämen, sollten wir winken, lächeln und die Hände ausstrecken, sagte der Junge. Beim Warten kauten wir statt Kaugummi an Grashalmen. Dann bedrohliches Motorengeräusch vom Wald, von Heilbronn her, es wurde dröhnend laut, im Straßengraben legte ich mich in Deckung. »Sie sind's! Aufstehen!« rief der Junge. In meiner Angst wagte ich erst hochzusehen, als es fast schon zu spät war, sah noch die letzten Wagen, offene Jeeps, lachende Gesichter unter Helmen, amerikanische Soldaten, die den Kindern tatsächlich Kaugummis und Bonbons zuwarfen.

Bürschli hatte ein Bonbon aufgefangen und ich danach noch eines im Gras gefunden. Mit diesen ungewohnten Kostbarkeiten machten wir uns auf den Heimweg. Von der Schnellstraße durch den Ghaiwald war es näher zu unserem Haus als

zur Kreuzung zurück und durch das Dorf Kupfer. Im Wald drehten wir das Papier auf – weiß mit roten Sternchen – und leckten die Bonbons an. So nackt gelutscht wären sie aber zu schnell weg gewesen. Wie Tedda, die Kinderschwester aus Zernikow, die uns manchmal besuchte, mit Seife sparte, so wollten wir es auch mit den Bonbons machen. Tedda nähte Seife in Mullsäckchen ein, damit sie sich langsamer verbrauchte und damit selbst der kleinste Rest davon nicht in den Abfluß rutschte. Wir zerteilten eines der Sternchenpapiere und wickelten unsere Bonbons wieder ein. Im Papier gelutscht, kam die Süße nur langsam in den Mund.
Abends klebten wir unsere Papierbonbons, an denen die Sternchen nur noch rosa waren, unter das Kopfkissen. Unsere Mutter kam kurz noch zum Beten ins Kinderzimmer. Dem Jungen hatten wir zwar versprochen, nichts zu sagen, damit war aber sicher die Schule gemeint. Wir erzählten Mutti unser Erlebnis mit den Amerikanern, wie sie uns Kaugummis und Bonbons an den Straßenrand zugeworfen hatten. So, am Straßenrand hätten wir also gestanden und gebettelt, rügte die Mutter gleich wieder streng. Das könnten Kinder von Kreti und Pleti ja machen, aber doch nicht wir aus Preußischem Adel! Die Besatzung anbetteln, sie verbiete uns das ein für allemal, verstanden! Und wo denn nun die Kaugummis seien? Bürschli faltete lammfromm die Hände und betete sein »Müde bin ich, geh zu Ruh ...«. Damit hatte er zwar nicht die Ehre Preußens, aber doch unsere Bonbons gerettet.

Für unseren Bedarf an Süßem hätten eigentlich Bienen sorgen sollen. Zum Abschied aus Tommelhardt hatte uns Herr Wolf einen Bienenstock geschenkt. Mit Tam zusammen, die ihre Kenntnisse aus der Erinnerung bezog, wie früher alles in Wiepersdorf gemacht worden war, kümmerte sich Christof um die Bienen. Die beiden sagten besorgt, beim Umzug sei der

Bienenkasten vom hohen Wagen gestürzt, durch den Schock könnten die Bienen womöglich irgendwann ihren Kasten verlassen.
An einem klaren, sonnigen Herbsttag herrschte große Aufregung: Die Bienen flogen ums Haus! Nun müßten sie ganz ruhig handeln, sagte Tam, und wir Kleinen sollten bloß aus dem Wege gehen! Christof erschien in weiter, weißer Kleidung, Handschuhen, um den Kopf eine Rolle Fliegengitter. Tam, ihr Kopftuch tief ins Gesicht gezogen, hantierte mit einer Sprühflasche. Zwischen Acker und Haus, wohin ich aus dem Wege gegangen war, ragte eine einsame Stange empor. Daran versammelten sich die Bienen, wurden mehr und mehr und bildeten eine dicke Traube. Die dünne Stange schien die vielen, aufgeregten Bienen übereinander kaum halten zu können. »Die Königin!«, Tam halb flüsternd, halb rufend zu Christof, wenn er doch nur die Königin bekäme! Sie sei nicht zu sehen, sagte er. Tam hatte den Kasten und die Wachstuchtischdecke herbeigeholt. Die Bienentraube war ruhig geworden. Doch plötzlich löste sie sich auf, Christof suchte die Königin, Tam hoffte, es seien sogar zwei, ein neues Bienenvolk würde sich bilden, das alte bei uns bleiben. Aber alle Bienen flogen davon, hoch über den Bahnhof hinweg zum »Himmelstor«.

Mit den Kartoffeln hatten wir mehr Glück. Im ersten Herbst war unser lehmiges Gelände ein einziger, riesiger Kartoffelacker. Im Frühjahr, während des Hausbaus, hatte eine Maschine aus Hohebuch gepflügt und eingesät. Alles andere wie Beerensträucher, Obstbäume, Forsythien und die zwei Tannen, die schloßartig den Hofeingang rahmen sollten, gab es zunächst nur auf den Plänen der Mutter. Diesem ihrem berühmten »Disponieren und Organisieren« gemäß hatte dann die eigentliche Arbeit »zu spuren«. Sonntags gruben und pflanzten die großen Brüder nach ihren Anweisungen.

Alltags nach der Schule arbeiteten wir auf dem Kartoffelacker.
Wir sechs Kinder mit unseren sechs Hacken spurten aber nicht so geölt wie eine Maschine. Mal führte Achim das Kommando nach dem Prinzip, jeder solle eine Kartoffelreihe in Eigenverantwortung durcharbeiten, Hacken, Häufeln, Unkraut rupfen zugleich. Dann wieder stand die Theorie der Arbeitsteilung von Clemens eher im Kurs, wonach die Großen von unten bis oben die Reihen durchhackten, die zwei Mittleren Unkraut rupften und die beiden Kleinen als Zwischenträger zur Verfügung stünden. Christof wiederum hielt beide Theorien für ungerecht, besser sollten wir sechs doch alle zwölf Kartoffelreihen gemeinsam bearbeiten und uns vor jeder Schwierigkeit besprechen. Dann würden wir ja nur noch reden, statt zu arbeiten, meinte Clemens, der so gern redete. Toni folgte mal dieser, mal jener Hackordnung. Hauptsache, die großen Brüder prügelten sich nicht wie ums Radio, mit den Hacken hätten sie sich die Köpfe einschlagen können. Außer den Wortwechseln ging es auf dem Acker jedoch friedlich zu.
Das Kartoffelkraut war abgewelkt, mehrere Nachmittage lang wurden die Kartoffeln geerntet. Aus kleinen Körben schütteten wir unsere Ernte in große Kiepen, randvoll und schwer trugen Achim und Clemens diese in den Keller. Es war schon dunkel geworden, man konnte die Kartoffeln in der Erde nur noch erfühlen. Die drei großen Brüder häuften Holz und trockenes Kartoffelkraut zusammen. Das Erntefeuer loderte auf. Tam kam mit Schürhaken und Spießen aus der Küche – wir hatten sonst nur Silberbesteck, und das wäre im Feuer zerschmolzen. Mit den Eisen legte sie Kartoffeln in die Glut. Waren diese weich, wurden sie mit Taschenmessern aufgeschnitten, und jeder bekam eine Scheibe Schmelzkäse in seine Kartoffelhälften. Wir schoben das warme Abendessen mit den

Händen in den Mund. Es schmeckte wunderbar, auch die angekohlte Schale. Unsere Mutter kam mit einem späten Zug zurück und ging vom Bahnhof direkt auf den Acker zum Erntefeuer. Sie sang mit uns: »Nun danket alle Gott, mit Herzen, Mund und Händen.«

Unser Wintervorrat an Kartoffeln, die Grundnahrung, war gesichert, und die Ziege Gretel gab Milch. Aber an allem anderen wie Brot und Butter, alles, was Tam im Dorflädchen einkaufte, wurde eisern gespart. So zum Beispiel hatte sich Christof einmal heimlich eine Brotschnitte mit Quark bestrichen und auch noch Zucker darauf gestreut. Tam entdeckte ihn damit, als er gerade hineinbeißen wollte. »Verschwendung!« rief sie und langte ihm eine Ohrfeige. Das Brot fiel zu Boden, mit der Zuckerseite nach unten. Christof aß das Brot trotzdem und kratzte Quark und Zucker vom Fußboden ab.
Wir beiden Jüngsten hatten Glück: In der Volksschule bekamen wir die »Hover-Speise« von amerikanischen Spenden. An dieser Schulspeisung durften in Übrigshausen nur Flüchtlingskinder teilnehmen, es waren ungefähr ein Drittel aller Schulkinder. Während der großen Pause bekamen wir in mitgebrachte Henkeltöpfchen warme Suppe ausgeschenkt, die wir in den Schulbänken löffelten. Am schönsten war es samstags, da gab es für jeden eine kleine Tafel Schokolade!
Aber einmal hatte ich Pech und kam mit leerem Magen nach Hause. Mittwochs gab es Erbsensuppe. Mein volles Töpfchen stellte ich neben das Tintenfaß auf die gerade, aber schmale Fläche der Schulbank. Ein Junge stieß dagegen, das Töpfchen rutschte die schräge Tischfläche hinunter und fiel um. Die gute Suppe war auf der Bank vergossen. Ich säuberte sie schnell mit dem Lappen der Wandtafel und legte den wieder an seinen Platz zurück. Nach dem folgenden Unterricht wurde die große Tafel abgewischt – sie klebte voller Erbsen.

Als alle Schulkinder, Einheimische und Flüchtlinge, noch in der großen Pause zusammen gespielt hatten, war mir oft der Duft von Wurstbroten in die Nase gestiegen, und ich hatte gedacht, die Eltern dieser Kinder seien reich. Ein Bauernjunge, den ich gern mochte und der gut in der Schule war, hatte manchmal, wenn ich gar kein Pausenbrot hatte, sein Wurstbrot mit mir geteilt. Nun, nach Einführung der Schulspeise, teilte ich meine Samstagsschokolade mit ihm. Er sparte sich das Stückchen für seine kleine Schwester vom Mund ab und sagte, seine Eltern hätten kein Geld, um so etwas zu kaufen, ja, manchmal hätten sie zu Hause weniger zu essen, als wir Flüchtlingskinder an Schulspeise bekämen. Seinem Vater gehöre zwar gutes Land, aber er müsse alle Erträge verkaufen, um die hohen Steuerabgaben aufzubringen, Geld, das an Flüchtlinge ginge als Ausgleich für ihr im Osten verlorenes Land. Auch habe sein Vater geschimpft: Falls die überhaupt Land besessen hätten, wären sie sich zu fein gewesen, ihre Kühe selber zu melken! Obwohl sich Tam nicht zu fein war, unsere Ziege selber zu melken, fühlte ich mich irgendwie schuldig.

Unsere Mutter hatte nun doch wieder eigenes Land, den Acker mit dem Häuschen. Trotzdem war eine Landkarte ausgerollt worden, so groß wie eine Kinoleinwand. Für kurze Zeit hatte sie den ganzen Fußboden im Wohnzimmer bedeckt, von oben, von Stühlen aus gesehen, war sie hauptsächlich grün, was Wald darstellte. Die Mutter sprach von »Jagen und Morgen«, das süddeutsche Wort »Hektar« sei falsch, damit müsse sie nun aber hier den ehemaligen Besitz angeben – »Mutti, wieviel Hek-Morgen hat denn Vati gehabt?« – »Hunderte, das versteht ihr nicht.« – Rechtzeitig die Anträge ausfüllen sei immer gut, meinte sie, und die Wiedervereinigung stünde in den Sternen, nicht so die Gelder, des »Lastenausgleichs«.[7] Sie bekräftigte das mit den Sprüchen: »Das Leben ist ein Kampf« und »Von der Wiege bis zur Bahre, Formulare, Formulare«.

In der Schule gab es nicht nur mehr zu essen, es war dort auch nicht so kalt wie zu Hause. In der Nähe des großen Kohleofens ließ sich leichter mit Feder und Tinte sauber schreiben, als dicht gedrängelt am Wohnzimmertisch, wo Tams Wischlappen manchmal über unsere Schulhefte flog und die Tinte zerfließen ließ. Ein Schulaufsatz bereitete mir bei aller Schönschrift viel Kopfzerbrechen. Herr Punzet stellte das Thema: »Was ist dein größter Wunsch?« Zunächst schrieb ich: »Mein größter Wunsch ist, daß es nie wieder Krieg gibt, weil da alles kaputtgeht.« Es war jedoch bald Weihnachten, und vielleicht war nur ein Wunschzettel an den Weihnachtsmann gemeint? Den wirklich größten Wunsch hätte sowieso keiner erfüllen können. So fügte ich hinzu: »Ich wünsche mir farbige Knete, weil man damit alles machen kann, Hühner, Bäume und Häuser.« Dieser Kurzaufsatz blieb unbenotet, statt dessen schenkte mir Herr Punzet bunte Knetestäbchen. Zu Hause am Wohnzimmertisch machte sich Toni, der die Farben zu grell fand, darüber her, belehrte, wie man Farben mischte, rollte lange Würstchen, verflocht diese zu Zöpfen und knetete sie zusammen. Bürschli gefiel das Würstchenrollen auch gut. Schließlich war von meiner farbigen Knete, mit der ich eine ganze Welt hatte herstellen wollen, nur noch eine graumelierte Kugel übrig.

In unserem Haus war es einfach zu eng, um einmal allein zu spielen oder um sich vor Besuch und vor der Arbeit zu verkriechen. Vor allem im Winter war der Platzmangel bedrückend. Das Kinderzimmer, ein Schlafquartier, war von zwei Etagenbetten vollgestellt, ein ausziehbares Doppelbett kam hinzu. Wenigstens war dies Zimmer warm. (Für den Schulweg wollten Bürschli und ich seinen kleinen Ofen auf einem Schlitten hinter uns herziehen). Eiseskälte herrschte unter den Dachschrägen, bei Tam und den beiden ältesten Brüdern. Doch trotz aller Enge war es ein Wunder, daß wir überhaupt zu acht Personen in dem kleinen Haus unterkamen. Die Anzahl der Bewohner sollte sich noch verdoppeln.

Anfang Januar 1949, wir schliefen schon, wurde plötzlich das Licht angeknipst. Wildfremde Menschen standen im Zimmer vor unseren Etagenbetten. Die Mutter rief aus dem Flur, wir sollten unsere Betten mit den lieben Vettern und Kusinen von Platen teilen! Ein großes, blondes Mädchen umarmte mich, sagte »kleines Kusinchen« und stellte sich mit Ingrid vor. Gleich war sie mir sympathisch, auch weil sie wie meine liebste Schulfreundin hieß. Fünf Kinder zusätzlich mußten untergebracht werden. Britta, die jüngste von ihnen und kaum älter als ich, kroch zu mir ins Bett.

Die beiden Söhne – Olof, noch größer als Achim, und Raimund, im Alter von Christof, aber nicht so ernst wie mein Bruder – übernachteten in dem Lastwagen, in dem alle mit ihren Möbeln gekommen waren. Wie sich die Erwachsenen für die Nacht arrangiert hatten, war erst am nächsten Morgen herauszufinden. Tam hatte uns nicht wie üblich geweckt, auch in ihrer Dachkammer war sie nicht. Da oben begrüßte mich Tante Carola, die Kusine der Mutter. Unter der Dachschräge dahinter, bislang nur Rumpelkammer, grummelte ihr Mann, der Onkel Herbert, aus dem Dunkeln. Ich bekam Angst vor ihm und suchte weiter nach Tam. Endlich fand ich sie unten im Keller bei der Ziege, die auf ihrem Strohlager an der elektrischen Wasserpumpe angekettet war. Vor dem hohen Holzgestell voller Kartoffeln stand ein schmales Militärfeldbett, Tams karierte Zudecke lag darauf. Tam gab nicht zu, daß sie da geschlafen hatte, ihr eigenes Bett verlassen mußte und in den Keller hinuntergezogen war. Durch Nachfragen mochte ich sie nicht noch trauriger machen, sowieso hätte sie wohl nur, wie für die Schleifen und Zöpfe auch, geantwortet: »Clärchen hat es so gewollt.« Dies war nur das erste Mal, daß Tam wegen Besuchs aus der Familie der Mutter in den feuchten Keller, der manchmal sogar unter Wasser stand, hinunterzog.

Die Familie Platen blieb nicht nur eine Nacht in unserem Häuschen, sondern Wochen. Onkel Herbert hatte, wie unsere Mutter ein Jahr zuvor, auch ein Holzhäuschen aus Fertigteilen bestellt. Aber diese Teile trafen und trafen nicht in Kupfer ein. So eng im Häuschen zusammengedrängt, wurden die Erwachsenen immer nervöser. Ich hingegen fand es wunderbar, endlich nicht mehr das einzige Mädchen zu sein! Mit Britta gemeinsam wie mit einer Schwester machte es sogar Spaß, im Haushalt zu helfen. Abends im Dunkeln erzählten wir uns flüsternd, wo wir früher unser Zuhause hatten. Britta sprach von ihrer Heimat, der schönen Insel Rügen, an die sie sich besser erinnern konnte als ich an Zernikow.

Im Februar organisierte die Mutter ein Faschingsfest zu Clemens' Geburtstag. Wir Jüngeren gingen früh zu Bett. Aus dem Wohnzimmer hörten wir noch lange Krach, mal war das Radio mit Tanzmusik auf höchste Lautstärke gestellt, mal wurde Klavier gespielt. Frühmorgens der Ruf: »Feuer!«, dann: »Unterm Dach brennt's!« Eimer wurden zusammengetragen, eine Löschkette auf der engen Holztreppe neben der Haustür bis nach oben gebildet. Daß bloß keiner die Haustür aufmacht – der Zugwind würde das Feuer verstärken! Die Jungen wollten aber von draußen eine Leiter holen, um bis nach oben ans Dachgebälk zu reichen. Aus der Küche und vom Bad wurde Wasser geholt. Am Wasserhahn des Waschbeckens war noch keiner, mit der Milchkanne holte ich von da Wasser und wollte es auf der Treppe weiterreichen, »zuwenig, geh aus dem Weg!«. Ein kurzer Blick nach oben: Flammen schlugen aus dem Schornstein vor Tams Kammer, vielmehr nun Tante Carolas, der Firstbalken daneben war schwarz, rauchte, auf einem Tisch stand Achim, Olof auf einem Stuhl, sie schütteten Wasser gegen den Balken. Die elektrische Pumpe im Keller hatte zweimal aufgejault, gerattert, gepumpt. Dann setzte sie aus. Das Licht flackerte, die elektrischen Kabel seien durchgebrannt, fürchtete jemand. Aus den Hähnen kam nur noch tropfend Wasser. Wie ein lautes Stöhnen, langsam setzte sich die Pumpe noch einmal in Gang. Dann war das Feuer gelöscht. Im Keller stand die Ziege Gretel zitternd vor Angst und starrte die Pumpe an.

Unser ganzes Haus war ja aus Holz. An diesem Wintermorgen hätte es in Windeseile lichterloh abbrennen können. Der Grund für den Brand war, daß Platens einen Ofen an den Schlot, der vom Kinderzimmer hochführte, angeschlossen hatten. Tante Carola heizte da oben kräftig ein. Onkel Herbert faßte weder Holz noch Kohlen an, er mochte seine Pianistenhände schonen und ließ seine Frau arbeiten. Beim Löschen war er auch nicht zu sehen gewesen.

Die Mutter war auf seiten des Onkels, sie wollte ihm zu einer neuen Existenzgrundlage verhelfen. Es hieß, vor dem »Zusammenbruch« sei er Heldentenor und Pianist gewesen, eine Karriere, die er zum Gelderwerb wiederaufnehmen könne. Während Tam und Tante Carola putzten und rackerten, gab sich der Onkel seinem Gesang hin. Wieder hatten wir »einen Mann im Haus«. Zum Glück schlug dieser nur auf das Klavier der Mutter ein. Heftig griff er in die Tasten und sang dazu laut: »Sah ein Knab ein Röslein stehn«, »I-ich hört ein Bächlein ra-au-schen ...«. Meine Brüder, am Radiohören gehindert, fragten ihn in einer Gesangspause, als Pianist hätte er doch nicht gleichzeitig Gutsbesitzer gewesen sein können wie unser Vater? – O sehr wohl! Sein Gut auf Rügen sei sogar viel schöner gewesen als das der Arnims in der märkischen Streusandbüchse. Außerdem habe er einen ebenso bedeutenden Dich-

terahnen. Er rezitierte das Gedicht des Grafen Platen: »Nächtlich am Busento lispeln ...« Das fanden wir Kinder sehr komisch, dachten natürlich an Busen, nicht wissend, daß es um einen Fluß in Italien ging.[8]
Eines Sonntags veranstaltete die Mutter einen Konzertnachmittag im Wohnzimmer. Sogar die Hohenloher Fürstin und der Fürst waren anwesend. Aus Ermangelung an Stühlen brauchten wir Kinder nicht dabeizusein. Als die Gäste gegangen waren, sagte die Mutter, vor Peinlichkeit wäre sie fast im Boden versunken. Tante Carola sah verweint aus. Mit der geplanten Existenzgrundlage wollte es nichts werden.
Im März wurde ein Waggon mit Deckplane auf ein Abstellgleis rangiert. Die Fertigteile für Platens Haus waren endlich da! Von unserem Acker hatte unsere Mutter einen schmalen Streifen neben dem Weg zum Lagerhaus an ihren angeheirateten Vetter abgegeben. Während bei uns der Stall gebaut wurde, entstand dahinter das kleine »Schwedenhaus«, weiß gestrichen, ohne Keller und Dachboden, aus schwarzer Teerpappe das niedrige Dach. Während dann auf unserer Seite Maschendraht für den Hühnerauslauf hochgezogen wurde, verlängerte sich dieser als Trennzaun zwischen den beiden Grundstücken bis zum Bahndamm hin.
Vor dem Eingang des winzigen Hauses, noch kleiner als unseres, legte der Onkel einen Teich an. Es solle werden wie früher im Park auf Rügen, sagte er. Die Mutter, die nicht mehr hinüberging, meinte dazu, das sei wieder mal so ein hochspöniger Blödsinn, darin würden sich im Sommer nur die Mücken vermehren. Der Teich war rund, in seiner Mitte eine Miniaturinsel, auf der eine Trauerweide wuchs.

Während eines Sonntagsspaziergangs stritt ich mich mit Bürschli um irgend etwas. »Liebe Kinder, zankt euch nicht, spuckt euch lieber ins Gesicht!« sagte Mutti. Prompt gehorchten wir ihr. Statt Anspucken war es bald noch effektvoller, sich am Kupferbach mit Froschlaich zu bewerfen, so richtig voll den Glitsch ins Gesicht! Toni, der erst heftig mitmachte, besann sich dann seiner Naturwissenschaft. Er meinte, wir sollten doch nicht alle Froscheier, die von der Sonne ausgebrütet würden, kaputtmachen, und erklärte, daß aus den kleinen, schwarzen Punkten Kaulquappen würden. Ja, er konnte sogar den Unterschied zwischen normalem Froschlaich und Unkenfroschlaich erkennen: Die Eier der braunen Unken klebten nicht so dicht zusammen wie die von Fröschen, später seien auch ihre Laute verschieden, Unken würden anhaltender und durchdringender quaken.

An einem milden Frühlingsabend stand unser Kinderzimmerfenster weit offen, zum Einschlafen hätte man Vogelgezwitscher gehört, wenn nicht auch das Fenster von Platens Wohnstube offengestanden hätte. Das Holzhäuschen nebenan vibrierte vom Schall des Onkelschen Klaviers darin, dazu weit hörbar der ewige Gesang von der schönen Müllerin und der munteren Forelle. Das war nicht einfach abzuschalten wie ein Radio. Ich faßte einen Plan, der aber ganz geheim bleiben mußte. Auch Toni und Bürschli durften nichts davon erfahren, weil ich inzwischen die einzige war, die noch zu Platens hinüberging, um mit Britta Wolle zu entwirren und zu häkeln. Auf dem Rückweg von der Schule verabschiedete ich mich an der Kreuzung von meinen Freundinnen, lief an der Schnellstraße entlang und nahm die Abkürzung durch den Ghaiwald zur Kupfer. Am ruhigen Bachlauf zwischen Sumpf und Schilf schimmerte das Gesuchte in dem flachen Wasser. Behutsam tauchte ich mein Henkeltöpfchen von der Schulspeisung darunter, schob die glibberigen Kügelchen zusammen und ließ sie ins Töpfchen gleiten. Dann trug ich sie behutsam die Wiese zu den Grundstücken hoch. Wie sie aber nur unbemerkt in den Teich bringen? Bis zur Dunkelheit zu warten, nachts damit aus dem Fenster zu klettern, mich ungesehen hinüberzuschleichen – unmöglich, meine Brüder hätten zuvor schon das Töpfchen umgekippt oder ich selbst dann beim Absprung aus dem Fenster. Die Beute mußte sofort in den Teich!

Hinter ihrem Haus, auf der anderen Seite des Teichs, waren Onkel und Tante zu hören, er laut, sie leise. Schnell das Töpfchen unter Wasser getaucht und die Kügelchen schwimmen lassen. Ich war noch über den Teich gebückt, da stand plötzlich der Onkel hinter mir. Vor Schreck kam die überlegte Ausrede nur stammelnd: Ich habe nur mal kurz seinen hübschen Goldfischen grüß Gott sagen wollen. – Das sei ja nett, ich solle sie aber nicht stören und gehen.

Tage und Wochen, auch die Sommerferien vergingen, aus dem Haus nebenan tönte es wie immer. Doch eines Abends ein neuer Klang dazu, erst zaghaft eine Stimme, schnell darauf viele mehr und immer lauter im gleichen Rhythmus: bak, bak, bak! – Dazu das Bekannte »I-ich hört ein Bächlein« – bak, bak, bak »di-ie muntere Forelle« – bak, bak, bak! Meine Unken waren groß geworden! Vor Vergnügen über den Heidenkrach biß ich in die Bettdecke, um nicht laut mitzuquaken. »Hörst du, Toni, toll, gell?« konnte ich doch nicht mehr an mich halten und erzählte ihm alles. – »Ja, toll! Aber was wird Mutti dazu sagen?« Da bekam ich es doch mit der Angst zu tun, daß er verraten würde, daß ich die Unken in den Teich gesetzt hatte, und fragte Toni, ob die nicht auch Mücken fräßen? Natürlich, meinte er. Das war beruhigend, im Notfall könnte ich behaupten, die Unken hätte ich nur zum Mückenvertilgen geholt.

Mäuschen

Bürschli wurde nun »Wolf« genannt, mit der Verkürzung seines Vornamens Wolf-Herman, und ich »Mäuschen«, weil ich mich bei Konflikten fix verkroch wie in ein Mauseloch. Um sich zu verstecken und zu spielen, war es am Bach Kupfer und im dahintergelegenen Ghaiwald am allerschönsten. Im Winter waren die Wiesen am Bach überschwemmt, sowie jedoch im Frühling das Wasser abgeflossen war, zog es mich dorthin. Auch als Schulweg nahmen Wolf und ich immer öfter die Abkürzung zum Bach, durch den Wald, zur Schnellstraße hin. Über den Bach führte weit und breit kein Steg. An einer Stelle, die schmaler war, dafür um so tiefer, sprangen wir im Weitsprung hinüber, »Achtung, fertig, los!«. Bäuchlings landeten wir auf der anderen Seite, die Füße im Wasser. Schuhe und Strümpfe, klatschnaß geworden, hängten wir an einen Baum zum Trocknen auf. Die Schulranzen wurden beiseite gelegt. Beim Warten, bis wenigstens die Strümpfe trocken waren, bauten wir barfuß im Wasser watend an einer Brücke, wälzten Steine gegen eine vorstehende Wurzel und ordneten Treibholz zu Stufen an.

Die Schuhe wollten aber nie recht durchtrocknen, deshalb zogen wir sie ein nächstes Mal gleich aus, steckten die Strümpfe hinein und warfen alles über den Bach, sprangen hinterher, landeten wieder im Wasser und bauten an der Brücke weiter. Wir waren ganz in diese Bauarbeit vertieft, die ja unseren Schulweg verbessern half. Da war einer der Züge vom Kupferner Bahndamm her zu hören, unsere zeitliche Orientierung. Also schnell die Füße mit Blättern abgetrocknet, Schuhe und Strümpfe angezogen und auf zur Schule! Vor der Kirche in Übrigshausen blieb Wolf plötzlich stehen und weinte. Warum nur? Wir waren doch gar nicht zu spät dran. Wolf hatte seinen Schulranzen am Bach liegenlassen! Ich wollte ihm aus meinem Papier und Stifte abgeben, aber nein, ohne seinen Ranzen könne er nicht in die Schule gehen. Er kehrte um, bevor ihn jemand mit dieser Blöße am Rücken sah.

Eines schönen Frühlingsmorgens ließ Tam die Schleifen weg, dafür befestigte sie über den Zöpfen eine höchst merkwürdige Kopfbedeckung. Es sei eine Schute aus einem Hilfspaket von alten Tanten, und Clärchen habe gemeint, damit sähe das Mäuschen doch sicher reizend aus. Dies Hütchen war so altmodisch wie Vorvorkriegsware, außen aus blauem Samt, innen mit heller Seide gefüttert. Es roch nach Mottenkugeln. Das Merkwürdigste war seine Form: die fest ausgepolsterte Kopfschale wie ein halbierter Fußball, darüber hochstehend ein steifer Schirm, der sich zu den Ohren hin verjüngte, das Ganze von einer Seidenschleife gekrönt. Eine weitere Schleife, um den Hals gebunden, verhinderte, daß die Schute vom ersten Windhauch davongetragen wurde. Damit kam ich mir so lachhaft vor wie die Adele im Wilhelm-Busch-Album, in deren Krinoline schließlich ein Storch sein Nest baute.

Mit diesem Aufputz war es natürlich unmöglich, durch das Dorf Kupfer mit den anderen Kindern zusammen auf der Straße zur Schule zu gehen. Also wieder zum Kupferbach hinunter und darübergesprungen! Am Bachrand blühte Schabockskraut mit seinen goldlackierten Sternchen, leere Schneckenhäuschen lagen umher, wir pflückten und sammelten. Aber wohin mit diesen Dingen? – In die Schute. Sie lag inzwischen umgekehrt im Gras, wir kleideten die Hohlform mit Moos aus und betteten die Sternchen und Schneckenhäuser hinein. Ich setzte die Schute aufs Wasser und ließ sie als Schiffchen losfahren, ihr großer Schirm war Bug und Segel zugleich. Die Strömung trug sie schnell weiter, sie hüpfte über Steine und Wurzeln, wir rannten ihr nach zwischen Pappeln und Gestrüpp hindurch. Was würde Mutti dazu sagen, wenn ich ohne den kostbaren Hut zurückkäme? Wolf nahm einen

Stock und versuchte, die Schute einzufangen. Damit würde er sie nur umkippen, meinte ich, und er solle sie doch so schön weitersegeln lassen! Die Schute mit Blumen und Schneckenhäuschen als Fracht entschwand unseren Blicken. Die Vorstellung, daß sie bald vom Kupferbach in den Kocherfluß weitersegeln würde, mit Kocher und Jagst zusammen in den Neckar – Flüsse, über die wir in Heimatkunde gelernt hatten – wunderbar.

Neben einer Wiese wuchsen Haselnußsträucher an einem Wasserlauf, der in die Kupfer mündete. Erhöht zwischen den Sträuchern und schwer erreichbar, stand ein alter, hohler Baum, das ideale Versteck! In der Baumhöhle richtete ich ein Zwergenwohnzimmer ein, stellte Schnecken häuser als Blumenväschen in die Nischen und befestigte eigens dafür angefertigte Ahnenbilder von Käfern an den Wänden. Eine Mulde im Baum war schon wie geschaffen als Betrachtungssessel. Vor Wolf konnte ich meinen Lieblingsplatz natürlich nicht geheimhalten. Er half mir, den Eingang zu gestalten, Stufen und Geländer zu bauen. In einer Blechdose sammelten wir Haselnüsse und versteckten sie in einer Spalte hinter einem der Bilder. Wolf fand die Baumhöhle auch sehr schön, wir verstanden uns gut. Schade nur, daß auf dem Wurzelsessel nur einer von uns beiden Platz hatte. Und den beanspruchte ich nun einmal.
Obwohl Kinder keine Daten kennen, läßt sich das Baumstübchen zeitlich festhalten, denn es existiert noch das kleine Poesiealbum, welches mir Omalin im Oktober zu meinem neunten Geburtstag schenkte. Sie kam uns damals in Kupfer besuchen. Abgesehen davon, daß Tam wieder im Keller übernachtete, erinnere ich mich daran, wie ich der Großmutter alles Schöne hinter dem Kupferdach zeigen wollte, sie aber sagte, um da hinüberzuspringen, sei sie schon zu alt.

Einige Tage war ich wieder auf der Straße durchs Dorf zur Schule und zurückgegangen, um mit den Freundinnen beisammen zu sein, da sehnte ich mich nach einer Andachtspause im geheiligten Versteck. Die Schule war später aus als für die Jüngeren, gleich nach dem Klingelzeichen ging ich zum Wald, zum Baumhäuschen. Aber welch schreckliche Verwüstung: Vasen, Bilder, Vorräte, alles war auf den Boden geschmissen, zertrampelt, auf dem Sessel ein Kackhaufen! Wolf war vor mir dagewesen. Nach stummem Entsetzen kam die wilde Wut auf, ich rannte zum Haus hoch, er hatte sich versteckt, ich schrie ihn »du Arschloch!« an, er zog mir an den Zöpfen, durch Beinstellen brachte ich ihn zu Boden. Tam griff schlichtend ein.
Danach schrieb Wolf in großer Blockschrift in das Poesiealbum: »Vergeltet nicht Böses mit Bösem oder Scheltwort mit Scheltwort, sondern dagegen segnet!«
Unsere Geburtstage wurden an den jeweils darauffolgenden Sonntagen gefeiert, wenn die Mutter zu Hause war. Für den Nachmittag hatte ich meine Schulfreundinnen eingeladen. Mir war es gleichgültig, wer einheimisch, wer Flüchtling war, ob »aus guter Kiste«, wie die Mutter sagte, oder sonstwoher. Für meine Freundin Ingrid Mödritzer gab es kein Problem mit der Einladung. Ebenfalls Flüchtlingskind, war sie noch besser erzogen als wir »Wildwuchs«; wenn ich nur eine Flunsch zog, lächelte sie höflich – von ihr wurde ja auch nicht Handkuß mit Knicks erwartet. Die niedlich aussehende Jutta Himmelröther war auch gern gesehen mit ihrer blonden Gretchenfrisur. Ihre Eltern besaßen eine Villa in Kupfer, das Gelände dazu hatten sie an Ingrids Eltern verpachtet. Darauf arbeiteten diese viel härter als wir Kinder auf dem Acker, schleppten Wasser, gossen und hackten von früh bis spät. Dieser Garten war ihre einzige Lebensgrundlage, das Gemüse verkaufte Ingrids Mutter auf dem Haller Markt. Sie wären

auch einmal etwas Besseres gewesen, sagte meine Mutter, und sie habe Mitleid, daß beide so unter ihrem Niveau schuften müßten.

Problematischer war es mit der Einladung für Margot und Lissi, beide dunkelhaarig. Margot war die Tochter des Bauunternehmers Strack, mit welchem die Mutter während des Hausbaus Auseinandersetzungen gehabt hatte. Tam sagte etwas von »Sippenhaft«, und die Kinder könnten doch nichts dafür. Lissi nun war die Tochter einer der Maurer aus dem Banat. Sie röche nach Knoblauch, war das Bedenken. Alle vier durften dann doch kommen.

Sie brachten mir Geschenke mit, die auf der Kommode unter dem Ahnenbild des Dichters aufgebaut wurden. Margot und Jutta hatten jede eine Tafel Schokolade geschenkt. Clemens schwatzte mir gleich beide Schokoladentafeln ab. Seine Eintragung danach ins Poesiealbum: »Einen fröhlichen Geber hat Gott lieb. 2. Kor. 9,7. Daß Du weiter danach handeln mögest, wünscht Dir Dein Clemens.«

Christof und Toni hatten für das Poesiealbum auch die Bibel gewälzt. Achim als Ältester, an Vaters Statt, wollte sich gleich nach der Mutter eintragen. Diese Seite hatte ich aber für Tam reserviert. Er sagte damals, er meine das sehr ernst, und schrieb: »Mehr sein als scheinen ist ein Spruch, den Vati zitierte – und hielt.«

Als schönste Eintragung in mein Poesiealbum fand ich dann »Sonne, Baum und Quell« von meiner großen Kusine Ingrid. Ihr perfektes Bild, eine kolorierte Federzeichnung, bekam leider am Wohnzimmertisch Spritzer bei einer Wischlappenaktion gegen Streitigkeiten ab, als ich es betrachtete. Zwischen Toni und Wolf, an meiner Stelle als Mädchen unter den Brüdern, trug sich Britta ins Album ein. Auf die linke Seite zeichnete sie ein Kätzchen in Erinnerung an den getigerten Kater, den wir beide so gern gehabt hatten.

Im Herbst zuvor hatte mir eine Bäuerin in Kupfer wieder ein Kätzchen geschenkt. Nun hatten wir ja ein eigenes Haus und wohnten nicht mehr bei der Frau Olpe unter dem Dach. So war ich zuversichtlich gewesen, daß ich den kleinen Kater für immer zu Hause behalten konnte.

Im Frühjahr war der Stall von Lissis Vater und meinen drei ältesten Brüdern soweit fertig gebaut worden, daß die Ziege vom Keller auch in ihr eigenes Haus umziehen konnte. Kater Miez zog mit. Eine zweite junge Ziege kam hinzu. Wenn ich nun beide Ziegen zu einer Wiese am Bach hinunterführte – die geduldige Gretel hatte vorher nur an der Kette geführt die Wegränder abgrasen dürfen –, folgte über uns der Kater von Baum zu Baum. Abends beim Melken saß er neben Tam und wartete auf sein Näpfchen Milch. Der Kater wurde immer scheuer und wilder, je größer er wurde. Bald ließ er sich nur noch von Britta und mir streicheln.

In der Zeit, als Jumbo erst gekreuzigt, dann weggeschafft worden war, ließ ich für die Nacht das Kinderzimmerfenster angelehnt. Und wirklich, ein Schatten am Fenster, unhörbar ein Sprung, Miez saß neben meinem Kopf auf einer Puppenkommode wie auf einem Sockel. Im Halbdunkel sah seine Silhouette erhaben wie eine Statue aus, seine Augen funkelten, er schnurrte leise. Sicher konnte er in Gedanken und Gefühlen lesen.

Achim hatte mit siebzehn Jahren das Haller Gymnasium verlassen. Es hieß, er als ältester Sohn müsse darauf vorbereitet werden, vielleicht die Güter des Vaters zu erben, und dafür sei eine landwirtschaftliche Ausbildung, aber kein Abitur notwendig. Er kam auf den Gliemenhof in der Nähe von Gailenkirchen, der Bahnstation zwischen Kupfer und Hall. Glücklich schien Achim über den Schulabbruch nicht, obwohl er nach dem Vorbild von Herrn Dr. Hege Landwirt werden wollte.

Achim kam nur noch an den Wochenenden nach Hause. Neben der schweren Feldarbeit baute er mit Clemens und Christof zusammen den Hühnerstall. Ein großes Gitterfenster mit Glas war geliefert worden, es paßte aber nicht in den vorgebauten Rahmen. Clemens wollte ein Stück davon abhobeln, Christof meinte, das Holz müsse erst durchtrocknen, mit Geduld würde es später ineinanderpassen. Das solle sofort da rein! Damit hob Achim allein das schwere Fenster in den Rahmen und rief: »Mit Gewalt geht alles besser!«, gab der Ecke, die nicht paßte, einen Fußtritt, die Scheiben zerbrachen. Das hätte er nun von seiner Gewalt, schimpfte Clemens, die Brüder stritten sich. Die Mutter, am Rosenspalier zwischen Haus und Hühnerauslauf, seufzte nur dazu und widmete sich weiter ihren Rosen.
Ein andermal sagte sie, sich streng aufrichtend, sie müsse jetzt männlich werden, um der Jungen Herr zu werden und um ihnen den Vater zu ersetzen. Das fand ich erst schrecklich, damit hatten wir auch keine Mutti mehr. Aber so schlimm war es eigentlich doch nicht, Tam war ja immer wie eine Mama bei uns Kindern zu Hause.
Einen Samstagnachmittag ging Achim in zerschlitzten Gummistiefeln vom Bahnhof den Ackerrand entlang aufs Haus zu. Auf der Terrasse saß die Mutter mit Frau Gutöhrlein aus Schwäbisch-Hall zusammen. (Diese Frau mit dem merkwürdigen Namen wurde für mich später, als wir dann auch in Hall wohnten, wichtig.) Achim, lang und blond, sah immer schön aus, gleich, was er anhatte. »Ein Prinz in Lumpen«, sagte Frau Gutöhrlein nachdenklich, als sie ihn da so kommen sah. Zu Hause wurde er aber eher wie ein Knecht als wie ein Prinz behandelt. Außer draußen für weitere Bau- und Landarbeiten gab es drinnen in dem kleinen Haus keinen Platz mehr für ihn. Sonntag abends sagte er kurz angebunden, er ginge jetzt, auf dem Gliemenhof bekäme er wenigstens genug zu essen.

Ein Wochenende im Sommer kam es im Wohnzimmer zu schlechter Stimmung. Die Mutter kritisierte Achim, er könne sich nicht so gut darstellen wie Clemens, wenigstens beim Vorführen des Zuchtbullen in der Stadt hätte sich der lange Schlaks doch besser anziehen können; früher habe sie Vati auch immer zu anständiger Bekleidung ermahnen müssen. – Der habe sich aber nicht daran gehalten! – Was er schon davon wisse, sogar bei Loden-Frey habe sie ihn eingekleidet! – »Städterkram, so tun als ob!« Damit schlug Achim auf den Tisch. Als Mäuschen verzog ich mich besser ins Kinderzimmer, in dem keiner war. Am Fenster saß mein Kater, ich flüsterte ihm zu, er könne reinkommen, hier hätten wir unsere Ruhe. Gerade als ich den Miez auf den Armen hielt, kam Achim ins Zimmer. Schnell ließ ich den Kater laufen, der verkroch sich unters Bett. »Dein nutzloses Kuscheltier kann nicht mal mausen!« kritisierte Achim, dann jagte er mit dem Besenstiel den fauchenden Kater durchs Zimmer. – Doch, der finge Mäuse! – Draußen im Acker, trüge sie nur rein! – »Bitte, Achim, laß ihn!« – »Mäuschen!« rief die Mutter nach mir. Im Reflex des Gehorsams ging ich hinüber, blieb nur kurz in der Tür stehen, um mich zu vergewissern: Ja, das Fenster als Fluchtweg für den Kater stand noch offen.
Die Sommernächte danach kein Schatten, kein leiser Sprung durchs Fenster mehr, der Platz neben meinem Kopf blieb leer. Auch tagsüber war der Miez nirgends zu finden. Zwei Sonntage zuvor hatte mich Achim beim Ziegenhüten am Bach besucht und mir eine schöne Wassermühle gebaut. Überhaupt war er oft einfach lieb zu mir, ohne Sachen zu wollen wie Clemens. Zwischen der gesuchten Katze und der Wassermühle stellte sich dunkel ein Zusammenhang her. Die nächste Gelegenheit, zum Bach zu gehen, ergab sich wieder durch das Ziegenhüten. Die beiden angepflockt, hoffte ich noch, Miez auf den Bäumen an der Stelle der kleinen Mühle zu finden.

»Lieber Miez, bitte komm!« Rufen ging in Weinen über. Hinter der Wassermühle lag ein Sack, ein Stein daran gebunden, mein Miez ertränkt darin. Ich band den Stein ab und legte Blumen auf den Sack. Die Wassermühle plätscherte munter weiter, als sei nichts gewesen. Ich gab ihr einen Fußtritt, damit war Stille.

In der Stufenleiter der Hierarchie, in welcher der Großvater an oberster Stelle stand, Tam in ihrer Machtlosigkeit, manchmal kränkend mit »alte Jungfer« bezeichnet, an vorletzter Stelle und ich als Mädchen an allerletzter, konnte ich mich nur Tam anvertrauen. Die Mutter, die den Kater sowieso nicht gern im Haus gesehen hatte, hätte mich wahrscheinlich nur gefragt, ob ich denn beweisen könne, daß Achim ihn umgebracht habe? Das hätte ich weder können noch wollen. Tam sagte mir zum Trost, die Seele von Miez sei nun bei den Engeln im Himmel. Da oben ginge es ihm sicher besser als bei uns hier unten, fügte sie seufzend hinzu und bat mich, ihr beim Schälen eines Berges von Kartoffeln zu helfen.
Besuch wurde erwartet, zum Geburtstag der Mutter Mitte August. Es kam ihr Bruder, der Onkel Hans-Karl, nicht allein, sondern mit einer Neuigkeit: Er habe eine Braut gefunden, die Voraussetzung für den zukünftigen Stammhalter der »von Hagens«! Wie nur diese unbekannte Frau, blond und mit blauen Augen, begrüßen? Die Brüder machten ihre Diener, ich also Knickschen, unsicher, ob für eine Verlobte schon ein Handkuß angebracht wäre.
Der Besuch blieb nicht lange, es gab ein Problem. Vor ihrer Abreise standen die Verlobten mit der Mutter zusammen in der Hofeinfahrt. Eine Familiengründung vor seiner Wiedereinstellung als Jurist sei leider nicht möglich, sagte der Onkel. Im Norden werde die Entnazifizierung sehr streng gehandhabt, hier in den südlichen Besatzungszonen Deutschlands sei

das vielleicht besser. – Eine sofortige Einstellung könne dies nicht garantieren, sie würde den guten Verlobten aber nochmals dem Bischof Wurm in Stuttgart empfehlen, der habe schon anderen Opfern der neuen Bestimmungen nach dem Zusammenbruch geholfen. Die Kirchenmänner hätten heutzutage Einfluß. »Toi toi toi!« rief die Mutter den Verlobten nach, als sie zum Bahnhof gingen, um dann den Zug nach Stuttgart zu nehmen. Ein Bischof mit einem so häßlichen Namen, sinnierte ich über das Gespräch nach, das gewiß nicht für meine Mäuschenohren bestimmt gewesen war. Gegen Würmer flößte uns Tam Rizinusöl ein. Und nach allem, was die Mutter bislang gesagt hatte, konnten nur Adlige mit schönen Namen Generäle, Bankpräsidenten und Kirchenfürsten werden. Zwischen Stammhalter und Bischof, neuen und alten Bestimmungen ergab sich ein heilloses Durcheinander, aus dem nur zu schließen war, daß Mädchen nichts werden können.

Zumal eines wie ich, das dem Schönheitsideal der Mutter nicht entsprach. Nach Abreise der Verlobten – es war ein heißer Sonntagnachmittag – setzte sie mich auf die Terrasse und wusch mir die offenen Haare mit Kamillentee. Prinzessinnen seien richtig blond, sagte sie dabei. Die Kamille war zu heiß, und die Haare waren auch übers Gesicht gekämmt, so ließ sich die Prozedur nur sprachlos erdulden. Als endlich das Gießen und Ziepen aufhörte und ich so gerne mit Mutti gesprochen hätte, ging sie auch schon mit der Ermahnung, ich solle still in der Sonne sitzen bleiben, damit die Haare blichen. Ich hielt mir die Hände vor die Augen aus Angst, sie sollten von Grün zu Blau mitgebleicht werden. Meine Mutter wünschte sich eine Tochter mit hellblonden Haaren und blauen Augen. Sie mochte mich nicht, wie ich war.

Vieles kam zusammen, die Situation schien ausweglos. Eine traurige Stimmung, Worte wie »dumme Gans« genügten, und

»Mäuschen«, November 1951

lieber als zu Hause wünschte ich, bei den Engeln im Himmel zu sein. Die bedrückende Langeweile beim Fäden von den Bohnen ziehen, Kessel voll Marmelade kalt rühren und anderen Hausarbeiten mehr taten das übrige, daß ich mich fortsehnte.

Toni, der Naturwissenschaftler, hatte aus seinen Ferien in Überlingen einen alten, bebilderten Atlas der einheimischen Pflanzen mitgebracht. Was er lernte, brachte er mir auch gleich bei. Heilpflanzen waren in dem Buch beschrieben, aber auch giftige wie die Nachtschattengewächse. »Sehr giftig« stand unter dem Bild der Tollkirsche.

Abends war die Sonne wieder hinter dem Berg Himmeltor untergegangen, die Strahlen schienen wie eine goldene Leiter zu den Engeln hochzuführen. Am nächsten Morgen machte ich mich auf den Weg, Wolf kam mit. Hinter Beltersrot, in einem verwilderten Gelände unterhalb des Berges, wuchs schwarzer Nachtschatten mit seinen kleinen Beeren in Dolden. Davon sammelten wir die Taschen voll. Wolf wollte nun gleich zum Himmelstor hoch, aber ich suchte noch weiter und fand eine hohe Tollkirschenpflanze wie im Buch abgebildet. Zwei der kugeligen Beeren waren reif, glänzend und schwarz. Beim Aufstieg durch den Wald fanden wir noch Himbeeren, sie sollten uns die schwarzen Beeren versüßen.

Oben auf dem Himmelstor angekommen, fühlten wir uns schon dem Himmel näher. Unser Hausdach sahen wir als kleinen, roten Punkt in der Ferne, als könnten wir darüber hinwegfliegen. Vor hochstehenden Baumwurzeln sonnten sich Eidechsen. Zwischen zwei solcher Wurzelplatten voll glitzernder Steine bauten wir uns Moosbetten. Dann legten wir uns hin und aßen unsere gesammelten Beeren auf. Ich schloß die Augen, sah die Sonnenstrahlen als warmes, rotes Licht und betete: »Lieber Gott, laß mich zu Vati in den Himmel kommen und zu den anderen Engeln auch.«

Von Wolf war nichts zu hören, kein Gebet, nichts. »Stirbst du schon?« – Keine Antwort. In Angst um ihn versuchte ich den Arm nach ihm auszustrecken, aufzustehen, aber die gewollten Bewegungen stellten sich nicht ein. Endlich Wolfs Stimme: »Ist dir auch so schlecht?« – »Ja, sehr.« Wolf begann zu würgen und sich zu erbrechen. »Das Gift raus wäre besser« sagte er matt. Mit Mühe richtete ich mich auf, steckte den Finger in den Hals, aber es kratzte nur trocken in der Kehle.

Das Licht blendete, und brennender Durst kam auf. Der Abstieg war schwer. Die Beine knickten weg, und das Herz tuckerte wie die elektrische Pumpe im Keller. Auf dem Hosenboden rutschten wir den Berg hinunter. An einen Wiesenbach gelegt schlürften wir Wasser, ich konnte gar nicht genug davon bekommen. Wolf ging es schon besser, er half mir beim Weitergehen. Schließlich zu Hause angekommen, krochen wir schwach und elend in unsere richtigen Betten. Tam hielt mir abends den Kopf und gab mir rohes Eigelb in Ziegenmilch zu trinken. Um wieder zur Schule gehen zu können, wollte ich dann doch schnell gesund werden.

Diese Begebenheit mit den Tollkirschen bleibt mir in ungewollter Erinnerung. Immer noch wird mir von Nachtschattengewächsen aller Art schlecht, selbst von Auberginen, die in einer Ratatouille gar nicht zu erkennen sind.

Tiere – Traditionen

Kurz vor Schulbeginn gab es eine wunderschöne Überraschung. Zu Wolfs Geburtstag kam der Urach-Fürst, der damals im Blockhaus den Bürschli porträtiert hatte. Er trug einen Pappkarton, den wollte er aber nicht zu den anderen Geschenken auf die Barockkommode stellen, das wertvolle Furnierholz bekäme sonst einen großen Flecken. Vielleicht sei eine Pflanze in dem Karton, rätselten wir, an Ermahnungen gewohnt, niemals Feuchtes auf die geretteten Möbel zu stellen. Seine Hände seien nun schon durchweicht, lachte der Fürst und setzte den Karton auf einen Stuhl. Wolf öffnete: Ein kleiner Dackel mit einer roten Adventsschleife um den Hals saß darin! Wir Kinder waren begeistert. Aber unsere Mutter gab zu bedenken, ob denn ein Fleischfresser mehr im Haus miternährt werden könne? Es war sogar zu befürchten, daß das Hündchen vom Fürsten – der habe es zwar gut gemeint – wieder zurückgenommen werden müsse. Ein Dackel fräße längst nicht so viel wie eine Dogge, damit konnte der Fürst die Mutter, welche von ihrem riesigen Centesimus in Zernikow gesprochen hatte, doch noch überzeugen. Das Geburtstagskind erlaubte seinen Geschwistern ein kurzes Streicheln und setzte das Hündchen auf den Boden. Es tappelte unter die Kommode und pinkelte dort weiter, ohne daß jemand mit dem Besen gekommen wäre, um es hervorzuholen. So blieb Waldi bei uns.

Mit dem Dackel wurde es zu Hause lustig. Im Wohnzimmer übte Clemens Geige, Tam war um ihn herum mit dem Mob tätig und brachte den Fußboden auf Hochglanz. Waldi, der sich erst im Herrensessel am Radio breitgemacht hatte, raste auf den Mob zu, biß wie in einen rennenden Hasen hinein, dann wieder jaulte er zur Geige in höchsten Tönen. Schimpfe, Fußtritte trafen ihn nicht, gleich war er wieder woanders, hopste auf die Bank, stiftete Unordnung. Und die Ahnen blickten stumm auf dem ganzen Tisch herum.

Außer zur Schule ließ Tam uns beide Jüngsten nicht mehr ohne Hund losziehen. Sie wußte wohl, daß er uns ein Wachhund gegen Trübsal war. Mit einem Handwagen und vier leeren Obstkörben darin wurden wir nach Beltersrot geschickt. Gegen ein Kleid hatte die Mutter dort mehrere Kilo Pflaumen zum Einmachen getauscht. Die Straße hoch zogen wir beiden

den Wagen, Waldi trottete an der Leine hinterher. Auf dem Rückweg, die Körbe voller Pflaumen, rollte der Wagen wie von selbst. Wir spannten Waldi als Pferdchen davor. Der sah am Straßenrand einen Vogel auffliegen, rannte hinterher, der Wagen kippte um, die Pflaumen lagen im Graben. Armer Waldi, beim nächsten Mal wollten wir ihm Scheuklappen anziehen.

Auf der Tenne vor dem Ziegenstall hatten die älteren Brüder eine elektrische Eisenbahn »Spur 1« aufgebaut. Sie kam aus Berlin und hatte dem gefallenen Bruder der Mutter gehört. Die Lokomotive war fast so groß wie der Dackel. In die Güterwaggons setzten wir Küken, die eine Truthenne ausgebrütet hatte. Waldi rannte bellend dem Zug hinterher, bis er eines Tages im Tunnel steckenblieb.

In einem Verschlag hinter den beiden Ziegen gab es ein Schwein. Vielmehr waren es im Laufe der Jahre mehrere Schweine. Als Ferkel von Hohebuch gebracht, in unserem Stall gemästet, auf dem Pfeifferhof geschlachtet, hießen die vielen Schweine, die nie zugleich lebten, pauschal »das Schwein«. Tam stampfte Kartoffelreste und Kleie zu Schweinefutter zusammen. Das Schwein hatte keinen Auslauf, im Halbdunkel lag es auf einem Holzrost, dick werden war sein Lebenszweck. Der einzige Ausgang im Schweineleben war der zum Pfeifferhof.

Es mag das zweite Schwein gewesen sein, denn Achim war bei der folgenden Unternehmung nicht mehr dabei. Clemens führte wie Hans im Glück das Schwein an einer Schnur, an dessen Hinterbein angebunden. Christof ging mit einer Gerte nebenher. Das Schwein schien zu ahnen, was ihm bevorstand. Auf halbem Weg riß es sich los und lief nach links in Richtung der Kupferwiesen, erst träge, dann schnell und schneller. Clemens und Christof hinterher, aber wie nur ein entlaufenes Schwein mit den bloßen Händen wieder einfangen? Tam kam mit einem Kartoffelkorb herbei, in den solle es hineinrennen, Eile sei geboten, je mehr das Schwein sich bewege, um so dünner würde es und damit um so schneller! Die Brüder faßten jeder einen Henkel, überholten das Tier und stellten sich mit dem Korb in seine Laufrichtung. Es lief hinein, aber der zerfaulte Boden des Kartoffelkorbs durchbrach beim Aufstoß, das Schwein, statt gebremst zu sein, raste mit dem Korb wie mit einem Korsett um seinen abnehmenden Bauch weiter. Tam sah schon unseren Speckvorrat im Wald verschwinden. Die Jungen rannten aus verschiedenen Richtungen hinterher, sie bekamen das Schwein doch noch an den Korbhenkeln zu packen.

Was dann mit dem Schwein auf dem Pfeifferhof geschah, da mochte ich nicht zusehen. Unsere Mutter hatte dort einen Termin mit dem Trichinenbeschauer verabredet. An diesen Termin hatte sich jedes Schwein, dick oder dünn, zu halten. Tam hätte sonst dem aufmüpfig entlaufenen Tier noch eine Henkersmahlzeit zum schnellen Wiederaufmästen bereitet.

Die großen Brüder pumpten nach dem Schlachten die Jauchegrube aus und entmisteten den Stall. Abends spielten sie mit der aufgeblasenen Schweinsblase Fußball. Die Nacht über verarbeiteten mehrere Frauen im Keller das Geschlachtete. Nur gegen ein selbstverfaßtes »Stökergedicht« – das sei nun mal Zernikower Brauch – erhielten wir Kinder früh morgens eine Leberwurst.

Richtig fröhlich wurde es, wenn Tante Uschka zu Besuch kam. Zu Silvester spielten wir alle zusammen Poch. Christof hatte Punsch zubereitet und schenkte zwischen den Spielrunden aus. In Windeseile wurde das Bohnengeld eingezahlt, gepocht, die Karten ausgespielt. Uns beiden Jüngsten fehlte noch der schnelle Überblick. Tam half Wolf, Tante Uschka ordnete mir die Karten. Das sei ungerecht, meinten die großen Brüder, denn Tante Uschka war die Klügste von allen. Kurz vor Mitternacht wurde das Radio eingeschaltet. Nicht irgendwelche Glockentöne sollten das neue Jahr einläuten. Der heiligste Schauer überkam uns, wenn das Glockengeläut vom Sender Freies Berlin zu uns nach Kupfer übertragen wurde. Das Radio ersetzte mehr und mehr die Kirche. Samstags gegen Abend versammelten wir uns regelmäßig zu den »Insulanern«, einer Berliner Kabarettsendung. Am Schluß wurde gesungen: »Der Insulaner hofft unbeirrt, daß seine Insel wieder schönes Festland wird.« Lauthals sangen wir den Refrain mit: »Ach, Frau Kabosch, das wär ja fein, hoffentlich trifft es auch wirklich ein!«

Im Laufe der Zeit hatte Christof das Radio erobert, Clemens las das Haller Tagblatt. Das Radio war sein Heiligtum, und er wußte auch damit umzugehen. Rauschte es nur, schraubte er die rückseitige Platte los. Große, silbern glänzende Röhren standen wie Geister im Kasten. Mit einer neuen Röhre brachte er das Radio wieder zu klarem Ton.

So fröhlich unsere Mutter bei »Frau Kabosch, mitten auf dem Kurfürstendamm« war und den Refrain mitsang, so traurig wurde sie bei einer anderen Sendung. Walter Ulbricht hatte das Berliner Stadtschloß sprengen lassen. Sie unterdrückte die Tränen, ein großes Symbol Preußens sei ausradiert worden, sagte sie gefaßt. Je weniger von dem alten Berlin der Kaiserzeit blieb, um so mehr legte die Mutter Wert auf die Wahrung seiner Tradition im Kupferhäuschen.

Eines Sonntags kündigte sie feierlich Besuch an. Es muß im Frühling gewesen sein, denn lieber als mit weißen Schleifen und weißem Kleidchen im Wohnzimmer herumzustehen, wäre ich mit Ziegen und Hund zum Bach gelaufen. Eine Gräfin aus baltischem Adel käme, sagte die Mutter, wir sollten sie ja alle sechs mit Diener beziehungsweise Knickschen und Hand-

kuß begrüßen! Übrigens gehöre sich dies nicht nur für adelige Damen, sondern auch für gebildete, die erwartete Gräfin sei beides. Woran man denn Bildung erkennen könne? fragte Toni. – Nun, zum Beispiel daran, daß jemand gotische von romanischen Kirchen zu unterscheiden wisse. Auf weitere Fragen mochte die Mutter nicht mehr antworten, sie glättete noch einmal die weiße Tischdecke. Um den Unterschied zwischen gotisch und romanisch belegt zu finden, schlug Toni im Lexikon nach. Gut, gotische Bögen also spitz, romanische rund.
Achim und Clemens wurden zum Abholen an den Bahnhof geschickt. Vorsorglich nahmen sie ein Paar Gummistiefel mit, denn falls die Dame in hochhackigen Pumps ankäme, würde sie damit auf dem Trampelpfad am Ackerrand im Lehm steckenbleiben.
In Abwesenheit der großen Brüder wollte ich mich gerade in die Küche verdrücken zu Tam, der nie jemand die Hand küßte, obwohl sie adelig war und alle Baustile kannte. Aber da ging schon die Tür auf, so daß ich unweigerlich gegen das Klavier gedrückt wurde. Steif wie ein Stock blieb ich da stehen mit dem Wunsch, unsichtbar zu sein. Die eintretende Gräfin trug weder Stöckelschuhe noch Gummistiefel, sondern ganz normale Halbschuhe. Christof und Toni machten ihre tiefen Diener, wobei nicht genau zu sehen war, ob sie auch wirklich die huldreich dargebotene Hand mit den Lippen berührten. Als ich an der Reihe war, tat sich nichts. Die wortlos hingehaltene Hand wollte ich nicht küssen, es war etwas Demütigendes und Falsches daran. Die Mutter stand hinter ihrem Besuch, wollte sie doch ihr einziges Mädchen vorführen. Aber ihr streng ermahnender Blick bewirkte nur weitere Verstockung. Die drei großen Brüder schritten ein: Clemens schlug mir in die Kniekehlen, womit das Knickschen zustande kam, Christof hob einen Arm der gräflichen Hand entgegen, und Achim drückte mir kräftig den Kopf zum Handkuß hinunter.

Toni waren die Zeremonien, bei welchen wir Kinder wie Tischdekoration vorgeführt wurden, auch nicht geheuer. Er stellte der Gräfin die Frage nach dem Unterschied zwischen gotisch und romanisch. Damit habe sie sich nie beschäftigt, sehr viel hingegen mit Rassepferden, antwortete sie, mehr zur Mutter gerichtet. Diese blickte zur Decke, als der sonst so artige Toni die peinliche Bildungsfrage stellte. Die beiden Damen fühlten sich von uns Kindern gestört, wir wurden hinausgeschickt, endlich!

Alltags hatten wir »drei Kleinen« still und ohne Licht in den Betten zu sein, bevor die Mutter abends mit dem Zug zurückkam. Sie wollte uns nach ihrer Arbeit weder hören noch sehen. Zum abendlichen Beten kam sie nur noch selten, nur, um uns vor Besuch als wohlerzogene Kinder vorzuführen.
Tam hatte sowieso alle Mühe, uns pünktlich in die Betten wegzustecken. Kurz vor Ostern wurde es noch schwieriger, denn alle, auch wir Jüngeren, wollten Mutti vom Bahnhof abholen, um ihr von den Alltagsgeschehnissen und Ungerechtigkeiten zu berichten. Was der Mutter zu Ohren gekommen war, kam während einer Osterzeremonie vor versammelter Runde zur Sprache. Da gab es kein Wenn und Aber, und es hätte auch anders gewesen sein können. Da sprach eine Rolle, eine Autorität. Die Mutter unter der Alten Labes hielt vor sich auf dem Tisch einen häßlichen, aufrechten Papphasen. Mit verstellter, tiefer Stimme ließ sie ihn sprechen. Unangenehme Dinge wurden genannt, auch Sünden, schon vor langer Zeit begangen. Achim, kaum angesprochen, hörte zu. Clemens sprach für sich selbst dazwischen. Für Christof war es unangenehm, wenn von seinen Noten im Gymnasium die Rede war. Zur tiefen Stimme wackelte der Hase mit dem Kopf, schließlich ein Nicken und: »Na, dann puste mal!« Der Kopf fiel ab, drei winzige Zuckereier wurden dem jeweils Besprochenen

aus dem Bauch des Hasen gegeben. Für Toni fiel die Predigt umgekehrt aus, zwar gut in der Schule, aber schlecht beim Helfen in der Landarbeit. Er solle sich ein Beispiel an den Großen nehmen. »Versprichst du das?« – »Ja.« – »Na, dann puste mal!« Zu mir dann: brav, aber er habe gehört, gute Anziehsachen ließe ich den Bach hinunterschwimmen, auch habe er diese sichtbare Übellaune nicht gern, für ein Mädchen sei Lächeln doch hübscher. »Na, dann puste mal!« Der Bauch des Hasen war schon leer, sein Rucksack wurde zu Hilfe genommen. Ernst, aber schon in Eile, hieß es für Wolf: Er habe Bonbons im Laden von Frau Hachtel geklaut (verflixt, das hatte ich verpetzt), Stehlen sei eine große Sünde. »Na, das weißt du ja, Wölfchen, nun puste mal!« Wolf bekam die restlichen Süßigkeiten aus dem Rucksack ohne Abzählen zugeschüttet.
Am Ostermorgen, Stunden vor der Tischpredigt, wurden die Fensterläden geschlossen, damit wir den Hasen nicht beim Eierverstecken sehen konnten. Wenn es dann zum Suchen hinausging, wurde Waldi im Haus eingesperrt. Unsere Mutter zählte die gefundenen Eier nach, es fehlten noch einige. Sie fragte Achim, der stand mit einem Plan vor dem Haus. Er habe Eier vergraben, so wie Vati früher auch, auf seinem Plan habe er die Stellen angekreuzt. Das sei doch Unsinn, meinte die Mutter, auf die Dauer würden die Eier da nur verfaulen. Dennoch sah sie auf Achims Zettel, Kreuzchen und Gelände vergleichend. Wolf und ich ließen Waldi heraus. Ohne Kenntnis des Plans buddelte er fix die Eier aus und fraß sie auf. Waldi war von vorbildlicher Frechheit. So klein er war, verstand er es besser als ein verhuschtes Mädchen, sich seinen Vorteil zu verschaffen und seine Würde zu wahren.

Der Großvater kam zu Besuch. Meist saß er im Herrensessel, das Ohr dicht ans Radio gehalten. Währenddessen ging man nur auf Zehenspitzen ins Wohnzimmer. Er hörte Nachrichten

von verschiedenen Sendern. Was in der Welt geschah, stand auch in Verbindung zu einem wichtigen Zuraten des Großvaters: zu Achims Ausreise nach Afrika. Es war viel von einem Herrn »Le Riche« die Rede, einem entfernten Verwandten, reich geworden von Diamanten. Der habe Achim und Olof von Platen angeboten, als weiße Einwanderer auf seine Farmen nach Südafrika zu kommen. Das alles schien abenteuerlich, aber die beiden mußten noch warten. Anfang August wurde Achim neunzehn Jahre alt. Es dauerte, bis er Paß und Visum von der amerikanischen Militärverwaltung ausgestellt bekam.
Im September 1950 war es dann soweit, Achim bekam sein Visum. Toni hatte sich eine kleine Kamera erspart. Damit machte er ein Abschiedsfoto: der große Bruder und seine kleine Schwester. Du fährst fort, ich bleib zu Haus.

Einen Monat danach fuhr auch Tante Uschka weit davon. In Künzelsau hatte sie als Übersetzerin gearbeitet, im Herbst 1950 kam sie als Chefsekretärin nach New York. Ihre Pflegesöhne aus der Tommelhardter Zeit vergaß sie trotzdem nicht: Zu Weihnachten kam ein Bücherpaket aus Amerika. Darin war auch eine bebilderte Broschüre für mich, über Indianer und ihr Kunsthandwerk. Den englischen Text konnte ich nicht lesen, jedoch gefielen mir die farbigen Abbildungen sehr. Die Formen zwischen Tier und Ornament waren mir neu und faszinierend. Einen Korb mit dunkelbraunen, abstrakten Tieren auf hellem Grund wollte ich gleich nachbauen. Tam fand es auch interessant, wie diese Körbe wohl gemacht wären. Christof übersetzte den dazugehörigen Text. Auf gut Glück flocht und nähte Tam einen großen Korb mit Zickzackmuster aus Stroh und Bast und ich einen kleinen mit einem schräg geratenen Tier. Der Eindruck von diesen ersten Informationen über Indianer sollte noch seine Folgen haben.

An meinen Bruder Christof-Otto kann ich mich kaum anders erinnern als an einen Jungen, der ständig arbeitete. Er grub den schweren Boden um, hackte Holz, schleppte Kohlen, zwischendurch paukte er Vokabeln. So freute es mich, als er mich einmal mit Waldi in den Ghaiwald mitnahm. Ein normaler, lustiger Spaziergang war dies jedoch nicht, eher eine Treibjagd, um etwas zu essen nach Hause zu bringen.
Christof mochte den Waldi auch sehr, aber er wollte einen Jagdhund aus ihm machen, der ihm Hasen zutreiben sollte. Er trug Pfeil und Bogen, in die Holunderpfropfen der Pfeile hatte er mit Wachs scharfe Nägel eingelassen. Aber mit dem Jagen war es gar nicht so einfach. Falls sich überhaupt ein Hase blicken ließ, schlug er Haken, Waldi raste jaulend geradeaus, die Pfeile waren bald verschossen, ich suchte noch im Laub nach ihnen, fand sie aber nicht. Wie, wenn wir ein Wildschwein erlegten, schlug ich vor, in eine Grube, die wir vorher mit Reisig bedeckten, würde es hineinfallen, am Rand der Schnellstraße gäbe es doch Gruben genug! Christof hielt das für unpassend, das seien doch Schützengräben von deutschen Soldaten, junge Burschen hätten zu Kriegsende darin gelegen, um die Straße zu verteidigen, von Panzern wären sie überrollt worden.
Es gab den ersten und den zweiten Ghaiwald, vielmehr war es ein einziger Wald gewesen, bevor die Schnellstraße gebaut worden war. (Achim meinte später, zu Kriegsende habe er noch an dem Straßenbau mitarbeiten müssen.) Den sogenannten »Zweiten Ghaiwald« wollte ich erkunden. Waldi, der auf der anderen Straßenseite wieder einmal einen Vogel auffliegen sah, lief los. Ein Auto kam von links, Waldi knapp davor vorbei, ich rief ihn zurück, er zögerte, ein Auto von rechts überfuhr ihn. Ich stürzte auf die Straße, nahm Waldi in die Arme, andere Autos bremsten scharf. Waldi lebte noch, ich wollte ihm Wasser holen, legte ihn ins kühle Gras an den Straßenrand, aber in der Nähe gab es kein Wasser,

und verlassen wollte ich ihn nicht eine Sekunde. Er sah mich an, aus seiner Schnauze floß Blut, sein Herz pochte noch schwach. »Lieber Gott, Du Allmächtiger, bitte, bitte halte Waldi am Leben!« Waldis Augen verdrehten sich, kein Herzschlag, kein Atem mehr. »Lieber Gott, der Du allmächtig bist, bitte mache Waldi wieder lebendig!« So betete ich inbrünstig, denn wenn man in starkem Glauben betete, würde man von Gott erhört, hatten wir in Religion gelernt, und auch die Geschichte von Lazarus.

Aber je mehr Minuten, Stunden über den Tod vergingen, um so hoffnungsloser wurde eine Wiedererweckung. Der Glaube an die Wirkung von Gebeten und die Allmacht Gottes schwand dahin. Noch während der vielen Gebete wurde mir bewußt, daß Waldi unwiederbringlich tot war. Auch an Engel im Himmel war nicht mehr zu glauben. Nie mehr wollte ich mich selbst umbringen wie zwei Jahre zuvor mit Tollkirschen, als ich noch glaubte, als Engel könne man zwischen Himmel und Erde hin und her schweben. Nachdenken und Weinen wechselten ab. Darüber wurde es dunkel. Ich wurde gerufen, ein Licht näherte sich. Christof kam mit einer Taschenlampe. Erst war er mürrisch, weil er so spät noch ausgeschickt worden war, mich zu suchen. Sowie er das tote Hündchen sah, versuchte er zu trösten. Wir beerdigten Waldi in einem Schützengraben.

Der beste Trost über Waldis Tod war mir bald eine Mundharmonika. In Bewunderung vor Poldi Punzet, der seinen Vater auf einer großen Ziehharmonika begleitete, hatte ich sie mir zum Geburtstag gewünscht. Der Lehrer und sein Sohn, beide schwarz gelockt, wurden zwar Zigeuner genannt, wenn sie miteinander musizierten. Was jedoch böse gemeint war, versuchte ich vom Guten her zu nehmen und übte »Lustig ist das Zigeunerleben ...« und andere Lieder mehr, die ich für ungarisch hielt. Wie einem Rattenfänger von Hameln liefen bald

die Kupferner Schulkinder singend auf der Straße von Übrigshausen den Klängen der »Maulharfe« hinterher. Keiner zog mich mehr an den Zöpfen, wenn ich nur recht munter zu immer lustigeren Liedern den Takt angab.
An einem trüben Novembermorgen eröffnete Herr Punzet den Unterricht mit einer traurigen Melodie auf der Geige. Dann sagte er, unser Schulkamerad, der Ignaz, sei gestorben. Der Bub habe keine Mutter mehr gehabt, sein Vater, ein Kriegsheimkehrer, habe ihn nur geschlagen, Ignaz habe keinen Ausweg mehr gewußt. Keiner habe sich um ihn gekümmert, er als Lehrer leider auch nicht genügend. Nun sollten wir doch wenigstens alle zur Beerdigung gehen.
Ignaz, ein großer, blonder Junge aus Wolfs Klasse, Sitzenbleiber, Flüchtlingskind, schweigsam und traurig. Ich kannte ihn von der Schulspeise. Als er gegen mein Töpfchen Erbsensuppe gestoßen war, hatte er sich geduckt, als bekäme er Prügel dafür. Irgendwo in einer Übrigshausener Dachkammer hatte er gewohnt, ohne gemeinsamen Schulweg wie wir Kupferkinder.
Wenige Kinder, keines der Einheimischen, standen fröstelnd hinter dem Übrigshausener Friedhof. Das offene Grab lag am Rande, weil Selbstmörder nicht innerhalb des Friedhofs beerdigt werden durften. Der Pfarrer sprach, wir alle seien Geschöpfe Gottes, und wenn einer Hand an sich selbst anlege, sei es ein Frevel gegen den Herrn. Ohne jegliches Mitleid wies er Ignaz noch an seinem Grab zurecht.
Auf dem Rückweg von der Schule versuchten wir Kinder noch länger, Ignaz durch eine Schweigeminute zu ehren. Der Gesang »Widele, wedele, hinterm Städtele« setzte genau am ersten Friedhofspfeiler aus. Schweigend, die Blicke nach links auf den Eisenzaun gerichtet, falteten die Evangelischen die Hände, die Katholischen erhoben sie aneinandergelegt zum Gebet. Sowie der letzte Pfeiler erreicht war, ging der fröhliche

Gesang wieder weiter: »... hat der Bettelmann Hochzeit, pfeift das Mäusele, tanzt das Läusele ...« Bei Kälte beteten wir alle gleich auf katholische Weise, denn in Fausthandschuhen ließen sich die Finger nicht falten.

Eine Tarnkappe

Das Leben während der Jahre in Kupfer war voller Widersprüche. Sonntags, wenn unsere Mutter zu Hause war, hatten alle ihren ständigen Anordnungen zu folgen. Nur bei Spaziergängen mit »ihren drei Kleinen« konnte sie ausgelassen albern werden. Ganz anders waren wiederum die Wochentage.
Tam, im Gegensatz zur Mutter ohne Vorausplanung und eher chaotisch, verrichtete die Arbeit, wie sie gerade anfiel. Sie schien nie hinterherzukommen und fand doch immer Zeit für ein Schwätzchen im Dorf und zum Basteln mit uns Kindern. Bei aller Spontaneität war immer Verlaß auf ihre Herzensgüte. Aber auch wir Jüngsten nutzten mehr und mehr ihre Gutmütigkeit aus. Nochmals eine andere Welt war die Schule. Dort galten andere Autoritäten und Vorbilder. Für zu Hause war es wichtig, gute Noten zu bekommen, damit man es später im Leben zu etwas brächte. Und dann gab es den Wald, die Natur, zum freien Herumtollen.
Zwischen artiger Anpassung und wildem Aufbegehren hin- und hergerissen, »himmelhoch jauchzend, zu Tode betrübt«, wie Tam einmal sagte, verwandelte ich mich bei all den Gegensätzen je nach Situation in verschiedene Wesen. Sonntags Mäuschen in Weiß, alltags Schulmädchen und Ziegenliesel und zwischendurch: Indianerhäuptling im Wald! Das Indianerspiel gehört zu meinen schönsten Kindheitserinnerungen. Der Kopfschmuck, eine echte Häuptlingshaube mit großen Federn bis zum Rücken hinunter, stammte vom jüngsten

Bruder der Mutter, seine Spielsachen, wie die elektrische Eisenbahn, hatte die Großmutter aus Berlin für Christof nach Kupfer geschickt. Der hatte aber keine Zeit zum Spielen. Die Mutter verschenkte die Eisenbahn bald weiter. Es blieb die Indianerhaube, die ich mir stillschweigend aneignete. Ihr Kopfband war bestickt und innen rot ausgefüttert, über die Ohren hingen Perlenschnüre. Dieser Kopfschmuck in Männergröße war eigentlich viel zu weit für mich. Das war jedoch günstig, denn so ließen sich die Zöpfe gut verstecken. Ich knotete sie zusammen und zog eine schwarze Baskenmütze darüber, schwarz wie Indianerhaare! Über dem dicken Wulst von Zöpfen und Mütze hielt der große Federschmuck fest.

Wolf und ich hatten ein Zelt aus Matratzenstoff, eine Zielscheibe und Pfeil und Bogen gebaut. Ein Tamburin von den Gymnastikstunden der Mutter wurde zu einer Trommel um-

Die Indianerbrüder, Sommer 1952. In der Mitte »Tecumseh«, im Hintergrund Wolf als Trapper

funktioniert. Wir beiden waren jedoch keineswegs die einzigen Indianer – Wolf wurde dem Indianerstamm des öfteren sogar abtrünnig. Lieber war er »Trapper« als Vermittler zwischen den »Weißen« und den »Wilden«, das hieß, zwischen zu Hause und denen im Wald.

Die treuesten Stammesgenossen über drei Jahre hinweg waren fünf Buben aus der Nachbarschaft, darunter drei kräftige Jungen, die Söhne der Maurer aus dem Banat. Im Laufe der Zeit beherrschten alle die Geheimschrift, welche ich ausgetüftelt hatte. Sie basierte auf dreieckigen Gabelformen, ähnlich Zelten und Vogelspuren, und ich war stolz darauf, daß nicht einmal Toni sie entziffern konnte.

In einer Schleife des Kupferbachs, einer bewaldeten Halbinsel, lag der geheime Lagerplatz. Die Gründung des Indianerstamms und die Wahl des Häuptlings »Tecumseh« fand dort statt. Ich las voller Spannung »Der letzte Mohikaner« von J. F. Cooper und bewunderte den historischen Häuptling Tecumseh.[9] Für die erfundenen Geschichten des Karl May hingegen, der nie einem echten Indianer begegnet war, hatte ich nur Verachtung übrig.

Zur Blutsverbrüderung kratzten wir Mückenstiche auf und sammelten das bißchen Blut in einem Kristallschälchen, das Wolf gehörte. Dies Schälchen hatte seine besondere Geschichte: Auf der Flucht war es in meinem Rucksack gewesen, und ich hatte es gegen den Bären Jumbo ausgetauscht. Jahre später bekam ich aus dem Nachlaß unserer Wiepersdorfer Erdbeeroma zu dem Salzschälchen das dazugehörige Kristall für Pfeffer. Nochmals später – Peter-Anton, der damalige Toni, war in Goethes Farbenlehre vertieft und benutzte das Kristall als »Goethe-Prisma« – schenkte ich Wolf dies zweite Schälchen. Dabei war ich enttäuscht, daß er sich an die Geschichte seines anderen Kristallschälchens nicht mehr erinnern konnte.

Im Sommer wurde es heiß unter der schwarzen Baskenmütze mit den versteckten Zöpfen. Zu gerne hätte ich kurze Haare gehabt. Tam hatte von einem Jungen aus der Verwandtschaft erzählt, er sei Schlafwandler, und in Mondnächten würde eine Wanne kaltes Wasser vor sein Bett gestellt, damit er beim Hineintreten aufwache. Als Schlafwandler könne er auch über Dächer laufen, was sehr gefährlich sei.
Der Vollmond schien nachts in unser Kinderzimmer. Ich holte eine Schere und bat Wolf, mir die Zöpfe abzuschneiden. Als Schlafwandler könne er ja nichts dafür, hatte ich mir als Ausrede für uns beide überlegt. Er schnitt ein Stückchen Zopf ab, zu mehr fehlte ihm der Mut. Am nächsten Morgen stand ich mit einem kurzen und einem langen Zopf da, diese Asymmetrie konnte nicht verborgen bleiben. Ich gestand meiner Mutter den Grund dieser Ungestalt und bat sie darum, mir die Zöpfe doch richtig abschneiden zu lassen. Aber sie sagte, zur Konfirmation solle ich Zöpfe tragen, bis dahin müßten sie bleiben, den Gefallen solle ich ihr tun. Bis zur Konfirmation war es aber noch lange hin.

Im ersten Sommer war unser Lagerplatz ungestört geblieben. Im Frühjahr darauf machten sich andere Kindergruppen aus den umliegenden Dörfern auf, ihn zu erobern. Trotz mehrfachen Verrats gelang es ihnen nicht. Dann aber hatte sich der Platz unter den Erwachsenen als Idylle und Attraktion für sonntägliche Spaziergänge herumgesprochen.
In den Sommerferien war ein französischer Austauschschüler für Christof zu Gast. Beim Mittagessen meinte die Mutter, Christof und Toni sollten doch zum Bach hinuntergehen und Alain den Indianerplatz zeigen, der sei doch so reizend! Mit einem verabredeten Vogelpfiff rief ich den Indianerstamm zur Verteidigung des Lagerplatzes gegen Touristen zusammen. Wir kletterten in die Baumnester und lauerten. Die drei

großen Jungen kamen, warfen belustigt unsere Ausstattungen um, wir schossen von oben mit Pfeilen auf sie. Als wäre das nichts, sammelten sie die Pfeile auf. Kriegsgeheul, alle ließen sich an Seilen von den Bäumen hinunter, meine Brüder machten sich aus dem Staub, Alain wurde von den stärksten Stammesmitgliedern gefaßt und an einen Baum gefesselt. Der Häuptling schlug ihm als Marter mit Brennesseln auf die nackten Beine. Beim Abendbrot – ich saß brav mit Zöpfen bei Tisch – meinte Alain, er habe nicht gewußt, daß deutsche Mädchen so »brütale« seien. Ich tat so, als hätte ich nichts damit zu tun, war doch die Strafe des Häuptlings gegen die Eindringlinge gerecht, obwohl es den Unschuldigsten getroffen hatte. Aber es ärgerte mich, trotz Federkappe und Fransenhosen als deutsches Mädchen erkannt worden zu sein.
Im Sommer darauf wurden erst Toni, dann mir die Mandeln, auch die Rachenmandeln, von Dr. Bosse in der Haller Diakonissenanstalt herausgenommen. Wir waren nicht krank gewesen, diese Operation wurde routinemäßig durchgeführt. Um keine Schulzeit zu verlieren, geschah es in den Sommerferien. Toni, noch ganz elend, sagte mir, es täte noch lange weh, vor allem beim Essen. Christof brachte mich ins Krankenhaus und holte mich nach fünf Tagen wieder ab.
Erst lag ich im Bett und las »Die Abenteuer der kleinen Dott«,[10] über ein Mädchen in der Prignitz, zwischen Zernikow und Schönlage, das sich mit einer Tarnkappe unsichtbar machen konnte, wie ich es mir so oft gewünscht hatte. Die erste Banane seit Jahren, seit damals in der Schweiz, tat beim Schlucken am wenigsten weh. Dann durfte ich nach draußen in einen Liegestuhl auf dem Rasen. Der Großvater war wieder zu Besuch, er saß vor mir und sah mich an. Seine Blicke waren mir unangenehm. »Beizeiten«, dachte ich, »das ist jetzt.« Und an das, was mir der Großvater auf der Flucht angedroht hatte: »Mädchen, die pfeifen wie Hühner, die krähn, soll man bei-

zeiten den Hals umdrehn.« Der Hals war zwar nicht umgedreht, sondern nur ausgekratzt. Gern wäre ich den Blicken ausgewichen und davongekrochen. Rennen, so fix »fußeln« wie vor der Operation, ging nicht mehr, noch pfeifen und Vögel imitieren.
Der Vogelruf meiner Indianerbrüder klang immer flehentlicher herüber. Aber ihr Häuptling konnte weder Zeichen geben noch kommen. So nahm das Indianersein ein Ende.

»Die Muna«

Anfangs nahm mich Toni auf dem Rücksitz eines Fahrrads zur »Muna« mit. Dieses Gelände, weit hinter der Bahnlinie am Fuß der Waldenburger Berge gelegen, übte all die Jahre in Kupfer eine starke Anziehungskraft auf uns alle aus. Ursprünglich ein Moor, war die »Muna« ein deutsches Munitionslager gewesen und von amerikanischen Truppen bombardiert worden. Es war streng verboten, die »Muna« zu betreten. Toni suchte dort nach Sonnentau, einer seltenen, fleischfressenden Pflanze.
Wie im Hochmoor hinter Tommelhardt auch ging von diesem Moorgebiet eine zauberische Stimmung aus. Aber hier war sie gruselig und verwunschen, im bösen Sinne des Wortes. Schwarzgestrichene Balken, darauf in grellgelber Schablonenschrift Verbote auf englisch und Totenköpfe mit gekreuzten Knochen, grenzten den Zugang ab. In Betonstümpfen dahinter bewegte sich zerfetzte Teerpappe im Wind. Toni lehnte das Fahrrad gegen ein Warnschild und kroch unter der Absperrung hindurch. Gleich da sei Sonnentau, rief er leise und wollte, daß ich nachkäme. Ich wagte es, aber schon einen Meter hinter der Absperrung wurden mir die Knie weich vor Angst, auf Granaten und Minen zu treten.

Die Farbe der Warnzeichen war verblichen, als Toni, Wolf und ich wieder zur »Muna« kamen. Es war Sommer, und Toni wollte uns schwimmen beibringen. Er ließ sich in einen der vielen, mit tiefklarem Wasser gefüllten Bombentrichter gleiten. Ohne Übergang ging es in dunkle Tiefen. Wolf und ich blieben lieber am Rand sitzen und sahen zu, wie Toni im Kreis herumschwamm. Aber da, kleine Würmer, mehr und mehr, schwänzelten um Toni herum, wie er sich auch bewegte, sie hefteten sich an. Wir riefen, er solle doch herauskommen! Er meinte, das seien keine Würmer, nur Blutegel, medizinisch wertvoll. Dann geriet er doch in Angst und ließ sich aus dem Wasser helfen. Zu dritt lösten wir die vielen Blutegel ab. Sie hinterließen rote, kranzförmige Stellen.
Die Absperrung war schon ganz verschwunden, Erlen wuchsen in den Betonresten, und ein Bach verband die Bombentrichter miteinander. Einige Zeit war verflossen, als unsere Mutter in der »Muna« Schlittschuh lief. Auf dem Eis des größten Bombentrichters zog sie elegante Achten.
Während der Zeit, als die schwarzen Warnbalken noch auf der Erde lagen und Moos ansetzten, wurde zwischen der Straße nach Beltersrot und der »Muna« ein Barackenlager errichtet. Von der amerikanischen Militärverwaltung war eine Unterkunft für »Displaced Persons«[11] angeordnet worden.
Um das sogenannte »Polenlager« hatte es vorher heftigen Streit unter den Dorfbewohnern der Umgebung gegeben, einige Bauern waren dabei sogar mit Äxten aufeinander losgegangen. Keines der Dörfer wollte das Lager in seiner Nähe haben, es hieß, wenn Polen in der Nähe hausten, wäre man ja seines Hab und Guts nicht mehr sicher. In einem Niemandsgelände, auf einer nassen Wiese, die keinem Bauern etwas wert war, standen die niedrigen, dunklen Baracken, umgeben von einem hohen Stacheldrahtzaun. Der Zaun solle die Insassen vor Angriffen von außen schützen, meinten die einen, an-

dere, abends würde das Tor geschlossen, damit die Polen nachts nicht umherstreiften.

Die Barackenbewohner bekam man außerhalb des Zauns kaum zu Gesicht. Nur eine hagere, große Frau mit grauen Haaren, die weder Kopftuch noch Gummistiefel trug, wie unsere Nachbarinnen aus dem Banat, klopfte öfter an unsere Haustür. Sie hatte eine Tragetasche voll mit Illustrierten und wollte sich durch Zeitungsverkäufe etwas Geld verdienen. »Polackin« oder »Hausiererin« wurde sie sonst genannt, von meiner Mutter »Weißrussin«. Sie erklärte, die Bedauernswerte käme gar nicht aus Polen, sondern aus »Weißruthenien«[12] und Weißrussen seien nicht zu verwechseln mit den Roten, welche die Zarenfamilie umgebracht hätten. So sehr uns die Mutter die ersten Mickymaushefte aus Hall verboten hatte und Illustrierte vulgär fand, so sollte Tam doch dieser Frau welche abkaufen, und sei's zum Öfenanheizen, denn Standesgleiche seien zu unterstützen. Nach diesen Erklärungen stellte ich mir unter der Weißrussin eine Überlebende der Zarenfamilie vor.

Die Teerstraße zur »Muna« hinaus war die einzige Straße ohne Steigungen, auch verkehrte nie ein Auto auf ihr, führte sie doch nirgendwohin. Die ideale Straße zum Fahrradfahren! Clemens und Christof hatten sich aus vier Fahrrädern vom Schrott zwei neue gebaut, dann hatte sich Clemens ein neues gekauft und uns Jüngeren sein altes überlassen. Unter der engen Bahnunterführung hindurch schob ich das Fahrrad nur aus Angst vor Autos. Links dahinter, an der Abzweigung der Teerstraße von der Beltersroter Straße, stand ein Schuppen der Baufirma Strack, als Zwischenlager für Zementsteine genutzt. An eine Planke des Schuppens ließ sich das hohe Fahrrad gut zum Aufsteigen anlehnen. Dann losgeradelt, geradeaus am Bahndamm entlang, die weite Biegung zum Moor hin schön schnell, kurz vorher kehrt und noch schneller zurück! Es war kalt und wurde früh dunkel. Mit den Schularbeiten kam ich nicht weiter, so fuhr ich mit dem Fahrrad zu meiner Freundin Ingrid, um sie um Hilfe zu fragen. Die Aufgabe war schnell gelöst, die Bahnunterführung nicht weit, der Dynamo am Fahrrad repariert, warum nicht in der Abenddämmerung eine Runde zur »Muna« drehen? Wie gewohnt lehnte ich das Fahrrad zum Aufsteigen an den Schuppen. Aber irgend etwas war anders, unheimlich, als sei jemand in der Nähe. Im Schuppen ein Geräusch. Das Fahrrad vor mich gehalten, sah ich hinein. In der Dunkelheit pendelte eine Gestalt, nur als Silhouette zu sehen, oben am Gebälk ein hängender Kopf, unter den Füßen heruntergefallene Zementsteine. Die Weißrussin. Nur schnell weg! Herr Strack war vor seinem Haus, ich sagte ihm Bescheid. Die Hausiererin hätte doch nichts in seinem Schuppen zu suchen gehabt, sie hätte's auch woanders machen können, jetzt habe er nur die Umständ' damit, schimpfte er.

Zu Hause meinte Tam, das Schicksal habe die Frau nun doch noch eingeholt. Am Abend bat ich sie, uns als Gutenachtgeschichte doch wieder von der »Birkenfriede« zu erzählen. Damit ließ sich das schreckliche Bild im Schuppen verscheuchen und durch die Vorstellung ersetzen, die Weißrussin lebe als Birkenfriede in der »Muna« weiter.

Die Birkenfriede, auch »Kohlrabiapostel« genannt, war in den zwanziger Jahren eine Anhängerin des Reformers und Naturmenschen Gustav Nagel gewesen, der sich in der Altmark eine Tempelanlage gebaut hatte. In handgewebtem Gewande war sie nach Zernikow gekommen. Dort bat sie Tams Vater, unseren Großvater Erwin, um ein Stück Land zur Selbstverwirklichung. Er überließ ihr eine Waldlichtung in der Nähe des Polzowbachs. Sie baute sich eine Hütte, ein Erdloch, das sie mit

Schilf und Grasmatten überdeckte, und sie gestaltete das Gelände immer schöner aus. Am Eingang stand auf einer ovalen Scheibe aus Birkenholz das Wort »Birkenfriede«, im Baum darüber hing eine Glocke. Tam und ihre jüngste Schwester Gudrun läuteten daran, wenn sie der Birkenfriede, die sonst nur Wurzeln aß, vom Gutshaus Essen brachten.

Die Großen, die Kleinen

Zu Beginn der Zeit in Kupfer, nach Achims Fortgehen zum Gliemenhof, war Christof aus dem Kinderzimmer zu Clemens in die Dachkammer hochgezogen. Damit gehörte er auch räumlich zu den Großen. Von ihren Kindern sprach unsere Mutter immer in der Aufteilung: »Meine großen Jungen« und »meine drei Kleinen«. Drei Jahre älter als Toni, zählte Christof zu den Großen, weil er auf der Flucht der Älteste gewesen war. Er wurde aber für älter genommen, als es seinem Alter entsprach, und er litt unter dem Druck der Verantwortung. Hatte er als Zehnjähriger während der Flucht für die Frauen Wache gestanden und war um Trinkwasser zur Lokomotive gerannt, so sorgte er nun für unseren Kleinsiedlerbetrieb. Clemens arbeitete zwar auch viel im Garten und im Stall, aber er schien es nicht so schwer zu nehmen, kommandierte er doch gern und machte sich über andere lustig. Christof, bei der Arbeit bedächtig und langsam, nannte er »Stoffel«, und Toni, der sich lieber hinter Bücher verkroch, als bei der Landarbeit zu helfen, verlachte er als trotteligen Herrn Professor, der anstelle der Eier seine Uhr ins kochende Wasser lege.
Der Leistungsdruck in der Schule kam hinzu. Unsere Mutter hielt es für eine Selbstverständlichkeit, daß ihre Kinder gut in der Schule waren, glaubte sie doch an das besondere Erbgut und an die Begabung, welche alles wie von selbst richten wür-

den. Toni hielt sie sogar für ein Genie, für eine Neuverkörperung der Dichtervorfahren, was ihm nur weiteren Spott eintrug. Bei solchen Vorstellungen war es dann unbegreiflich, daß Christof schlechte Noten bekam und nicht versetzt wurde.

Für die Schule arbeitete er auch viel, an Intelligenz und Fleiß mangelte es nicht. Zu fleißig kam es mir sogar vor, wenn er im Wohnzimmer saß und lateinische und deutsche Vokabeln zwanzigmal wiederholte, sich selbst abhörte und quälerisch die ganze Liste wieder von vorne begann. Stockte er, sagte ich manchmal das Wort, vom ständigen Hören mitgelernt, eine Einmischung, welche die Stimmung nicht gerade verbesserte.

Das einzige, was der Mutter auf Anraten eines Arztes als Hilfe für Christof einfiel, waren Eisentabletten. Davon mußte er täglich vier einnehmen, und es hieß, sie würden die Intelligenz steigern. Wie oft, hatte ich wieder einmal eine Rechenaufgabe nicht verstanden, und so machte ich mich heimlich an das Fläschchen weißer Pillen über dem Waschtisch im Bad. Es trug die Aufschrift »Fe«. Verwundert über den vermeintlichen Schreibfehler nahm ich zwei der feenhaften Tabletten ein. Aber in der Schule bewirkten sie keinerlei rechnerische Wunder, so daß es mir vorkam, als hätte ich wirklich einen Metallblock im Kopf.

Ohne jegliche Kenntnis von Chemie und an meinen früheren Versuch, ein Hühnchen auszubrüten, erinnert, beeindruckte mich ein Gespräch zwischen Christof und Clemens. Die beiden standen vor dem Hühnergehege, und jeder hielt ein frischgelegtes Ei in der Hand. Clemens sagte, chemisch lasse sich die Zusammensetzung exakt analysieren, also müsse es auch möglich sein, solch ein Ei im Labor herzustellen. – Auseinandernehmen schon, die Formeln der Substanzen seien ja theoretisch bekannt, meinte Christof, aber alles genau so wieder zusammenzufügen, das ginge nicht. – Doch, das sei machbar, der Mensch erfände immer mehr, und künstliche Eier müßten eigentlich genausogut schmecken. – Ein Ei sei doch auch ein mögliches Lebewesen, aus dem weiteres Leben entstehen könne, sagte Christof und betrachtete das Ei in seiner Hand. Diese Substanzen könne der Mensch nicht herstellen, das Leben bleibe ein Geheimnis Gottes.

Zu Christofs schwieriger Situation kam hinzu, daß er sich im Sportunterricht mit einem Schulkameraden geschlagen hatte. Er hatte die linke Hand gebrochen, der andere den Arm. Wer denn angefangen habe, fragte sonntags die Mutter. Christof berichtete, eigentlich habe er sich mit dem Jungen immer gut verstanden, aber eine dumme Bemerkung habe ihn außer sich vor Wut gebracht, so daß er zugeschlagen habe. Es tue ihm leid. Die Mutter darauf: Das sei ja furchtbar mit seinem Jähzorn, beim nächsten Mal solle er sich besser zusammennehmen, er sei doch sonst so vernünftig.

Als ich immer öfter das Weite suchte, wurde Christof wie ein Polizist losgeschickt, um mich einzufangen. Einmal fand er mich nach langem Hinundherhetzen weit oben auf dem Friedrichsberg. Voll Wut schlug er mit einem Stock dermaßen auf mich ein, daß ich zunächst nicht wieder nach Hause gehen konnte. – Noch Jahre habe ich meinem Bruder diese Prügel übelgenommen, bis ich verstand, daß er es nicht aus eigenem bösen Willen getan hatte. Zu früh mit schwerer Verantwortung belastet, war es bei dem ständigen Vernünftigsein zu Brüchen gekommen, die zu Depressionen führten oder sich in Zorn entluden. Im Grunde war er ein ganz Lieber.

Er mußte sich nicht nur wie ein Mann verhalten, mit ungefähr siebzehn Jahren sah er auch schon so aus. Als er einmal mit Wolf an der Hand am Bahnhof stand, sagte ein Bauer zu dem kleinen Bruder: »Schee, mit deim Pape fort z'fahre, gell?«

Von einer ihrer Privatpatientinnen sagte meine Mutter, diese habe die Ziegelbrennerei ihres Vaters geerbt, und sie würde als Chefin die Buchhaltung tüchtig führen, sei aber auch so verspannt davon, daß die Massagebehandlungen nicht einfach seien. Während der Sommerferien wollte sich Christof Geld für ein neues Fahrrad verdienen. Die Mutter empfahl ihm jene Ziegelei, dort könne er viel Geld machen, die Besitzerin würde sie schon ordentlich durchkneten, damit sie einen Minderjährigen einstelle, sein Alter sähe man ihm ja sowieso nicht an.

Der Arbeitsvertrag wurde abgeschlossen, und die ersten Wochen kam Christof sauber und wie üblich gekleidet, nur todmüde nach Hause. Eines Tages stand er verschwitzt vor der Tür, die Augen gerötet und von oben bis unten mit Tonstaub bedeckt. Nach Arbeitsschluß habe er nicht mehr wie die älteren Männer noch unter der Dusche gestanden, er sei vorher gegangen. Er habe es nicht mehr ausgehalten, von früh bis spät im heißen Staub zu arbeiten, im Hochsommer vor dem Brandofen, es sei die Hölle. Abends meinte die Mutter, bis zum Ende der Ferien solle er doch noch durchhalten, sonst würde er nicht voll ausbezahlt. Sie wolle sich jedoch um eine leichtere Arbeit für ihn in der Ziegelei, eventuell im Büro, bemühen. Aber bei allem dürfe sie nicht riskieren, ihre gute Patientin zu verlieren.

Christof wurde krank. Ein neues Fahrrad hat er sich doch noch erspart, aber das mag in einem anderen Sommer gewesen sein. Er erzählte von einer fröhlichen Fahrradtour mit einem Freund zusammen: Zum Picknick hätten sie beide eine heiße Bratwurst gehabt, seine wäre etwas kleiner gewesen, höflich habe ihm sein Freund ein Stückchen abgegeben, wodurch dessen Wurst wiederum kleiner geworden sei, worauf er ihm wieder ein Stückchen zurückgegeben habe und so weiter hin und her, bis die Bratwürste kleingeschnipselt und kalt gewesen seien. Vor lauter Wohlerzogenheit seien sie gar nicht zum Essen gekommen, sagte er amüsiert.

Als Gutsfrau war unsere Mutter daran gewöhnt gewesen, Befehle zu erteilen und Anordnungen zu treffen. Im Kupferhaus nahm sie diese Gewohnheit der Machtausübung wieder an. Inzwischen ohne das damalige Personal, hatten wir Kinder und Tam ihr ein solches zu ersetzen. Wolf als Jüngster vermochte es am besten, durch das Maschennetz der Anordnungen zu schlüpfen. Er sei ja noch zu klein und zu ungeschickt, hieß es von der Mutter, die stets ihr Wölfchen in Schutz nahm.

Längere Zeit gab es eine Abwaschordnung, laut der wir alle bei den täglich anfallenden Mengen schmutzigen Geschirrs in der Küche helfen sollten. Als die Liste hierfür aufgestellt wurde, ließ Wolf gleich schon absichtlich einen Teller fallen. Damit wurde er gar nicht erst für diese Arbeit eingeteilt.

Wolf reagierte mit beneidenswerter Trägheit auf die Aufforderungen unserer Mutter, der es unerträglich war, wenn jemand untätig herumsaß, statt ständig aktiv wie sie selbst anzupacken. Auch entwickelte er Fähigkeiten, sich unangenehmen Situationen zu entziehen. Am schönsten war es, wie er sich vor einem vorgesehenen Besuch beim Zahnarzt, wofür er den Zug nach Künzelsau nehmen sollte, zu drücken versuchte:

Tam weckte ihn wie üblich mit viel Geschrei, er aber grinste nur und schlief weiter. Tam kam wieder und versuchte erst zärtlich, ihn aus dem Bett zu locken, dann zog sie ihm die Bettdecke weg. Unter Aufsicht zog er sich langsam an, der Schnürsenkel riß, das Hemd, vorher gut versteckt, war einfach nicht zu finden. Da es Winter war und hoher Schnee lag, behauptete Wolf, er habe noch lange nicht genug angezogen. Beim Frühstück entwickelte er einen gewaltigen Hunger und aß im Schneckentempo drei Teller Haferbrei. Nicht ohne den Wischlappen zu schwingen, gelang es Tam, ihn aus dem Haus zu befördern. Erleichtert schloß sie die Tür hinter ihm

ab. Aber nach kurzer Zeit klingelte es, und Wolf rief mit kläglicher Stimme, er habe kein Geld für die Fahrkarte! Tam reichte es zum Fenster heraus, und Wolf trödelte Richtung Bahnhof. Nach einer Weile klingelte es wieder: »Der Krankenschein!« Tam seufzte schwer und suchte alles nach dem verflixten Schein durch. Endlich fand sie ihn in einer Hosentasche, und Wolf zottelte wieder los. Das Einfahrtsignal war aber noch nicht hochgezogen, und so fiel er in den Schnee und blieb wimmernd liegen. Schließlich kam er am Bahnhof an, der Bahnbeamte zog den armen Bub ins Warme und stellte ihm die Fahrkarte aus. Der Zug fuhr ein, Wolf blieb stehen. Der Schaffner half ihm, ob er wollte oder nicht, beim Einsteigen.
Anweisungen wie »Hol mal Holz, aber dalli!« wich Wolf aus, indem er sich taub stellte. »Putz dir die Ohren!« hieß es daraufhin, und statt Holz zu holen, ging er zum Waschbecken. Rief die Mutter, die immer im Eilschritt vorneweg lief. »Lauf doch endlich mal schneller«, setzte sich Wolf einfach hin. Indem er sich Befehlen, deren Sinn nicht einzusehen war, widersetzte, konnte er seine persönliche Freiheit schützen. Toni und ich hingegen gehorchten der Mutter und führten die Befehle auch wirklich aus. Dies bleibt mir als Kränkung in Erinnerung.
Unsere Mutter hatte sich ein Exerzitium für ihre »drei Kleinen« erdacht. Mit drei Stöcken und einem Tamburin kam sie auf die Terrasse. Auf dem Rasen unterhalb hieß sie uns, mit den Stöcken durch die abgewinkelten Ellbogen auf dem Rücken auf und ab schreiten. Eine königliche Haltung sei nicht nur Erbanlage allein, sondern sie käme auch von strenger Erziehung und Übung von klein an, sagte sie dazu. Wolf ließ den Stock einfach fallen, stolperte darüber und blieb liegen. Toni und ich aber, gehorsam und kreuzunglücklich, gingen gezwungenermaßen aufrecht mit den harten Stöcken im Rücken

im Takt des Tamburins vor den Blicken der Mutter hin und her.
Wenigstens hatten wir uns nicht ausziehen müssen. Allein von der Mutter in ihren Urlaub mitgenommen, zwang sie das Mädchen, sich völlig nackt auszuziehen und mit offenem Haar unter einem Kirschbaum zu sitzen. Mit der Frau des Komponisten Hans Pfitzner[13] zusammen betrachtete sie ihr Arrangement. Süßlich lächelnd die Köpfe geneigt, schwärmten beide von früher, von der Freikörperkultur schön gewachsener Menschen. Nach genau zehn Minuten – eine Ewigkeit der Scham – wurde die Tortur der Blicke beendet.
Eine andere Maßnahme der Mutter betraf wieder alle drei ihrer Jüngsten, und dieser konnte sich auch Wolf nicht entziehen. Im schönsten Frühsommer begann die verhaßte Schmierseifenkur. Ein Arzt in Künzelsau, auf dessen Rat die Mutter gern hörte und der ihr Patienten vermittelte, hatte diese Kur verordnet. Sie sollte den Appetit steigern und somit kräftigen. Als hätten wir nicht öfter noch ganz normalen Hunger gehabt! Nur bekamen eben die Kleinen bei Tisch weniger zu essen ab als die Großen, und bei Sonntagsbesuch galt das geheime Kommando »Fzh!«, das hieß, Familie beim Essen zurückhalten.
Die Schmierseifenkur also bestand darin, daß wir mit einer bräunlich-sandigen Paste eingerieben wurden. Montags der linke Arm, dienstags der rechte, mittwochs Pause, donnerstags das linke Bein, freitags das rechte. Das Ganze fand in der Badewanne statt, denn die Paste mußte nach einer halben Stunde von der geröteten Haut wieder mit warmem Wasser abgewaschen werden. So ging das Woche um Woche. Während der Sommerferien sollte die Prozedur fortgesetzt werden. Jeder von uns dreien bekam eine Dose Schmierseife in die Ferien mit, Toni zu Tante Lili nach Überlingen. Tante Lili, die Ärztin war, schrieb einen Brief an die Mutter, diese Kur

würde nur die Haut aufreizen und sei eine sinnlose Tierquälerei. Daraufhin wurde die Schmierseifenkur abgebrochen.

Toni besuchte regelmäßig eine christliche Dame, ganz angetan davon, daß sie ihn ernst nahm und religiöse Gespräche mit ihm führte. Er berichtete mir Unverständliches davon, wie von der Erbsünde und der Kollektivschuld des deutschen Volkes, und irgendwie interpretierte er seine eigenen, vermeintlich genialen Erbanlagen dahingehend um, daß er von der deutschen Erbsünde belastet sei. Er fühlte sich schuldig und zu christlicher Demut verpflichtet. Eines Tages – er war ungefähr fünfzehn – war Toni wie verwandelt. Er hatte an einem Wochenendseminar der Evangelischen Akademie Bad Boll teilgenommen und war von den Worten von Professor Walter Jens beeindruckt worden. Er ging in das geheiligte Stübchen der Mutter und verblieb dort eine Weile. Dann kam er aufgeregt mit einem Stapel Bücher ins Kinderzimmer und steckte ein Buch nach dem anderen in den brennenden Ofen. Darunter war auch ein braungebundenes Buch mit goldener, gotischer Aufschrift: »Ernst Wiechert – Das einfache Leben«. Ich bat Toni, mir doch wenigstens den Einband zu lassen, die Buchdeckel fand ich so schön zum Basteln. Aber er warf das ganze Buch ins Feuer. Ich dachte, er habe genug vom einfachen Leben in Kupfer. Er erklärte, alle diese Bücher enthielten nationalsozialistisches Gedankengut und seien verwerflich. Er sprach von deutscher Innerlichkeit, die das Verbrechen verklärt habe, und warf ein Buch von Rudolf G. Binding, »Keuschheitslegendchen«, in die Flammen. Dann eilte er, selbst ganz Feuer und Flamme, nochmals ins Stübchen und kam mit einem falschen Dutt herbei, mit dem sich unsere Mutter manchmal wie eine Pfarrersfrau frisierte, und er steckte ihn zu den brennenden Büchern. Aus dem Ofen stank und rauchte es fürchterlich.

Am Abend stellte die Mutter den Toni zur Rede. Statt des zu erwartenden Donnerwetters über seine Bücherverbrennung zeigte sie jedoch Interesse für das, was ihr Toni von dem Seminar mitteilte. Dann wandte sie ein, daß Wiechert kein Nationalsozialist gewesen sei, und bei allem wären es eben nur Bücher, die man nun mal in ihrem Elternhaus so gehabt habe. – Damals habe es aber doch auch Bücher zum Beispiel von Tucholsky gegeben, sagte Toni, ob sie denn solche nie gelesen habe? – Nein, diese Asphaltintellektuellen habe ihr Vater verschmäht, so etwas wäre nicht in sein Haus gekommen. – Aber in den dreißiger Jahren sei sie doch schon eine erwachsene Frau gewesen und habe nicht mehr in ihrem Elternhaus gelebt? – Das sei völlig richtig, meinte sie, da sei sie dann in Zernikow gewesen und habe dauernd Kinder gekriegt und übrigens für das vierte, für ihn, Peter-Anton, das Mutterverdienstkreuz erhalten. Und heute sei das noch mal anders, zumal »euer Vati« nicht mehr lebe, nun sei eben der Großvater wieder zuständig, »mein Vater, auf den ich nichts kommen lasse!« rief sie und schlug wie ein wütendes Mädchen auf den entleerten Bücherschrank. Mit einem »Genug des Gesprächs« schickte sie Toni zu Bett, morgen früh hieße es wieder Geld verdienen.

Im Wechsel der Personen

Während der sieben Jahre in Kupfer nahm unsere Mutter verschiedenartige Personen als zusätzliche Hilfe im Haushalt auf. Im September 1950 kam Berlind Röttger zu uns. Nach ihrem Abschluß der Volksschule hatte sie mit fünfzehn Jahren ein katholisches Waisenhaus in der Eifel verlassen, um ihre erste Arbeitsstelle anzutreten.

Berlind war im Kinderzimmer mit uns drei Jüngsten unterge-

bracht. Toni zog vom Etagenbett über mir in das andere über Wolf um. Damit änderte sich nicht viel für ihn, hatte er doch während seiner ganzen Kindheit und Jugend als einzigen Platz für sich immer nur ein Bett unter der Zimmerdecke gehabt und seine eigenen Dinge nur in seiner Schultasche aufbewahren können. Berlind schlief in dem Etagenbett über mir, womit auch das schmale Stückchen Wand im toten Winkel hinter der Tür, das ich mit Postkarten und Hängeväschen gestaltet hatte, an Berlind überging, die dort ein Kreuz anbrachte, vor dem sie abends niederkniete und betete.
Eines Morgens kam Berlind nicht aus ihrem Bett herunter, und so schaute ich hoch nach ihr. Mit Schrecken sah ich Blut auf ihrem Laken und fragte, was ihr denn passiert sei? Nichts, antwortete sie, sie habe nur Nasenbluten, und drehte sich mit dem Kopf zu dem Fleck herum. Ich solle bloß nichts meinen Brüdern davon sagen, flüsterte sie. Mit dem Aufstehen wartete sie, bis Toni aus dem Zimmer war.
Ein andermal kamen Wolf und ich aus dem Wald zurück. Berlind packte uns beide und schlug zornig auf uns ein. Dann heulte sie über ihrer Bibel, aus der Wolf eine Seite herausgerissen hatte. Zur Strafe sperrte sie uns in den Keller, wo wir Kartoffeln entkeimen sollten. Das fand ich gemein, denn nur Wolf hatte sich doch an der Bibel vergriffen. Der entkeimte aber nur eine einzige Kartoffel, denn er habe ja auch nur eine Seite herausgerissen. Nach Stunden im Keller bekamen wir Angst, wir würden aus dem Gefängnis nicht mehr herausgelassen und da unten vergessen werden. Wir versuchten vergeblich, die Tür aufzubrechen oder uns durch das vergitterte Kellerloch zu quetschen. Durch den schmalen Ausschnitt der Luke waren kurz Tonis Beine zu sehen. »Erlösung!« riefen wir. Bald darauf riegelte Tam die Tür auf und entließ uns.
Aus seinen Ferien im Schüleraustausch in Frankreich hatte

Christof eine kleine Schallplatte mitgebracht, und er spielte das Chanson immer wieder ab, um Französisch zu lernen. Berlind meinte, sie könne auch ein französisches Lied, und sang: »Meine kleine Erz macht tick tack bunambu«, wobei sie Christof ansah. Der wich ihrem Blick aus, und Clemens machte sich lustig, bei der Bauerngans ticke es wirklich nicht ganz richtig.
Berlind blieb ungefähr ein Jahr bei uns. Dann wurde ihr gekündigt, denn mit den großen Jungen unter einem gemeinsamen Dach hätte es nicht länger gutgehen können. Monate darauf kam ein Polizeiauto vorgefahren und hielt hinter unserem Kartoffelacker. Zwei Polizisten mit einem Wolfshund an der Leine stiegen aus.
Inzwischen hatten wir wieder einen neuen Dackel, den Ali. Der sprang aus dem offenen Fenster, hopste an dem großen Polizeihund hoch und umkreiste seine Beine. Mir war angst um den kleinen Hund, der große würde ihn zerreißen, der leckte den kleinen jedoch nur freundlich ab. Die Polizisten traten ins Wohnzimmer ein und legten ihre dunkelblauen, steifen Mützen auf die braune Wachstuchdecke. Tam bot ihnen die Eckbank unter den Ahnen zum Sitzen an und wollte ihnen gleich auch Kaffee kochen. Den Kaffee lehnten sie ab, sie müßten leider gleich zur Sache kommen. Ob sie »Frau von Arnim« heiße, wurde Tam gefragt. »Nur Fräulein von Arnim«, antwortete sie. »Die Adresse stimmt also«, sagte der jüngere der zwei Polizisten. Er zog ein geblümtes Heftchen hervor, die einzige Adresse, die darin stünde, sei »Frau von Arnim in Kupfer«. Ob ihr eine Berlind Röttger bekannt sei, wurde Tam gefragt. Ich konnte ein »Ja!« nicht unterdrücken, gleich darauf unsicher, ob man sich vor der Polizei so deutlich äußern dürfe, bevor man nicht von ihr selbst erfahren hatte, was wirklich vorgefallen war. Der ältere der beiden Polizisten sagte, das junge Mädchen wäre überfahren auf der Autobahn

nach Köln gefunden worden, es sei anzunehmen, daß es den Freitod gewählt habe.
Familienangehörige seien unbekannt.

Im Herbst 1951, an einem kalten Tag, stand meine Mutter mit einer großen, gutaussehenden Frau ratlos auf dem Weg zwischen dem Bahnhof und unserem Haus. Die Frau trug keinen Mantel, sie zog ihren Schal über die Schultern, und ihre graugelockten, aufgelösten Haare wehten im Wind. Sie sagte, die Behandlung mit Elektroschocks in der Nervenheilanstalt könne sie nicht mehr länger aushalten, sie sei dem entflohen und brauche Ruhe, bis sie wieder fähig sei, ihre Arbeit aufzunehmen. Meine Mutter meinte, in ihre kleine Mietwohnung könne sie jetzt nicht zurückkehren, wenn sie dort allein wäre, würde sie womöglich wieder zusammenbrechen. Die Frau sagte, die Wohnung würde sie zu sehr an schreckliche Erlebnisse erinnern, die sie noch nicht überwunden habe. »Frau Seewall, Sie bleiben einfach erst mal bei uns!« sagte meine Mutter entschlossen.
Die Dachschräge hinter Tams Kammer wurde zunächst provisorisch zu einer Schlafstelle hergerichtet und im Laufe der Zeit zu einem Stübchen für Frau Seewall ausgebaut. Die beiden Frauen, die so eng nebeneinander wohnten, verstanden sich gut. Bald kam auch Dirk, der Sohn von Frau Seewall, zu uns. Er bekam eine Ecke hinter der Dachtreppe als Schlafplatz. Dirk war still und freundlich, gleich alt wie Toni, und Clemens hatte einen Jungen zum Kommandieren mehr. Im März darauf wurden Toni und Dirk zusammen konfirmiert.
Frau Seewall, eine kluge, belesene Frau, im Elsaß aufgewachsen, war zweisprachig. Es erstaunte, wenn sie uns Jüngeren abends in deutscher Sprache aus »Le Petit Chose« von Daudet so fließend vorlas, daß man kaum merkte, daß sie den französischen Text vor sich hatte und spontan übersetzte. Den Älte-

ren half sie bei den Schularbeiten und führte Gespräche mit ihnen. Christof paukte die Vokabeln nicht mehr so stur, und er wurde besser in der Schule. Clemens, ein Jahr vor seinem Abitur, stellte schwierige Fragen an Frau Seewall, und wenn diese nicht gleich selbst die Antwort wußte, suchte sie mit ihm zusammen in Büchern danach. Wegen ihrer Klugheit hatten alle Respekt vor ihr.

Abends, wenn wir Kinder in den Betten lagen, unterhielt sich unsere Mutter öfter mit Frau Seewall im Wohnzimmer. Sprachen die beiden französisch, wußten wir schon, daß es um uns und die Erziehungsprobleme ging. Eines Abends, es war meine Indianerzeit, und ich konnte so gut schleichen, bat mich Toni, an der Tür zu horchen und mir das wichtigste Wort zu merken. Frau Seewall sprach so schnell, daß nichts zu unterscheiden war, und unsere Mutter sagte am häufigsten »quelque chose«. Dies übermittelte ich Toni, »etwas« sagte er enttäuscht, etwas stimme nicht mit uns, aber was nur genau?

Einmal war Tam von der Mutter beauftragt worden, mir eine Gretchenfrisur zu flechten. Ihre Hände waren gerötet und rissig von der Arbeit, unbeholfen hantierte sie an meinem Kopf herum. Schließlich fragte sie Frau Seewall, ob sie diese komplizierte Frisur noch kenne und bitte machen würde. Diese meinte, das solle man dem Kind nicht auch noch antun, daß es eine Frisur vom »Bund Deutscher Mädchen« tragen müsse, und überhaupt verstünde sie nicht, wie an dem Mäuschen hin und her gezogen würde, als habe es auch keine eigene Mutter mehr, als sei es hier nur adoptiert.

Als ich kurz danach auf einem großen Bahnhof einen Aushang vom Roten Kreuz sah: »Eltern suchen ihre Kinder«, forschte ich unter den vielen kleinen Kinderfotos, ob ich nicht darunter wäre, und malte mir schon meine vermeintlich richtigen Eltern, diese unbekannten Personen aus, in der Vorstellung, mit einem wiedergefundenen Kind wären sie besonders lieb. Dann war ich doch recht froh, nicht unter den gesuchten Kindern zu sein und etwa von Kupfer weg zu müssen. Die schlimmste Vorstellung vor der Fahndungsliste war mir, ohne Tam zu Unbekannten wegzuziehen. Am liebsten hätte ich sie dazu überredet, ein Foto von mir auf solch eine Suchliste zu bringen, wonach sie mich dann hätte adoptieren können.

Tam war sehr kinderlieb. Aber ihr Vater, unser Großvater Erwin, hatte als Gutsherr über das Wohl und Wehe seiner Familie und seiner Angestellten bestimmt. Er hatte seine Töchter zu Hause gehalten und nur ab und zu auf Adelsbälle nach Berlin mitgenommen, wobei er sie nicht aus den Augen ließ. Kaum hatten eventuelle Freier gewagt, die schönen Mädchen Marielies und Walpurga zum Tanz aufzufordern, vergraulte er sie aus Eifersucht.

Im Gegensatz zu ihrer ältesten Schwester Bettina hatte Tam damals nicht die Entscheidung getroffen, sich aus der sicheren Obhut ihres Vaters zu befreien. Wie so oft ließ sich auch für Tam das Bedürfnis nach Sicherheit nicht mit dem nach Freiheit in Einklang bringen. Tante Bettina war nach Ende des Ersten Weltkriegs von zu Hause ausgerissen, um in Berlin Malerei als Beruf zu lernen. Damals wurden Mädchen noch nicht in Kunsthochschulen aufgenommen, somit lernte sie im Privatunterricht bei dem impressionistischen Maler Walther Kurau. Sie wohnte in einer einfachen Pension, und als ihre Ersparnisse ausgingen, bat sie ihren Vater brieflich um Unterstützung. In seinem Verantwortungsbewußtsein für alle ließ er auch seine entlaufene älteste Tochter nicht ohne Geld hängen. Als Tante Bettina dann den besten Freund ihres Bruders, den bürgerlichen Walter Encke heiraten wollte, war ihr Vater nicht einverstanden. Sie setzte sich wiederum durch, indem sie vollendete Tatsachen schuf.

In Kupfer besuchte uns Tante Bettina nur selten. Für eine Nacht mietete sie ein Zimmer in der Gastwirtschaft Pfeiffer. Tam hatte ihrer ältesten Schwester zu Ehren wieder ihre Dachkammer räumen wollen, aber diese zeigte sich entsetzt, daß Tam bei würdigem Besuch im Keller schlief. Überhaupt fand Tante Bettina, ihre Schwester müsse für nur ein Taschengeld zu viel und zu schwer arbeiten. Tam meinte, sie täte es doch gern, sie liebe ihre Schwägerin und die Kinder. Auf dem abendlichen Weg zum Pfeifferhof seufzten die beiden Schwestern, Tam, weil sie wegen Rheuma Schmerzen beim Gehen hatte, und Tante Bettina, weil sie sich Sorgen um Tam machte.
Nach ungefähr drei Jahren im Kupferhaus klagte Tam über ihren Ischiasnerv. Nur noch schlurfend ging sie zur Küche, eine Hand auf diesen hinteren Nervenstrang gelegt. Ihre Wischlappenaktionen verlangsamten sich, dafür setzte sie um so kräftigere Worte ein. Tanzten ihr auch wir beiden Kleinen auf der Nase herum, rief sie: »Einfach hanebüchen, diese unverschämten Blasen!«
Einmal waren wir mit ihr zu einer Besorgung nach Beltersrot unterwegs. Kurz vor dem »Polenlager« ließ sie sich erschöpft auf einem Baumstumpf nieder, die Schmerzen zögen wieder so stark von hinten hoch. Der Baumstumpf entpuppte sich sogleich als Ameisenhaufen. Tam erhob sich erschrocken, wir aber beredeten sie, Ameisenbisse seien das beste Heilmittel gegen Rheuma, sie solle doch ihren Ischiasnerv freimachen, damit die Ameisen in die richtige Stelle impften. Theoretisch pflichtete sie diesem Naturheilmittel bei, aber für die praktische Durchführung kamen ihr Zweifel: Wir wollten sie nur »verhohnepipeln«, das könne nun noch fehlen, daß alle Welt sie mit ihrem dicken, nackten Hintern am Straßenrand sitzen sähe! Es solle Tamchen doch nur nichts mehr weh tun, meinten wir, und gegen fremde Blicke würde sie ihr weiter

Rock schützen. Ergeben und nicht ganz entblößt setzte sie sich wieder auf den krabbeligen Baumstumpf. Wir drapierten ihren Rock darum und gingen weiter. Als wir von der Besorgung zurückkamen, saß Tam immer noch da. Ob sie jetzt vom Rheuma geheilt sei, fragten wir erwartungsvoll. Das leider nicht, sagte sie, aber die Ameisenbisse seien so neu und prickelnd wie Sekt, darüber habe sie den gewohnten Schmerz vergessen.

An Winterabenden, wenn durch die Kälte das Rheuma verstärkt auftrat, legte sich Tam aufs Ausziehbett und bat uns beide, sie zu massieren. Wir knieten links und rechts neben ihren Beinen und hämmerten mit den Fäusten auf ihrem Hinterteil herum, bis die Muskulatur rot wurde. So gut wie Mutti könnten wir nicht massieren, ob ihr die Behandlung nicht weh täte, fragten wir besorgt. Ach, meinte Tam, das »Pökeln« täte wohl, es durchblute so schön. »Tam Pökeln« wurde zum allabendlichen Ereignis. Wir brachen es schnell ab, bevor der Abendzug eintraf. Als dann die Mutter eine Lambretta hatte und damit abends direkt vorm Haus vorfuhr, wurde es schwieriger, das Durchpökeln geheimzuhalten.

Vor den Sommerferien 1953 sagte unsere Mutter, alle Kinder sollten aus dem Haus, Tam müsse endlich Ferien haben. Ich wandte ein, ohne unsere Hilfe habe Tam mit den Tieren und dem Garten doch noch mehr zu tun. Als Hilfe sei ja noch Frau Seewall da, murmelte die Mutter. Sie hatte schon vorgeplant, wer von uns zu welcher Familie verreisen sollte.

Als wir von den Ferien zurückkamen, war Tam nicht mehr da. Die Mutter sagte, der große Haushalt sei ihr über den Kopf gewachsen, sie sei nun bei einem älteren Ehepaar in Hamburg beschäftigt. – Später fragte ich meine Tante Bettina, warum uns Tam verlassen mußte. Sie sagte, in Kupfer habe Tam ohne Kranken- und Altersversicherung gearbeitet, so daß sie befürchtete, ihre geringe Witwenrente mit ihrer jüngeren

Schwester teilen zu müssen. In ihrer Verzweiflung habe sie an den Großvater Hagens geschrieben und um ein geregeltes Angestelltenverhältnis für ihre Schwester bei deren Schwägerin in Kupfer gebeten. Diese Bitte blieb unbeantwortet. Schließlich habe sie ihrer Schwester eine Haushaltsstelle bei einem älteren Ehepaar in Hamburg vermittelt.

Mit der Stelle in Hamburg dauerte es nicht lange, denn Tam hatte beim Putzen die Schleiflackmöbel zerkratzt. Eine weitere Einstellung in Überlingen währte nur einen Monat, weil Tam die weißen Herrenhemden mit dem Bügeleisen ansengte. Danach zog sie nach Netershausen zu ihrer Mutter, der Erdbeeroma.

Im fünften Jahr in Kupfer bestand Clemens das Abitur und zog aus. Frau Seewall und Dirk blieben auch nicht mehr lange. Im Haus wurde es leer und langweilig. Als »Tochterzimmer« bekam ich Frau Seewalls Dachstübchen, was den Vorteil hatte, daß ich da oben an einem eigenen Schreibtisch malen konnte. In Tams ehemaliger Kammer wechselten die Angestellten. Kurze Zeit wohnte Rosa Wolf aus Tommelhardt darin, und es war mir peinlich, daß Rosa, kaum älter als Toni, uns bedienen mußte. Rosa fand dann Arbeit in einer Nylonstrumpffabrik.

Danach kam eine Bäuerin aus Ostpreußen als Haushälterin zu uns. Grauhaarig und fast schon im Rentenalter, trug Frau Fritz dicke Brillengläser. Sie war herb und wortkarg im Wesen, jedoch verstand sie es gut, mit den Tieren umzugehen.

Dann versorgte ein älteres Fräulein Lina schlecht und recht den Haushalt. Sie kochte fast täglich Selleriescheiben, die sie »Gesundheitskiechle« nannte. Über das Essen sollten wir nicht meckern, bemerkte sie, woraufhin Wolf und ich eines Tages meckernd wie Ziegen die »Gesundheitskiechle« in den Mülleimer spuckten. Fräulein Lina war leicht hysterisch; erblickte sie eine Maus, sprang sie schreiend auf einen Stuhl. Eines Nachts legte sie auf dem Dachboden Rattengift aus, an dem der Dackel Ali elend starb. Danach blieben wir nicht mehr lange in Kupfer.

Mit eigener Uhr bist du was

Im Winter 1951, ich besuchte noch die Volksschule, kam ein Sparkassenvertreter nach Übrigshausen. Durch ein einfaches Ratespiel konnten wir Schulkinder verschieden lange Lineale von ihm gewinnen. Ich bekam ein Lineal von fünfzig Zentimeter Länge überreicht, auf dem gedruckt stand:
»Lerne, leiste, spare was, dann hast du, kannst du, bist du was!« Ich war mächtig stolz auf das neue Lineal und wollte es im Sinne seines Spruches zu etwas bringen. Gelernt wurde in der Schule, geleistet zu Hause, nur auf die Idee des Sparens war ich noch nicht gekommen. Wir könnten uns auch ein Sparbuch anlegen, hatte der Vertreter gesagt. Aber nur Stempel in einem Heftchen zu sehen war mir zu abstrakt. Lieber wollte ich möglichst bald etwas Kostbares haben, etwas Nützliches zudem, und es sollte daran zu sehen sein, daß ich nun jemand war. Ganz zeitgemäß – »Zeit ist Geld« sagte unsere Mutter oft – beschloß ich, für eine Armbanduhr zu sparen.

Wie aber nur das Geld verdienen? Die beiden großen Brüder bekamen von der Mutter für das Umschaufeln von Kies oder für das Versetzen des Komposts je eine Mark. Wir beiden Kleinen erhielten aber nur zehn Pfennig für eine Kartoffelkiepe voll gerupfter Quecke. Es gab auch Geld für gute Noten, aber die der Volksschule zählten nicht. Ich mußte also auf andere Weise als meine Brüder zu Geld kommen. Clemens, der sich zunächst über mein Lineal lustig machte und meinte,

»Schaffe, schaffe, Häusle baue!« müsse darauf stehen, brachte mir den ersten, größeren Geldverdienst ein. Er stellte seine von Lehm verdreckten Halbschuhe auf die Kellertreppe und bat mich, sie für eine Mark schön zu putzen. Besorgt, ich könne ihm seine besten Schuhe verderben, überwachte er beim ersten Mal die Arbeit. Er wurde zum ständigen Kunden fürs Schuheputzen, bald brachte er mir auch seine Socken zum Stopfen. Auf gute Kleidung bedacht, zahlte er korrekt.

Toni hätte es viel nötiger gehabt, daß ihm jemand seine Socken stopfte, denn sie hatten die größten Löcher von allen. Manchmal guckten seine Hacken wie rosa Kartoffeln hinten aus den Schuhen. Aber im Gegensatz zu Clemens war es ihm völlig gleichgültig, was er anhatte. Sein Taschengeld für gute Noten in der Oberschule legte er für andere Dinge an. Seine erste Anschaffung war ein kleiner Fotoapparat gewesen. Damit wollte er auch mir das Fotografieren beibringen, aber meine Mutter verbot es, weil sich dies mechanische Auge verderblich auf die künstlerische Begabung auswirke. Toni sparte weiter, ohne zu sagen worauf. Wie war ich dann überrascht, als er mir zum Geburtstag einen kostbaren Aquarellkasten schenkte! Er war von derselben Qualität wie der unserer Malertante Bettina, nur enthielt er eine Reihe Porzellannäpfchen weniger.

Ich freute mich sehr über sein großes Geschenk, und Toni sagte dazu, besser sollte ich seltene Pflanzen abmalen, als dem Clemens die Schuhe zu putzen.

Im Juni 1952, ich war elf und besuchte inzwischen das Haller Mädchengymnasium, erhöhten sich meine Ersparnisse auf besondere Art. Es begann an einem heißen, sonnigen Nachmittag. Im Schatten, an der Nordseite des Hauses, stellte Christof einen kleinen Tisch auf und legte ein weißes Blatt Papier und gespitzte Bleistifte darauf. Dann zog er eine schwarzweiße Ansichtspostkarte aus seiner Schultasche und

Ziegenliesel (mit neuer Armbanduhr und dem Dackel Ali), 1952

bat mich, die Abbildung ganz genau abzuzeichnen, dabei solle ich sie so vergrößern, daß das Zeichenblatt gut gefüllt würde. Mit dem Zeichenlehrer zusammen sei seine ganze Klasse hinaus nach Steinbach gegangen, um dort bei dem schönen Wetter die alten Gebäude zu zeichnen, erzählte Christof schmunzelnd. Als sie da so in der Hitze vor den Motiven gesessen hätten, wäre über zwei seiner Kameraden und ihn der Durst gekommen, eine Gastwirtschaft wäre

nicht weit gewesen, und so hätten sie eben den Zeichenunterricht mit Biertrinken verbracht. Die Postkarte habe er in der Wirtschaft besorgt, ungefähr an der Stelle, vor der Steinbacher Kirche, hätte er ja auch wirklich sitzen können. Die fertige Zeichnung müsse er unbedingt am nächsten Morgen abgeben, damit der Lehrer nichts merke.
Ich gab mir alle Mühe, die Proportionen richtig zu übertragen und mit einem weichen Bleistift die Schattierungen anzubringen. Die Arbeit dauerte lange, Christof übernahm währenddessen meine Aufgabe des Ziegenhütens und machte dabei seine anderen Schularbeiten. Als die Zeichnung fertig war, setzte Christof seinen Namen darunter und legte mir ganze zwei Mark auf den Tisch!
Nun hatte ich sechzehn Mark beisammen, damit konnte ich mich endlich in einen Haller Uhrenladen hineinwagen. Für genau diesen Betrag gab es eine recht große Herrenuhr. Die Verkäuferin meinte, es sei die preiswerteste, die kleinen Damenuhren, viel hübscher für ein Mädchen, seien teurer. Mir war das jedoch nur recht mit der Herrenuhr, denn Clemens trug so eine ähnliche. Die Verkäuferin verkürzte das Armband dem dünnen Handgelenk entsprechend.
Gleich schon auf der Rückfahrt in der Bahn freute ich mich noch mehr über meine neue Uhr und glaubte, etwas besonders Kostbares umsonst dazubekommen zu haben: Im Tunnel leuchtete das Zifferblatt wie Glühwürmchen.
Eine Woche nach der ersten Auftragszeichnung kam Christof wieder mit einer Ansichtspostkarte nach Hause, diesmal sollte ich ein Motiv der Haller Innenstadt abzeichnen. Für die vorherige Zeichnung hatte er die Note zwei bekommen, ein Erfolg, den er sich noch länger erhalten wollte. Zu Christofs und meinem Glück hielt sich der Zeichenlehrer gerne draußen auf, so daß noch einmal eine mittelalterliche Stadtansicht abzuzeichnen war. Ich fertigte noch weitere Zeichnungen

nach Postkarten an, aber mit dem Beginn der Sommerferien fand sich leider kein Abnehmer mehr dafür.
Der eigene Zeichenunterricht im Mädchengymnasium wurde mir immer langweiliger. Alles, vom Dirndlkleid bis zu Ostereiern, sollten wir mit Kreuzchen und Pünktchen dicht und gleichmäßig ausfüllen. Ein Adventskranz hatte Tausende spitzer Nadeln zu zählen, und auch der Rand des Papiers war noch mit Stickmustern zu versehen. Für mich hatte das nichts mit Kunst zu tun. Ich bewunderte Bilder wie »Der Turm der blauen Pferde« von Franz Marc und anderes an moderner Kunst, was in den fünfziger Jahren in einer Haller Buchhandlung zu erspähen war. Neben der verlangten Zeichnung versuchte ich auf einem anderen Blatt mit kräftigen Farben kristalline Formen zu malen. Dem Zeichenlehrer, der meist nur vorne in einer Schublade herumkramte und dabei vor sich hin murmelte, gefiel das überhaupt nicht. Aufgebracht kam er nach hinten und schimpfte: »Hörscht' woll uff met dem abschtrakt Gschmotzel!«
Zu Hause kamen meine zeichnerischen Fähigkeiten zu nochmals anderem Einsatz. Über Jahre hinweg stellte ich die Tischkarten für Familienfeste her. Das Motiv, jeweils um die zwanzigmal ausgeführt, mußte immer wieder das Arnimsche Wappen sein: ein schräggestellter Schild mit zwei silbernen Streifen auf rotem Grund, darüber ein geschlossener Helm mit wallendem Tuch, gekrönt von Hörnern, ebenfalls rot-silbern gestreift.
Beim Eintritt ins Gymnasium war ich in Verlegenheit geraten, als wir Mädchen die Berufe unserer Väter angeben sollten. Ich wußte es nicht und fragte abends meine Mutter. Sie sagte »Rittergutsbesitzer«. Unter einem Rittergut konnte ich mir nur eine halbzerfallene Burg mit klappernden Rüstungen vorstellen. Trotzdem trug ich das besagte Wort in den Fragebogen der Schule ein. Die Lehrerin meinte, Besitzer sei kein Beruf,

ich solle noch einmal zu Hause nachfragen. Diesmal sagte meine Mutter »Land- und Forstwirt«. Da war ich froh, daß ich für meinen Vater einen richtigen Beruf nennen konnte wie die anderen Mädchen auch.
Die Familienwappenherstellung war mir als Kind sehr einprägsam gewesen. Später empfand ich sie als hohle Zeichen traditioneller Normen, an denen man festhielt, obwohl sie schon lange nicht mehr bestanden. In großformatigen Radierungen griff ich die Heraldik ironisierend wieder auf. Dabei wurden die Helmziere und Orden zwar prächtiger, aber die Menschen waren aus diesen Rüstungen verschwunden. Durch geöffnete oder zerteilte Visiere blickte man ins Leere. In den sechziger Jahren verwandelten sich die Ritter dann zu Astronauten, die Rüstungen zu glänzenden Gehäusen.

Haalschule und Konfirmation

Im »Haal-Schüle«, so genannt, weil das Mädchengymnasium am Haalplatz mit seiner alten Salzquelle lag, herrschte eine freundliche Atmosphäre voller Lerneifer. Dort fühlte ich mich wohl und geborgen. Bis zur mittleren Reife gab es parallele Klassen, wobei alle Mädchen, die von außerhalb zur Stadt fuhren, den A-Klassen angehörten. Durch diese Aufteilung ergab es sich wie von selbst, daß unter den Auswärtigen die meisten Flüchtlingskinder waren, darunter viele, die auch ihren Vater verloren hatten. Zu unserer Parallelklasse entwickelte sich eine Rivalität, wodurch wir Auswärtigen noch stärker zusammenhielten. Anders als wir schienen die ansässigen Haller Mädchen in wohlbehüteten Elternhäusern aufzuwachsen, war doch die schöne, alte Reichsstadt vom Krieg unversehrt geblieben.
Eine meiner Klassenkameradinnen befand sich in einer be-

sonders schwierigen Situation der Nachkriegszeit. Sie wohnte in einem entlegenen Dorf und fuhr mit derselben Bahn wie wir Kupferner zur Schule. Im Englischunterricht meine Nachbarin, holte sie in der Vorweihnachtszeit mehrere Tütchen Marzipan aus ihrem Ranzen. Ihre Mutter, eine arme Kriegerwitwe, habe es nach einem Rezept ihrer alten Heimat hergestellt, pries sie die Tütchen an, wir sollten ihr bitte welche abkaufen. Die Lehrerin verbot den Handel in der Schule, womit die verlockenden Sternchen und Herzchen vorläufig unter dem Tisch verschwanden. Voll Mitleid, weil sich das Marzipan so schlecht verkaufen ließ, fragte ich das Mädchen, ob denn ihre Mutter keinen Beruf habe. Doch, sie sei Hausfrau und Mutter, antwortete meine Nachbarin, und es wohne noch ihr Onkel bei ihnen, seit er aus der Gefangenschaft zurückgekommen sei, der habe auch manchmal Arbeit.
Dann kam das Mädchen nicht mehr zur Schule. In der Bahn wurde erzählt, was vorgefallen war: In der Dachwohnung war Feuer ausgebrochen, nach der Feuerwehr kam die Polizei. Die Brandursache war ein durchgeglühtes Bügeleisen, das vor Verlassen der Wohnung vergessen worden war. Durch den Brand kam weiter heraus, daß es sich in der Wohnung um eine »Onkelehe« gehandelt hatte. So etwas kam öfter vor, daß Kriegerwitwen ihren neuen Freund, statt ihn zu heiraten, als ihren Vetter oder Bruder ausgaben, um nicht ihre Witwenrente zu verlieren. Aber besonders schlimm sei – so wurde hinter vorgehaltener Hand weiter berichtet –, daß der falsche Onkel in Wahrheit der Ehemann der angeblichen Witwe und der Vater der vier Kinder sei, daß die Eltern dies jahrelang verheimlicht hätten, um auch noch vom Halbwaisengeld, der Erziehungsbeihilfe ihrer Kinder, zu profitieren. Danach war von der Familie nichts mehr zu hören.
Die täglichen Bahnfahrten zur Schule waren immer spannend, auch ergaben sich dabei verschiedene Begegnungen.

Morgens war der Zug schon voll mit auswärtigen Oberschülern aus Neuenstein und Waldenburg. Auf der längeren Fahrt hatten sie ihre Schularbeiten fertig gemacht, wir in Kupfer Zugestiegenen schrieben schnell noch das Nötigste von ihnen ab. Manche nutzten die Zeit sogar noch im Tunnel, kurz vor der Einfahrt nach Hall schrieben sie mit Taschenlampen weiter.

Mittags auf der Rückfahrt kam es einmal zu Streit unter jungen Bauarbeitern. Einer, der am bösesten fluchte, war der Otto Morder aus Kupfer, bekannt als Boxer wie Max Schmeling. Mit einem weißen Verband um den Kopf, aus dem Blut sickerte, sah er unheimlich aus. Hinter Gailenkirchen öffnete er plötzlich die Wagentür und fuhr außen auf dem Trittbrett weiter. Nach seiner Niederlage im Kampf wollte er sich jetzt vom Zug stürzen, hieß es aufgeregt, und jemand zog die Notbremse. Der Zug kam zum Halt, der Boxer sprang ab und rannte hinter eine Böschung.

Über den Stoßdämpfern waren die einzelnen Bahnwagen nur durch zwei schmale, eiserne Plattformen verbunden, die sich während der Fahrt ruckelnd auseinander- und zusammenschoben. Gerade wollte ich in einen anderen Wagen wechseln, da begegnete mir auf den Plattformen die Hohenloher Fürstin. Wie von anderen Treffen gewohnt, beugte ich die Knie zum Knicks und versuchte, artig Handkuß zu geben. Aber die Plattformen rüttelten mich vor die Fürstin hin und wieder von ihr weg, der Knicks geriet zum Balanceakt, und der Handkuß verfehlte immer wieder die Hand. Hier in der Bahn sei die Zeremonie nicht sehr angebracht, sagte die Fürstin lachend und zog sich wieder ins Wageninnere zurück.

Beim Aussteigen in Kupfer traute ich einmal meinen Augen nicht. Einem anderen Bahnwagen entstieg eine Dame in wallendem, weißem Wollmantel und mit einem violetten Samtturban über dem schwarzen Haar. Eine Bauersfrau blieb vor ihr stehen und sagte: »Frau Arnim, Sie sehet aus wie a Mönch!« Es war meine Mutter, aber in dieser auffallenden Gewandung wollte ich nicht mit ihr zusammen gesehen werden. Es war mir peinlich, denn eigentlich waren wir doch so arm. Die ehemalige Hofschneiderin, die Anthroposophin Fräulein Fricke, war von der Mutter eingestellt worden und hatte ihr solche eigenwillige Kreationen auf den Leib geschneidert. Nach dem Auftritt in der Bahn verschwanden Mantel und Turban in der Mottenkiste.

Große Ereignisse in der Stadt Schwäbisch-Hall waren die alljährlichen Salzsiederfeste. Um den Hauptschauplatz, eine Kocherinsel, drängten sich die Zuschauer auf dem Unterwörth mit seiner Uferbalustrade, auf einer alten Holzbrücke und einer neueren Kettenbrücke. Jungen und Mädchen alteingesessener Haller Familien, meist Abiturienten beider Gymnasien, führten in schönen Trachten zu Trommeln und Pfeifen den »Siederlestanz« auf. Es galt als große Ehre, Siederlestänzer zu sein, und zu gerne hätte auch Clemens, ein guter Tänzer, dazugehört. Aber er stammte nun einmal nicht aus einer alten Haller Familie.

Das Sommernachtsfest wurde mit einem Feuerwerk abgeschlossen. Dabei waren die Fassaden der Altstadt über dem Kocher bis hoch zum imposanten Speicher, dem »Neubau«, angestrahlt. Mir war das Feuerwerk ein Graus, denn das Krachen erinnerte an detonierende Bomben. Für Wolf hingegen war es das Schönste. Extra dafür war er einmal allein mit der Bahn nach Hall gefahren. Mit dem ersten Abendzug trafen dann einige Frauen in Kupfer ein. Sie berichteten entsetzt, die Kettenbrücke sei vom Gewicht der Zuschauermassen »zammkracht«, die Menschen aufs Wehr darunter gestürzt, von Eisenteilen der Brücke zerstückelt, der Kocher sei rot gefärbt von Blut. Wo nur blieb Wolf? Daß er bloß nicht auf der

Kettenbrücke gestanden hatte. Mit dem letzten Abendzug kam er zurück, kreidebleich. Tagelang brachte er kein Wort hervor.

Auf der großen Freitreppe der Haller Michaelskirche fanden jeden Sommer eindrucksvolle Theateraufführungen statt. In »Jedermann« von Hugo von Hofmannsthal wirkte Clemens als Statist mit. Er sagte zu uns jüngeren Geschwistern, wir sollten gut auf seinen Auftritt aufpassen, er sähe aber gleich aus wie die andern und dürfe sich nicht rühren; damit wir ihn erkennen könnten, würde er die Zunge rausstrecken.

Gegen Abend nahmen wir in den letzten Reihen vor dem Rathaus Platz. Noch bei Tageslicht begann die Aufführung, langsam wurde es dunkel, und Scheinwerfer beleuchteten die Szene auf der Treppe. Ich war ganz gebannt von dem Schauspiel und staunte, als oben aus dem Kirchentor langsam und würdig Mönche in langen, braunen Kutten hervortraten und dann regungslos rechts und links vor den Kirchenmauern stehenblieben. Alles Erhabene wurde unterbrochen, als Wolf flüsterte: »Der da oben ist der Clemens!« und auch noch mit dem Finger hochzeigte. Der dritte von links hatte tatsächlich minutenlang einen dunkelroten Fleck im weißgeschminkten Gesicht. Bei Einbruch der Nacht steigerte sich das Drama vom reichen Mann seinem Höhepunkt entgegen. Leider mußten wir vorzeitig unsere Plätze verlassen, um den Spätzug zu erreichen.

Es war die Zeit, als in der Schule Ostzonenpakete mit der Aufschrift »Geschenksendung, keine Handelsware« gepackt wurden und wir mit Sammeldosen der Deutschen Kriegsgräberfürsorge in der Stadt herumstanden. Vor dem Sulfersteg, der überdachten Holzbrücke am Haalplatz, gab es einen Zeitungskiosk. Jeden Morgen begrüßten wir Mädchen einen freundlichen älteren Herrn darin, bevor wir über die Brücke trappelten, in der es so schön hallte. Aus der Schule zurück,

wieder ein »Grüß Gott!« am Kiosk, wofür wir manchmal Bonbons geschenkt bekamen. Eines Morgens war der Kiosk geschlossen. Erst dachten wir uns nichts weiter dabei. Als der Kiosk aber auch am fünften Tag noch verrammelt war, meinten wir, der nette Mann sei krank, und wir überlegten schon, ob wir ihn mit einem Blumenstrauß im Krankenhaus besuchen könnten. Nur, bei Krankheit hätte er seinen Laden nicht so fest vergittert, kamen uns Bedenken. Wir erfuhren, daß die Polizei den Kiosk geschlossen hatte und daß sein Besitzer als Mitglied der Kommunistischen Partei im Gefängnis saß. Es war nicht gut, darüber zu sprechen, noch den Mann gekannt zu haben.
An einem frischen Frühlingsmorgen im März 1953 waren vom Haller Bahnhof bis zur Schule hinunter die Fahnen auf hochmast geflaggt. Was könnte nur der Anlaß sein, fragten wir uns, es war doch kein Feiertag. Kurz vor dem Unterricht hieß es, der Diktator Stalin sei gestorben. Merkwürdig, bei Todesfällen hingen Fahnen doch sonst immer auf halbmast, diesmal war es umgekehrt. Auf dem Rückweg von der Schule waren die Fahnenmasten leer.

Einmal schien es mir unumgänglich, in der Schule Gelerntes in eine gute Tat umzusetzen. Im Biologieunterricht wurden Diapositive projiziert. Sonntagsausflügler, die zuviel Blumen rupften, waren zu sehen, dann das Bild einer wunderschönen, blühenden Flußlandschaft, gleich das nächste: ein riesiger Bagger, der das alles zerstörte. Dabei ging es um eine Flußbegradigung, erklärte die Lehrerin, dadurch sollten häufig überschwemmte Wiesen nutzbar gemacht werden. Von Bächen und Flüssen, in Mäandern ruhig dahinfließend, könne genügend Wasser zur Wolkenbildung verdunsten. Aber einmal begradigt, werde das Wasser zu schnell weitergetragen, an Ufern flußabwärts käme es dadurch zu katastrophalen Überschwemmungen. Außerdem würden naturgeschützte Pflanzen durch die Trockenlegung der Wiesen aussterben. Das erinnerte ganz an die Wiesen am Kupferbach. Im Winter waren sie überschwemmt und im Frühling ein Blütenmeer von Wiesenschaumkraut und Trollblumen. Den Bauern waren sie nicht viel wert, weshalb ich nur dort und nirgendwo anders die Ziegen hatte hüten dürfen.

Eine Woche vor der eindrucksvollen Biologiestunde waren Männer mit Stativen und Meßlatten auf den Wiesen herumgegangen und hatten rotmarkierte Stäbe in regelmäßigen Abständen eingeschlagen. Nun wußte ich, die Männer waren Geometer, und mein geliebter Kupferbach sollte begradigt werden! Was nur tun, ehe die Bagger anrückten? Ich berichtete Toni von der Gefahr, der nickte auch gleich ganz aufgeregt. Aber dann meinte er, es sei zu gefährlich, etwas dagegen zu tun, sicher wäre die Begradigung schon lange von oberen Behörden genehmigt.

Aber es ließ mir keine Ruhe, ich wollte das schöne Kupfertal retten. Inzwischen hatten wir keine Ziegen mehr, so fehlte mir ein Vorwand, um bei Tage etwas an der Absteckung zu ändern. Im Morgengrauen schlich ich mich aus dem Haus. Alle zehn Schritte zog ich einen Geometerstab heraus, die Erde war weich, es ging leicht. Aber wohin mit den Stäben? Erst wollte ich sie im Zickzack umstecken und ihre Nummern durcheinanderbringen, denn sie ganz wegzunehmen wäre Diebstahl. Dann aber befürchtete ich, die Polizei könnte meine Fingerabdrücke daran finden. Niemand war zu sehen, also mit einem Packen Stäbe über den Bach, hinüber zum alten Kinderversteck, der Baumhöhle. Da legte ich den Packen hinein und bedeckte ihn mit Laub und Steinen.

Mir wurde angst und bange, als in den folgenden Tagen Bauern wie suchend am Bach herumgingen und im Dorf von dem Plan der Kupferbegradigung die Rede war. Wochen vergingen, der Plan war gescheitert und, wie ich hoffte, auch vergessen. Das Kupfertal blieb, jedenfalls damals noch, paradiesisch verwunschen.

Jeden Mittwochnachmittag fand oben im Waldenburger Schulhaus der Konfirmandenunterricht statt. Um dorthin zu kommen, blieb ich mittags nach der Schule im Zug sitzen. Meine Freundin Ingrid war katholisch und stieg in Kupfer aus. Schade, denn wir beide waren sonst unzertrennlich. Dafür fuhr ich mit einer anderen Freundin, Sigrid Nohe, nach Waldenburg.

Sigrids Vater war Tierarzt und lehrte an der Landwirtschaftsschule hinter der Domäne Hohebuch, wo die Familie auch wohnte. Manchmal lud mich Frau Nohe zum Mittagessen ein, das war nett, und bei Nohes ging es immer herzlich und ungezwungen zu. Ein Dackel trug zur guten Stimmung bei.

Für Schulstreiche kamen Sigrid die besten Ideen. Während der großen Pause bewachten Lehrerinnen und Lehrer des »Haal-Schüles« die Zugänge zum Platz, um das Treffen der Jungen, die von ihrem Gymnasium heruntereilten, mit den Mädchen zu verhindern. Die italienische Eisdiele zwei Straßen weiter war im Sommer eine Attraktion, aber wir Mädchen durften den Haalplatz ja nicht verlassen. Von allen, die in meiner Klasse Eis wollten, wurde Geld gesammelt. Dann losten wir aus, wer sich zwischen den Lehrern durchstehlen sollte. Das Los fiel auf mich. Ich entleerte meinen Ranzen und gelangte durch ein Seitengäßchen zur Eisdiele. Die war voller Jungens. Ich mußte warten und bekam die zwölf Eiskugeln erst beim letzten Klingelzeichen. Den Ranzen voll mit Eistütchen gesteckt, kam ich zu spät in den Erdkundeunterricht und setzte mich schnell auf meinen Platz. Es war unmöglich, das Eis noch zu verteilen, so lehnte ich den Ranzen gut sichtbar an meine Bank am Mittelgang. Nicht lange, und rosafar-

ben floß es unten aus der Naht. Alle sahen gebannt darauf und lechzten nach dem guten Eis, das dahinzuschmelzen drohte. Sigrid meldete sich, sie müsse auf die Toilette, der Lehrer nickte, sie eilte mit dem Ranzen hinaus. Kaum war sie zurück, meldete sich die nächste, und immer so weiter setzte der Drang zum Verschwinden ein. Unten im kühlen Waschraum war das Eis zum Verzehr gerettet.
Solange Sigrid noch daran teilnahm, war der Konfirmandenunterricht mit seinem Auswendiglernen des Katechismus weniger langweilig. Einige Wochen vor der Konfirmation sagte der Vikar, es täte ihm leid, aber Sigrid könne des Segens nicht teilhaftig werden. Zufällig habe er sie am Waldenburger Bahnhof dabei beobachtet, wie sie ihren Dackel mit »Grüß Gottle« begrüßt habe. Es sei schon schlimm genug, ein Tier mit diesem Gruß zu bedenken, aber auch noch von »Unserem Herrn im Himmel« in der Verkleinerungsform zu sprechen, das sei sträfliche Gotteslästerung. Meine Freundin war erst erschrocken, vor allen Konfirmanden abgekanzelt zu werden. Dann, draußen auf dem Weg den Berg hinunter, meinte sie, sie sei doch ganz froh, daß sie diesen Krampf nicht mitmachen müsse, und ihre Eltern gingen sowieso nicht in die Kirche. Meine Mutter ging zwar seit langem auch nicht mehr zur Kirche, aber sie plante so gerne Feste, dazu waren die Konfirmationen wichtige Anlässe. Am liebsten hätte ich mich meiner Freundin angeschlossen und wäre auch irgendwie der Zeremonie entgangen. Aber die wenigen Wochen wollte ich dann doch dabeibleiben, um danach endlich die Zöpfe loszuwerden.
Vor meiner Konfirmation im März 1955 kam Achim aus Afrika zurück. Das Geld zur Rückreise hatte er sich während der vier Jahre dort erspart, was nicht einfach gewesen war. Mit dem Farmbesitzer Le Riche war er in Zwist geraten, weil dieser die farbigen Arbeiter wie Untermenschen behandelte. Nach

seiner Verbannung von den Le-Riche-Farmen habe er erst auf einer anderen Farm weitergearbeitet und dann als Handelsvertreter, berichtete Achim kurz. Er fügte leise hinzu, die Einsamkeit zu ertragen sei das Schwerste gewesen.
Der Großvater kam wieder aus Berlin zu Besuch, und Clemens war zur Konfirmationsfeier aus Erlangen herbeigereist. Die Familie und einige Gäste pilgerten am Sonntagmorgen zur Waldenburger Kirche hoch. Seitdem der Kranz zum Gedenken an meinen Vater daraus entfernt worden war, bedeutete mir diese Kirche nicht mehr viel. Wir Konfirmanden nahmen im Chorgestühl Platz, Jungen und Mädchen getrennt gegenüber. Der gefürchtete Augenblick, als jeder seinen Text

Aufgereiht zum Konfirmationsfoto im März 1955. V. r. n. l. Achim, Clemens, Peter-Anton, Christof-Otto, Clara von Arnim, Bettina, Wolf-Herman

aufsagen mußte, rückte näher. Die Jungen waren zuerst dran, einer kam ins Stottern und setzte sich weinend wieder hin. Daraufhin machte meine Nachbarin vor Angst in die Hose, das warme Naß floß zu mir hin. Mit dem Aufsagen des Spruchs war dann für mich das Schlimmste überstanden, aber noch nicht für das Mädchen neben mir. Paarweise traten die Konfirmanden vor den Altar und knieten auf den Stufen nieder. Der Pfarrer legte segnend seine Hände auf die Köpfe zweier Jungen, der Vikar auf die zweier Mädchen. Bevor meine Nachbarin und ich uns für den Segen erhoben, versuchten wir, mit unseren Taschentüchern ihren Rock zu trocknen. Aber der große Fleck, schwärzer als schwarz, blieb deutlich sichtbar. Wie schrecklich für das Mädchen, so vor aller Augen, den Rücken zur Gemeinde gekehrt, vor den Altar zu treten! Solange es ging, blieb ich hinter ihr. Aber dann, neben ihr niedergekniet, konzentrierte ich mich ganz auf die Hand des Vikars auf meinem Kopf.

Als wir mittags von der Kirche zurück nach Hause kamen, gab es für mich eine große Überraschung: Tam war gekommen und hatte das Festessen bereitet! Die Liebe, in der Zwischenzeit waren ihre Haare ergraut, und ihr Blick war traurig geworden.

Dieses Mal brauchte ich nicht wie sonst, wenn viele zu Gast waren, im Kinderzimmer zu essen, beengt zwischen Etagenbetten und eingeklapptem Ausziehbett, sondern saß mit den Erwachsenen im Wohnzimmer. Dort war um das Ahnenbild des Dichters Achim eine wunderschöne Decke drapiert, die auch die Barockkommode darunter überdeckte. Es war die kostbare Tischdecke, welche die Dichterin Bettina zusammen mit ihren Töchtern für eine Hochzeit gestickt hatte.[14] Die Decke fand ich zwar schön, aber von den Ahnen wollte ich nichts mehr hören. War von ihnen und den damit verbundenen Erwartungen und Verpflichtungen die Rede, hielt ich mir die Ohren zu.

Am Nachmittag wurden auf der Kommode die Geschenke aufgebaut. Zwischen Büchern und Blumen lagen zwei Paar elastischer Hosenträger. Meine Mutter sagte lachend dazu, die Leute aus dem Dorf hätten beim Übergeben der Geschenke gemeint, bei uns im Haus würden doch immer nur Jungen konfirmiert. Der Großvater fragte mich, was ich mir von ihm wünsche, er würde die Sache dann später mit meiner Mutter besprechen. Ich wünschte mir ein Tier, denn außer Mäusen hatten wir nun keines mehr in Haus und Stall.
Das Wetter an jenem Märzsonntag wechselte von Hagelschauern zu Nieselregen. Endlich ein Sonnenstrahl, und Toni mit seinem Fotoapparat bat alle ins Freie. Nach dem Gruppenfoto auf der Terrasse reihten sich die Mutter und ihre sechs Kinder wie die Orgelpfeifen auf. Solche Aufnahmen, für welche sich alle der Größe nach hintereinanderstellten, waren auch bei den vorangegangenen Konfirmationen gemacht worden. Stand die Mutter noch bei Tonis Konfirmation hinter ihm, weil sie größer war als er, rückte sie nun weiter nach vorn. Schon von vier ihrer langen Söhne überragt, schien sie im Laufe der Zeit immer kleiner zu werden.
Noch am Abend reisten Tam und die Gäste – die Nacht zuvor im Pfeifferhof untergebracht – wieder ab. Tam lud mich beim Abschied für die Sommerferien zur Erdbeeroma nach Nentershausen ein. Der Großvater blieb noch zwei Tage im Haus. Offenbar hatte er Wichtiges mit der Mutter zu besprechen.
Sofort am Montag nach der Konfirmation könne ich in Hall zum Frisör gehen und die Zöpfe abschneiden lassen, hatte ich gedacht. Aber meine Mutter wandte ein, zum Abendmahl der Konfirmanden am folgenden Sonntag könne ich doch nicht plötzlich kahlgeschoren erscheinen, außerdem sei ich doch recht zufrieden gewesen, wie sie mir die Zöpfe zum Fest schlicht im Nacken verschränkt habe. Das mußte ich zuge-

ben, hatte ich doch befürchtet, zum schwarzen Kleid schwarze Schleifen an den Affenschaukeln tragen zu müssen.

Wochen vergingen, die Zöpfe blieben. Eine schwerwiegende Veränderung stand bevor: Wir sollten das Kupferhaus verlassen und in die Stadt Hall umziehen. Christof hatte Ende März sein Abitur bestanden und zog zum Studium nach Heidelberg. Ohne ihn ließen sich Haus und Garten nicht mehr bearbeiten, erklärte die Mutter, und für nur noch drei Kinder gäbe es in der schönen, neuen Mietwohnung genügend Platz. Am wichtigsten war, daß unsere Mutter in der Stadt ihre eigene Praxis einrichten wollte, damit sie nicht mehr zu den Patienten über Land fahren mußte. All das war einzusehen, und ich fand einen Umzug auch nicht weiter schlimm, ging ich doch davon aus, unser Kupferhaus würde nur vermietet werden, womit uns dies Zuhause nicht für immer verlorenginge. Aber die Mutter sagte, sie habe schon einen Käufer dafür gefunden. So war der Tag meiner Konfirmation der letzte gewesen, an dem Mutter und alle ihre sechs Kinder noch einmal im Kupferhaus beisammen waren.

Nach dem Umzug, vor dem Auszug

Der Umzug nach Schwäbisch-Hall in eine Wohnung am Hang über dem Friedhof fand im April 1955 statt. Alle Ahnenbilder hingen wieder an den Wänden. Vorne im Wartezimmer konnten die Patienten den freundlichen Herrn von Labes betrachten. Um in den Praxisraum zu gelangen, gingen sie durch das Wohnzimmer an den anderen Ahnen vorüber. Diese hingen über dem verdeckten Bett der Mutter und über einer neuen Sesselgarnitur in Tomatenrot und Senfgelb. Der Praxisraum diente auch als Schlafzimmer für Toni und Wolf. Morgens klappten sie ihre Betten hoch und versteckten sie

hinter Vorhängen. Ich hatte Glück mit einem eigenen Zimmer, in dem ich nichts wegzuklappen brauchte. Neu und zunächst ungewohnt war, daß wir nun ein Telefon hatten.
Es dauerte nicht allzulange, und meine Mutter vereinbarte mit einer ihrer Patientinnen einen Termin beim Frisör für mich. Eines Nachmittags wurden die Zöpfe tatsächlich abgeschnitten! Aber danach wurde umständlich mit Tinkturen und Röllchen auf meinem Kopf hantiert. Ich fragte, warum. Meine Mutter habe eine Dauerwelle bestellt, war die Antwort, und schon steckte ich unter einer geräuschvollen Haube. Endlich wieder draußen, sah ich mir die Frisur in einem spiegelnden Schaufenster an. Abscheulich! So als spießige Madame wollte ich von keinem in der Stadt gesehen werden. Ich zog die Kapuze über das Wellengebilde, lief nach Hause und hielt den Kopf unter Wasser. Alles Bürsten half nichts, die Haare trockneten gekräuselt.
Beim Abendbrot fand es meine Mutter schade um die teure Dauerwelle. – Die hätte ich gar nicht gewollt. – Sie habe ja nicht gewußt, was ich wollte. – Danach gefragt hätte sie eben nie. – Nun, das »Gekräusel« würde sich auswachsen, und dann könne ich selber weitersehen.
Nach diesem kurzen Wortwechsel durfte ich aber immer noch nicht tragen, was mir gefiel, denn dafür gab es kein Geld. Hatten die anderen Mädchen zur Tanzstunde schon steife Petticoats, mußte ich noch abgelegte Kleider mit Puffärmeln tragen. Das schrecklichste war ein zu großer, schwarzer Badeanzug der Mutter. Sie hatte keine Zeit, sich um uns drei Kinder zu kümmern. Wir waren ihr zuviel.
Neben ihrer Berufstätigkeit auch noch den Haushalt zu versorgen bedeutete für die Mutter eine zusätzliche Belastung. Kochen war ihr sowieso zuwider. In Eile, zwischen zwei Behandlungen, setzte sie irgend etwas auf. Kamen wir von der Schule, lag ein Zettel wie »Dampftopf abstellen!« in der Kü-

che. Hastig wurde gegessen, denn die Praxis mußte schnell wieder geräumt werden. Der tägliche Abwasch war mir wiederum ein Graus.

»Meine drei Kleinen« sagte die Mutter immer noch von uns, obwohl Toni mit seinen achtzehn Jahren einen Kopf größer war als sie. Mit ihm führte sie Gespräche über Kultur und Politik, wobei sie sich in manchem überzeugen ließ. Nur einmal, als ihr Toni die Klassengesellschaft auseinandersetzte, war sie nicht einverstanden. Die Arbeiter seien eine stolze Klasse für sich, aber die Kleinbürger strebten selbstunsicher danach, etwas Besseres darzustellen, als sie seien, weshalb sie am leichtesten ihr Mäntelchen nach dem Winde hängten. Sie als Krankengymnastin in einer Mietwohnung gehöre ihrer Situation nach zu der Kleinbürgerklasse. – Aber das sei doch unmöglich, empörte sich die Mutter, sie stamme aus einer Großbürgerfamilie und trüge einen Namen aus preußischem Adel. – »Ich meine doch deine Situation jetzt. Jetzt!« sagte Toni und gab es mit seinen Erklärungen auf.

Ansonsten war es in der Wohnung langweilig. Lieber verbrachte ich die Zeit woanders. Notizen in meinem ersten Taschenkalender zeigen das Unbehagen zu Hause, den Spaß außerhalb.

Januar: »Den ganzen Tag bei Langes, Spiele und viel Essen.«

»Wieder Schule, wär ja ohne Klassenarbeiten so schön!«

»Zu Hause doof wie immer, Mutti nervös.«

»Mit Ina, Ute und Heide Ski gelaufen.«

Februar: »Auf der Eisbahn Schlittschuhlaufen mit B-Kläßlern, die schon richtige Schlittschuhstiefel haben.«

»Schlittschuh mit Onkel Hans Henning v. A., bringt mir viel bei.«[15]

»Prima Schlittschuhstiefel erspart.«

»Der Onkel staunt: Kadettensprung!«

1. März: »Tauwetter, dolles Treibeis, Eis im Kocher gesprengt worden, Hochwasser, einige Brücken gesperrt.«

Ende März: »Schlußfeier, Tonis Abitur, schade, daß er weg muß.«
Toni ging zum Studium nach Tübingen.
Als besonders schönes Erlebnis sind die Osterferien bei Verwandten in Frankfurt ausführlich beschrieben, die Freundschaft mit drei gleichaltrigen Mädchen, gemeinsame Besuche von Museen, Oper und Theater. Am Ende der Ferien die Eintragung: »Helfen macht hier Spaß, weil alle so nett sind, nicht wie in Hall die immer überspannte, miesepetrige Stimmung. Möchte gern in ein Internat wie Donata. – Mag nicht wieder heim.«
9. April: »In Hall angekommen, Mutti massierte und kümmerte sich deshalb nicht um mich, was mir jetzt die Wohnung noch scheußlicher macht.«
10. April: »Clemens aus Erlangen gekommen, hat zehn Tage Ferien.«
11. April: »Heimweh nach Frankfurt.«
12. April: »Einweihung Schulumbau, Bürgermeister und Landrat sprechen. Zu Hause fad, Abwasch usw., Mutti müde, Wolf faul, Klo verstopft, Wetter schlecht, bäh.«
13. April: »Clemens will auch, daß ich in ein Internat komme, ist aber zu teuer.«
14. April: »Wolf heimlich: Mutti hat gesagt, damit du lieber zu Hause bist, sollst du ein Tier kriegen, einen Vogel in hübschem Käfig. Armer Vogel, den laß ich sofort frei fliegen! Soll er ruhig weitersagen.«
15. April: »Mutti verkündet: Ein Dackel soll es sein!«
18. April: »Nach der Schule mit Clemens auf der Lambretta nach Kleinhirschbach gefahren. Unwetter. Dackelhündchen abgeholt. Hat auf der Rückfahrt im Karton gejault, Clemens dachte von dem Quietschen, die Lambretta sei kaputt, als es herausschauen durfte, war es zufrieden. Hundekorb wegen Praxis in Küche. Ist sehr lieb und ruhig. Stammbaum ›Karin

von Kleinhirschbach‹ nicht schön. Soll ›Grace‹ heißen, weil heute die Hochzeit von Prinz Rainier mit Grace Kelly ist. Abends Tanzstunde, Pfui.«

22. April (eine der letzten Eintragungen in den Kalender): »Angelika Köbner zu Besuch, sehr nett!«

Angelika war die Enkelin von Frau Gutöhrlein, welche in der Kupfener Anfangszeit von Achim als von einem Prinz in Lumpen gesprochen hatte. Angelika und ich freundeten uns an, und nun kam ich immer öfter in das schöne, geräumige Haus neben der Haller Wildbadquelle. Herr Gutöhrlein, seit Jahrzehnten der Besitzer dieser Quelle, leitete den Betrieb kenntnisreich und fleißig, ohne ein Aufhebens von seiner Person zu machen. Zum ersten Besuch des Hauses hatte mich meine Mutter noch als ihr kleines, bezopftes Mäuschen mitgenommen. Besonders beeindruckend war, was Frau Gutöhrlein von einer vergrößerten Fotografie im Treppenhaus sagte. Zu sehen waren darauf zwei Tänzerinnen mit langen, blonden Haaren. Ihre Zwillingstöchter hätten ihr vor einiger Zeit dies hübsche Bild von einem ihrer Auftritte in Schweden geschickt. Mit gedämpfter Stimme fuhr sie fort: »Sie wissen ja, Clara, ich bin jüdischer Abstammung, damals mußte ich meine beiden Lieben auf einen Kindertransport nach Schweden mitgeben.« Dort hätten sie sich alleine durchgeschlagen. Sie selbst habe mit ihrem zweiten Mann hier im Haus die Kriegsjahre überlebt. Dann machte sie eine weite Geste, wie um die Vergangenheit wegzuwischen, und setzte die Hausführung in heiterem Ton fort.

Ungefähr im Mai 1956 faßte Frau Gutöhrlein den Plan, elternlosen Kindern zu helfen. Statt der üblichen Kinderheime mit wechselnden Personen waren ihr die SOS-Kinderdörfer, von Herrn Gmeiner in Österreich ins Leben gerufen, Vorbild. Jeweils eine Hausmutter betreute mehrere Waisenkinder, als seien es ihre eigenen, und zog sie groß. Nach diesem Konzept

wollte Frau Gutöhrlein das erste SOS-Kinderdorf in der Bundesrepublik gründen. Nach dem Motto »Kinder helfen Kindern« sollte die Finanzierung des Projektes mitgetragen werden. Durch kleine Spenden sehr vieler Kinder könnte eine größere Summe zusammengebracht werden.
Das Projekt begeisterte mich, aber es war noch nicht soweit, um mit dem Sammeln dafür zu beginnen. Auch hatte ich manch anderes im Kopf. Die Tanzstunden gestalteten sich weniger »Pfui«, eine junge Französin, Tonis Austauschschülerin vom Vorjahr, kam, und wir beiden nähten uns schicke Sachen auf der alten »Pfaff«. Dann verbrachte ich wunderbare Sommerferien mit Michèles Familie in Frankreich. Wolf hütete solange die Wohnung und die kleine Grace. Aus Österreich traf eine Postkarte in Lyon ein: »Mein Mäuschen! War zwei Tage im Kinderdorf in Imst, beeindruckend, was sie da machen, notiere alles, Organisation usw. Interessant, aber anstrengend, hoffe auf Ruhe vor Praxisbetrieb. Gruß, Deine alte Mutti.«
Ungefähr im November 1956 kam der verehrte Herr Gmeiner persönlich aus Österreich in das Haus an der Wildbadquelle. Nach einem Empfang im Salon, zu dem mehrere Personen anwesend waren, darunter auch meine Mutter und ich, zogen sich Frau Gutöhrlein und Herr Gmeiner zum Arbeitsgespräch in einen Nebenraum zurück. Von da erhoben sich die Stimmen laut und lauter, vor allem die von Frau Gutöhrlein, welche eine temperamentvolle und resolute Persönlichkeit war. Es ging um die Konfessionsfrage, um die Leitlinie, nach welcher die Kinder erzogen werden sollten. Herr Gmeiner bevorzugte eine katholische Erziehung. Frau Gutöhrlein plädierte auf Toleranz. Die liebevolle Betreuung durch die Hausmütter stellte sie in den Mittelpunkt. Dann entwickelte sie ihre eigenen Vorstellungen weiter, man könne erwägen, ob nicht auch ein Vater für das Wohl der Kinder wichtig sei und Eheleute

gemeinsam ein Haus verwalten sollten. Diese Idee gefiel mir sehr, wußte ich doch aus eigenem Erleben, was es bedeutet, ohne Vater aufzuwachsen. Aber der katholische Mann bestand darauf: ledige Hausmütter sollten es sein. Für eine andere Form von Kinderdörfern könne er seinen Namen nicht hergeben. »Dann kann ich Ihnen leider nicht behilflich sein«, sagte Frau Gutöhrlein. Beide traten wieder in den Salon. Meine Mutter duckte sich, als sei eine Katastrophe passiert, als der Mann seinen Hut nahm und ging.

Frau Gutöhrlein, keineswegs eingeschüchtert, arbeitete daraufhin ihr eigenes Konzept für ein Kinderdorf aus. Nach einiger Zeit konnte sie Albert Schweitzer als Schutzpatron dafür gewinnen. Im Februar 1957 veranstaltete sie ein Faschingsfest für Jugendliche, die meisten von weit außerhalb eingeladen. Angelika war da und sollte Spaß haben! Bevor die Sessel zum Tanz an den Rand geschoben wurden, hielt Frau Gutöhrlein eine kurze Ansprache. Für das Gelingen ihres neuen Projektes erhoben alle ihre Gläser und stießen fröhlich auf das Wohl der Gastgeberin an.

Als Faschingsverkleidung hatte ich mir aus Flachs eine Perücke mit Zöpfen gebastelt, sie über die kurzen Haare gestülpt und die Lippen knallrot geschminkt. Meine Mutter war entzückt von dem Anblick: »Hellblonde Zöpfe, und wie reizend die Amoreckchen betont!« Lächelnd saß sie dann in einem Sessel und betrachtete die tanzenden Paare, als versetze sie sich in ihre eigene Jugend zurück. Ein großer, netter Junge, der nicht verkleidet war, forderte mich immer wieder zum Tanz auf. Später am Abend fürchtete ich, so wie ich sonst aussah, würde er mich nicht mehr mögen. Ich ging ins Badezimmer, schminkte mich ab und kämmte die richtigen Haare. Wieder zurück lachte er, und wir tanzten verliebt weiter. Zum Abschied tauschten wir unsere Adressen aus.

Aus Überlingen, wo ich in den Osterferien unter der Anlei-

Skizzen zum Emblem der Albert-Schweitzer-Kinderdörfer und ein Briefkopf mit diesem Emblem

tung meiner Tante Bettina intensiv malte, beantwortete ich noch einmal einen Brief. Danach waren die Gedanken woanders und die Haller Adresse nicht mehr die meine. Nach einer Ausschreibung in der Schule erhielt ich mit sechzehn Jahren ein Stipendium des American Field Service[16] für einen einjährigen Aufenthalt in den USA. Von dort schickte ich eine Skizze für das Emblem des Albert-Schweitzer-Kinderdorfs an Frau Gutöhrlein, als Rahmen ein Haus, darin eine Mutter, die zwei Kinder beschützt.[17]

Durch meine Abreise in die Welt blieb nur noch Wolf bei unserer Mutter. Erst waren's sechs, nun nur noch eins. Glücklich in meiner amerikanischen Familie, in der »High-School« und mit dem geselligen Leben, wäre ich am liebsten für immer in Amerika geblieben. Damit war die Tochter endgültig von ihrer Mutter »abgezopft«.

TEIL IV

CLARA VON ARNIM

NEUE WEGE BRINGEN NEUE AUFGABEN

Schwäbisch-Hall

Ein neuer Lebensabschnitt begann mit dem Umzug nach Schwäbisch-Hall, Postgütle 14, I. Stock. Äußerlich gesehen bessere Verhältnisse: Praxis in der Wohnung, gute Schulen am Ort. Am Abend wurde der größte Raum mit zwei Liegen, Vorhängen, Kletterwand in ein Schlafzimmer für zwei Knaben verwandelt. Für die zwei Größeren hatte ich im dritten Stock noch ein Zimmer mieten können. In der großen Schrankwand war Platz für Geräte und Wäsche. Bettina bekam ein eigenes Zimmer. Ich selbst schlief im Wohnzimmer auf der Couch, aber auch dieser Raum war sehr groß und enthielt viele Bücher und Bilder; vor allem den geretteten barocken Schreibtisch der Frau von Labes aus Zernikow, der mir fünfzig Jahre meines Lebens gedient hat.

Ein geräumiger Vorplatz wurde zum Wartezimmer für die Patienten. »Iß nicht so schnell, Mutti«, sagte mein jüngster Sohn, »es sitzt noch niemand draußen.« Das Leben richtete sich natürlich, wie in jedem Arzthaushalt und wie in dem einer jeden Krankengymnastin, nach dem Sprechstundenrhythmus.

Wenn man vom Bahnhof den steilen Weg bis zum Kocher hinuntergeht, sieht man die alte Stadt, die sich am gegenüberliegenden Ufer um die mächtige Michaelskirche herum den Berg hinaufbaut. Unten geht man über die mittelalterliche, gedeckte Holzbrücke, den »roten Steg«, zum Unterwöhrd. Unter schattigen Kastanien ist da der Haller Festplatz, den zwei Kocherarme umfließen. Jenseits des Kochers ziehen sich

schmale Straßen von der alten Stadtmühle hinauf zum »Neubau«. Das ist ein übergroßes altes Vorrats- und Zeughaus mit windschiefem Grundriß und steilem Dach.
Alle Gassen hinauf gehen zum Markt, wo im »Dörrebeck« der Doktor Faustus gewohnt haben soll. Auf dem Markt stehen wir vor der berühmten Freitreppe von St. Michael, wo schon bald nach dem Zweiten Weltkrieg jährlich Festspiele stattfanden.
St. Michael mit dem mächtigen romanischen Turm, dem frühgotischen Kirchenbau ist noch heute von großer Ausdruckskraft. Wir lernten schnell, daß Hall schon 1276 reichsunmittelbare, freie Reichsstadt wurde. Das lag am Salzvorkommen. »Hall«, daher zogen die großen Handelsstraßen hier durch.

Salz, das ist uns so etwas Selbstverständliches, und wir versuchen eher mit Diät einem Zuviel in unserer Nahrung vorzubeugen. Aber im Mittelalter erfolgten Niederlassungen, Städtegründungen, wo immer sich Salzquellen befanden. So auch hier. Ein furchtbares Ereignis hat mir in meinem Leben die Bedeutung des Salzes angezeigt. 1945 gab es in Deutschland nirgendwo Salz zu kaufen. Auf dem Land half man sich mit Kräutern, aber kein Essen schmeckte so recht. Da kamen in Wiepersdorf der Forstmeister v. M. und sein Sohn aus dem Krieg zurück. Große Freude! Ein Festessen wurde bereitet, Rehkeule gab es, glaube ich. Darauf Vater und Sohn: »Da fehlt aber Salz!« – »Wir haben kein Salz!« Ungläubigkeit der Herren. »Na, da ist doch im Gewehrschrank eine Dose Salz.« (Es diente zur Reinigung von Gewehren und war sehr giftig.) Die Herren streuten davon über ihr Essen. Beide sind an Zyankalivergiftung gestorben.
Aber zurück auf den Marktplatz in Hall. Das gelbe Rathaus, der Kirche gegenüber, ist barock.

Unten, an dem Haalplatz, liegt Bettinas Mädchenschule. Oben, hinter der Kirche, das Gymnasium der Jungen. Das Hotel am Platz ist ein altes Stadthaus des Adels, und einige andere Häuser sind Stadtburgen, befestigte Häuser adliger Familien aus dem Mittelalter. Alles, was ich in meinem »ersten Leben« gesehen hatte, in Italien und Frankreich, Österreich und Bayern, die römische und mittelalterliche Geschichte bis Barock und Rokoko, hier war sie auf kleinem Raum zu erleben. Das war, für mich und auch für die Kinder, lebendiger Geschichtsunterricht.

Besuch der früheren Nachbarn

Frau Wolf hatte mir ihre jüngste Tochter, Rosa, als Haushaltshilfe mit nach Schwäbisch-Hall gegeben. Sie sollte auch ein bißchen »feine Küche« bei mir lernen. Ein reizendes Mädchen, siebzehn Jahre alt. Die erste Katastrophe ereignete sich schon nach zwei Tagen. Ich komme aus der Stadt nach Hause, die Haustür steht offen, Geräusche dringen aus der Küche. Da steht Rosa, ganz verweint, bedrängt von zwei Zeuginnen Jehovas, die sie bekehren und vor allem ihr Traktätchen verkaufen wollten. Ich erlöste Rosa schleunigst von den Eindringlingen. Nach weiteren drei Tagen weint Rosa wieder bitterlich, ohne sichtbaren Grund. »Was hast du denn, Kind? Alle haben dich gern, die Arbeit geht dir gut von der Hand, an den Staubsauger hast du dich gewöhnt.« Schließlich, nach langem Schluchzen: Rosa hatte einfach Heimweh, Heimweh nach Tommelhardt. Ich schickte sie sofort nach Hause. In der nächsten Woche kam sie wieder, die Mutter hatte ihr gut zugeredet. Sie brachte ein Suppenhuhn mit und ein selbstgebackenes Brot. Wolfs hatten einen großen Backofen im Hof. Er wurde mit Reisig geheizt. Ich hatte auch öfter in der letzten

Hitze Weihnachtsplätzchen oder andere »Gutsli« backen dürfen.
Ich zeigte Rosa, wie man aus dem Huhn ein leckeres Frikassee bereitet, und schickte sie am Samstag damit hinauf in die Berge. Mutter und Geschwister saßen schon am Tisch und freuten sich auf das duftende Essen. Da kam der Vater, sah, daß nicht der gewohnte, gebratene Gockel, sondern eine weißliche Angelegenheit auf dem Tisch stand. Er ergriff den Topf und »schwupp«, beförderte er den Inhalt zum Fenster hinaus. Mein Mecklenburger Onkel würde dazu gesagt haben: »Wat de Bur nich kennt, dat fret er nich.« – Das war die zweite Katastrophe. Rosa ist nicht mehr »in die Stadt« gekommen. Sie hat dort oben ins Nachbardorf geheiratet. Zur Hochzeit waren wir eingeladen. Einer meiner Jungen war sogar Brautführer.
Ich bin dann ohne Haushaltshilfe ausgekommen. Ich schaffte mir einen Dampftopf an, neu auf dem Markt, teuer, aber sehr praktisch, denn darin konnten Kartoffeln und Gemüse, auch Fleisch, auf kleiner Flamme garen, während ich noch den letzten Vormittagspatienten betreute. Aber auch mit dem herrlichen Dampftopf ist Unangenehmes passiert: Einmal besuchte uns Schwester Nanni »aus der Ostzone«, wie sie immer sagte. Sie war im Sommer 1945 bei uns in Mecklenburg eine treue »Mitleidende« gewesen. Nun, über sechzig Jahre alt, durfte sie in den Westen fahren. Sie kannte natürlich einen solchen Drucktopf nicht und wollte ihn öffnen. Da flog ihr die kochende Brühe ins Gesicht. Was tun? Nicht Mehl oder sonstige Hausmittel auf die Haut, sondern sofort ins Krankenhaus! Notarztwagen, dort die richtige Behandlung bei Verbrennungen. So daß Nanni nach einigen Wochen gesund nach Hause (Chemnitz) fahren konnte.
Dann kam ein mich sehr bewegender Besuch: Unsere ehemaligen Gutsnachbarn aus Zernikow, aus Rauschendorf bei Gransee. Ebenfalls enteignet und vertrieben, waren sie auf ei-

Bettina und Wolf-Herman mit Dackel im Dezember 1955 auf dem Balkon des »Postgütle 14« in Schwäbisch-Hall.

nem kleinen Gut bei Göttingen gelandet, wo Verwandte Herrn von B. gebeten hatten, die Landwirtschaft zu betreuen. Unsere Kinder waren im gleichen Alter. Geburtstage und Feste waren zu Hause oft gemeinsam gefeiert worden. Beim Wiedersehen gab es also viel zu erzählen. Dann brachte ich die Gäste auf den Bahnhof Schwäbisch-Hall. Mein jüngster Sohn, damals vierzehn Jahre alt, lag mit Nierenbeckenentzündung neben der Küche im Bett. So steckte ich, bevor ich ging, das mitgebrachte Suppenhuhn in den Dampftopf, stellte ihn auf kleiner Flamme auf den Gasherd und beauftragte Wolf-Herman (nicht mehr Bürschli), das Gas nach dem Läuten der Weckeruhr abzustellen.

Als ich vom Bahnhof zurückkam, sah ich die Feuerwehr durch Qualm in mein Küchenfenster einsteigen. Kurz darauf wurde ein schwarz verkohltes Hühnchen hinausgeworfen.

Was war geschehen? Der Junge war eingeschlafen und hatte den Wecker überhört. Das Huhn hatte geschmurgelt, bis das Wasser verdunstet war; dann waren Topf und Huhn braun gefärbt worden, und das Wasser war als Dampf zum Fenster hinausgeströmt. Nachbarn hatten den Rauch gesehen und die Feuerwehr alarmiert. Sie kam sehr schnell. Da niemand die Haustür öffnete, sind sie mit einer Leiter in das – zum Glück offene – Küchenfenster eingestiegen, haben das Gas ausgemacht und Topf samt Huhn hinaus in den Vorgarten geschmettert. So der Vorgang, den ich nun den Polizisten schildern konnte. Ich sei regreßpflichtig und habe für den Einsatz der Feuerwehr zweihundertfünfzig Mark zu zahlen! Da ich aber nachweisen konnte, daß der Junge älter als vierzehn Jahre und ich deshalb nicht für sein Tun oder Nicht-Tun verantwortlich war, erließ man mir die »Strafe«. Wolf-Herman war nur traurig, daß es nun nicht das schöne Huhn zum Mittagessen geben würde. Er holte es aus dem Vorgarten, aber es war zu einer winzigen Mumie zusammengeschmort.

Grace

Wir saßen fröhlich im neuen großen Wohnzimmer, Postgütle Nummer vierzehn. Die Straße »Postgütle« führte den Berg hinauf zu einem Höhenweg. Die Obstbäume blühten schon, und das Gebüsch war grün. Auf seiner linken Seite wurde der Weg begrenzt vom städtischen Friedhof.
Alle Kinder waren da bis auf Achim, der wieder in Afrika war, und Christof-Otto, der gerade Abitur gemacht hatte und für die Osterferien von den Großeltern nach Berlin eingeladen worden war.
Wir stellten fest, daß uns zu unserem völligen Wohlbefinden ein Hundchen fehlte. Peter-Anton sagte darauf: »Bettina, du hast doch noch einen Wunsch zur Konfirmation von den Großeltern frei!« Bettina: »Ach, die Lieben wollten mir ein Vögelchen schenken. Aber ein Vögelchen im Käfig, das will ich nicht! Ein Hundchen, das wäre schön!« – »Im Haller Blättchen las ich eine Anzeige«, sagte Clemens, »Junge reinrassige Dackel abzugeben im Zwinger bei Neuenstein«. – »Könnten wir doch hinfahren, mit deiner Lambretta, Mutti; sind ja nur zwanzig Kilometer.«
Clemens zog Regenkleidung an, Bettina auch. Es wurde ein kleines Körbchen hergerichtet mit Wolldecken aus der Flikkenkommode, das Bettina auf den Schoß nahm; die zwei fuhren los. Nach drei Stunden waren sie wieder da mit einem kleinen weiblichen Dackelkind im Körbchen. Eine große Stammbaum-Urkunde wurde herumgereicht. Name: »Karin von Hirschbach«. Das Dackelinchen wanderte von Arm zu Arm und wurde gestreichelt. Aber »Karin«? Nein, so heißt unsere Cousine, das ist kein Hundename! Endlich sagte einer: »Ist nicht heute der fünfzehnte April, die Hochzeit in Monaco?« (Fürst Rainier – Grace Kelly) – »Nennen wir sie doch Grace!« Große Zustimmung und Freude; achtzehn Jahre alt ist »Grace vom Postgütle« in unserer Familie geworden.

Es war manchmal nicht ganz einfach mit ihr, denn sie war, als sie erwachsen wurde, sehr freiheitsliebend. Wenn sie irgend konnte, riß sie aus. Ihr schönster Ausflugsort war der Friedhof. Sie verhielt sich aber geschickt und hat nie einen Friedhofsbesucher belästigt. Nur in der Weihnachtszeit, da stellten die Haller brennende Wachskerzen auf die Gräber. Diese schmeckten Grace gar zu gut. Sie schlich sich heran, löschte die Lichter aus und beknabberte das warme Wachs. Als wir das entdeckten, mußten wir sie natürlich sehr fest einsperren.

Zu Pfingsten 1956 wollten wir eine große Wanderung machen. (Teddas Nichte sollte mitkommen, Mariele, aus Bretten.) Proviant wurde eingekauft, denn wir beabsichtigten, unterwegs ein Feuerchen zu machen und selbst abzukochen, im Heu bei Bauern zu schlafen, grüne Äpfel aufzulesen für den Durst. Ich kaufte also zwei Dutzend Würstchen und tat sie in den Kühlschrank (so ein gutes Stück hatten wir in Hall schon!). Dann lief ich noch einmal los zu einem Patienten. Als ich zurückkam, welcher Schreck! Ich will niemanden beschuldigen, aber einer der Jugendlichen muß den Kühlschrank nicht fest genug zugemacht haben. Von der Küche bis zum Eingang lagen wie Perlen an der Schnur Würstchen um Würstchen, und am Ende lag Grace und schnaufte; noch mehr konnte sie nicht fressen!

So bekam auf der Wanderung nicht jeder zwei, sondern jeder nur ein Würstchen. Aber trotzdem war es schön auf der Schwäbischen Alb!

Wenn wir alle unterwegs waren und niemand Grace mitnehmen konnte, kam sie in ihr Körbchen in dem geräumigen Flur. In diesem hingen auch, hoch in der Ecke, meine weißen Arbeitskittel. Eines Tages, als ich nach Hause kam, welches Bild: Die Kittel waren alle von der Wand gerissen, fein ordentlich zerkleinert – Grace hatte damit ein Nest in ihrem Körbchen gebaut. Unser Jüngster, der Arzt geworden ist, damals unser Hundedoktor, sagte gelassen: »Oh, Grace ist heiß, sie bekommt bald Junge.« Und so war es! Trotz aller Vorsicht! Seit einiger Zeit hatte sich oben im Garten ein mittelgroßer, mordshäßlicher, schwarzer Hund gezeigt. Wolf-Herman richtete nun den Heizungskeller des Hauses als Hundewochenstube ein, brachte drei gesunde Hundekinder zur Welt und pflegte sie. Wir wollten die jungen Dackel verkaufen. Der erste war so braun, so schön und edel wie seine Mama. Er ging sofort an eine Klassenkameradin von Bettina bzw. deren Eltern, wohlhabende Leute, die sechzig Mark zahlen konnten und wollten. Nummer zwei war kohlschwarz, auch ein Rüde. Wir nannten ihn Othello. Bettina hat ihn einer Freundin geschenkt, die kein Geld, aber einen großen Hundewunsch hatte und glücklich mit Othello wurde. Der dritte Hund, ein Weibchen, war so häßlich wie nur möglich: hochbeinig, kurzohrig, graumeliert und struppig, eine richtige Promenadenmischung.

Während der Suezkrise gab es alles, wie im Kriege, nur rationiert. Aber in meinem Lebensmittelgeschäft bekam ich immer, was ich brauchte, denn ich hatte Grace dabei, und die Verkäuferin war jedesmal völlig entzückt. Sie durfte das Hundchen streicheln. Eines Tages sagte sie: »Wenn Ihre Dackeline Junge kriegt – ich selbst habe ja leider keinen Platz und keine Zeit für ein Hundchen – aber meine Nachbarin, ein älteres Ehepaar, die möchten soo gerne ein Hundchen haben! Sagen Sie mir Bescheid!« – Ich habe ihr nichts erzählt von dem kleinen Scheusal – Medea nannten wir es. Aber die Kinder liefen zu dieser Frau Müller, und siehe da, bald darauf erschien ein älteres Ehepaar am Postgütle. Ich verkroch mich in die äußerste Ecke der Wohnung; ich genierte mich. Wolf-Herman hat Medea vorgeführt und verkauft.

Eines Tages ging ich die kleine Anhöhe hinauf zum Bahnhof Schwäbisch-Hall. Vor mir ein Ehepaar mit einem Hundchen, grau wie eine Maus; aber – grünes Halsband, grüne Leine, grünes Schabräckchen, alles mit glänzenden Messingknöpfen verziert. Das kann nur Medea sein, dachte ich. Wenn sie so schön ausstaffiert ist, dann wird sie auch geliebt! Ich bin vorgelaufen und habe die Leute begrüßt. »Ach, Sie sind das! Nein, wie können wir Ihnen nur danken! Wir sind ja so glücklich mit unserem Hundekind!«

Ausritte

Außer der schönen Wohnung mit mehr Raum für die Familie, außer der blühenden Praxis brachte der Umzug aus Kupfer weitere Vorteile: Ich konnte mit den großen Kindern in Konzerte gehen. Elly Ney, unter anderen, konzertierte noch, Wolfgang Gönnenwein, Sohn des Haller Musiklehrers, der später als Dirigent in Stuttgart berühmt wurde, gab Bettina Flötenunterricht. Wir konnten ins Kino gehen, nach Kupfer hingegen fuhr der letzte Zug schon gegen halb neun. Allerdings war im »Dorfkrug« Kupfers ab und zu mal ein Film gelaufen, sogar der damals so viel Aufsehen erregende Film »Die Sünderin«, in dem sich die junge Hildegard Knef zwei Minuten relativ wenig bekleidet zeigte. Einmal schickte ich auch die beiden Jüngsten in den Dorfkrug, denn es gab einen Tierfilm. (Sie hatten natürlich überhaupt noch keinen Film gesehen, 1940 und 1942 geboren.) Als sie zurückkamen, fragte ich: »Wie war es denn?« Darauf Wolf-Herman: »Schön, nichts von der ollen Liebe.«
Doch das Schönste in Hall war: Ich konnte wieder reiten!
Ein Reiterverein war gegründet worden und hatte sich in einem großen Hof oberhalb der Stadt etabliert. Auch eine Ju-

gendgruppe gab es, an der Bettina begeistert teilnahm. Aus einer alten Scheune entstand eine Reithalle, eine Reitbahn draußen, und es gab herrliche Ausritte in die Wälder und Wiesen. Ich ritt natürlich kein eigenes Pferd; aber da ich eine sogenannte »leichte Hand« hatte, bekam ich meistens die kleine Vollblutfuchsstute des Tattersalls zugeteilt.

Ich erinnerte mich nicht nur an meine eigene Fuchsstute in Zernikow, sondern auch an meine Jugend in Berlin im »Akademischen Reiterverein«; Quadrille waren wir 1929 in friderizianischen Kostümen in der »Grünen Woche« im »Sportpalast« in Berlin geritten.

Peter-Anton

Oft werde ich gefragt, welches meiner Kinder wohl am meisten vom »romantischen Erbe« des Dichters und der Bettina mitbekommen habe. Meine Tochter Bettina natürlich, denn die Begabung für die bildende Kunst hat sich nicht nur in des Dichterpaares Töchtern, dem Enkel, genannt »Achim der Maler« und der Urenkelin Bettina Encke von Arnim, sondern auch in meiner Tochter Bettina fortgesetzt.

Von meinen fünf Söhnen ist es Peter-Anton, der viel vom romantischen Erbe mitbekommen hat. Schon als Kind in Tommelhardt überraschten mich seine Naturliebe und seine erstaunlich früh erworbenen Kenntnisse von Pflanzen, Pilzen und Beeren.

Sein Großonkel, Forstmeister im Schwäbischen, hatte ihm ein »Pflanzenbestimmungsbuch« geschenkt. Aber er war es auch, für den ich hauptsächlich das Klavier aus Hamburg mitgebracht hatte. Für das selbstgebastelte Kasperle-Theater inszenierte er Stücke; so auch für Schulaufführungen.

Vielleicht hatten meine Kinder schon aus meinem Lebenslauf, mehr noch aus dem der Großeltern mitbekommen, daß ein unverlierbares Gut im Leben Sprachkenntnisse sind. Schon in Kupfer hatten wir deshalb einen jungen Franzosen eingeladen. Mit dem Austausch klappte es nicht so recht, aber in Schwäbisch-Hall ging das besser. Peter-Anton, ein guter Schüler und an Sprachen sehr interessiert, trat in Hall in die Europa-Union ein, um Kontakte zu bekommen. So hörte er, daß in der Mädchenschule unten am »Haal« eine junge Französin als Lehrerin tätig sei. Mutig ist er vom Gymnasium aus hinuntergegangen und in die Mädchenschule »eingedrungen«. Aus allen Klassenzimmern hätten neugierige Mädchenköpfe herausgeguckt, berichtete er. »Ein männliches Wesen, groß, jung!« Bis die liberale Direktorin ihn ins Lehrerzimmer komplimentiert habe. Er lernte Mademoiselle Lenné kennen. Sie verabredeten, daß er in den Ferien nach Lyon, ihrer Heimatstadt, kommen solle. Ihr Vater war Professor für Sanskrit. Da viele wissenschaftliche Fachbücher in deutscher Sprache geschrieben seien, habe der Professor Deutsch gelernt, könne es lesen, aber nicht sprechen. Daher werde er über eine Verbesserung seiner deutschen Sprachkenntnisse begeistert sein. So kam ein Austausch mit Peter-Anton und dem Sohn des Professors in Lyon zustande. Mehrere Jahre ging der Austausch mit befreundeten Lyoner Familien weiter. Es war mir klar, daß diese (Biards, Minards und Cachards) nicht deutsche Familien mit Geld für den Austausch suchten, sondern daß es ihnen auf ein gutes, reines Hochdeutsch ankam, das ihre Kinder hören sollten. Ich habe mir auch die Zeit genommen, an einigen Wochenenden Unterricht zu geben, unterstützt von Bettina.

Zur Erfahrung mit den jungen Französinnen zwei Anekdoten. Michèle Biard war siebzehn Jahre und ein besonders reizendes und guterzogenes Mädchen. Ich strengte mich mit dem Kochen ein bißchen mehr an als gewöhnlich und verfer-

tigte jeden Tag einen kleinen Nachtisch, Schokoladenpudding, Quarkspeise und anderes mehr – Michèle zu Ehren. Viel später erfuhr ich, daß die arme Michèle Pudding wie Quallen haßte! Aber sie hat immer alles fein säuberlich (wie in Deutschland üblich) aufgegessen, ohne zu klagen.
Im nächsten Jahr schickte eine andere Lyoner Familie ein junges Mädchen. Jeannette war erst dreizehn Jahre alt, ein rundlicher Backfisch. Sie saß gerne rauchend in unserem einzigen Sessel und brannte ein Loch in den Bezug. Sie hatte zu Hause Ballettunterricht und trug Ballettschuhe, die damals modern geworden waren. Eines Tages kam sie mit den Jungen vom Postamt zurück. Sie kamen lachend an und machten das arme Kind nach. »Was sagte sie denn so Komisches?« – »Ich gann nicht so schnell geschritten werden!« Das wurde bei uns ein geflügeltes Wort. – Aber weiter von Peter-Anton: In Hall machte er 1956 Abitur.
Bei seiner vielseitigen Begabung war die Berufswahl besonders schwierig. Es ergab sich, daß er in das von Carlo Schmid mit ins Leben gerufene »Leibnizkolleg« in Tübingen zu einem »Studium generale« von einem Jahr aufgenommen wurde. Sein Tutor war der Sohn Carlo Schmids, der Maler Martin Schmid. In diesem Klima entstanden Freundschaften.
Das beabsichtigte Studium der Chemie wurde Peter-Anton durch einen – wie er sagt – »Horrortrip« durch die BASF (die Badische Anilin- und Sodafabrik) verleidet. Er ging nach Tübingen, um Romanistik zu studieren, und erweiterte seine Sprachkenntnisse durch Studienaufenthalte in Italien, Frankreich und Spanien. Er lernte Arabisch in Wort und Schrift.
Mehrere Jahre war er dann in der Hußschen Universitätsbuchhandlung in Frankfurt am Main tätig, unterbrochen von einem zweijährigen Aufenthalt in London. Während dieser Zeit übersetzte er auch für den Suhrkamp Verlag. In Frankfurt kümmerte er sich um Studenten, die frierend aus Afrika auf-

tauchten. In seinen Ferien besuchte er deren Familien in Marokko und im Sudan. Als die Buchhandlung an der Bokkenheimer Warte in andere Hände überging, beschloß er, noch einmal etwas ganz anderes anzufangen. Er ging in den Sudan nach Khartum-Omdurman und machte 1980 das Fotoatelier Kush in Omdurman auf, das großen Anklang bei der Bevölkerung fand. Es war preiswerter und nicht so steif wie die vorhandenen »Ateliers«. So kam auch die ärmere Bevölkerung aus den Vorstädten zahlreich herbei. Der Diktator des Sudan hieß Numeri, ein Offizier aus den Bürgerkriegen. Er hatte sich selbst zum Marschall erhoben. Die ersten zwei Jahre von Peter-Antons Aufenthalt waren friedlich; das Parlament hieß »Schwatzbude«. In der letzten Phase seiner Amtszeit ließ Numeri jedoch mehr und mehr die fundamentalistischen Mitglieder seines Regimes ans Ruder. Er führte im September 1983 das alte islamische Gesetz, die Scharia, wieder ein, das beinhaltete, daß Dieben die rechte Hand, eventuell auch der linke Fuß abgehackt werden solle. Gefängniswärter, die das Amputieren an Affen geübt hatten, führten diese Strafen aus – die Ärzte hatten sich geweigert.

Die Folgen der Scharia waren schrecklich.

Numeri wurde 1983 gestürzt, doch die Regierung wurde weiterhin von Fundamentalisten beherrscht.

Unterdessen hatte Peter-Anton für die Verstümmelten eine »Association for Amputies« mit befreundeten Ärzten und Rechtsanwälten gegründet. Die Vereinigung wuchs. Man konnte sogar ein Haus mit Werkstatt für die Umschulung der Opfer kaufen und kleine Verkaufsstände einrichten. Amnesty International sorgte für Prothesen. Doch die politische Lage wurde immer bedrohlicher. Peter-Anton mußte seine Aufenthaltserlaubnis jedes Jahr polizeilich erneuern wie alle Ausländer. Er spürte schon 1986, daß er wohl nicht mehr lange im Land geduldet werden würde; die »Association for Amputies«

war den Fundamentalisten ein Dorn im Auge. Er traf noch Vorkehrungen, seine Organisation zu erhalten, und ging 1987 zurück nach Deutschland. Er kam gerade zurück, als ich am Anfang meines ersten Buches »Der grüne Baum des Lebens« war, und hat mir dann bei meinen Recherchen geholfen. Als das Buch erschien, arbeitete er bereits als Bibliothekar bei der »Gesellschaft für Technische Zusammenarbeit« (GTZ) in Eschborn.

Bettina

Bettina, zwei Jahre älter als Bürschli, ging seit einem Jahr zur Schule und gab ihm Unterricht. »O Mutti«, rief sie, »ist der Bürschli schlau! Jetzt hat er ganz allein MAMA hingeschrieben.«

Eine typische Geschichte über die kleine Bettina berichtete unser Arzt: Es sei kein Wunder, daß sie oft zu spät in die Schule komme. Er hatte sie auf dem Weg zur Schule im Wald angetroffen. Da stand sie, regungslos, vor einer hohen Fichte und schaute hinauf. »Was siehst du denn da?« fragte der Arzt. »Ich lausche doch, was die Vöglein mir vorsingen!« sagte sie. »Die Schule stört mich so.«

Bettinas Begabung hatte sich schon sehr früh gezeigt. Zum siebzigsten Geburtstag (1944) der Großmutter Agnes in Wiepersdorf fand eine große Geburtstagscour im oberen Saal statt. Die dreijährige Enkelin im langen, weißen Kleidchen sollte hübsch »Guten Tag« sagen und Knickschen machen. Aber nein, das kleine Mädchen verzog sich mit einem Fußbänkchen und ein paar Buntstiften unter den Flügel und zeichnete, angeregt durch die vielen exotischen Kübelpflanzen im Park, zwei Musa rechts und links, dazwischen, schaukelnd, ein Äffchen. Das kleine Blatt habe ich lange aufgehoben. Ihre Sensibilität für Farben lernte ich kennen, als wir einmal im Bummelzug von Hall nach Kupfer fuhren. Eine junge Frau stieg ein: roter Mantel, roter Hut, rote Handschuhe und Schuhe, alles blitzneu. Die kleine Bettina schluchzte vor sich hin. »Was hast du denn?« fragte ich, als wir ausstiegen. »Hast du nicht gesehen, Mutti, alle die ›Rots‹, die bissen sich ganz furchtbar, und ich konnte doch nichts sagen.«

Die Brüder am Gymnasium hatten einen großzügigen Zeichenlehrer. Er schickte, wenn das Wetter es irgend erlaubte, die Schüler auf den Marktplatz. »Zeichnet das Rathaus, den Pranger«, sagte er und konnte sich eigenen Studien widmen. Die Brüder kamen heim: »Bettina, du bekommst fünfzig Pfennig, zeichne uns den Brunnen, ein Fachwerkhaus.« Bettina tat es. Die Jungen erhielten eine »Zwei« im Zeichnen. Aber auch der Zeichenlehrer in der Mädchenschule gab Bettina im Zeugnis nur eine Zwei, denn er ließ mit Lineal und Zirkel arbeiten, und das verachtete Bettina. Im Elternbeirat hieß es dann, es sei doch merkwürdig, daß dieses junge Mädchen nur eine Zwei bekäme. Aber Bettina durfte später im Atelier eines Haller Malers arbeiten und lernen.

Bettina war in der Obersekunda. Da hieß es, Oberschüler dürften sich für einen einjährigen Aufenthalt in den USA bewerben, gesponsert vom »American Field Service« (vgl. Anmerkung III, 16). Das war eine Stiftung von einem im Krieg karitativ tätig gewesenen Amerikaner, einem großen Menschenfreund, der sich eine neue Aufgabe gestellt hatte: aus den Völkern, die untereinander Krieg geführt hatten, junge Menschen nach USA einzuladen und damit für den Frieden unter den verfeindeten Völkern einzutreten und zu wirken.

Die Geschäftsstelle des »Field Service« war in Düsseldorf. Die Mutter der Leiterin wohnte in der Nähe von Schwäbisch-Hall. Aus den beiden Oberschulen in Hall hatten sich etwa zwanzig

Schüler und Schülerinnen für das Gastjahr beworben. Die Geschäftsführerin des »Field Service« kam zu Besuch zu ihrer Mutter. Dort stellten sich die betreffenden Schüler vor. Die gastfreie Dame hatte ihr Wohnzimmer zur Verfügung gestellt und ein Zimmer daneben für die Auswahlkommission eingerichtet. Im Wohnzimmer gab es Plätzchen, Apfelsaft und viele Illustrierte, worauf sich diese großen Kinder nur so stürzten. Bettina unterhielt sich mit der Gastgeberin. Alle hatten eifrig amerikanische Verfassung gelernt und ihr Englisch aufgefrischt. Einzeln wurden sie vor die Kommission gerufen. Mit langen Gesichtern kamen sie heraus. Mitnichten war nach der Verfassung und Englisch gefragt worden, und sie hatten so gepaukt! Endlich kam Bettina dran. Was wurde sie gefragt? Wahrscheinlich nach ihrem Namen und ihrer berühmten Großmutter? Ich glaube nicht, aber: »Sie haben ein eigenes Zimmer?« – »Ja.« – »Was für Bilder haben Sie sich an die Wand gehängt?« Es waren zwei Picasso-Plakate, aber dazu wußte sie eine Menge zu sagen und überwand ihre Schüchternheit. Lange hörten wir nichts.

Vier Wochen vor Weihnachten 1956, wir waren gerade beim Plätzchenbacken, klingelte es bei uns: die Dame aus Düsseldorf vom »Field Service«. »Bettina, Sie sind ausgewählt!« Wir freuten uns natürlich sehr. Nun hieß es, vier riesige Fragebogen auszufüllen. Vier Familien in den USA bekamen vom »Field Service« solche Bögen zugeschickt und konnten sich daraus eine Schülerin oder einen Schüler ihrer Wahl aussuchen. Nach vielen Wochen bekamen wir Bescheid: Im Sommer sollte es per Schiff von Rotterdam aus losgehen. Amerika ist groß; wir wußten nun nicht, wird es Nord oder Süd, Ost oder West sein. Wo wird die Gastfamilie zu Hause sein? Endlich kam die Antwort: Bettina sollte bei einer Familie in Cambridge, Massachusetts, wohnen; der Großvater war Geschichtsprofessor an der Harvard-Universität, der Vater Arzt,

die Mutter Architektin und Tochter Mimi im gleichen Alter wie Bettina. Die Schule, privat und gut, am Ort.
Wir sind dann nach Stuttgart gefahren. Wir haben einen Koffer gekauft und Bettina für das Jahr mit Wäsche und Kleidung ausgestattet; alles damals noch sehr mühsam für uns. Aber die Überfahrt wurde, wie versprochen, vom »Field Service« bezahlt.
Im Frühjahr 1959 habe ich Bettina dann nach Rotterdam zum Schiff gebracht. Ich bin gleich selbst über den Kanal gefahren, nach England. Da hatte sich auch etwas für die damalige Zeit ganz Erstaunliches ereignet. Eine Annonce: »Hausfrauenaustausch nach England«. Das heißt, auch erwachsene Frauen, nicht nur Jugendliche, wurden zum Austausch eingeladen. Nur zwei Schwäbisch-Hallerinnen hatten sich bei der angegebenen Adresse gemeldet: eine Fremdsprachensekretärin und ich. So wurde mir der Abschied von Bettina nicht so schwer.
Als Bettina ein Jahr später aus den USA zurückkam, fuhr ich wieder nach Rotterdam, um sie abzuholen. Eine große Menschenmenge stand am Quai; ein riesiges Schiff war angekommen. Nach dem Alphabet wurden Eltern und Kinder aufgerufen. Buchstabe A – nichts; B – nichts, und herzliche, laute Begrüßungen und Küsse um mich herum! Mein Herz sank. Buchstabe V »Vonarnim«, da kam sie endlich!
In diesem Jahr war die Weltausstellung in Brüssel. Ich hatte mir gedacht, nun sind wir schon mal dort, und hatte ein privates Zimmer in einem Brüsseler Vorort gemietet, von da konnte man mit der Elektrischen bis zur Ausstellung fahren. Wir fanden das Haus und die Wirtin. Wollten etwas ausruhen. Bettina bestieg das große Doppelbett, das leichtgewichtige Mädchen legte sich hin, das Bett krachte zusammen. Auch die Waschgelegenheit war mehr als komisch.
Wir hatten wenig Geld, aber zum Eintritt in die Weltausstel-

lung und für die Miete reichte es. Ich war davon ausgegangen, die Fahrt mit der Straßenbahn werde nicht viel kosten. Falsch gedacht, die Elektrische war – der Ausstellung zu Ehren – sehr teuer und kostete fast soviel wie ein Taxi. So nährten wir uns vom »La vache qui rit«-Laden an der Straßenecke mit Brot, Quark und Buttermilch. Aber die Ausstellung war ein großer Eindruck. In der Kunstausstellung gab es Bilder, die man in Deutschland noch nie gesehen hatte, und die Statuen auf den sich gegenüberliegenden Pavillons von Deutschland und Rußland vergißt man nicht wieder.

Bettina fand in Schwäbisch-Hall wieder Anschluß an ihre Klasse. Als ich dann mit Wolf-Herman und unserem Dackel auf den Birklehof zog und die Praxis in Schwäbisch-Hall aufgab, blieb Bettina dort. Sie fand für das letzte Schuljahr bei einer befreundeten Dame Unterkunft und konnte in Schwäbisch-Hall ihr Abitur machen.

Danach begann eine Zeit des Zweifels. Bettina hatte sich in Berlin an der »Hochschule für bildende Kunst« (HfbK) beworben und, wie verlangt, eine Mappe mit einhundert originalen Arbeiten eingereicht. Diese sollten von den Professoren geprüft und eine Auswahl von etwa zehn Schülern getroffen werden, die dann zur Vorstellung nach Berlin beordert werden sollten. Die Wartezeit hat sie als Schwesternhelferin im Diakonissenkrankenhaus verbracht. Bestimmt war sie das begabteste Mädchen in Schwäbisch-Hall und Umgebung. Aber im Wettbewerb mit ganz Westdeutschland und Berlin? Nach einigen Monaten kam die Antwort: Auf nach Berlin! Die Großmutter in Zehlendorf lebte noch. So hatte Bettina eine Bleibe. Die Prüfung der Professoren fiel sehr positiv aus. So hat Bettina dann an der HfbK studiert.

Birklehof

Mein fünfzigster Geburtstag, 1959, wurde ganz groß gefeiert, mit Geschwistern, Patenkindern, Schwester Nanni, den Haller Freunden W., den Stuttgarter Arnims. Aber es hielt mich nichts in Schwäbisch-Hall. Die großen Jungen hatten ihr Studium begonnen, und Achim war in Afrika. Die Menschen in der schwäbischen Kleinstadt sind mir doch sehr fremd geblieben. Als Witwe war man sehr allein, und heiraten wollte ich nicht wieder.

Da kam ein Angebot für eine andere Arbeit, von der ich glaubte, daß sie weniger anstrengend sei als die Führung meiner großen Krankengymnastik-Praxis. Das erwies sich allerdings als Irrtum, jedenfalls was das Seelische betraf.

Meine beste Schulfreundin hatte mir geschrieben – dieselbe, die mir 1929 zur Ausbildung als Krankengymnastin geraten hatte, statt mein Jurastudium fortzusetzen. Ihr Mann war aus dem Krieg zurückgekommen. Beide lebten in Dortmund nun in guten Verhältnissen. Anne hat immer an meinem Ergehen teilgenommen, war Patin einer meiner Söhne, hat mich mit ihrem Mann in Kupfer besucht. Ich erinnere mich noch, wie ihr Theo, der einen Unfall hinter sich hatte und ein Mann mit goldenem Humor war, sagte: »Heirate nie eine Krankengymnastin; sie verlangt, daß du jeden Morgen auf allen vieren durchs Zimmer kriechst.« (Es handelte sich um das »Klappsche Kriechen«; damals sehr »en vogue« in der Krankengymnastik.)

Ihr Sohn war auf dem Internat Birklehof im Schwarzwald gewesen. Anne hatte gehört, daß man dort eine neue Betreuerin für die Mädchenabteilung suche. »Das ist was für Clärchen, sie hat allein sechs Kinder großgezogen, die kann das übernehmen.« Und so empfahl sie mich dem Direktor.

Das Angebot schien mir günstig – festes Gehalt und freie

Wohnung. Ich nahm unter der Bedingung an, daß ich meinen jüngsten Sohn und meinen Dackel mitnehmen könne. (Bettina – zurück aus Amerika – wollte das letzte Halbjahr bis zum Abitur in Hall bei den gewohnten Lehrern und ihren Freunden bleiben – und bei dem Maler, in dessen Atelier sie arbeiten durfte.)

Der Abschied von Schwäbisch-Hall fiel mir nicht schwer. Meine Freundin Sophia W. war gestorben. Gern hatte ich ihre drei Jungen während ihrer Krankheit betreut; danach übernahm eine ihrer Schwestern den Haushalt.

Nun hieß es wieder umziehen. Unterdessen hatte ich schon ziemlich viele Sachen: Die geretteten drei Barockmöbel, viele Bücher und Bilder. Meine Geschwister aus Verden gaben ihre zwei kleinen Töchter gerade in jenen Umzugstagen bei mir ab, da sie nach Heidelberg wollten. In der großen Turbulenz gab ich Cornelia und Friederike Staubtücher in die Hand und ließ sie überall wischen, wischen. Da sagte mein Patenkind Friederike, als die Eltern sie abholten: »Wir möchten auch mal umziehen! Umziehen ist soo schön!«

Ich fuhr dann mit Wolf und Grace vorn im Möbelwagen mit, nach Hinterzarten. Ich bekam im Birklehof in einer Villa am Waldesrand, die die Mädchen des Internates beherbergte, im ersten Stock ein Wohnzimmer, ein Schlafzimmer und eine winzige Küche, an deren Fenster mich immer die Eichhörnchen begrüßten. Im unteren Stock wohnten die jüngeren Mädchen, ohne die »Großen«, die Obersekundanerinnen und die Primanerinnen. Das ganze Internat hatte damals einen Fehler, der unterdessen längst bereinigt ist: Neben etwa dreihundert Jungen beherbergte es nur vierzig Mädchen. Da war unser Haus natürlich stets umlagert. Nachts rissen manche aus und sollen sich ausgerechnet im Keller des Pfarrhauses, der »Reunion«, getroffen haben.

In den ersten Schwarzwaldtagen fuhr ich noch einmal nach

Hall zurück, denn ich hatte etwas Wichtiges vergessen: Beim Ausräumen des Wohnraumes hatte natürlich die Tür offengestanden. An der Wand hinter der Tür hing das Ölbild Ottos von Arnim (1682–1748) in Ritterrüstung. Mit dem Bild im Kofferraum brachte mich der Mann meiner verstorbenen Freundin im Auto zurück in den Schwarzwald. Unterwegs sagte er: »Da ist doch jetzt in Basel die Ausstellung der ›Fauves‹ (eine der ersten bedeutenden Ausstellungen nach dem Kriege). Da könnten wir doch vorbeifahren!« Gesagt, getan; Grenzübergang ohne Probleme. Aber auf dem Rückweg: »Öffnen Sie Ihren Kofferraum!« Die Zöllner holten das Ahnenbild heraus und trugen es ins Zollhäuschen. »Das haben Sie in Basel in der Ausstellung entwendet!« Wir versicherten, daß das Bild uns gehöre und das Porträt eines Vorfahren sei. Schließlich wurde ein höherer Beamter herbeitelefoniert, der feststellte, daß der »alte Ritter« wohl kein Bild der »Fauves« (»der Wilden«) sein könne. Wir durften also weiterfahren.
Es war sehr traurig für mich, daß Wolf-Herman im Internat nicht bei mir wohnen konnte, sondern ich für ihn ein Zimmer im Dorf mieten mußte. Wenigstens essen konnte er im Birklehof, und zwar beim Personal, während ich im großen Eßsaal an der Spitze einer der langen Tafeln sitzen und die Kinder beaufsichtigen mußte. Wolf ging in Neustadt zur Schule (zwei Bahnstationen entfernt), denn er hatte Englisch und Französisch, während der Lehrplan auf dem Birklehof damals noch ganz humanistisch ausgerichtet war. So sahen wir uns eigentlich nur alle vierzehn Tage am Sonntag, wenn ich frei hatte.
Wir machten schöne Wanderungen, zusammen mit Grace, der Dackeline. Einmal tranken wir Kaffee in einem Gasthaus in St. Peter, fünf Stunden vom Birklehof entfernt. Auf dem Rückweg verschwand Grace in einem Fuchsloch und kam nicht wieder heraus. Wir warteten stundenlang. Umsonst.

Schließlich mußte ich nach Hause – ich mußte ja wieder arbeiten. Am nächsten Tag gab ich eine Suchmeldung an die Försterei, die Polizei, die Zeitung: »Reinrassiger Dackel entlaufen, Adresse etc.« Nach vier Tagen meldete sich die Gastwirtschaft, bei der wir eingekehrt waren. Am Sonntagabend habe auf der Matte zum Restaurant ein müdes, schnaufendes Hundchen gelegen. Zwei ältere Damen, ihre Gäste, hätten es versorgt und würden es sehr ungern wieder hergeben. Wolf fuhr sofort mit dem Fahrrad hinauf und holte Grace ab.

Die jüngeren Mädchen im Internat waren entzückt von Grace, obwohl sie mehrmals ihre Geburtstagstorten, die sie auf ihren niedrigen Nachttischchen hatten stehenlassen, angeknabbert hatte. Sie liebten und verwöhnten sie. Doch der erste Sonntag begann sehr peinlich für mich. Als Vorbild hatte ich natürlich in die Kirche zu gehen und in der vordersten Reihe Platz zu nehmen. Kaum hatte die Orgel angefangen zu spielen, da kommt, tapp, tapp, tapp, auf dem roten Läufer im Mittelgang Grace anmarschiert und sucht mich. Zum Glück saß ein größeres Mädchen in meiner Nähe, die Grace auch schon kannte. Sie stand auf, ergriff die Dackeline am Halsband und brachte sie nach Hause.

Zur Adventszeit gab es hübsche Bräuche auf dem Birklehof, zum Beispiel das Christbaumsuchen. Große Jungen hatten tief im Wald eine Tanne geschmückt. Am Sonntag zog dann die ganze Schule in Gruppen los und suchte den Baum. Wer ihn gefunden hatte, begann, Weihnachtslieder zu singen. Und so kam schließlich die ganze Schule, Kinder und Lehrer, mitten im Wald zusammen und sang.
Es gab übrigens einen guten Chor im Internat und einen guten Musiklehrer. Wir haben sogar den Thomaskantor aus Leipzig zu Besuch gehabt und bei ihm »Jesus meine Freude«

von Johann Sebastian Bach eingeübt und beim Schulfest gesungen. Eine weitere Sternstunde war jeweils der vierte Advent. Da fand der Gottesdienst in einer Kapelle, die oberhalb der großen Autostraße nach Freiburg liegt, statt. Man wanderte in Gruppen dorthin. Grace durfte natürlich nicht mit und mußte fest eingesperrt werden. Ich ging mit den Mädchen durch das Tal, das schließlich auf der großen Chaussee unterhalb des Kapellenberges endete. Da sahen wir in der Mitte der Straße ein dunkles Bündel liegen. Einige Oberprimaner standen darum herum. Es war Grace. Sie war ausgerückt und hier überfahren worden. Enzio Edschmid, ein Oberprimaner, besaß, glaube ich, schon ein Auto, holte es und stieg mit dem Hundchen und mir ein. Grace war nicht tot, nur betäubt. Auf zum Tierarzt nach Neustadt! Den Arzt mußte Enzio erst vom Stammtisch herbei in seine Praxis holen. Dort gab er dem Dackel eine Spritze und sagte: »Wenn der Hund in drei Tagen aufsteht, ist er gesund.« So trug Enzio Grace erst einmal wieder in ihr Körbchen in mein Wohnzimmer. Außer Wasser sollte sie nichts bekommen. Die nächsten drei Tage waren sehr komisch: Telefonanrufe kamen, besonders von den Lehrern, die gegen die Anwesenheit eines Hundes gestimmt hatten, und es wurden sogar Blumen »zur Genesung« gebracht. Und wirklich, am dritten Tag erhob sich das Hundchen gravitätisch aus seinem Körbchen! Ich nahm es mit zur Konferenz, dem »heiligen« Ort, wo ich Grace bisher nie hatte mit hinnehmen dürfen. Der Dackel wurde mit Jubel empfangen.

Es blieb auch auf dem Birklehof nicht aus, daß Grace Junge bekam. Im Heizungskeller, wie in Schwäbisch-Hall, von Wolf betreut und gepflegt. Meine Mädchen gaben den drei Welpen griechische Namen, passend zum humanistischen Gymnasium. Die Küchenhilfen, die von Anfang an großes Interesse an der hübschen Grace hatten und sie heimlich fütterten (natürlich gar nicht in meinem Sinn), nahmen die Jungen mit in ihre Wohnungen im Dorf. Ich erinnere mich besonders an eine ältere Köchin, die gerade pensioniert wurde und zu ihrer Schwester nach Neustadt zog. Sie bekam den »Odysseus« getauften Hund und zog selig mit ihm ab. Wolf und ich versprachen, sie zu besuchen. Das taten wir auch und freuten uns über das Glück der beiden alten Fräulein. Wir konnten uns das Lachen kaum verkneifen, als wir erfuhren, daß der junge Hund nun »Odisle« und manchmal auch »Zeusle« gerufen wurde.

Aber ich will nicht nur Hundegeschichten vom Birklehof erzählen. Die Jahre dort waren reich an menschlichen Erfahrungen für mich, da ich ja selbst noch nie in einem Internat gewohnt hatte.
Ich lernte die hervorragende Cembalistin Edith Picht Axenfeld kennen und ihre Konzerte lieben. Ihr Mann war der erste Direktor an dieser Schule gewesen und war nun Professor in Heidelberg.
Mit den Schülern kam ich gut zurecht, weniger mit den Lehrern, die mich zum Teil fühlen ließen, daß ich keine Akademikerin und pädagogisch ihrer Ansicht nach auch nicht streng genug war. Zum Beispiel habe ich Nachtwanderungen eingeführt, um dem verschwiegenen nächtlichen Hinundher zwischen Jungen- und Mädchenhäusern die Spitze abzubrechen. Außerdem wehrte ich mich, einer an sich vorzüglichen älteren Lehrerin nachzugeben, die das Hosentragen für Mädchen ablehnte. Bald darauf kamen die superkurzen Röcke auf, die ich viel peinlicher fand, wenn die Mädchen damit auf der Bühne standen.
Zu meiner Zeit wirkte sich auch schon das »Wirtschaftswunder« aus. Schülerinnen aus neureichen Familien kamen zu

uns, zum Beispiel Ulrike, deren Eltern eine rheinische Betonfabrik besaßen. Die Mädchen hatten sehr schmale, graue Schränke (wohl alte Wehrmachtsspinde) in ihren Zimmern. Ulrike kam mit drei oder vier »Petticoats«, das waren weite gesteifte Röcke, damals der letzte Schrei, die gingen in den Schrank nicht rein. Aber schlimmer: Ulrike war ein rundlicher Backfisch, vierzehn, fünfzehn Jahre alt. Sie aß fast nichts bei Tisch. Meine Aufgabe war, auch die Schränke der Mädchen zu kontrollieren. Da gab es Honig oder Krimis, relativ harmlose Dinge zutage zu fördern. Bei Ulrike nichts, aber wo war ihre »Verpflegung«? Unterm Bett! Einmal wurde es ihr übel – sie hatte angeschimmelte Leberwurst gegessen. Darauf wurde nun von höherer Warte bei den Eltern nachgefragt, und Paketsendungen wurden verboten. Aber es hörte nicht auf, daß Ulrike irgendwelche Lebensmittel und Süßigkeiten bekam. Die Großmutter hatte im Dorf eine Familie ausfindig gemacht, die die Pakete für ihre »arme hungernde Enkelin« entgegennahm und weiterleitete.
Diese Detektivarbeit lag mir gar nicht und gehörte zu den Schattenseiten im Birklehof, auch das zweideutige Verhalten mancher Lehrer, Bevorzugungen usw. »Vor allem eins, mein Kind, sei treu und wahr« – vielleicht geht das nicht in solcher Gemeinschaft.

Aber auch gute Erfahrungen machte ich: Nach dem Krieg kamen (wahrscheinlich durch Sponsoren) einige Kinder aus Familien von Angehörigen des 20. Juli auf den Birklehof. Merkwürdig, wo so ein Junge in der Klasse war, da war die ganze Klasse in Ordnung. Ich erlebte es selbst: Ich hatte die Aufgabe, unsere Primanerinnen und Primaner nach Freiburg zur Tanzstunde zu begleiten. Da war mir natürlich etwas unsicher zumute. Werden sie alle pünktlich zur Rückfahrt wieder am Omnibus sein? Keine Sorge; zwei Primaner, deren Väter am

20. Juli umgekommen und deren Mütter nach furchtbaren Monaten der Sippenhaft ihre Kinder wieder hatten zu sich nehmen dürfen und im Geiste der Väter und ihrer selbst erzogen hatten, waren in der Gruppe. Ihre bloße Anwesenheit bewirkte, daß alle dreißig jungen Menschen sich pünktlich am Omnibus einfanden und mit mir zurück in die Berge hinauffuhren.

Eschborn

Ich bin nur drei Jahre Heimleiterin auf dem Birklehof gewesen. Ich konnte nur in den Ferien Unterkünfte bekommen, um meine Kinder bei mir zu haben. Das machte mich und auch die Kinder unglücklich. Mein Ältester kam 1959 aus Afrika zu Besuch. Er hatte sich einen VW besorgt und nahm mich mit nach Frankfurt, wo besonders liebe Verwandte, die Mecklenburger, seit 1946 wohnten. In Frankfurt erfuhr ich von einem Bauvorhaben im Taunus, in Eschborn. Der Architekt berichtete, seine Reihenhäuser befänden sich gerade im Bau. Ich selbst hatte mich schon in München umgesehen (nach München wollten damals viele Kolleginnen; es gab auch gute Schulen dort). Als ich aber festgestellt hatte, daß nur in einem weit außerhalb gelegenen Vorort eine bezahlbare Wohngelegenheit zu kaufen sei und ich dann besser auf dem Lande in Württemberg geblieben wäre, entschied ich mich für Eschborn. Der Architekt, Alfred Oswald, sagte: »Bezahlbar? Ich baue Häuser unter einhunderttausend Mark, bekomme Landeszuschuß, und für Sie fällt die Maklergebühr weg. Fahren wir doch gleich mal hin!«

Nach dem Essen ging es los, und siehe da, im Rohbau standen dort in Eschborn, dicht beim Bahnhof, mehrere Reihenhäuser. »Im August sind sie fertig, und Sie bekommen eins!« –

Mein Sohn riet mir auch zu und wollte sich am Kauf beteiligen.
Ich kündigte im Birklehof und begann so im Mai 1962 wieder einen neuen Abschnitt in meinem Leben.

Es hieß wieder umziehen. Aber ich freute mich! Auch die erwachsenen Kinder würden nun wieder ein Heim vorfinden, wenn sie mich besuchen würden. Frankfurts Nähe zu dem unbekannten Dorf Eschborn; Frankfurt mit Goethehaus und Hochstift, alles wieder im Aufbau begriffen und schon fast wieder im alten Charme; die Freunde und die Verwandten, erreichbar für mich und auch für die Kinder.
Wir zogen im Mai 1962 ins Reihenhaus in Eschborn ein. Eine Praxis konnte ich noch nicht sofort aufmachen, weil vor dem Eingang des Hauses ein Graben lag, über den nur ein schwankendes Brett führte. Mein Haus war also nur unter gewissen Schwierigkeiten zu betreten. Deshalb nahm ich eine Stellung an, die im Heft »Krankengymnastik« ausgeschrieben war:

> »Leitende Krankengymnastin für große Praxis in Frankfurt gesucht. Gehalt und Gewinnbeteiligung.«

Das schien mir günstig, und ich sagte zu. Damals ahnte ich nicht, daß das Fahrgeld von Eschborn nach Bornheim, Rothschild-Allee, einen großen Teil des mir zugesagten Gehalts verschlingen würde. Ich machte mich also zur Arbeit auf und wurde freundlichst begrüßt. Große Altbauwohnung, ausgestattet mit zehn Kabinen und allen damals üblichen technischen Einrichtungen für eine Krankengymnastik-Praxis – ein kleiner Turnsaal! Mitarbeiter (die ich ja »leiten sollte«) nicht vorhanden, verschwunden. Nur eine kleine Berlinerin, die sich dann als sehr tüchtig erwies. Patienten? Zunächst keine! Aber die Chefin fuhr mit mir in mehrere Arztpraxen in der

Umgebung und stellte mich vor. Darauf schickten die Ärzte wieder Patienten – sogar später noch, nach Eschborn. Ich fuhr nun erst einmal jeden Tag nach Bornheim. Die junge Masseuse arbeitete gut, und wir hatten von Montag bis Freitag »die Bude voll«. Die Kassenabrechnung mußte ich natürlich auch machen. Die Chefin war eigentlich nie da. Sie hatte in der Nähe ein Kaufhaus, das ihre Anwesenheit erforderte. Nur einige ganz wenige Privatpatienten hatte sie sich vorbehalten, zu deren Terminen erschien auch sie.

Hier hatte ich wieder mit einer Vielfalt von Menschen zu tun, von Hessischer oder Frankfurter Couleur, auch mit vielen Kindern.

Zum Beispiel kam ein älterer Herr mit Rückenbeschwerden. Es stellte sich heraus, daß er Dachdeckermeister war. Er erzählte mir, daß er beim Wiederaufbau des Goethehauses beteiligt sei. Die Dachziegel aus Schiefer müßten (laut dem verehrten Prof. Beutler) nach alter Manier angefertigt werden, das heißt, nicht maschinell, sondern von Hand behauen. Das lasse er in seiner Werkstatt machen.

In der Nähe der Praxis war ein jüdisches Altersheim. Auch von dort kamen Patienten. Zum Beispiel Ari Menzer. Dieser Patient war für mich und meine Kinder ein besonderes Erlebnis. Er war ein hochgebildeter alter Mann. In Ungarn war er Rechtsanwalt und Komponist gewesen. Die ganze Familie war in einem KZ bei Wien ums Leben gekommen. Als einziger hat er, schwer krank, überlebt und war über Israel nach Frankfurt gekommen, einsam und allein. Sein Zimmer im Altersheim war groß und kahl, die Schwestern überlastet.

Die Söhne holten ihn zu uns nach Eschborn. Mal am Sonntag zum Tee mit unserem VW-Käfer, oder ich traf mich mit ihm im »Operncafé«, das er mit dem Taxi erreichen konnte. – »Um unter Menschen zu gehen«, wie er es liebte.

Einmal begleitete ich ihn, mit Erlaubnis des Arztes, nach Mal-

lorca. Ich erinnere mich noch, daß er zum ersten Mal in seinem Leben in einem Flugzeug reiste und gewaltige Angst hatte, und wie er dann glücklich im Strandkorb saß und beobachtete, wenn ich mich ins Meer begab. Es standen schon einige Hotels damals dort, und viele waren im Bau.
Er starb bald darauf eines Nachts im Bürgerhospital. Ich hatte ihn dort regelmäßig besucht. Leider war ich nicht bei ihm, als er starb, wie er es sich gewünscht hatte. Er hatte mich als »Alleinerbin« eingesetzt. Nach der Erfüllung von Dotationen blieben etwa ein tausend oder zweitausend Mark, wovon ich im Reihenhäuschen die Garage als Praxis einrichtete. Eine Kostbarkeit – ein schön gebundenes jüdisches Gebetbuch und ein Foto seiner Mutter (alles, was er gerettet hatte) und ein paar Noten – bewahre ich zu seinem Andenken auf.
Bis zum Herbst 1963 fuhr ich also nach Bornheim. Mittwochs, an meinem freien Tag, nach Kronberg, um eine erkrankte Kollegin zu vertreten. Das Reihenhaus war unterdessen mit Vorgärten, schmalem Garten und kleiner Terrasse fertig. Die Söhne hatten den Dachboden in zwei Zimmer verwandelt und die Küche installiert. So machte ich eines Tages Schluß an der Rothschild-Allee. Allerdings diesmal nicht ordentlich mit Kündigung, sondern ganz gegen meine Erziehung zu Pünktlichkeit und Ordnung. Das kam so: Alle acht Tage brachte eine Mutter ein etwa zehnjähriges Mädchen zu uns, auf Krankenschein natürlich. Die Kasse bezahlte eine Behandlung von zwanzig Minuten bis höchstens eine halbe Stunde. Aber ich arbeitete mit dem intelligenten Kind, das schwere Kinderlähmung gehabt hatte, immer etwa eine dreiviertel Stunde, langsam, liebevoll, geduldig (so erzielt man Fortschritte in der Behandlung). – Eines Tages kam die Chefin in die Praxis. Sie beobachtete wohl vom Büro aus, daß diese Behandlung bei weitem die von der Kasse bezahlte Zeit überschritt, und kam mitten in meine Arbeit hineingerauscht:

»Frau von Arnim, wenn Sie pro Krankenschein soviel länger behandeln, als die Kasse vorschreibt, kann ich Sie nicht gebrauchen.«
Ich arbeitete mit dem Kind in Ruhe weiter wie immer. Dann packte ich meine Tasche, meinen Kram und legte der Chefin einen Zettel hin (es war der 15. August 1962):

> *»Ich nehme Urlaub bis 1. September. Gehe jetzt nach Hause. Da Sie keinen Sinn für den therapeutischen Auftrag des betreffenden Arztes, d. h. die von Fall zu Fall unterschiedliche körperliche und seelische Betreuung der Patienten haben und es Ihnen nur ums Geld geht, werde ich Ihr Haus nicht mehr betreten.*
>
> *August 1962, C. v. A.«*

Die Praxis sei dann eingegangen, hörte ich.
Nun meldete ich mich bei den beiden Ärzten, die es damals in Eschborn gab. In wenigen Tagen war die Praxis voll. Das lag natürlich auch daran, daß Eschborn – am Frankfurter Stadtrand gelegen – seine Einwohnerzahl aufgrund der Flüchtlinge fast verdoppelt hatte. Die Patientenzahl stieg so an, daß ich eine Mitarbeiterin einstellen mußte. In den letzten Jahren behandelte ich nur noch Frauen und Kinder, weil die Männer meist schon Autos hatten und damit nach Rödelheim oder zu anderen Praxen fahren konnten.
Das Reihenhaus mit schmalem Garten und Sitzplatz draußen bot nun auch Heimat für die Kinder. Wolf-Herman ging in Kronberg zur Schule. Clemens arbeitete zeitweilig in Frankfurt und wohnte im Haus. Die anderen fanden gut Platz bei mir in ihren Ferien. Abends kamen ihre Freunde. Es gab rege Gespräche im Wohnzimmer. Anläßlich einer Ausstellung meiner Tochter in Thurnau kam es zu einer Begegnung und einem Interview mit dem Hessischen Fernsehen (Peter de

Loew, Professor Zimmermann), woraus eine Sendung für die Reihe »Frauen in Hessen« hervorging. Auf diesen Fernsehfilm hin sollte Jahre später das Buch »Der grüne Baum des Lebens« entstehen.
Als ich zum ersten Mal in meinem Leben ein Buch zu schreiben hatte, orientierte ich mich an den Wertvorstellungen des verstorbenen Vaters meiner Kinder. In Eschborn, nach Jahrzehnten des Wechselns und Wandelns, engagierte ich mich politisch, wie es sicher auch in seinem Sinne gewesen wäre.

Mein Mann Friedmund hatte im Schützengraben, im Ersten Weltkrieg, für sein ganzes Leben gelernt. Als erstes Buch nach der Rückkehr von unserer Hochzeitsreise gab er mir das Buch von Bertha von Suttner »Die Waffen nieder« zu lesen. Er legte in Zernikow einen Fußballplatz an, gründete einen Verein und spielte selbst »Rechtsaußen«. Er hieß in der Gegend »der rote Baron«.
In der Adenauer-Zeit wurden berechtigterweise die Widerständler des 20. Juli, die ihr Leben gaben, um Deutschland vom Tyrannen und seinen Mordgesellen zu befreien, geehrt. Daß es aber eine Menge von Widerstand schon lange vor dem Attentat gab, wird erst allmählich bekannt.
Die Nazis waren außerordentlich geschickt, sich in Glanz und Gloria darzustellen. Ich erinnere mich gut, wie in Zernikow 1934 ein Gottesdienst stattfand, in dem die alten Stahlhelmer, nun in SA-Uniform, geschlossen in die Kirche einmarschierten. Die evangelische Kirche hat sich dann gespalten. In die offizielle Kirche mit dem Reichsbischof Müller an der Spitze (»Reibi« genannt) und die »bekennende Kirche«, deren Vertreter Gefängnis und Folter bestehen mußten. Herausragende Namen bis heute: Pfarrer Niemöller, Dietrich Bonhoeffer. Wir bekamen in Zernikow eine junge Vikarin für unsere Dörfer. Sie war ein großer Trost für uns alle, besonders für die

Kriegerwitwen. Da 1944/45 ein außerordentlich kalter Winter war, konnte in der Kirche selbst kein Gottesdienst stattfinden; er wurde dann im Gutshaus im Eßsaal abgehalten.
Die Gutsbesitzer waren damals traditionell Patrone ihrer Kirche. Das bedeutete, daß sie die Lasten des Pfarrsprengels, wie Instandsetzung der Kirche, des Pfarrhauses, des Friedhofgeländes, zu tragen hatten – dafür durften sie den Pfarrer auswählen. Falls Bauern im Dorf lebten, hatten diese »Hand- und Spanndienste« zu leisten.
Ich weiß noch, wie mein Mann im Pfarrsprengel Meinsdorf (dem Wiepersdorf zugehörte) ein neues Pfarrhaus bauen ließ, das noch heute ganz ordentlich aussieht. Daher auch die Patronatsgestühle in den ostdeutschen Kirchen.
Zwischen den Gutshäusern und den Pfarrhäusern bestand fast überall ein freundschaftlicher Verkehr, so auch in Wiepersdorf und Zernikow. Das war ein Teil des sogenannten Patriarchalischen Systems.

Von Tommelhardt aus gingen wir, alter Tradition folgend, sonntags nach Waldenburg in die Kirche. Hier wurde 1947 ein Gedenkkranz für den Vater der Kinder, Friedmund von Arnim, angebracht. In dieser Zeit gab jedes Gotteshaus den Flüchtlingen ein Gefühl der Geborgenheit.
Auch in Schwäbisch-Hall lebten wir im Kreis der evangelischen Kirche. Wir hörten hier von Widerständlern und Wohltätern aus der Nazizeit. Es hatte den Landesbischof Wurm gegeben und den Nazi-Gauleiter Murr. Das Wort ging um: »Den Murr wurmt's, wenn der Wurm murrt.« Daß viele Großbürger gute Nazis gewesen waren, wurde verschwiegen, besonders den Flüchtlingen, solchen »Reingeschmeckten« wie mir.
In Eschborn, dem hessischen Dorf in der Nähe der Großstadt, war meine Situation ganz anders. Zum Nachdenken hatte ich

keine Zeit, ich arbeitete Tag und Nacht. Da war zum einen die Praxis, die schnell wuchs, und zum andern gab es Hausbesuche am Abend.
Der Ort hatte seit kurzem einen festbesoldeten, in der Verwaltung ausgebildeten jungen Bürgermeister bekommen. Der alte, ehrenamtliche, war ein Bauer gewesen. Der neue Bürgermeister sammelte junge Leute um sich, die halfen beim Aufbau »vom Dorf zur Stadt«. Eschborn hatte einen enormen Zuzug von Flüchtlingsfamilien, die einquartiert werden mußten.
Unserem Reihenhäuschen gegenüber wohnte eine meiner vielen Patientinnen. Ihr Mann war Obmann in der großen Firma Neckermann und Ortsvorsitzender der Eschborner SPD. Er war ein Mann von großer Integrität, bescheiden, zuverlässig, fleißig, intelligent. Nach Feierabend fuhr er mit dem Fahrrad die Drucksachen der SPD im ganzen Ort herum. Von ihm hörte ich, daß eine Neuwahl für den Gemeinderat bevorstände.
Mein jüngster Sohn war bei den Jusos und begeisterter Mitarbeiter des jungen Bürgermeisters. Er sagte: »Mutti, wenn ich auch bald weg bin, darfst du nicht allein müde vor dem Fernseher sitzen. Du brauchst eine neue Aufgabe! Laß dich doch in den Gemeinderat wählen, dort fehlt sowieso eine Frau!«
Ich trat am 1. Februar 1964 in die SPD ein, wurde gewählt und war mehrere Jahre die einzige Frau im Stadtparlament.
Mein Mann wäre mit meinem Eintritt in die Partei sicher einverstanden gewesen, denn die SPD bezeichnet noch heute als Grundwerte sozialdemokratischen Wollens:

Achtung vor der Würde des Menschen
Soziale Gerechtigkeit
Toleranz und Meinungsfreiheit

Den Krieg als Mittel der Politik lehnt sie ab.

Wolf-Herman

Von meinem jüngsten Sohn, Wolf-Herman, habe ich schon mehrmals erzählt, als er noch »Bürschli« genannt wurde. Er war ja erst zwei Jahre alt, als wir vertrieben wurden. Ein besonders hübscher und drolliger Kerl, den unsere Franzosen »l'enfant aux beaux yeux« nannten. In Tommelhardt wurde er von Fürst Urach, dem Maler, porträtiert. Ich habe auch berichtet, daß er schon mit zehn Jahren fest entschlossen war, Arzt und Albert Schweitzers Nachfolger zu werden. Er war dann erst einmal unser »Hundedoktor« für die verschiedenen Dackel. Natürlich blieb er Mutters Liebling und wurde von den großen Brüdern »zurechtgestaucht«.

Als Schüler erlebte er ein vielfaches Hinundher an Orts- und Schulwechseln.

Für die neue Schule in Kronberg hätte er viel nachholen und pauken müssen, aber er verbrachte seine Freizeit mit dem Einbau der Küche, mit dem Ausbau des Dachbodens im Reihenhaus in Eschborn und blieb sitzen.

Was nun? Die großen Brüder sagten: »Wozu Abitur, Wolf ist so geschickt, der soll Elektriker oder Monteur werden.« Ich als Mutter habe ihm immer beigestanden: Arzt will und soll er werden! In der Schule in Kronberg wollte er allerdings nicht bleiben. Es gab damals eine Verordnung, daß die Direktoren, was die drei Oberklassen anging, nicht zur Aufnahme von neuen Schülern verpflichtet werden konnten, da für diese Klassen kein Schulzwang mehr bestand. Wir sind zu verschiedenen Frankfurter Schulen gefahren, ohne Erfolg. Dann nahm er die Sache selbst in die Hand. Er fuhr zum Ministerium nach Wiesbaden. Dort empfahl man ihm eine Schule in Sachsenhausen, wo ein Ostpreuße Direktor war, der für Flüchtlinge und ihre Probleme Verständnis hatte. Wolf fuhr hin. Der Direktor sah sich den Jungen an und sagte: »Ich rate

Ihnen: Nicht die Unterprima wiederholen, da langweilen Sie sich bloß. Wenn Sie wirklich Medizin studieren wollen, machen Sie jetzt erst das vorgeschriebene Jahr als Pfleger an einem Krankenhaus. Wenn Sie danach immer noch Arzt werden wollen, schaffen Sie hier auch Ihr Abitur.«
Da trat wieder Tante Lili, unsere Cousine, Ärztin in Überlingen, auf den Plan und stellte Wolf als Pfleger in ihrem Belegkrankenhaus ein. Wolf leistete das Jahr mit besten Zeugnissen ab und machte dann in Frankfurt sein Abitur.
Aber es ging mühsam weiter. Es gab inzwischen den Numerus clausus für Mediziner. Wir überlegten, wie er im Ausland (Holland, Österreich) studieren könnte. Dann tat sich eine Möglichkeit auf, die, wie ich glaube, einmalig war: In Bonn kam ein Erlaß heraus, daß junge Leute, die unbedingt Medizin studieren wollten, über ein Biologie-Semester mit anschließendem Examen in das Medizin-Studium einsteigen konnten.
Nun hat Wolf sich, wie man sagt, »auf die Hosen gesetzt« und gelernt, gelernt. Er war schließlich, was ich selbst kaum für möglich gehalten hatte, unter den ersten zehn Anwärtern auf einen Studienplatz! – Dann ging es ohne Verzögerung vorwärts: Physikum, Staatsexamen, Doktorarbeit und Facharzt für Neurologie. Sehr bald hat Wolf sich Behinderter angenommen, besonders junger Menschen mit Querschnittslähmung. Er versuchte, sie auf ein normales Leben vorzubereiten. An der ersten Behinderten-Olympiade hat er als Betreuer teilgenommen.

Meine jahrelange Arbeit als Krankengymnastin hat diesen Sohn nicht negativ belastet, im Gegenteil: Sie hat ihm von Kindheit an gezeigt, daß man mit therapeutischem Wissen, Einfühlungsvermögen, Geduld und Übung der noch vorhandenen eigenen Kräfte des Patienten Ungeahntes erreichen kann.

Clara von Arnim als Stadtverordnete in Eschborn/Ts.

Heute ist Wolf Leiter der neurologischen Fachabteilung an den Städtischen Krankenanstalten in Idar-Oberstein. In der anläßlich des zehnjährigen Jubiläums herausgegebenen Festschrift (1994) ist folgendes zu lesen:

»... Nach einigen Jahren der Bedarfserhebung, der Gespräche mit Ministerien, Kassen und Politikern nahm die Fachabteilung Neurologie unter ihrem Chefarzt Dr. Wolf-Herman von Arnim am 16. Juli 1984 ihre Tätigkeit mit zunächst dreißig Betten auf. Unterstützt wurde der Chefarzt von einem jungen und engagierten Team von Ärzten, Schwestern und Pflegern sowie Therapeuten. Sie halfen der Abteilung mit einer vorbildlichen Teamarbeit, sich zu etablieren. Die neue Fachabteilung sollte das regionale Angebotsspektrum in der medizinischen Versorgung der Bevölkerung vervollständigen, die bei speziellen neurologischen Erkrankungen weite Fahrstrecken aus dem Kreisgebiet heraus mit zum Teil erheblichen Wartezeiten hinnehmen mußte.«

Noch einmal Eschborn

Meine Praxis in Eschborn war gewachsen. Hier, bei der zum Teil noch ländlich geprägten Bevölkerung im Vortaunusgebiet mit ihrem großen Zuzug von jungen Familien, fehlte eine Krankengymnastin und auch eine Frau in der Gemeindevertretung. Ich habe mich acht Jahre lang im Parlament für Kindergärten und Schulen, für Spielplätze, Spazierwege und Grünanlagen, für Alten- und Behinderten-Betreuung eingesetzt. Die Bedürfnisse und Nöte der Einwohner kannte ich aus meiner Praxis. Aber auch Baulandplanung, Wasserbeschaffung, Verkehrsplanung, Müllabfuhr gehen Frauen genauso an wie Männer. Ich habe viel gelernt im Stadtparlament, wovon ich vorher keine Ahnung hatte. Ich konnte auch selbst

Anregungen geben, wobei mir meine forstwirtschaftlichen Kenntnisse zugute kamen. Zitat aus meiner Rede vor der Stadtverordnetenversammlung am 20. Oktober 1971 betreffend Bebauungsplan (»Über das Anpflanzen und die Erhaltung von Bäumen und Sträuchern im Gebiet der Stadt Eschborn«):
»Unsere Umwelt wird in zunehmendem Maße verschmutzt und vergiftet. In diesem Zusammenhang kommt Bäumen und Grünflächen eine besondere Bedeutung zu, wie nachstehende Angaben beweisen.« Ich zitierte weiter aus einer Schrift der »Frankfurter Polytechnischen Gesellschaft«:
1. Funktionswert einer hundertjährigen Eiche ... sie produziert den Jahressauerstoffbedarf von zehn Menschen.
2. Funktionswert von Grünflächen: 1 ha Grünfläche mit Bäumen, Sträuchern und Rasen entzieht der Luft in zwölf Stunden 900 Kilogramm Kohlensäure und gibt gleichzeitig 600 Kilogramm Sauerstoff ab.
3. Die Luft über baumlosen Straßen enthält drei- bis viermal mehr Staub als baumbestandene Straßen. – Dazu Zahlen aus einem Bericht über die Bedeutung von Einfamilienhäusern mit Garten.

1971 wurde Eschborn Stadt. Ich wurde damit stellvertretende Stadtverordneten-Vorsitzende.
Ich gründete eine Volkshochschule, die sich mit großem Kursangebot und kulturellen Veranstaltungen gut entwickelte. Es war ein neues Rathaus gebaut worden. Anläßlich der Tausendjahrfeier der Stadt konnte eine städtische Bücherei eingerichtet werden. Diese habe ich zwei Jahre lang betreut. Peter Härtling hielt den Festvortrag zur Einweihung. Verschiedene Vortragsreihen konnten nun stattfinden.
Außerdem habe ich eine »Hausaufgabenhilfe« eingerichtet, auch für die vielen Kinder der Gastarbeiter, die damals ins

Land kamen. Man denkt heute oft nicht mehr daran, daß diese Menschen aufgefordert worden waren, ins Land zu kommen. Und jetzt will man sie loswerden beziehungsweise ihnen keine Bürgerrechte geben. Nötig war auch ein »Babysitterring«, der von einer älteren Genossin betreut wurde. Dank dieser Einrichtung konnten auch Mütter und Väter mit kleinen Kindern an Fortbildungsveranstaltungen teilnehmen. Ich arbeitete in der Altentagesstätte der evangelischen Kirche mit. Dort gab ich Gymnastik-Unterricht für alte Menschen. Es war also ein reiches Aufgabenfeld für mich vorhanden. In diesen Jahren zog ein Musiker-Ehepaar in Eschborn zu, das Ehepaar Menke. Das Paar hatte die Idee, eine »Musikschule Taunus« zu gründen, in der begabte Kinder jeder Herkunft gefördert werden sollten. In meiner Kindheit konnten sich nur relativ betuchte Eltern Klavier- oder Geigenunterricht für ihre Kinder leisten. Die Lehrerinnen zogen von Villa zu Villa. Wie es mit ihrer Altersversorgung und Versicherung stand, weiß ich nicht. Das sollte mit dieser Schule anders werden. Und gleichzeitig wurde die musikalische Fortbildung der Kinder erschwinglich für alle. Ich habe den Bürgermeister und die Stadtverordnetenversammlung um finanzielle Unterstützung für den Start der Schule gebeten. Sie ist dann 1970 gegründet worden und ist jetzt, mit zirka neunhundert Schülern und sechzig Lehrern, gar nicht mehr aus Eschborn wegzudenken. Natürlich war ich Gründungsmitglied.
Durch Vermittlung einer Freundin bin ich einer weiteren, weltweit tätigen Organisation beigetreten, die damals im Entstehen begriffen war: Amnesty International.

1962 war ich nach Eschborn gezogen. Als ich das Rentenalter erreichte, gab ich meine Praxis auf und zog in zwei Dachkammern. Ich bezog als Leiterin der Bibliothek den zulässigen Mehrverdienst zur Rente von damals 480 DM. Die Bi-

bliothek war nicht täglich geöffnet, aber mich beschäftigten nun auch Großmutterpflichten und -freuden. Die Familie meines Sohnes Clemens war nach Kelkheim gezogen, und es gab ein fröhliches Hinundher mit den kleinen Enkelinnen. Die Älteste wohnte zeitweise bei mir; machte Kurse an »meiner« Volkshochschule. Dem Enkelsohn gab ich Nachhilfeunterricht, die Jüngeren begleitete ich zur Klavierstunde nach Königstein. Auch Gymnastik machte ich natürlich mit den Kindern.
Meinem Sohn gelang es, ein schönes Grundstück in Kronberg zu erwerben und ein Haus dort zu bauen. Das Grundstück hatte nach Südosten einen Abhang, so daß der Architekt vorschlug, dort ein weiteres, kleineres Haus zu bauen. Oft bin ich da hinaufgefahren: »Bauaufsicht« als neue Aufgabe.
Dann beschlossen wir, daß ich Eschborn ganz verlassen und den oberen Teil des kleineren Hauses beziehen würde; der untere Hausteil sollte vermietet werden.
Es folgten schöne Jahre: Enkelfreuden, Garten anlegen; in Kronberg den Volkshochschulkreis für ältere Bürger gestalten und leiten.

Ich lernte auch das so herrlich am Taunusrand gelegene »Altkönigstift« kennen und meldete mich »auf alle Fälle« an, wartete acht Jahre und zog 1983 ein.

»Grüner Wald im deutschen Lande, könnte ich Dich wiedersehn«

sang Achim von Arnim in einem Lied aus dem Jahre 1810. Durch mein ganzes Leben zieht sich wie ein roter Faden die Liebe zum Wald. Der Habichtswald bei Kassel war in meiner Kindheit die Verkörperung der Geborgenheit, eines Heimat-

gefühls; in meiner Jugendzeit dann die großen Wälder und Seen um Berlin.
Als mich an einem schönen Sommertag 1930 mein späterer Mann nach Wiepersdorf entführte, fuhr er mich stundenlang durch die dortigen Wälder, auch die von Bärwalde. Auf dem Rückweg sagte er nicht etwa, was in solcher Situation und Absicht gesagt wird: »Wollen Sie meine Frau werden?« Nein, er sagte: »Wollen Sie mit mir meinen Wald pflegen?« Und das wollte ich!
Ich bin dann viele Jahre mit ihm durch seinen Wald gegangen; auch in Zernikow, in dem »Tiergarten« genannten Flurstück mit den uralten Eichen, dem »Junkerbusch« mit seinen Buchen-Kathedralen, seinen Leberblumen, Anemonen und Maiglöckchen. Er hat mich zum Hilfsförster ausgebildet, so daß ich ihn, wenn nötig, bei den Waldarbeitern vertreten oder junge Bestände auszeichnen konnte. Dann war 1945 alles vorbei.

In Tommelhardt, dem kleinen Weiler auf der Anhöhe, lebten wir sozusagen im Wald. Der Wald ernährte uns im buchstäblichen Sinn mit Beeren und Pilzen.
Vom Tal in Kupfer oder dann in Schwäbisch-Hall aus wanderte ich des Sonntags mit den Kindern auf die waldigen Berge des Hohenloher Landes.
Das Angebot, Heimleiterin in Hinterzarten zu werden, hat mich sicher auch wegen der Lage des Internats im Schwarzwald verlockt.
Von Eschborn aus muß man erst mit der Bahn fahren, um in die schönen Wälder des Taunus zu gelangen. Aber jetzt, in meinem Seniorenstift, habe ich den Wald mit Kiefern und Birken direkt vor meinem Fenster. Noch kann ich darin spazierengehen.
Fast überraschend kam dann die große beglückende Wende,

auf die besonders die Berliner so lange gehofft hatten. Ost und West vereinten sich ohne gewaltsamen Aufstand, weil die Menschen in ihrem Streben nicht nachgelassen hatten und die Zeit politisch endlich reif dazu war. Da ist auch meine Heimat, die Mark, die im anderen Deutschland lag, wieder Teil eines ganzen Deutschlands geworden. Man fuhr nun ohne Grenzkalamitäten, ohne polizeiliche Abschottung in die neuen alten Länder. Auch ich konnte wieder ungestört auf Fontanes Spuren wandeln. –
Das Gut Zernikow im Norden Berlins ist leider völlig »vergammelt« und dem Verfall preisgegeben. Aber nach nunmehr sieben Jahren ist auch dort ein Hoffnungsschimmer vorhanden. Doch es war Wiepersdorf (bei Jüterbog), das Gut, auf dem der Dichter Achim von Arnim seit seiner Heirat sein Leben verbrachte, das mit seinen ausgedehnten Wäldern das Ziel seiner Sehnsucht war und das er in dem zitierten Gedicht wiedersehen will. Hier, neben der Gutskirche, liegen der Dichter und seine Frau Bettina begraben.
Während der Jahre der Trennung bin ich oft in der sogenannten Deutschen Demokratischen Republik gewesen. Nie habe ich den Faden zu den Menschen dort abreißen lassen, nicht nur durch Weihnachtspäckchen und Briefe. Bevor Willy Brandt die Ostverträge geschlossen hatte, konnte ich als »Junkerin« nicht hinfahren, denn es bestand die Gefahr, daß meine Freunde auf den Gütern dort als »Junkerknechte« verschrien würden. Aber dann wurde es besser. Eine Freundin mußte den Gast bei der Polizei anmelden, und nach drei bis vier Wochen erhielt ich dann die Aufenthaltsgenehmigung, zuerst nur für den gemeldeten Ort. Nach drei oder vier Malen konnte ich mit dem Ein- und Ausreisepapier vier Wochen lang in der ganzen DDR umherfahren. Das Reisen, beladen mit Apfelsinen, Zitronen, Kaffee und anderen nützlichen Dingen, war beschwerlich, die Verkehrsverhältnisse altmodisch.

Das erste Mal meldete mich eine ehemalige Wirtschafterin in Neuglobsow-Stechlinsee an, die dort ein sogenanntes »Westhäuschen« gemietet hatte und mich unterbringen konnte. Sie hat mich in Gransee abgeholt. Der Stechlinsee ist nicht nur der größte und tiefste, er ist auch, nicht nur durch Fontanes Roman, der schönste märkische See. Und von hier ging ich mit Erna die vielen Kilometer zu Fuß durch die Wälder nach Zernikow. Alle lieben Menschen lebten noch und freuten sich. Sie schenkten mir Schmalz und Wurst für die Kinder.
Das zweite Mal meldete ich mich bei meiner Schulfreundin in Leipzig an. Ihr Vater war Pfarrer in Röcknitz bei Leipzig gewesen, und ich war mehrmals dort in den Schulferien zu Gast gewesen. Auch haben wir beide damals zusammen (sehr fortschrittlich: zwei junge Mädchen allein!) eine Bildungsreise nach Weimar machen dürfen. Natürlich »auf Goethes Spuren« und voll jugendlicher Begeisterung.
Veronika, von den Kindern »Tante Makkaronika« genannt, hat mich dann öfter in Zernikow besucht. Sie war viele Jahre Pflegerin in einem Altenheim in Leipzig gewesen. Jetzt, 1950, war sie selbst dort untergebracht. Sie wohnte in einem winzigen Zimmer. Sie konnte mir ein Gastzimmer besorgen. Wieder sind wir in Weimar gewesen, haben im Haus der Frau von Stein im Dachgeschoß gewohnt. Durch Beziehungen meiner Freunde zu Pastoren in der Nähe konnte ich das nächste Mal auch Wiepersdorf besuchen. Fahrt und Übernachtungen waren abenteuerlich. Wiepersdorf war gut erhalten und gepflegt, sogar für sechs Millionen restauriert, das heißt, das Dach war neu gedeckt und das Haus mit Installation wie Zentralheizung und Toiletten ausgestattet worden. Die DDR-Oberen hatten es zum Dichterheim »Bettina von Arnim« gemacht, nachdem eine russische Kommandantur das Schlößchen 1947 verlassen hatte. Namhafte Schriftsteller wie Anna Seghers, Christa und Gerhard Wolf, Sarah Kirsch haben dort Ferien der Ein-

Wiepersdorf, Zeusstatue, da, »wo der Park mit dem Wald schläft ...«. (Sarah Kirsch)

kehr und Ruhe verbracht. Ein Jahr vor ihrer Übersiedlung in den Westen veröffentlichte Sarah Kirsch einen elfteiligen Gedichtzyklus »Wiepersdorf« und darin folgendes Gedicht:

Hinter Jüterbog öffneten sich
Der erste, der zweite Himmel, ließen herab-
Strömen, was sich gesammelt hat, siehe
Es wurde ein mächtiger blasenschlagender
Landregen draus, es goß sogar Schwefel.
Später in Wiepersdorf, als zwischen zwei

Windhosen die Möglichkeit war, sich zu ergehen
Das liebe freie Land
Recht ins Auge zu fassen, war Freude
Freude. Die schönen Fenster im Malsaal
Öfter sechs mal vier kleine Scheiben, die Flügel
Von zierlichen Knebeln gehalten. Innen
Bizarres, altes schlängelndes zipfelbemütztes
Kakteengewirr, außen
Maifrischer Park.
Die Steinbilder lächeln, ich ging
Gleich bis zum Zeus, der hielt den Blitz an der Stelle
Wo der Park mit dem Wald schläft. Englischer Rasen
Den bläuliches Waldgras verstrickt hat, es reckt
Noch ein Fliederbusch!
Vergißmeinnichtblaue Finger zum Himmel und
Selbstverständlich Unmassen Vögel ringsum
In Büsche und Bäume geworfen. Ich staunte
Vor Stunden noch enge im Hochhaus
In der verletzenden viereckigen Gegend, nun
Das – ich dachte bloß noch: Bettina! Hier
Hast du mit sieben Kindern gesessen, und wenn
Landregen abging
Muß es genauso geklappert haben Ende Mai
Auf die frisch aufgespannten Blätter – ich sollte
Mal an den König schreiben.

Von Zernikow beziehungsweise von Neuglobsow aus bin ich auch in Schulzenhof gewesen. Erwin Strittmatter, der sorbische Bäckerssohn, lebte dort. Er ist in der DDR sehr bekannt gewesen; auch seine Frau Eva als Lyrikerin. 1989 kam er zum ersten Mal auf die Frankfurter Buchmesse zu einer Lesung. Es erschien kaum ein Mensch. Aber das hat sich geändert. Seine Bücher wurden nun auch im Westen sehr bekannt. Er starb

1994

schauen. Und der Tochter verdankte er die Erzählungen über seine Jugend in Frankfurt, denn sie hatte sie, zu Füßen von Frau Aja sitzend, dieser abgelauscht und Goethe nach Weimar geschrieben. In »Dichtung und Wahrheit« hatte Goethe diese Briefe dann verwendet und der »kleinen Brentano« große Dankbarkeit bezeugt. Und nun sei ins Haus die Witwe des Urenkels und letzten Besitzers von Wiepersdorf gekommen, wo die Bettina mit ihrem Dichter Achim von Arnim begraben liege.

Professor Beutler zeigte mir die Ledertapete im Parterre, den Rauchfang in der Küche. An der Treppe nach oben hielt er inne: »Schauen Sie sich die Stufen an! Diese hier ist eine alte, echte; alle anderen sind nachgemacht. Sieht man das?« Ich erzählte ihm von dem Dachdeckermeister, den ich behandelt hatte. Von den so ähnlichen, schönen Kachelöfen in Wiepersdorf und Zernikow, die, wie hier, von außen beheizt wurden; von den großen Frankfurter Schränken mit den Kugelfüßen. Von der Bibliothek des Dichters, die sehr ähnlich, aber noch größer als die von Goethes Vater gewesen sei. Ich sagte ihm, daß ich mich, seit 1945, zum ersten Mal ein bißchen zu Hause fühlte.

Professor Beutler ist 1960 gestorben, aber zum »Freien Deutschen Hochstift« und seinen Mitarbeitern habe ich weiter Kontakt gehalten, ja, Freundschaft gefunden.

Und dann fiel die Mauer! Unerwartet friedlich. Es war ein Geschenk, das wir alle mit großer Dankbarkeit empfingen. »Hüben und drüben« haben mir viele Menschen meiner Generation gesagt: »Daß ich das noch erleben konnte! Das hätte ich nie geglaubt!« Nun kam auch die Mark Brandenburg wieder ins westdeutsche Gespräch und in den Blätterwald. Besonders Wiepersdorf, denn es war eines der wenigen Schlösser, welches gut erhalten die Zeiten überstanden hatte.

Mein Mann war der letzte Fideikomißbesitzer von Wiepersdorf und Bärwalde, dem sogenannten »Ländeken«. Er ist 1946 in russischer Gefangenschaft verstorben. Seine älteste Schwester war mit ihren Kindern aus Berlin zur Mutter auf das Gut gezogen. Sie hat sich mit großer Tapferkeit um den Erhalt dieses Kleinods literarischer Vergangenheit verdient gemacht. Im ersten Jahr nach der Eroberung durch die russische Armee hatte ein General es zum Sitz seiner Kommandantur gewählt. Als er dann davonzog, drangen natürlich Flüchtlingsfamilien ins Haus ein.
Da vom literarischen Nachlaß des Dichters und seiner Frau Bettina Brentano der Dachboden noch voll war und das Schlößchen viele Schätze aus dem Rokoko und Biedermeier enthielt, hat sich diese Bettina aufgemacht und in Berlin bei Freunden, die als Naziverfolgte in Wiepersdorf versteckt worden waren und nun verantwortliche Posten innehatten (unter anderem der ehemalige Reichstagsabgeordnete Dr. Kätz), erreicht, daß Wiepersdorf Dichterheim wurde: »Arbeits- und Erholungsstätte für Schriftsteller und Künstler Bettina von Arnim«. Und das ist Wiepersdorf dann vierzig Jahre gewesen.
Nun, da die Mauer gefallen war, war es mein und meiner Freunde erster Gedanke gewesen: »Was wird aus Wiepersdorf?« Ich las in der Zeitung und bekam auch einen Brief des Ministerpräsidenten Manfred Stolpe, daß Wiepersdorf weiter Künstlerhaus bleiben würde. Vom DDR-Kulturfonds, das heißt von den übrigen Geldern, wurde die »Staatliche Stiftung Kulturfonds« gegründet und an die sogenannten neuen Länder zur Kulturförderung gegeben. Da war das guterhaltene Wiepersdorf ein Schwerpunkt. Es sollte Stipendiatenheim für Künstler aus aller Welt werden, von der Presse ironischerweise als »Villa Massimo im märkischen Sand« bezeichnet.
Gut, dachte ich, Künstlerhaus! Aber wieder eine Art Ghetto, Schilder mit »Betreten verboten« auf jedem Treppenaufgang,

Wiepersdorf, August 1992. Wiedereröffnung des Schlosses.
Ansprache Clara von Arnims

an jedem Eingang zum Park. Die Stipendiaten aus aller Herren Länder, sehr lobenswert, aber ohne Beziehung zum »Genius loci«, zur geistigen Geschichte des Hauses. Ich bin nach Potsdam gefahren und zu dem betreffenden Staatssekretär für Kultur gegangen. Man hat mir und meinen Freunden vom Hochstift den rechten Flügel des Schlosses, der einen separaten Eingang hat, zur Verfügung gestellt und herrichten lassen. In Frankfurt wurden, in Werkstätten des Hochstiftes, Leihga-

ben gesammelt, unter wissenschaftlicher Aufsicht präpariert und geordnet. Es wurden acht Vitrinen gekauft. Dann ging ein Kunsttransport nach Wiepersdorf. Als das ganze Schloß am 7./8. August 1992 mit einem großen Festakt vor fast siebenhundert geladenen Gästen wieder eröffnet wurde, war auch das kleine Museum »Erinnerungsstätte Achim und Bettina von Arnim« zum ersten Mal zu besichtigen.
Im Vorwort des Museumsführers der »Erinnerungsstätte Achim und Bettina von Arnim Schloß Wiepersdorf« heißt es:

> »Tradition heißt nicht, Asche bewahren,
> sondern eine Flamme am Leben halten«
> *(Jean Jaurès)*

Deshalb gründete ich, die Witwe des letzten Besitzers von Schloß Wiepersdorf, am 3. Oktober 1991 einen »Freundeskreis«, als ich hörte, daß Wiepersdorf wieder »Künstlerhaus« werden sollte.
Inzwischen umfaßt dieser Kreis etwa 500 Mitglieder. Ziel des »Freundeskreises Schloß Wiepersdorf« ist es, das literarische Erbe des Dichterpaares Ludwig Achim von Arnim und Bettina von Arnim geb. Brentano, deren Lebensgrundlage dieses Schlößchen in der Mark war, zu pflegen und der Öffentlichkeit zugänglich zu machen.
Die »Stiftung Kulturfonds«, die das Schloß als Stipendiatenheim betreibt, stellte dem Freundeskreis drei Räume mit separatem Eingang zur Einrichtung einer Erinnerungsstätte zur Verfügung. Das kleine Museum wurde mit Unterstützung des Freien Deutschen Hochstifts (Frankfurter Goethe-Museum) und Leihgaben verschiedener Herkunft eingerichtet. Porträts von Bettina und Achim, ihren sieben Kindern und bedeutenden Freunden, Handschriften, Erstausgaben und Lebenszeugnisse vermitteln, neben einigen Möbelstücken, die noch

aus der Zeit von vor 1945 vorhanden waren, einen Eindruck vom Wirken der beiden Dichter der Romantik in Wiepersdorf und Berlin.

Der größte Raum ist das ehemalige Atelier des Enkels Achim von Arnim-Bärwalde, eines Historienmalers aus der zweiten

Motive der kostbaren Tischdecke, welche die Dichterin Bettine von Arnim und ihre Töchter mit dunkelrotem Garn auf weißes Leinen 1847 gestickt hatten. Die Decke befindet sich heute im Museum »Freundeskreis Schloß Wiepersdorf«. (5. Anm. III, 14)

Hälfte des vorigen Jahrhunderts. Der Maler hat den Raum im altdeutschen Stil humorvoll zu einem »Gesamtkunstwerk« gestaltet.

Ein kleiner Museumsführer soll die Besucher in Kürze über den Inhalt der drei Räume unterrichten. Er soll ihm ermöglichen, ein wenig von dem »schwarz auf weiß nach Hause zu tragen«, was hier zwei bedeutende Vertreter der Romantik zu sagen haben. Damit meint der Freundeskreis Schloß Wiepersdorf auch ein altes, nun wieder neues Band (Bettina aus Frankfurt am Main – Achim, der märkische Junker) von West nach Ost zu knüpfen.

Anmerkungen

TEIL I: »JUMBO«

1 »Die alte Labes«. Caroline Maria Elisabeth von Labes (1730–1810), geb. Daum, Tochter des Potsdamer Bankiers Gottfried Adolph Daum (1679–1743). In erster Ehe verh. mit Michael Gabriel Fredersdorff (1708–1758), dem Geheimen Kämmerer und Vertrauten Friedrichs des Großen. 1740 schenkte ihm der König das Gut *Zernikow*. (S. auch Anm. 6, III). In dritter Ehe verh. mit Hans von Labes (1731–1776). (S. auch Anm. 7, III) Großmutter des Dichters Achim von Arnim.

2 Wiepersdorf. »Das ›Ländchen Bärwalde‹, südlich von Jüterbog, zu dem außer Bärwalde auch das Rittergut Wiepersdorf, das Pfarrdorf Meinsdorf und sechs kleinere Ortschaften bzw. Vorwerke gehörten (...), wurde 1870 von Maxes Urgroßmutter v. Labes (s. o.) für ihre Enkel Karl und Achim v. Arnim, die von ihr nach dem frühen Tod ihrer Mutter erzogen wurden, gekauft.« (Aus: »Maxe von Arnim« von Prof. Dr. Johannes Werner, Koehler & Amelang, Leipzig, 1937, Seite 12)
In Erbfolge gelangten die Güter Zernikow, Wiepersdorf und Bärwalde an Friedmund von Arnim (1897–1946).
1930, anläßlich seiner Eheschließung mit Clara, geb. von Hagens, zogen seine Mutter Agnes von Arnim, geb. von Baumbach (die »Erdbeeroma«), und drei seiner vier Schwestern von Zernikow nach Wiepersdorf. Von Zernikow aus, obwohl 150 km entfernt, kümmerte er sich auch um den Land- und Forstbetrieb in Wiepersdorf.

3 Diese Wiepersdorfer Tracht, eine bunte wendische Tracht der Mädchen, war aus schwarzem Wollstoff, der Rocksaum grün und rot besetzt, ebenso die dunkelgrüne Taftschürze. Mit ihrem roten, nach hinten verschlungenen Kopftuch sah sie aus wie ein Rotkäppchen-Kleid.

4 Schönlage bei Schwerin, Mecklenburg.

5 »Nach Wiepersdorf waren Minensuchabteilungen der Russen gekommen, die alles Versteckte fanden. Unter Freudengeheul wurden in der Nacht im Park bei Biwakfeuer die Ausgrabungen gefeiert. Zum Feueranmachen dienten auch literarisch wertvolle Briefe, deren Reste wir später an den Feuerstellen fanden. Im Schloß konnte man bis an die Knie in zerstörten Gegenständen herumwaten: Bücher, Bilder, Stoffe, Federn –

ein unbeschreibliches Tohuwabohu. Da Wiepersdorf der Wohnsitz Achims und Bettinas gewesen war, hatten sich seit Generationen Raritäten, Familienandenken, wertvolle Bilder und Möbel angehäuft. Besonders wertvoll waren Achims Bibliothek und die noch vorhandenen Handschriften von Achim, Bettina, Savigny, Goethe, Beethoven usw. Einige besonders wertvolle Bücher und Schriften hatten wir in Kisten gepackt und eingegraben, die, wie schon erwähnt, gefunden wurden.«
(Zit. aus: »Das Ende von Wiepersdorf« in: »Beiträge zur Familiengeschichte«, 1957, von der Malerin Bettina Encke-von Arnim)

6 Der Lehrter Bahnhof war ein prachtvolles Gebäude, er stand noch fast unversehrt, nur das Glas über der hohen Eisenkonstruktion der Halle fehlte. Erst 1957 wurde der Bahnhof gesprengt.

7 Die Statuen an der Siegesallee waren 1938, auf Geheiß von Hitler und Speer, im Zuge ihres Mammutsplans »Germania«, wie Berlin heißen sollte, versetzt worden.
»Das ›Heldenmobiliar‹ der deutschen Geschichte – wie die (noch heute existierende) Siegessäule, das Bismarck-, Moltke- und Roon-Denkmal sowie die Figuren der Siegesallee – hatte man am ausgebauten ›Großen Stern‹ zum ›Forum des Zweiten Reiches‹ zusammengefaßt.«
(Aus: »1945. Krieg–Zerstörung–Aufbau, Architektur und Stadtplanung 1940–1960«, Schriftenreihe der Akademie der Künste, Band 23, Henschel Verlag 1995)

8 Ilse von Hagens (geb. Ratjen) erzählte ihrer Enkelin Jahre später: Wenn Russen kamen, sei sie mit einem Tablett Schnapsgläsern ans Gartentor hinuntergegangen und habe reihum jedem ein volles Gläschen angeboten. Manchmal habe sie auch nachgeschenkt, aber nie die Flasche aus der Hand gegeben. So habe sie verhindern können, daß jemand das Haus betrat.

9 »Milinowskistraße Nr. 12: Gottlob steht auch dieses Haus. Als sei nie etwas gewesen, erscheint auf mein Klingeln hin Gretchen in der Tür. Gretchen Voigt, aber eigentlich kurz und klar immer nur Gretchen, wie Marie bei uns: eine vertraute Erscheinung. Solange sich denken läßt, gehört sie zu Tante Ilse als Köchin, als Stubenmädchen, die Haushälterin und Vertraute in einer Person (...)«
(Zit. aus »Die Stunde der Frauen«, Christian Graf von Krockow, DVA, Stuttgart 1988, S. 194)

10 Bodenreform: »Mehr als 13 000 ostdeutsche Großagrarier fielen den sowjetischen Konfiskationen zwischen September 1945 und Oktober 1949 zum Opfer. Als die Außenminister der vier Besatzungsmächte den Plan einer Bodenreform für ganz Deutschland am 12. April 1947 billigten,

war diese in der damaligen Sowjetischen Besatzungszone (SBZ) bereits weitgehend abgeschlossen. Alle Eigentümer, die mehr als hundert Hektar besaßen, verloren ihr Land. (. . .) Insgesamt enteignete die Sowjetische Militäradministration in Deutschland (SMAD) etwa drei Millionen Hektar Agrarland, was etwa der halben landwirtschaftlichen Nutzfläche im heutigen Ostdeutschland entspricht.«
(Aus: Die ZEIT Nr. 36, 2. 9. 1994)

11 Aribert Reimann, Komponist. (»King Lear« u. a. m.)

12 Dr. jur. Walter von Hagens war von 1932 bis 1934 Präsident des Oberlandesgerichts der Freien Stadt Danzig. Er ließ sich, vorgeblich aus Gesundheitsgründen, vorzeitig in den Ruhestand versetzen.

13 Ev. Stadtkirche Waldenburg.
Die Empore, aus Holz und in halber Höhe an den Längsseiten des Innenraums, wurde bei Umbauten entfernt. Die »Westempore« von heute ist ein grobes Halbrund aus Beton. Die Zugänge zur alten Empore sind modern verbrettert, die Orgel von 1780 wurde von der Westseite hinter den Altar gestellt . . . usf. Es ist unverständlich, warum die Waldenburger Kirche, mit dem hohen Lachnersturm aus der Staufferzeit das einzige Gebäude, welches bei der Schlacht um Waldenburg (s. Anm. 1, III) unzerstört geblieben war, im nachhinein entstellt wurde.

14 »Die alte Mevissen«. Ehefrau des rheinischen Industriellen Gustav von Mevissen. Sie hatte fünf Töchter. Die dritte Tochter, Minna – Großmutter mütterlicherseits der Clara von Arnim – erhielt zu ihrer Hochzeit 1880 mit Adolf Friedrich Ratjen eine mehr als stattliche Mitgift.

TEIL II: »ICH BAUE UNS EIN HAUS«

1 Sektoren aufgrund des Vier-Mächte-Status.

2 »Die Insulaner«: Gründung 1948 durch Günther Neumann

3 Bretten, Stadt der Neff-Herde.

4 Schloß Weiler bei Heilbronn, Wohnsitz der jüngsten Schwester meiner Schwiegermutter.

5 Dietrich Bonhoeffer (1906–1945)

6 Schloß Langenburg, Bau seit 1235. Ein Hohenlohe war Berater Friedrich des III. von Hohenstaufen. Aufbauphase nach 1586.

7 Holger Werfel Scheuermann (1877–1969). Die Juvenile Kyphose wurde nach ihm benannt.

8 Hegel, Georg Wilhelm Friedrich (1770–1831), Einleitung zur »Vorlesung über die Philosophie der Geschichte«.

9 Vgl. Heinrich Bölls Geschichte: »Nicht nur zur Weihnachtszeit«.
10 Scharnhorst. Quelle: Zeitmagazin 26. 4. 96, Nr. 18/19 19. 5. 96. Außerdem: Walter Görlitz, Bedeutende Niedersachsen, 1955.
11 Christian Graf von Krockow, »Die Stunde der Frauen«, Stuttgart 1988.
12 »Mutterkorn« wird ein giftiger Pilz genannt, der in Roggenblüten vorkommt und die Gebärmutter anregt.
13 »Archibald Douglas«, Gedicht von Theodor Fontane.
14 Karl Förster Bornim, Zeitschrift »Die Gartenschönheit«.
15 Nach: »Das Geschlecht von Arnim. Geschichte der Familie, Teil II: Der Hauptstamm Gerswalde. 3. Zweig Blankensee mit den Häusern: Zernikow – Blankensee – Wiepersdorf.«

TEIL III: »ZÖPFE«

1 Waldenburg wurde zwischen dem 13. und 17. April 1945 zu 80 Prozent zerstört.
»Tatsächlich war Waldenburg von einem fanatischen Kampfkommandanten zur Festung erklärt und lange verteidigt worden, allerdings nicht mehr von Truppen der Waffen-SS, die bereits am 13. April abgezogen wurden.«
(Ulrich von Sanden: »Die Zerstörung Waldenburgs im Zweiten Weltkrieg«, Sonderdruck aus: Württembergisch Franken, Band 80, 1996)
2 1958, nachdem Marguerite Staehelin die »Swiss Music Library« gegründet hatte. Zu ihrem Freundeskreis gehören Paul Sacher, Pierre Boulez und andere Musiker mehr.
3 Amalie Caroline von Arnim, geb. Labes (1761–1781), verh. mit Joachim Erdmann v. A. (1741–1804) Kgl. Preuß. Gesandter.
4 Michael Gabriel Fredersdorff (1708–1758), s. auch Anm. 1, Teil I. Sohn eines Stadtmusikers, von Voltaire »Le grand factotum du Roi Frédéric« genannt.
5 Hans Freiherr von Labes (1731–1776)
»Hans Labes stammte aus bürgerlicher Familie und wurde erst 1763 von Kaiser Franz I geadelt (...) Der Lebenslauf und das originelle Wesen des Großvaters (den er nur aus Erzählungen kannte) dürften auf die Entwicklung von Arnims dichterischer Phantasie Einfluß ausgeübt haben. Arnim berichtet von ihm: ›Er dankte sich alles selbst, und das vergaß er nie, darum schien ihm auch die übrige Welt nur ein Anhang zu seiner Bewegung. Als Knabe nach Hannover entlaufen, wußte er sich dort in der Schule bald so auszuzeichnen, daß er auch auf Universitäten Unter-

stützung fand.‹ (£) Er war mit der Dichterin Anna Louisa Kärsch, geb. Dürbach (1722–1791), befreundet.«
(Aus: »Achim von Arnim«, Katalog der Ausstellung im Freien Deutschen Hochstift, Frankfurt/M. 1981)

6 Achim von Arnim (1781–1831)
Das Ölgemälde von Peter Eduard Ströhling, London 1804, befindet sich heute im Goethe-Museum (Freies Deutsches Hochstift Frankfurt/M.). Dessen Kopie von L. Streitenfeld, Wiepersdorf 1913, hängt im Museum »Erinnerungsstätte Achim und Bettina von Arnim« in Wiepersdorf bei Jüterbog.

7 Lastenausgleich:
»Massenhaft bekommen (die Bonner Finanzbeamten) Post von denjenigen, die nach dem Krieg das Geld für die Lastenausgleichszahlungen aufbringen mußten. Das waren vor allem die, deren Vermögen den Krieg weitgehend unbeschadet überstanden hatten. Auf ihre Häuser und Grundstücke wurden Ausgleichshypotheken gelegt, die sie abzahlen mußten. In Einzelfällen erreichten die Belastungen bis zu fünfzig Prozent des Gesamtvermögens.«
(Aus: DIE ZEIT Nr. 20, 10. Mai 1991)

8 August Graf von Platen (1796–1835)
»Das Grab am Busento« (1820) oder die Parodie Heinrich Heines:
»Nächtlich am Busento lispeln von vorne / in Cosenza dumpfe Lieder von hinten. / Aus den Wassern schallt es Antwort von vorne / und in Wirbeln klingt es wider von hinten . . .«

9 Häuptling Tecumseh war der Kontrahent von William H. Harrison, der 1840 wegen seiner erfolgreichen Indianerbekämpfung zum Präsidenten der USA gewählt wurde. »Tecumseh machte bereits in jungen Jahren als Versammlungsredner und als Kämpfer von sich reden, er war Visionär und Stratege zugleich. Etwa von 1805 an sind Gedanken Tecumsehs und seines Bruders, der als ›Prophet‹ bekannt wurde, belegt.«
(Aus: DIE ZEIT Nr. 12, 15. 3. 1996, »Endstation Tippecanoe«)
Aus welcher Quelle ich damals von Tecumseh erfuhr und mir hochgegriffen diesen Häuptlingsnamen zulegte, weiß ich nicht mehr.

10 »Die wunderbaren Fahrten und Abenteuer der kleinen Dott« von Tamara Ramsay (Neuauflage Union Verlag 1984).

11 »Das Kürzel (DP) bedeutete ›displaced persons‹, also die Befreiten, einst Verschleppten, die entweder zurück nach Hause oder, heimatlos wie wir, auswandern wollten. (£) Jeder hatte seine eigene, abenteuerliche Leidens- und Überlebensgeschichte. Die Militärregierung gab ihnen Quartier, die Amerikaner, dann die Vereinten Nationen versorgten sie.«

(Zit. aus: Ruth Klüger »Weiter leben«. Wallstein Verlag, Göttingen 1992, S. 193)

12 Belarus oder Weißrußland, Hauptstadt Minsk, wurde von den Nationalsozialisten »Weißruthenien« genannt, um das Land auch sprachlich den Russen zu nehmen.

13 »Der Komponist Hans Pfitzner, ›Palestrina‹, erbitterter Feind zeitgenössischer Musik, eröffnet den Festspielführer (1924) mit einem selbstgemachten Sonett auf Wagner: ›Dem Halbgott gleich in früher Kinderwiege, / Kein Wunderkind, doch Riese von Geschlecht / Erwürgtest Du für Deutsches Geistesrecht / Die alte Schlange welscher Modelüge ...‹ und so fort.«
(Aus: DIE ZEIT Nr. 28, 5. 7. 1996 »National nach Noten« von Bernhard Wördehoff)

14 Die Tischdecke wurde für die Hochzeit des ältesten Sohnes und Bruders Freimund von Arnim mit Anna von Baumbach am 29. Mai 1847 von Bettina und ihren Töchtern auf handgewebtem Leinen mit den Arnimschen und Baumbachschen Wappen und einer reichen Blumenzier bestickt. Clara von Arnim schenkte sie 1979 anläßlich ihres 70. Geburtstags dem Freien Deutschen Hochstift in Frankfurt/Main. Sie ist jetzt als Leihgabe im Wiepersdorfer Arnim-Museum ausgestellt.

15 Dr. Hans Henning von Arnim (29. 3. 1908)
Facharzt für Innere Medizin und Tuberkuloseerkrankungen. Pionier der Asbestoseforschung. Durch zahlreiche Gutachten und Krankenbeobachtungen kam er darauf, daß Asbest die Lungen zerstört. Bei Betriebsbesichtigungen – in Produktionsbetrieben für Bremsbelege, Gebäudeisolationsmaterial, Blumenkästen u. a. m. – stellte er fest, daß die Arbeiter ohne Schutzmasken mit Asbest umgingen. Die feinen Asbestfasern lösen sich ab, winzige Nadeln geraten mit der Luft in die Lunge und setzen sich dort fest. Ebenso schädlich wirkt das Einatmen von Asbeststaub.

16 American Field Service. »1947, zwei Jahre nach Ende des Zweiten Weltkrieges und weniger als zwei Jahre, nachdem Ambulanzfahrer des ›American Field Service‹ ihren Freiwilligendienst im kriegszerstörten Europa beendet hatten, begann die neue Zeit des ›AFS‹. Schüleraustausch – damit sollten nicht nur Wunden geheilt, sondern auch demokratisches Bewußtsein und Völkerverständigung zum Aufbau eines neuen und friedlichen Europa über den Atlantik in die Alte Welt gebracht werden. 1997 wird es 50 Jahre her sein, daß die ersten Jugendlichen in die USA kamen, um dort in Gastfamilien zu leben und in die Schule zu gehen. Mit Deutschland begann der Austausch erst – nein,

schon 1948, so daß der deutsche AFS 1998 seinen 50sten begeht.« (Aus: Horizonte, Die Zeitung des AFS – Interkulturelle Begegnungen e. V., Heft 4/96)

17 Die Skizze (s. Abb. S. 335) wurde von Margarete Gutöhrlein und dem Kuratorium in Stuttgart unter anderen Entwürfen als Emblem für die Albert-Schweitzer-Kinderdörfer ausgewählt. Später wurde ein Vater im Hintergrund hinzugefügt, und so blieb die Zeichnung das Emblem dieser Kinderdörfer. Am 28. 10. 1959 wurde der Grundstein für das erste Albert-Schweitzer-Kinderdorf in der Nähe von Waldenburg gelegt und zugleich das Richtfest für die ersten drei Häuser gefeiert.

TEIL IV: »NEUE WEGE BRINGEN NEUE AUFGABEN«

1 Sarah Kirsch, »Hinter Jüterbog öffneten sich …«. Zweites Gedicht des Zyklus »Wiepersdorf« aus: »Rückenwind« © 1977 Langewiesche-Brandt, Ebenhausen bei München.
Sie bezieht sich auf das Buch der Bettine von Arnim »Briefe an den König« (gemeint war Friedrich Wilhelm IV.).